Streifzüge durch die Welt der Sprachen und Kulturen

FTSK

Publikationen des Fachbereichs
Translations-, Sprach- und Kulturwissenschaft
der Johannes Gutenberg-Universität Mainz
in Germersheim

Reihe A - Abhandlungen und Sammelbände

Band 64

PETER LANG
EDITION

Streifzüge durch die Welt der Sprachen und Kulturen

Festschrift für Dieter Huber zum 65. Geburtstag

Herausgegeben von
Melanie Arnold, Silvia Hansen-Schirra
und Michael Poerner

PETER LANG
EDITION

Bibliografische Information der Deutschen Nationalbibliothek
Die Deutsche Nationalbibliothek verzeichnet diese Publikation in der Deutschen Nationalbibliografie; detaillierte bibliografische Daten sind im Internet über http://dnb.d-nb.de abrufbar.

Gedruckt auf alterungsbeständigem, säurefreiem Papier.

ISSN 1869-9227
ISBN 978-3-631-64288-7 (Print)
E-ISBN 978-3-653-03271-0 (E-Book)
DOI 10.3726/978-3-653-03271-0

Peter Lang Edition ist ein Imprint der Peter Lang GmbH.

Peter Lang – Frankfurt am Main · Bern · Bruxelles · New York · Oxford · Warszawa · Wien

www.peterlang.de

Inhaltsverzeichnis

VORWORT

Übersetzer zwischen Sprachen und Wissenschaftskulturen

Verbmobil war das größte und ambitionierteste Sprachtechnologieprojekt des 20sten Jahrhunderts – finanziert durch das BMBF und die beteiligten Industriepartner mit insgesamt ca. 75 Mio. Euro, ein Konsortium mit 30 Partnern und mehr als 300 Wissenschaftlern. Professor Dieter Huber war über die gesamte Projektlaufzeit (1993-2000) der Sprecher der siebenköpfigen internationalen Gutachtergruppe.

Verbmobil: Multilinguale Übersetzung von Spontansprache. Das Thema: Der maschinelle Dolmetscher, der für eine eng begrenzte Domäne gesprochene Spontansprache erkennt und in einer angemessenen Zeit eine approximativ korrekte Übersetzung in der Zielsprache erzeugt und artikuliert. Die Idee: Durch die interdisziplinäre, transkontinentale, multilinguale und modulare Bearbeitung sämtlicher Teilprobleme und die Implementierung eines integrierten Gesamtsystems wird jede einzelne Teildisziplin gestärkt und der resultierende Forschungsprototyp markiert einen Meilenstein auf dem Weg zum Einsatz von maschinellen Dolmetschern in menschlichen Dialogsituationen.

Die politischen Hoffnungen waren enorm, das Commitment der Industrie und der beteiligten Wissenschaftler intensiv. Die Rolle der Gutachter – oder Begleitgutachter, wie sie genannt wurden – war komplex: Sie sollten die einzelnen Forschungspartner beraten, die wissenschaftliche Arbeit begleiten, aber gleichzeitig dem Ministerium Rückmeldung geben über den Fortschritt und den Grad der wissenschaftlichen Zielerreichung. Die Gutachtergruppe sollte helfen, die Barrieren zwischen Forschungsansätzen zu überwinden, sollte die Kooperation zwischen Wissenschaft und Wirtschaft ermutigen und die sportliche Konkurrenz des intellektuellen Wettstreits um die bessere Lösung anfeuern.

Professor Huber nahm seinen Auftrag an und führte das erfolgreiche Projekt auch auf der Seite der Gutachter zu einem Erfolg. Das sprach und spricht für seine diplomatischen und verbalen Talente, aber durchaus auch für seine wissenschaftssoziologische und interkulturelle Fortune. Die Sprachtechnologieforschung der 90er diskutierte ergebnisoffen und wortreich, ob und wie man Strategien von Dolmetschern auf maschinelle Übersetzung übertragen kann, leidenschaftlich umkämpft waren auch die Leistungen oder Versäumnisse der statistischen oder symbolischen Ansätze zur Verarbeitung natürlicher Sprache. Die Gutachter forderten und begleiteten diesen Prozess, argumentierten für die Chancen der Komplementarität in einem System und unterstützten stets die Entwicklung einer flexiblen Systemarchitektur, in der unterschiedliche Übersetzungsmodule parallel arbeiteten. Professor Huber war dialogisch im Geist und moderierend in Wort und Tat. Die synergetische Zusammenarbeit hat geholfen, neue Ideen großen Wissenschaftscommunities zugänglich zu machen: Spracherkennung, Sprachverstehen, maschinelle Übersetzung, Sprachsynthese, alle Gebiete haben von den Arbeiten für das Verbmobil-System profitiert. Und sehr gut erinnere ich mich an die angespannte Ruhe im Saal, wenn er zum Ende einer Projektlenkungssitzung das Feedback der Gutachter zusammenfasste, das als Rückmeldung gedacht war und für die Fortsetzung der Finanzierung einiges Gewicht hatte.

Reinhard Karger
Verbmobil-Projektmanager 1993-2000
aktuell: Unternehmenssprecher des Deutschen
Forschungszentrums für Künstliche Intelligenz, DFKI

Silvia Hansen-Schirra

Schläfst du noch oder studierst du schon?

Als Festschriftartikel zum 60jährigen Bestehen des Germersheimer Fachbereichs schrieb Dieter Huber im Jahr 2007 einen Aufsatz mit dem Titel „Einmal Schlafsaal und zurück: Allgemeine Sprach- und Kulturwissenschaft in Germersheim".[1] In dem Aufsatz beschreibt er ausführlich die Entstehung und Entwicklung des früheren Instituts für Allgemeine Sprach- und Kulturwissenschaft (IASPK), aus dem als Folge der Neuorganisation des Germersheimer Fachbereichs im Jahr 2009 der heutige Arbeitsbereich für Allgemeine und Angewandte Sprachwissenschaft hervorgegangen ist. Dass der Jubilar einen solchen Aufsatz schreibt, ist natürlich kein Zufall, da er schon seit dem Wintersemester 1994/95 das Institut und den späteren Arbeitsbereich leitet. Parallel zur Entstehungsgeschichte der Allgemeinen Sprach- und Kulturwissenschaft in Germersheim skizziert der Aufsatz auch die Entwicklungen am Fachbereich und in unserer Disziplin, alle Turns und Paradigmenwechsel einbegriffen.

Seinen Titel verdankt der Huber'sche (sowie der vorliegende Aufsatz) der Tatsache, dass die Räume des Arbeitsbereichs für Allgemeine und Angewandte Sprachwissenschaft in den 1950er Jahren den Wohntrakt der Studentinnen beherbergten. Genau genommen kann man aus einer amüsanten Anekdote zu Beginn des Artikels schließen (siehe Textausschnitt 1), dass dort, wo der Jubilar seit 1994 arbeitet, Aufsätze schreibt und Studierende prüft, sich die Studentinnen vor rund 60 Jahren zur Ruhe gebettet haben.

Nun gilt es anstelle einer herkömmlichen Zusammenfassung des weiteren Aufsatztextes, den computerlinguistischen Hintergrund des Jubilars zu würdigen, der ihn vom Studium der Linguistik, Kulturanthropologie und Informatik in München, Göteborg und Lund über internationale Forschungsaufenthalte – beispielsweise wegweisende Stationen wie das *Advanced Telecommunications Research Institute* (ATR) in Kyoto und das *Massachusetts Institute of Technology* (MIT) – zum Gutachter für das wahrscheinlich bedeutendste Projekt der Computerlinguistik, das *Verbmobil*-Projekt[2], gebracht hat. Daher ist es nur natürlich, sich die Technologien aus dem Bereich des *Natural Language Processing* zu Nutze zu machen und die Zusammenfassung des Aufsatzes mit einer *word cloud* zu visualisieren (siehe Abbildung 1).

---

1 http://www.fb06.uni-mainz.de/aasw/Dateien/festschrift.pdf

2 http://verbmobil.dfki.de/

Abbildung 1: word cloud des Schlafsaal-Artikels[3]

An dieser Stelle soll erwähnt sein, dass die Größe und somit auch die Gewichtung der Schlagworte in der *word cloud* mit der Vorkommenshäufigkeit im Aufsatz korrelieren. Rückschlüsse auf die Prioritätensetzung des Jubilars bleiben jedoch im spekulativen Bereich.

Da der Computer Texte aber nicht nur in einer Sprache verarbeiten, sondern sie auch noch in eine andere Sprache übersetzen kann – oder es zumindest versucht – ist es nun an der Zeit, sich die maschinelle Übersetzung des Aufsatzes anzuschauen. Um den Rahmen nicht zu sprengen, beschränken wir uns hier auf die Schlafsaal-Anekdote: Textausschnitt 1 zeigt den Text im Original (Huber 2007: 1) und Textausschnitt 2 stellt die maschinelle Übersetzung davon dar.

> Textausschnitt 1:
> Auf mein „Herein“ steckten zwei ältere Damen ihre Köpfe durch die Türöffnung und erklärten entschuldigend, sie wollten mich nicht stören, sondern lediglich einen kurzen Blick in ihr altes Zimmer werfen. Sie seien ehemalige Studentinnen. Auf meine Frage, bei welchem von meinen beiden Vorgängern auf dem Lehrstuhl für Allgemeine und Angewandte Sprachwissenschaft sie denn studiert hätten, bei Hans Vermeer oder bei Jörn Albrecht, schüttelten sie etwas verlegen den Kopf: Nein, studiert hätten sie hier nicht und die beiden Herren kannten sie auch nicht. Als sie in den 50er Jahren in Germersheim ihr Übersetzerdiplom ablegten, gab es am Fachbereich noch kein sprachwissenschaftliches Lehrangebot und mein heutiges Dienstzimmer diente damals als Schlafsaal im Wohntrakt für die Studentinnen.

---

[3] Die *word cloud* wurde mit dem Generierungstool der folgenden Webseite erstellt: http://www.wordle.net/

Textausschnitt 2[4]:
On my "Come in" two old ladies put their heads through the door and apologetically explained that they would not disturb me, but just throw a quick glance in her old room. They were former students. When I asked, would at which of my two predecessors at the Department of General and Applied Linguistics them for studying with Hans Vermeer or Jörn Albrecht, she shook a little embarrassed his head studied No, they would not be here and knew the two gentlemen they do not. When in the 50s in Germersheim took off her diploma in translation, there was no language in the Department of courses and academic services my current room served as living quarters in the dormitory for the students.

Aus der computerlinguistischen Perspektive heraus bewertet, ist diese Übersetzung ein beachtliches Ergebnis, das durchaus als Informativübersetzung durchgehen kann. Sie ist zwar lexikalisch problematisch, syntaktisch inkorrekt und stilistisch nicht ernst zu nehmen, aber trotzdem informativ. Die Diplomübersetzerin in mir verbietet mir jedoch jeden weiteren Kommentar.

Viel spannender erscheint es, die humane Sprachverarbeitung unter die Lupe zu nehmen. Wie liest ein Mensch den Schlafsaal-Aufsatz? Wie rezipiert ihn ein Übersetzer? Da die Lupe uns bei der Beantwortung dieser Fragen nicht wirklich hilft, greifen wir auf ein anderes optisches Messinstrument zurück: den Eyetracker. Mit dem Eyetracker können Blickbewegungen aufgezeichnet und gemessen werden. Da der Eyetracker letztendlich aber keinen direkten Blick in die Black Box ermöglicht, soll an dieser Stelle die Grundannahme, die der Blickbewegungsmessung generell zugrunde liegt, kurz erläutert werden: In der Blickbewegungsforschung geht man grundsätzlich von einer „Übereinstimmung zwischen dem Fixationsort und dem Fokus der visuellen Aufmerksamkeit" aus (vgl. Joos et al. 2002: 16). Die *overt attention* ist dabei direkt messbar, da sie mit Augenbewegungen verknüpft ist (vgl. Nyström 2008). Wenn der Blick sich durch Pupillenbewegungen auf ein Objekt richtet, stellt dies eine messbare Größe für Aufmerksamkeitsverschiebungen dar (vgl. Frey 2008). Unter *covert attention* versteht man hingegen einen mentalen Aufmerksamkeitszustand, den man nicht direkt messen kann, d.h. eine Aufmerksamkeitsverschiebung, die nicht mit Blickbewegungen einhergeht und somit auch nicht messbar ist. Dies bedeutet, dass die Aufmerksamkeit nach innen gerichtet ist, wie es beim Träumen oder Nachdenken der Fall sein kann (vgl. Posner 1980). Gleiches gilt für Beobachtungen „aus den Augenwinkeln", wenn die Aufmerksamkeit auf ein peripheres, nicht-foveales Objekt gerichtet wird (vgl. Söter 2007). Zusammenfassend lässt sich also festhalten, dass zumindest die *overt attention* messbar ist.

4 Diese maschinelle Übersetzung wurde mit *Google Translate* erstellt: http://translate.google.de/

Es stellt sich jedoch immer noch die Frage, ob eine Blickbewegung auch gleichbedeutend mit einer „kognitiven Bewegung“ ist. Da sich aber die Augenbewegungen entsprechend der visuellen Reize verändern und somit bei der Textrezeption auf Komplexität, Schwierigkeitsgrad, Unverständlichkeiten etc. reagieren, können auf der Basis der Blickbewegungen Rückschlüsse auf die kognitive Verarbeitung gezogen werden. Dieser Zusammenhang wurde erstmalig durch die *Eye-Mind-Hypothese* formuliert und durch Experimente empirisch nachgewiesen (Just/Carpenter 1980). Mit der *immediacy assumption* legen Just/Carpenter (1980) sogar eine Korrelation zwischen Fixationsdauer und Verarbeitungstiefe nahe. Unter diesen Voraussetzungen kann man also zumindest davon ausgehen, beim Eyetracking Indikatoren für kognitive Prozesse messen zu können.

Kommen wir nun zur Rezeption des Schlafsaal-Artikels. Für die vorliegende Rezeptionsanalyse werden zwei Messgrößen ausgewertet:

- Fixation: Relative Ruhephase des Auges – hier findet visuelle Informationsaufnahme statt.
- Sakkade: Schnelle Blicksprünge zwischen den Fixationen – diese sind zu schnell für die visuelle Informationsaufnahme.

Was die Visualisierung der Messergebnisse angeht, greifen wir auf die folgenden beiden Diagrammformen zurück:

- *heat map*: farbkodierte Simulation der kumulierten Blickbewegungen
- *gaze plot*: lineare Simulation der Fixationen und Sakkaden

Der Versuchsaufbau unseres kleinen Experiments ist an Jakobsen/Jensen (2008) angelehnt. Wir haben den Probanden zwei unterschiedliche Aufgaben gestellt: Im ersten Test ging es darum, den Text zu lesen; der Rezipient war kein Übersetzer. Im zweiten Test haben wir einen Übersetzer gebeten, den Text in Vorbereitung auf eine Übersetzung zu lesen. Die Blickbewegungen wurden mit dem *Tobii TX 300*-Eyetracker im Germersheimer *Eye-Lab* aufgezeichnet. Die Unterschiede im Blickverhalten werden in den folgenden beiden *heat maps* (Abbildungen 2 und 3) dargestellt. Was die Farbkodierung in den Abbildungen angeht, steigt die Intensität der Fixationsdauer bzw. -häufigkeit von grün über gelb bis rot an.

Abbildung 2 zeigt das typische Rezeptionsverhalten für deutschsprachige Leser: Die Fokussierung liegt auf den Zeilenanfängen und -enden. Das Leseverhalten eines Übersetzers in Vorbereitung auf die anstehende Übersetzung ist in Abbildung 3 zu sehen.

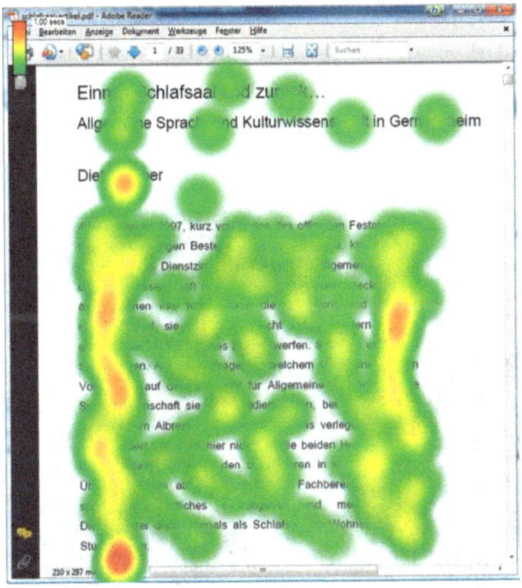

Abbildung 2: Textrezeption beim Lesen (*heat map*)

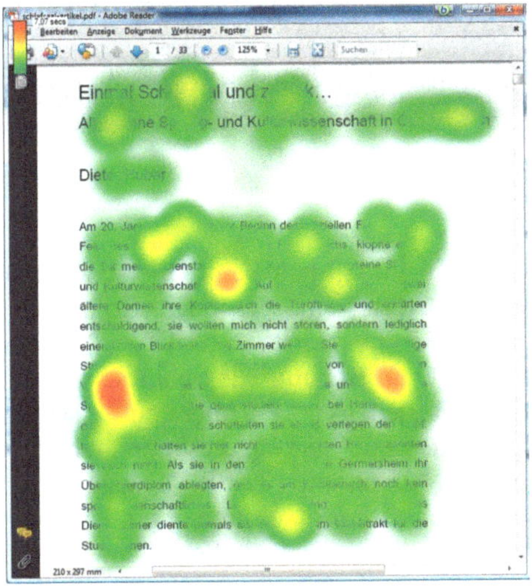

Abbildung 3: Textrezeption beim Übersetzen (*heat map*)

Abbildung 3 zeigt, dass die typische Fokussierung auf Zeilenanfänge und -enden viel weniger ausgeprägt ist und dass stattdessen auch andere Textstellen eine wichtige Rolle spielen. Dies könnte man schon als ersten Schritt für die vorbereitende Textanalyse interpretieren. Um genau zu erkunden, welche Textstellen für den Übersetzer wichtig sind, ist es notwendig, sich das „Negativ“ – ein sogenanntes *opacity heat map* – der Blickbewegungsaufzeichnung aus Abbildung 3 anzusehen (siehe Abbildung 4).

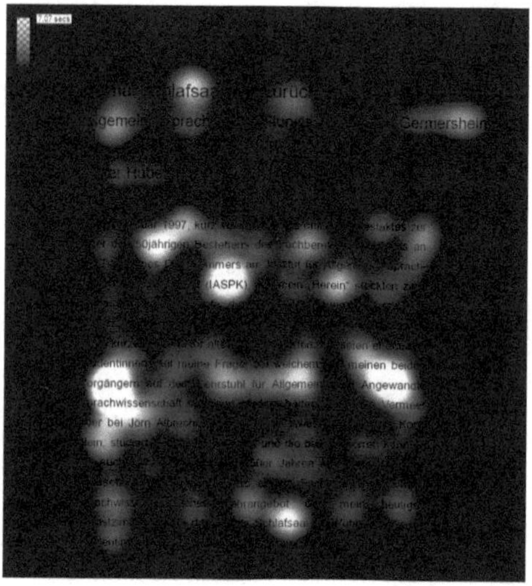

Abbildung 4: Textrezeption beim Übersetzen (*opacity heat map*)

Aus Abbildung 4 wird ersichtlich, dass beim Übersetzen neben der Überschrift Eigennamen und Schlüsselwörter eine besondere Rolle spielen. So werden beispielsweise die Namen „Germersheim“, „Huber“, „Vermeer“, „Jörn Albrecht“ besonders häufig und lange angeschaut. Als Schlüsselwörter sind die Folgenden zu nennen: „50jährigen Bestehens“, „Fachbereich“, „Herein“, „Studentinnen“, „Vorgängern“, „Allgemeine und Angewandte Sprachwissenschaft“ und „Schlafsaal“. Weiterhin wird die Abkürzung „IASPK“ lange fixiert. Schaut man sich diese besonderen Fixationen in ihrer Gesamtheit an, lässt sich daraus eine Wortkette bzw. ein Wortfeld des Textes erschließen. Man kann also durchaus davon ausgehen, dass der Übersetzer beim ersten Lesen eine grobe Inhaltsanalyse vornimmt.

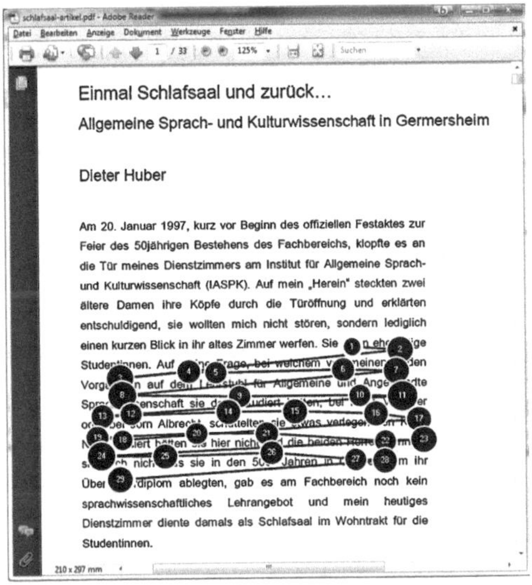

Abbildung 5: Textrezeption beim Lesen (*gaze plot*)

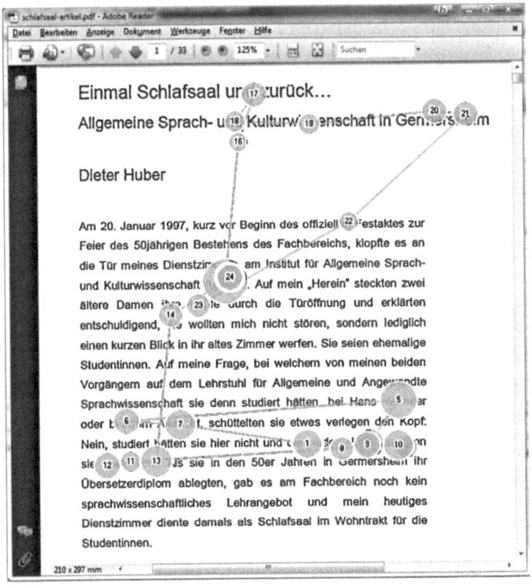

Abbildung 6: Textrezeption beim Übersetzen (*gaze plot*)

Da aus den *heat maps* nicht abzuleiten ist, wie lange und häufig die Fixationen stattfanden und ob es Rücksprünge zu Schlüsselwörtern oder Eigennamen gab, schauen wir uns im Folgenden die *gaze plots* der Blickbewegungen an. Abbildung 5 zeigt einen *gaze plot* beim Lesen des Schlafsaal-Aufsatzes. Daraus geht deutlich hervor, dass bei der normalen Textrezeption das Auge den Text linear verarbeitet. Die leicht vergrößerten Fixationspunkte liegen am Anfang und Ende der Zeilen, was die Auswertung der entsprechenden *heat map* (Abbildung 2) bestätigt. Abbildung 6 hingegen stützt die These, dass das übersetzungsvorbereitende Lesen weniger linear vonstattengeht. In diesem *gaze plot* sind Rücksprünge zu den oben erwähnten Textstellen, d.h. Eigennamen, Schlüsselwörter und Abkürzungen, zu verzeichnen. Im vorliegenden Ausschnitt sieht man, dass der Übersetzer aus Zeile 12 des Textes zuerst zum Eigennamen „Vermeer“ zurückspringt und die nachfolgende Zeile erneut liest. Aus Zeile 13 erfolgt dann eine Sakkade zurück zu den Zeilen 5 und 6, wo erneut die Pronomen „ihre“ und „sie“ fixiert werden. Dies lässt den Rückschluss zu, dass auch Kohäsionsketten beim übersetzungsvorbereitenden Lesen schon erkannt und berücksichtigt werden. Von den Pronomen springt das Auge zur Abkürzung „IASPK“, um daraufhin wieder zur Überschrift zurückzukehren, in der die Ausformulierung der Abkürzung steckt. Nachdem der Übersetzer die Überschrift erneut gelesen hat, springt er wieder zurück zur Abkürzung, was in der längsten Fixation (und somit im größten Fixationspunkt des *gaze plots*) resultiert. Als die letzten zwei Fixationspunkte dieses Ausschnitts sind das Wort „Köpfe“ und wiederum die Abkürzung „IASPK“ zu verzeichnen. Erstes bestätigt die Kohäsionsanalyse, da die Phrase „ihre Köpfe“ als Einheit verarbeitet wird und durch das Possessivpronomen zur Kohäsion des Textes beiträgt. Letzteres zeigt erneut, dass der Übersetzer der Abkürzung besondere Aufmerksamkeit zukommen lässt, was wiederum auf ein mögliches Übersetzungsproblem hinweisen könnte.

Diese aus dem Eyetracking gewonnenen Indikatoren zum Leseverhalten von Übersetzern könnten durch retrospektive Interviews oder durch die Methode des Lauten Denkens bestätigt werden. Auf diese Weise könnten auch Erklärungen und Hintergründe ermittelt werden. Komplementär zur Untersuchung des Rezeptionsprozesses wird *Keystroke-Logging*, d.h. Aufzeichnungen der Tastatureingaben, eingesetzt, um auch den Produktionsprozess beim Übersetzen zu untersuchen. Die daraus resultierende Datentriangulation ermöglicht die empirische und holistische Erforschung des Übersetzungsprozesses sowie von Übersetzungskompetenzen (vgl. Göpferich 2008 für einen Überblick). Abschließend lässt sich als Fazit für diesen Aufsatz und als Ausgangspunkt für zukünftige Forschungsarbeiten die folgende Frage formulieren:

Liest du noch oder übersetzt du schon?

Literaturverzeichnis

Frey, Hans-Peter (2008): *Overt Visual Attention under Natural Conditions*. Dissertation am Fachbereich Humanwissenschaften der Universität Osnabrück.

Göpferich, Susanne (2008): *Translationsprozessforschung: Stand – Methoden – Perspektiven*. Tübingen: Narr.

Huber, Dieter (2007): „Einmal Schlafsaal und zurück: Allgemeine Sprach- und Kulturwissenschaft in Germersheim“, in: Klaus-Peter Müller (Hg.): *Festschrift zum 60-jährigen Bestehen des Fachbereichs Angewandte Sprach- und Kulturwissenschaft*. Frankfurt am Main: Peter Lang. URL: http://www.fb06.uni-mainz.de/aasw/Dateien/festschrift.pdf

Jakobsen, A.L./K.T.H. Jensen (2008): „Eye Movement Behaviour across four different Types of Reading Tasks“, in: Göpferich, S./A.L. Jakobsen/I.M. Mees (Hg.): *Looking at Eyes. Eye-Tracking Studies of Reading and Translation Processing. Copenhagen Studies in Language, 36*, Copenhagen: Samfundslitteratur, 103-124.

Joos, Markus/Matthias Rötting/Boris M. Velichkovsky (2002): *Bewegungen des menschlichen Auges: Fakten, Methoden und innovative Anwendungen*. URL: http://tu-dresden.de/die_tu_dresden/fakultaeten/fakultaet_mathematik_und_naturwissenschaften/fachrichtung_psychologie/i3/applied-cognition/publikationen/pdf/joos2002.pdf

Just, Marcel A./Patricia A. Carpenter (1980): „A Theory of Reading: From Eye Fixations to Comprehension“, in: *Psychological Review*, 87, 329-354.

Nyström, Marcus (2008): *Off-Line Foveated Compression and Scene Perception: An Eye-Tracking Approach*. Ph.D. Thesis. Department of Electrical and Information Technology, Lund University, Sweden. URL: http://lup.lub.lu.se/luur/download?func=downloadFile&recordOId=1222627&fileOId=1222635

Posner, Michael (1980): „Orienting of Attention“, in: *The Quarterly Journal of Experimental Psychology* 32(1), Psychology Press, 3-25.

Söter, Andrea (2007): *State-of-the-Art: Eye-Tracker als Analyse und Eingabemedium*. URL: http://hci.uni-konstanz.de/downloads/Reader_NovelInputDevices_UniKN_2007.pdf

PROFIL DES JUBILARS

UNIVERSITÄTSPROFESSOR DR. DIETER HUBER

JOHANNES GUTENBERG UNIVERSITÄT MAINZ

INSTITUT FÜR ALLGEMEINE SPRACH- UND KULTURWISSENSCHAFT

1 Persönliche Daten

1947 geboren in Garmisch-Partenkirchen

1961-1964 Bauzeichnerlehre in München

1969 Abitur in München (nebenberuflich)

1969-1975 Diplomatischer Dienst (zuletzt Konsulatssekretär 1. Klasse) im Auswärtigen Amt in Bonn und an den Deutschen Botschaften in Lissabon und Peking

1976-1979 Referent für Auswärtige Beziehungen (zuletzt Leiter der Abteilung Deutschland-, Außen- und Sicherheitspolitik) in der CSU Parteizentrale in München

2 Kurzer wissenschaftlicher Werdegang und berufliche Stellung

1979-1984 Studium der Linguistik, Informatik und Kulturanthropologie (Nebenfach Sinologie) an den Universitäten München (LMU), Göteborg und Lund (Schweden)

1988 Promotion im Fach Computerlinguistik an der Universität Göteborg, Schweden

1990 Habilitation und Ernennung zum Hochschuldozenten an der Universität Göteborg, Schweden

1990 Gastwissenschaftler am Institut für *Advanced Telecommunications Research* (ATR) in Kyoto, Japan

1993 Lehrstuhlvertreter der C4-Professur für Angewandte Informatik an der Universität Leipzig

seit 1994 Universitätsprofessor (C4) für Allgemeine und Angewandte Sprachwissenschaft

3 Forschungsinteressen und Forschungsschwerpunkte

Aus dem Bereich Allgemeine und Angewandte Sprachwissenschaft:

Phonetik, Pragmatik, Prosodie, Kognition (Psycholinguistik / Künstliche Intelligenz),

Soziolinguistik (Frauensprache / Männersprache)

Aus dem Bereich Kulturwissenschaft:

Gegenseitige Beeinflussung von Sprache und Kultur, Kulturanthropologie, Interkulturelle Kommunikation, Kulturelle Folgen der Globalisierung und der Kommunikation im Internet

Aus dem Bereich Translationswissenschaft:

Translationstheorien, Translation als Interdisziplin, Community Interpreting, Möglichkeiten und Begrenzungen Maschineller Übersetzungs- und Dolmetschsysteme

Grundlagenwissenschaften:

Sprachphilosophie, Wissenschaftstheorie, Epistemologie (Möglichkeiten und Begrenzungen menschlicher Erkenntnis)

4 Kurze Darstellung der Forschungstätigkeit

METAL: Forschungskooperation mit der Firma Siemens zur Erprobung, Evaluation und Weiterent-wicklung des in Zusammenarbeit zwischen der Universität Austin und Siemens/München hergestellten Systems für die vollautomatische maschinelle Übersetzung. Förderung: Siemens AG (1994 – 2004)

LOGOS: Forschungskooperation mit der Firma Logos zur Erprobung, Evaluation und Weiterent-wicklung des weltweit größten vollautomatischen Systems für die maschinelle Übersetzung. Der Fachbereich erhielt hierfür kostenfrei die Vollversionen (Hardware, Software, Quellkode, Zugangslizenzen) für die Sprachen Deutsch, Englisch, Französisch und Spanisch. Förderung: Logos Inc. (1995 – 2002)

INTERKULTURELLES TECHNICAL WRITING: Modellprojekt zur Untersuchung von Verstehens-prozessen in der interkulturellen Dokumentation für den Bereich Technik. Förderung: Landesmittel Rheinland-Pfalz (1995 – 1996) sowie Einnahmen aus Weiterbildungs-seminaren

NEUE TECHNOLOGIEN IM ÜBERSETZUNGSWESEN: Entwicklung und Erprobung von computer-basierten Hilfsmitteln im Übersetzungsprozess. Förderung: Landesmittel Rheinland-Pfalz (1997 – 1998) sowie Einnahmen aus Weiterbildungs-seminaren

MELISSA (Methods and Tools for Natural-Language Interfacing to Standard Software Applications): Multilinguale Oberflächengestaltung unter Einbeziehung kulturspezifischer HCI-Merkmale. Förderung: ESPRIT-Verbundprojekt unter Leitung des spanischen Industriepartners „Software AG España“ (1996 – 2000)

VERBMOBIL Deutsch-amerikanisch-japanisches Verbundprojekt zur Entwicklung eines rechnerbasier-ten Dolmetschgeräts (Prototyp) für die Unterstützung von Geschäftsverhandlungen. Förderung: Bundesministerium für Forschung und Technologie (1994 – 2000)

LETRAC (Linguistic Engineering in Translators Curricula): EU-Verbundprojekt unter Leitung des Forschungsinstituts IAI, Saarbrücken zur Bestimmung und europaweiten Festlegung von informatikorientierten Studieninhalten für die universitäre Ausbildung von Übersetzern und Dolmetschern. Förderung: EU-Rahmenprogramm (1996 – 2000)

MÖGLICHE WELTEN, VIRTUELLE REALITÄTEN: Interdisziplinär angelegte Untersuchung zur simu-lativen Erprobung und Weiterentwicklung der Leibnitzschen „Möglichen Welten“ als Forschungs-paradigma in einer modernen „Hyperwelt“ der virtuellen Realitäten. Förderung: Berufungsmittel (Bleibeverhandlungen) der Johannes Gutenberg-Universität Mainz (2005-2007)

5 Publikationsliste

1984

Huber, Dieter: „Intonation Contours in Ten Swedish Sentences“. Göteborg: Monograph Depart-ment of Linguistics (University of Göteborg) & Department of Information Theory (Chalmers University of Technology).

1985

Huber, Dieter: „Swedish Intonation Contours in Text-to-Speech Synthesis”. Lund: Working Papers 28, Department of Linguistics and Phonetics (University of Lund).

Huber, Dieter: „Tonal Features in Speech Synthesis“. Göteborg: *Proceedings of the Conference SVENSKANS BESKRIVNING* 15.

1987

Huber, Dieter: „Tal som ett Medium in Människa-Dator Interaktion” (Speech as a Medium in Human-Computer Interaction)“. Linköping: *Proceedings STIMDI* 1.

1988

Huber, Dieter: „Laryngealization as a Boundary Cue in Read Speech”. Lund: Working Papers 34, Department of Linguistics and Phonetics (University of Lund).

Huber, Dieter: „On the Communicative Function of Voice in Human-Computer Inter-action”. Linköping: *Proceedings STIMDI* 2.

Huber, Dieter: „Från Sats till Text” (From Clauses to Texts) Linköping: *Proceedings of the Workshop COMPUTERS, TEXT AND CONTEXT; STIMDI* 2.

Huber, Dieter: „Aspects of the Communicative Function of Voice in Text Intonation”. Göteborg: Monograph Department of Computational Linguistics (University of Göteborg).

Hedelin, Per, Anders Bergström & Dieter Huber: „Digital Speech Communication”. Lund: *Proceedings of the Symposium DIGITAL TRANSMISSION*.

1989

Huber, Dieter: „A Statistical Approach to the Segmentation and Broad Classification of Continu-ous Speech into Phrase-Sized Information Units". Glasgow: *Proceedings of the IEEE International Conference on Acoustics, Speech and Signal Processing (ICASP '89).*

Huber, Dieter: „Prosodic Contributions to the Resolution of Ambiguity". Turku: *Proceedings NORDIC PROSODY* V.

Huber, Dieter: „Voice Characteristics of Female Speech and their Representation in Computer Speech Synthesis and Recognition". Paris: *Proceedings of the 2nd European Conference on Speech communication and Technology (EUROSPEECH '89).*

Huber, Dieter: „Parsing Speech for Structure and Prominence". Pittsburgh: *Proceedings of the 1st International Workshop on Parsing Technologies.*

Broman, Holger, Peter Brauer, Erik Eliassen, Per Hedelin, Dieter Huber & Petter Knagenhjelm: „Classification, A problem of Optimization?" Stockholm: *Proceedings of the Symposium DIGITAL COMMUNICATION.*

Hedelin, Per & Dieter Huber: „CTH Signal Processing Activities - The 1989 Perspective" Stockholm: *Proceedings of the Symposium DIGITAL COMMUNICATION.*

Hedelin, Per & Dieter Huber: „The CTH- Speech Database: An Integrated Multilevel Approach" Noordwijkerhout: *Proceedings of the ESCA Workshop in Speech Input/Output Assessment and Speech Databases.*

1990

Huber, Dieter: „Prosodic Transfer in Spoken Language Interpreting". Kobe: *Proceedings of the International Conference on Spoken Language Processing (ICSLP '90).*

Huber, Dieter: „Speech Style Variations of Fo in a Cross-Linguistic Perspective". Melbourne: *Proceedings of the 3rd Australian Conference on Speech Science and Technology (SST '90).*

Huber, Dieter: „An Electronic Dictionary for Computer Speech Applications". Invited Contribution to the *1st International Workshop on Electronic Dictionaries.* Tokyo: **EDR** Technical Report.

Hedelin, Per & Dieter Huber: „Pitch Period Determination of Aperiodic Speech". Albuquerque: *Proceedings of the IEEE International Conference on Acoustics, Speech and Signal Processing (ICASP '90).*

Hedelin, Per & Dieter Huber: „The CTH- Speech Database: An Integrated Multi-level Approach" *Speech Communication* 9 (4).

1991

Huber, Dieter: „A Bilingual Dialogue Datebase for Automatic Speech Interpreting between Japanese and English". Kyoto: **ATR** Technical Report TR-I-0196.

Huber, Dieter: „On the Discourse Function of Intonation". Aix-en-Province: *Proceedings of the XII International Congress of Phonetic Sciences (ICPhS '91).*

Huber, Dieter: „Sex Differences in News Reading Style". In: Britt-Louise Gunnarsson & Caroline Liberg (Eds.) *Språk, Språkbruk och Kön (Language, Language Use and Gender).* Uppsala: Uppsala University Press.

Huber, Dieter: „Integrating Syntagmatic Information in a Dictionary for Computer Speech Appli-cations". Bergen: *Proceedings of the Nordic Conference on Computational Linguistics (Nordiska Datalingvistikkdager '91).*

Brauer, Peter, Per Hedelin, Dieter Huber & Petter Knagenhjelm: „Probability Based Optimization for Network Classifiers". Toronto: *Proceedings of the IEEE International Conference on Acoustics, Speech and Signal Processing (ICASP '91).*

Brauer, Peter, Per Hedelin, Dieter Huber, Petter Knagenhjelm & Johan Molnö: „Model or Non-Model Based Classification". Genova: *Proceedings of the 3rd European Conference on Speech communication and Technology (EUROSPEECH '91).*

1992

Huber, Dieter: „Prosodic Structures in Japanese and English Dialogues". In: S. Luksanee-yanawin (Ed.) *PAN-ASIATIC LINGUISTICS*. Bangkok: Chulalongkorn University Press.

Huber, Dieter: „Svenska R-ljud och Supradentaler" (Rhotics and Supradentals in Modern Swedish. Stockholm: *Proceedings of the Conference SVENSKANS BESKRIVNING **19**.*

Huber, Dieter: „Dimensions of Professionality in Spoken Discourse". *Proceedings of the Inter-national Conference DISCOURSE AND THE PROFESSIONS.* Uppsala: Uppsala University Press.

Huber, Dieter: „Perception of Aperiodic Speech Signals". Banff: *Proceedings of the Inter-national Conference on Spoken Language Processing (ICSLP 92).*

1993

Huber, Dieter: „Integration of Speech and Natural Language through Prosody". London: Invited Contribution to the *1st European Summer School on Phonetics and Speech Communi-cation.* UCL Report.

Ejerhed, Eva, Eva Strangert & Dieter Huber: „Clause Structure and Prosodic Segmentation". *Proceedings of the 7th Swedish Phontics Conference.* Uppsala: Uppsala University Press.

1994

Huber, Dieter: „Models and Databases for Speech Technology". Stockholm: NUTEK Technical Report.

Huber, Dieter: „From Machine Translation to Automatic Spoken Language Interpretation". In: *Technology Partnerships for Crossing the Language Barrier.* Washington: *Proceedings of the First Conference of the Association for Machine Translation in the Amerikas.*

1995

Huber, Dieter: „Mediators and their Means". In: *Sprache und Wirtschaft in der europäischen Informationsgesellschaft.* Konferenzakten der 21. Jahrestagung der Internationalen Vereinigung Sprache und Wirtschaft. Humboldt-Universität zu Berlin.

Bloothooft, Gerrit, Valerie Hazan, Dieter Huber & Joaquim Llisterri: *European Studies in Phonetics and Speech Communication.* Dordrecht: OTS Publications.

1996

Huber, Dieter: „Towards Computer-Aided Interpreting: State of the Art, Limitations and Future Directions". In: Michael Cronin (Hrsg.) *Unity in Diversity?* Dublin: *Proceedings of the Translation Studies Conference.*

Huber, Dieter: „Prosodic Transfer: Nonverbal Language in Intercultural Communication" In: Horst W. Drescher und Susanne Hagemann (Hrsg.) *Scotland to Slovenia: European Identities and Transcultural Communication. Proceedings of the Fourth International Scottish Studies Symposium.* Frankfurt am Main: Peter Lang Verlag.

Göhring, Heinz, Dieter Huber & Herbert E. Sattel: „Allgemeine Sprach- und Kulturwissenschaft". In: Stoll, Karl-Heinz (Hrsg.) *50 Jahre FASK - Geschichte und Geschichten.* Germersheim: Eigenverlag.

1997

Huber, Dieter: „Mögliche Welten für die Übersetzungswissenschaft: Überlegungen zur Paradig-mengeschichte der Translation". In: Horst W. Drescher (Hrsg.) *Transfer: Übersetzen – Dolmetschen – Interkulturalität.* Frankfurt am Main: Peter Lang Verlag.

Huber, Dieter & Erika Worbs (Hrsg.): „Ars transferendi: Sprache, Übersetzung, Interkulturalität. Festschrift für Nikolai Salnikow zum 65. Geburtstag". Frankfurt am Main: Peter Lang Verlag.

1998

Huber, Dieter: „Translation Units and Performance Structure: Chunking Phenomena in Spoken Language Interpreting". In: Monika Doherty (Hrsg.) Konferenzakten *Sprachspezifische Aspekte der Informationsverteilung.* Humboldt-Universität zu Berlin.

Huber, Dieter: „Phonologie". In: Mary Snell-Hornby, Hans G. Hönig, Paul Kussmaul & Peter A. Schmitt (Hrsg.) *Handbuch Translation.* Tübingen: Stauffenburg Verlag. S.47-49.

Huber, Dieter: „Automatisches Dolmetschen". In: Mary Snell-Hornby, Hans G. Hönig, Paul Kussmaul & Peter A. Schmitt (Hrsg.) *Handbuch Translation.* Tübingen: Stauffenburg Verlag. S.137-140.

2000

Krollmann, Friedrich, Dieter Huber & Peter A. Schmitt (2000): „Dolmetscher/Dolmetscherin und Übersetzer/Übersetzerin". Blätter zur Berufskunde herausgegeben von der Bundesanstalt für Arbeit im Einvernehmen mit dem Bundesverband der Dolmetscher und Übersetzer e.V., Bielefeld: Bertelsmann Verlag.

2001

Huber, Dieter: „Ausbildung und Arbeitsmarkt für Dolmetscher und Übersetzer im Spannungsfeld der aktuellen Entwicklungen". Eröffnungsvortrag zum Jubiläumskongress des BDÜ-Landesverbandes Bayern. In: Felix Mayer (Hrsg.) *Dolmetschen und Übersetzen: Der Beruf im Europa des 21. Jahrhunderts.* Freiburg: Verlag freigang, mauro + reinke.

2003

Huber, Dieter: „Migration virtuell: Interkulturelle Kommunikation im Globalen Dorf". In: Matthias Perl und Wolfgang Pöckl (Hrsg.) *Die ganze Welt ist eine Bühne / Todo el mundo es un escenario,* Festschrift für Klaus Pörtl zum 65. Geburtstag. Frankfurt am Main: Peter Lang Verlag.

2004

Huber, Dieter: „Old Standards and New Challenges: Intercultural Communication in the Global Network Society". In: Jens Allwood (Hrsg.) *Intercultural Communication at Work (Tvärkulturell Kommunikation på Arbetsplatsen).* Göteborg University: Konferenzakten.

2005

Huber, Dieter: „Phonetic Aspects in Translation Studies". In: Anders Eriksson (Hrsg.) *Fonetik 2005.* Göteborg University: Konferenzakten.

2006

Huber, Dieter: „Die Steine feinden, Fenster grinst Verrat“. Colloquium *Poesie und Übersetzung* im Rahmen des *Poesiefestivals Berlin 2006.* Berlin: Literaturwerkstatt.

2007

Huber, Dieter: „Einmal Schlafsaal und zurück: Allgemeine Sprach- und Kulturwissenschaft in Ger-mersheim”. In: Klaus-Peter Müller (Hrsg.) *Festschrift zum 60-jährigen Bestehen des FASK.* Frankfurt am Main: Peter Lang Verlag (In Druck).

2008

Huber, Dieter: „Interkulturelles Management: Die Deutschen in der interkulturellen Begegnung“. Stuttgart: AKAD Verlag.

2011

Huber, Dieter: „Deutschlandstudien: Geschichte, Geographie, Gesellschaft, Politik, Wirtschaft, Kultur, Bildende Kunst, Musik und Architektur in Deutschland“. Stuttgart: AKAD Verlag.

Wolfgang Pöckl

Eine kleine Dosis Eurolinguistik für Studierende der Translationswissenschaft

1 Persönliche Vorbemerkung

Im Jahr 2000 fassten der Jubilar, dem dieser Band gewidmet ist, und der Verfasser dieser Zeilen den Beschluss, interessierte Studierende des Fachbereichs Angewandte Sprach- und Kulturwissenschaft in Form einer Tandem-Vorlesung in die Welt der europäischen Sprachen einzuführen. Leider haben unglückliche biografische Umstände dieses Vorhaben verhindert. Mir war natürlich schon damals bewusst, wie ungleich ertragreicher das geplante Team-Teaching für die TeilnehmerInnen gewesen wäre als eine herkömmliche Vorlesung, zumal sich unsere Spezialisierungen sowohl bezüglich der Fremdsprachenkompetenzen als auch hinsichtlich der sprachwissenschaftlichen Teilgebiete ideal ergänzt hätten. Mittlerweile habe ich bei vereinzelten – natürlich „solistischen" – Versuchen, die Thematik an einer österreichischen Provinzuniversität in Seminaren zu behandeln, von Mal zu Mal besser verstanden, welches Potenzial an Einsichten dieser Ansatz speziell für Studierende birgt, die ihre berufliche Zukunft im Übersetzen und Dolmetschen sehen. Aber die besondere Faszination besteht eigentlich darin, dass der „Input" nicht allein von dem bzw. den Lehrenden kommen kann. Im letzten Seminar dieser Art habe ich die fünfundzwanzig Studierenden gebeten, ihre persönliche „Sprachbiografie"[1] zu schreiben (und dabei auch ihre – um einem Begriff von Mario Wandruszka (1979: 13 ff.) aufzunehmen – muttersprachliche Mehrsprachigkeit[2] nicht zu vergessen).[3] Natürlich darf man nicht erwarten,

---

1 Die Anregung, mehrsprachige Sprecher ihre Kompetenzen und Einstellungen in dieser Form reflektieren zu lassen, kommt von Rita Franceschini (z.B. 2001; vgl. auch Franceschini/Miecznikowski 2004), die mit ihren Informanten Tiefeninterviews führt. Die Wiener Sprachwissenschaftlerin Brigitta Busch lässt Menschen mit Migrationshintergrund ihre Sprachbiografie zeichnerisch als „Sprachmännchen" darstellen (vgl. z.B. Busch 2008). Studierende der Translationswissenschaft sind jedoch in der Lage, sich zu ihren Spracherfahrungen in Form expositorischer Texte zu äußern.

2 Anhand von Dialekten lassen sich nicht selten Phänomene gut erklären, die es in anderen Sprachen gibt, aber nicht in der eigenen Standardvarietät. So sagt man natürlich, dass das Deutsche keine Nasalvokale hat; vor allem bairische Dialekte sind damit aber reich ausgestattet, und somit verfügen die SprecherInnen natürlich auch z.B. über eine Sensibilität für das jeweilige Minimalpaar oral vs. nasal. Und während wir im so genannten Hochdeutschen Personennamen ohne Artikel gebrauchen, sagen wir in diesen Dialekten, so wie analog in verschiedenen europäischen Standardsprachen (Katalanisch, Luxemburgisch etc.), „der Dieter", „die Huber Julia" usw.

dass bei einem einjährigen Au-Pair-Aufenthalt in Reykjavik oder bei einem eigentlich der Verbesserung des Spanischen dienenden ERASMUS-Auslandssemester in Santiago de Compostela das Isländische bzw. das Galicische bis zur Spionagereife ausgebaut worden wären, aber allein die Freude, auch diese zusätzlichen, im Studienalltag sonst nie „gefragten“ Sprachkompetenzen in einer Lehrveranstaltung einbringen zu können, mobilisiert eine hohe Bereitschaft zu weiterer Beschäftigung. Mindestens so groß ist naturgemäß der Enthusiasmus bei Studierenden nicht-deutscher Muttersprache, die – vielleicht außerhalb ihrer Heimat zum ersten Mal überhaupt – erleben, dass ihre – im Alltag sogar manchmal eher stigmatisierende – Familiensprache (z.B. Lettisch, Slowakisch, Ungarisch, Albanisch…) in einem akademischen Kontext thematisiert wird, wobei sich zugleich aber manchmal auch das etwas ernüchternde Bewusstsein einstellt, dass man außerhalb der häuslichen Kommunikation wenig mit dieser Sprache anfangen kann und man sie nachhaltiger pflegen müsste, um behaupten zu können, dass man sie wirklich beherrscht. Junge Menschen sind heutzutage viel öfter mehrsprachig als in früheren Zeiten, aber nicht wenige von ihnen sind auch schon als Jugendliche vom Phänomen des Sprachverlusts betroffen – ein Thema, das die Mehrsprachigkeits- und die Sprachlehrforschung gerade erst zu entdecken und zu erforschen beginnen (vgl. z.B. Jessner-Schmid 2003).

2 Linguistik im Curriculum der Übersetzer- und Dolmetscherausbildung

Wenn wir uns die Lebensläufe der Personen ansehen, die sich heute im deutschsprachigen Raum an der translationswissenschaftlichen Diskussion quasi ex officio aktiv beteiligen, so fällt auf, dass die Angehörigen der älteren Generation, also jener KollegInnen, die vor bzw. um 1950 geboren wurden, nur in Ausnahmefällen auf geradlinigem Weg in die aktuelle Position gekommen sind (vgl. z.B. die Kurzautobiografien in Pöckl 2004). Die überwiegende Mehrzahl von ihnen hat sich die ersten akademischen Lorbeeren in der Sprachwissenschaft verdient. Selbst heute noch sind bei Bewerbungen auf Professuren für Translationswissenschaft (oder wie immer die betreffenden Stellen im Kontext ihrer Fakultäten bzw. Institute jeweils genau heißen mögen) habilitierte VertreterInnen aus der Translationswissenschaft gewöhnlich in der Unterzahl gegenüber LinguistInnen mit einem Standbein in der Kontrastiven Sprachwissenschaft oder einem Nahverhältnis zur Translatologie. Es mag daher etwas erstaunlich anmuten, dass die ProponentInnen des Fachs, die in den achtziger und frühen neunziger Jahren des letzten Jahrhunderts die Meinungsführerschaft an sich zogen, die Translationswissenschaft mit großer Emphase zur Interdisziplin erklärten, die sich mit der Psychologie, der Künstlichen-Intelligenz-Forschung, der Ethologie usw. über-

[3] Um wieviel mehr wären es wahrscheinlich im multikulturellen Ambiente von Germersheim gewesen!

schneiden würden, wogegen sie – ebenso leidenschaftlich wie (vorübergehend) erfolgreich – die Abkoppelung von ihrem ursprünglichen Arbeitsbereich betrieben. Die Sprachwissenschaft und in ganz besonderer Weise die Philologie wurden regelrecht zu No-go-Areas für TranslationswissenschaftlerInnen erklärt, das „philologische Übersetzen" wurde als exaktes Gegenbild dessen angeprangert, was in der Ausbildung von Übersetzern und Dolmetschern zu vermitteln sei.

Freilich ist manche Abwehrhaltung auch dadurch erklärbar, dass die universitäre Ausbildung in den sechziger und frühen siebziger Jahren in jene Phase fiel, in der an den Universitäten ein steriler und jede Forderung nach praktischer Anwendbarkeit als schnöde utilitaristisch zurückweisender Strukturalismus das Feld beherrschte, so dass allenfalls neue Richtungen wie die Pragmalinguistik in ein Curriculum für Übersetzer und Dolmetscher integrierbar erschien (vgl. z.B. Hönig 1995/2011). Wenn man allerdings neuere Entwicklungen innerhalb der Sprachwissenschaft beobachtet und zur Kenntnis zu nehmen bereit ist, dass sich die Erkenntnisinteressen schon bald nach 1968 sehr weit von den ebenso dogmatischen wie formalistischen Konzepten der Sprachbeschreibung wegentwickelt haben, so sollte einem fruchtbaren Dialog heute nichts mehr im Weg stehen; auch die Angst, von der Sprachwissenschaft wieder vereinnahmt respektive „geschluckt" zu werden, ist unbegründet in einer Zeit, in der viel vom *translation turn* die Rede ist (vgl. z.B. Snell-Hornby 2006: bes. 164 ff.) und die Translationswissenschaft nun ihrerseits zum eigenen Schutz auf der Hut sein sollte, nicht zur Superdisziplin emporstilisiert zu werden, von der zu allen sprach- und kulturwissenschaftlichen Fragen gültige Antworten erwartet werden.

Die hier vorgetragenen Überlegungen mögen banal erscheinen, aber sie können für sich in Anspruch nehmen, aus der eigenen Lehrerfahrung an einer großen, schon aufgrund ihrer geografischen Lage relativ autonomen Ausbildungsstätte für Übersetzer und Dolmetscher in Deutschland sowie an einem kleinen, in eine philologische Fakultät eingebetteten Institut für Translationswissenschaft einer österreichischen Provinzuniversität abgeleitet zu sein.

Die Anliegen, die ich hier diskutieren möchte, sind übrigens zum Großteil unabhängig von der Größe und der Struktur der Einrichtungen. Diese Faktoren sind nur insofern von Belang, als sich an einer „klassischen" Fakultät die Frage stellt, ob man durch Kooperation mit Nachbarinstituten synergetische Effekte erzielen kann und will. Aus dem bisher Gesagten lässt sich natürlich schon erkennen, dass hier nicht der Abschottung das Wort geredet werden soll. Eurolinguistik sollte für alle, die professionell mit Sprachen zu tun haben, etwas im Angebot haben.

3 Was ist Eurolinguistik?

Als die in den Vorbemerkungen erwähnte Lehrveranstaltung in Umrissen entworfen wurde, kam der Begriff *Eurolinguistik* in unseren Gesprächen meiner Erinnerung nach noch nicht vor. Das Konzept ist vor allem im Rahmen der deutschsprachigen Slawistik im letzten Jahrzehnt des 20. Jahrhunderts entwickelt worden. Parallel dazu gab es freilich Studien aus anderen Disziplinen, so etwa Mario Wandruszkas kleine Darstellung *Die europäische Sprachengemeinschaft* (1990), in der allerdings nur romanische und germanische Sprachen näher betrachtet werden. Nach den politischen Umwälzungen um 1990 konnte Europa offenbar auch aus sprachwissenschaftlicher Perspektive neu „gedacht" und in den Blick genommen werden, wobei sich jedoch sehr schnell zeigte, dass der auf Norbert Reiter zurückgehende Leitsatz „Die Eurolinguistik ist die Wissenschaft von den sprachlichen Gemeinsamkeiten in Europa" (zit. in Hinrichs 2010b: 3) sinnvoller Weise um das Motto der Europäischen Union *Unity in Diversity* ergänzt werden sollte, wenn man Europa als sprachlich-kulturellem Raum gerecht werden möchte. Einem breiteren Publikum wurde die Eurolinguistik erst mit Joachim Grzegas populärwissenschaftlicher Darstellung *EuroLinguistischer Parcours* (2006) bekannt, ihre Legitimation als besonderer Forschungszweig erhielt sie kürzlich mit dem bei Harrassowitz erschienenen, knapp eintausend Seiten umfassenden *Handbuch der Eurolinguistik* (Hinrichs 2010a).

Der Herausgeber des gewichtigen Handbuchs schreibt der jungen Forschungsrichtung auch die politisch-kulturelle Aufgabe der Identitätsbildung zu, will aber bewusst nicht den unzutreffenden Eindruck erwecken, dass es sich bereits um eine programmatisch solide aufgestellte Disziplin handle:

> „Zum jetzigen Zeitpunkt ist zwar klar, dass die Eurolinguistik sich interdisziplinär, kulturologisch und weltoffen präsentiert; von einer wirklichen Integration der verschiedenen Verzweigungen, verbunden mit der Vision einer konsistenten Eurolinguistik der Zukunft, kann zum gegenwärtigen Zeitpunkt aber noch nicht wirklich gesprochen werden. Bis jetzt kann man analytisch eine semasiologisch kognitive […], eine kontaktlinguistische […], eine typologische […], eine […] soziolinguistische […], eine kulturanthropologische […], eine sprachdidaktische […] und eine geographische Richtung […] unterscheiden […], die untereinander bisher keine engere Vernetzung aufweisen. In welche Richtung sich die Eurolinguistik weiterentwickeln wird, ist zur Zeit schwer zu sagen […]. Viel für sich hat die Prognose, dass eine kulturanthropologisch und pragmatisch ausgerichtete Eurolinguistik wohl eine sehr starke Zukunft hat." (Hinrichs 2010b: 2)

Aus jedem der aufgezählten Ansätze lassen sich exemplarisch Inhalte für Vorlesungen oder Seminare gewinnen, die sich an zukünftige ÜbersetzerInnen und DolmetscherInnen richten. Ich werde in der Folge einige mögliche Themen und ihre Relevanz für die Ausbildung diskutieren.

3.1 Beitrag zur Allgemeinbildung

Der sogenannte Bologna-Prozess, der zum Leidwesen aller Anhänger frei gestalteter Studien die inhärente Tendenz birgt, den standardisierten Absolventen einer Studienrichtung hervorzubringen, hat im Vorfeld der Implementierung der betreffenden Curricula auch die Frage in den Vordergrund gerückt, wie fachspezifisch die Ausbildung, insbesondere am Anfang, sein soll. Die für die finanziellen Mittel der Lehre verantwortlichen Vertreter der Universität plädierten meist – vor allem wegen des kostenfreundlichen Effekts – für fächerübergreifende Lehrveranstaltungen mit allgemeinbildendem Charakter (nach US-amerikanischem Muster, wie von Kritikern gerne verächtlich angemerkt wurde). Von einer Einführung in die europäische Kulturgeschichte, so die Argumentation, sollten Studierende der Anglistik, der Italianistik wie auch der Translationswissenschaft profitieren. Dasselbe gilt natürlich analog beispielsweise für die Grundlagen der Sprachwissenschaft. Was Lautgesetze, Akronyme, Appositionen etc. sind, braucht man nicht einzelsprachspezifisch zu erklären.

Für ein elementares Kapitel Eurolinguistik wäre eine solche interdisziplinäre Lehrveranstaltung der geeignete Platz. Man erwartet wohl, und nicht zu Unrecht, von allen Menschen mit „Sprachberufen“, egal ob SprachlehrerInnen oder DolmetscherInnen, dass sie sich in der europäischen Sprachenlandschaft auskennen, einerseits rein geografisch und andererseits in Bezug auf die Klassifikation der Sprachen sowohl in genealogischer als auch in typologischer Hinsicht.[4] Weder die eine noch die andere Form der Einteilung kommt in den Lehrplänen unserer Schulen vor, so dass hier beim Großteil unserer StudienanfängerInnen ein Bildungsdefizit behoben werden kann. Dass die so erworbenen Kenntnisse nicht bloßer Wissensballast sind, versuche ich in den nächsten Abschnitten ein wenig zu untermauern.

---

4 Natürlich wäre auch über die Kriterien der Einteilung zu diskutieren und darauf hinzuweisen, dass bei der typologischen Klassifikation die jeweiligen Merkmale stärker oder schwächer ausgeprägt sein können und der vollkommene Idealtyp nicht vorkommt. Aber auch die Frage, welche Sprachen von der Eurolinguistik zu berücksichtigen sind, ist nicht ganz überflüssig. So wird im Allgemeinen von den VertreterInnen dieses Forschungsansatzes das Maltesische wegen seiner genetischen Zugehörigkeit zu den semitischen Sprachen ausgeklammert. Nimmt man jedoch das kulturelle Selbstverständnis der Sprecher und die Geschichte der Insel als Kriterium, so verbietet sich der Ausschluss rigoros. Ja, die Sprache selbst mit ihren zahllosen italienischen (bzw. sizilianischen) und englischen Lehnwörtern ist ein starkes Argument für die Einbeziehung in den eurolinguistischen Kontext.

3.2 Beitrag zum individuellen Lernen von Sprachen

Gehen wir nun noch einen Schritt näher an die spezifische Ausbildung von ÜbersetzerInnen und DolmetscherInnen heran. Wir sind heute mit zwei Gegebenheiten konfrontiert, die frühere Generationen kaum kannten, die eine verantwortungsvolle und zukunftstaugliche Ausbildung aber sehr wohl zu berücksichtigen hat.

Erstens: Wer heute die Grundlage dafür legt, sein späteres Berufsleben mit „Sprachen" zu bestreiten, sollte sich mit der Prognose auseinandersetzen, dass die zwei oder drei an der Universität studierten Sprachen keine Garantie für eine lebenslange Beschäftigung darstellen. Wer als DolmetscherIn in einer internationalen Organisation unterkommt, sieht sich ohnehin schon seit längerer Zeit der Forderung gegenüber, weitere – vor allem so genannte kleinere, *lesser widely used* – Fremdsprachen als C-Sprachen auf ein konkurrenzfähiges Niveau zu bringen. Wer in weniger prestigeträchtigen Kontexten wie im *Community Interpreting* (das in Zukunft sicherlich mehr Gewicht und hoffentlich auch mehr Ansehen erhalten wird, als es derzeit genießt) sein Brot verdient, kann unschwer feststellen, dass die derzeit am dringendsten benötigten Sprachen nur in bescheidenem Ausmaß an der Universität unterrichtet werden. Dieser Umstand ist nicht nur auf die Inflexibilität der universitären Strukturen zurückzuführen, sondern auch und vor allem auf die unsicheren Bedarfsprognosen. Es sind keine besonders prophetischen Begabungen vonnöten, um vorherzusagen, dass die Schwankungen im Lauf der nächsten Jahrzehnte wohl noch größer sein werden als in der Vergangenheit, aber *welche* Sprachen um das Jahr 2030 besonders nachgefragt sein werden, kann selbst der politisch wachste Kopf nicht prognostizieren.

Dazu kommt, dass ÜbersetzerInnen immer öfter mit mehrsprachigen Texten zu tun haben; der „klinisch reine", einsprachige Text, zu dessen Verständnis *eine* bestimmte Fremdsprache vollkommen ausreicht, hat inzwischen wohl schon aufgehört, den Normalfall darzustellen.

Diese Andeutungen mögen genügen, um die Überzeugung zu unterstützen, dass die Mehrzahl der Menschen mit Sprachberufen künftig zumindest passive beziehungsweise ausbaufähige Kompetenzen in mehreren Sprachen besitzen sollten, um sich im Bedarfsfall schnell in eine weitere Sprache einarbeiten zu können, was in der Regel, vor allem wenn man bereits im Berufsleben steht, nur oder zumindest vorwiegend über das Selbststudium möglich sein wird.

Und damit sind wir nun bei einem zweiten Punkt, der angesichts der zahlreichen Materialien für den Selbstunterricht, die heute auf dem Markt sind, leicht vergessen wird. Während frühere Generationen von AbiturientInnen noch mit einem mehr oder weniger soliden grammatischen Rüstzeug, das für das Selbstlernen von Sprachen im Erwachsenenalter unentbehrlich ist, entlassen wurden, wird der schulische Fremdsprachenunterricht heute oft auf rein kommunikative Praxis reduziert. Studierenden, denen nie eine grammatische Satzanalyse abverlangt wurde, verwechseln Substantiv und Subjekt oder Präposition mit Konjunktion und können die verschiedenen Typen von Nebensätzen weder unterscheiden noch benennen. Der universitäre Sprach- und Translationsunterricht hat sich mittlerweile auch weithin einer metasprachlichen Crash-Diät unterzogen und thematisiert sprachenpaarbezogene Unterschiede oft nur mehr anhand von Beispielen, die den Studierenden zum Zweck der intuitiven Generalisierung angeboten werden. Je reduktionistischer aber der Grammatikunterricht wird, desto notwendiger ist es, an anderer Stelle die Selbstlernkompetenz zu optimieren.

Eine Lehrveranstaltung zum Thema Eurolinguistik vermag hier manches zu kompensieren. Wenn man Studierende mit bestimmten Fragen auf Entdeckungsreise schickt, so kommen sie nicht nur mit sehr schön farbig gestalteten Sprachkarten zurück, sondern auch mit einer unverkennbaren Freude über den Reichtum an erkundeten Phänomenen. Der Umgang der europäischen Sprachen mit der Kategorie Genus oder mit dem bestimmten Artikel sind Themen, die sich sehr gut visualisieren und in Form von Referaten didaktisch einfach vermitteln lassen, aber gleichzeitig den durch die traditionellen Schulsprachen aufgespannten Horizont beträchtlich erweitern. Anlass zu einem gewissen Staunen sind auch die Zahlwörter, die Verwandtschaftsbezeichnungen (und die lexikalische Differenzierung in diesem Wortfeld) oder die (ein- bis dreistufigen) Anredeformen. Mit zwei Dutzend Themen dieser Art kann man schon einen recht umfassenden Eindruck von grammatischen und lexikalischen Gemeinsamkeiten und Unterschieden europäischer Sprachen vermitteln, auf die man vorbereitet sein sollte, wenn man an das Lernen einer „neuen" Sprache geht, besonders wenn diese genetisch oder typologisch den bis dahin gelernten Sprachen nicht ganz nahe steht.

Ich habe das Adjektiv „neu" bewusst unter Anführungszeichen gesetzt, denn wenn jemand schon mehrere Fremdsprachen gelernt hat, ist eine weitere Sprache nie ganz neu in dem Sinn, dass mit dem Erwerb des Wortschatzes und der grammatischen Strukturen bei null begonnen werden müsste. Ganz besonders gilt dies natürlich, wenn man eine Sprache lernt, die mit einer anderen, die man bereits beherrscht, eng verwandt ist (also z.B. Portugiesisch nach Spanisch oder Italienisch). Im Rahmen der Eurolinguistik sind auch Sprachlehrmethoden wie EuRom4 (vgl. http://sites.univ-provence.fr/delic/eurom4/) oder EuroCom (für romanische, germanische, slawische Sprachen, vgl. Klein/Stegmann (2000)) entwickelt worden, bei denen es vor allem um den ökonomischen Aufbau der Lesekompetenz geht. Mittlerweile wird aber auch schon getestet, ob nicht auch weniger oder gar nicht verwandte „Kontrastsprachen" nach der EuroCom-Methode schneller gelernt werden können als im herkömmlichen Sprachunterricht (vgl. vor allem Arntz 2011, wo das Experiment „Türkisch über Deutsch" diskutiert wird).

3.3 Beitrag zum Verständnis des Funktionierens inter- bzw. transkultureller Kommunikation

Der professionelle Umgang mit Sprachen erfordert eine Reihe von Kenntnissen, die in der Schule aus verständlichen Gründen höchstens punktuell und im universitären Sprach- respektive Übersetzungs-/Dolmetschunterricht allenfalls sprachen- bzw. kulturpaarspezifisch behandelt werden, aber auf eine breitere Grundlage gestellt werden sollten. Ich greife hier nur zwei solcher Themenkreise heraus.

Gerade in einer Ausbildung, in deren Rahmen den Studierenden täglich mitgeteilt wird, was sie falsch gemacht haben, ist es sowohl für Lehrende als auch für Studierende wichtig, einschätzen zu können, wie der Fehler einzuordnen ist. Dazu wiederum ist es oft hilfreich, die sogenannte ***Architektur von Sprachen*** zu verstehen, besonders wenn es diesbezüglich signifikante Unterschiede zwischen Fremd- und Muttersprache gibt. Im Zusammenhang mit der Architektur ist meistens das in einer Sprachkultur herrschende Konzept der Norm zu sehen.

Ein Sprachenpaar, an dem sich solche Unterschiede gut zeigen lassen, sind Französisch und Deutsch. Obwohl in letzter Zeit auch das Französische als ansatzweise polyzentrisch[5] gesehen wird (vgl. insbesondere Pöll 2005), kommt im Sprachunterricht in Deutschland wohl nur die hexagonale Standardvarietät zum Einsatz. Im Kontext der Übersetzerausbildung ist freilich auf eine Ausnahme hinzuweisen, die im Sprachunterricht normalerweise keine Rolle spielt: Selbstverständlich sind die Termini der belgischen, luxemburgischen, kanadischen etc. Rechts- und Verwaltungssprache zu respektieren und in entsprechenden Texten auch zu verwenden.

Im deutschen Sprachraum liegen die Verhältnisse etwas anders. Dass Deutsch eine plurizentrische Sprache mit mehreren gleichberechtigten Standards ist, merkt man vor allem in der Aussprache. Im Gegensatz zu ihren französischen Nachbarn sind Deutschsprachige immer einer mehr oder weniger genau eingrenzbaren Sprachlandschaft zuzuordnen, auch wenn sie sich um eine „völlig

---

[5] Ein aussagekräftiges Beispiel für den Wandel in der Einstellung zwischen den siebziger und den neunziger Jahren sind Belgizismen-Wörterbücher, die zum Großteil von denselben AutorInnen verfasst wurden. Die erste Publikation aus dem Jahr 1971 trug den Titel *Chasse aux belgicismes* (Hanse et al.), die spätere Version heißt sehr viel konzilianter und neutraler *Inventaire des particularités lexicales du français en Belgique* (Bal et al. 1994).

akzentfreie" Aussprache bemühen. Diese Charakteristik in der Architektur (die das Deutsche zum Beispiel mit dem Italienischen teilt) wird aber nach meinen Beobachtungen vor allem im Dolmetschunterricht nicht immer akzeptiert. DozentInnen, die sich jede regionale Färbung abtrainiert zu haben glauben, erklären ihre persönliche Aussprache zur verbindlichen Norm und bemühen sich, auch alle Studierenden auf diese zu verpflichten. Ein Hauptopfer solcher Exorzismen ist erfahrungsgemäß etwa das apikale (geschlagene oder gerollte) [r], das übrigens noch bis in die zweite Hälfte des 20. Jahrhunderts die Normaussprache des Wiener Burgtheaters darstellte und heute nach wie vor als fakultative Variante in manchen Regionen verwendet wird.[6]

Aus französischer Perspektive als erstaunlich (und für das Lernen der Sprache als beschwerlich) empfunden wird die Tatsache, dass es für zentrale Konzepte unserer Lebenswelt überhaupt kein einheitliches standardsprachliches Wort gibt. Männliche Kinder sind in einem Teil des deutschen Sprachraums *Jungen* (neuerdings vermehrt auch *Jungs*), in einem anderen *Buben*. *Knabe* gilt heute als literarischer Archaismus (*Holder Knab' im lockigten Haar*) oder auf den Bereich Schuladministration beschränkt (*Knabenturnen*, *Knabenchor*; vgl. die Bezeichnung *Wiener Sängerknaben*). Dieselben stechenden Insekten heißen, je nach Region, *Mücken*, *Schnaken* oder *Gelsen*. Eine beliebte und im ganzen deutschen Sprachraum bekannte Form von Gebäck (= ‚österreichische Sammelbezeichnung für verschiedene kleine Brotsorten', vgl. Ammon et al. 2004, s.v.) wird in Berlin als *Schrippe*, im Großteil Deutschlands als *Brötchen*, in Österreich als *Semmel* verkauft. Das Frühstück heißt in der Schweiz, wie wir alle seit Dürrenmatts *Romulus der Große* wissen, *Morgenessen*. Die gut zwanzig Austriazismen aus dem Nahrungsmittelbereich, die es bis zur Anerkennung durch die EU geschafft haben (vgl. Pohl 2007: 33 f.), haben dem Vernehmen nach bei den DolmetscherInnen schon einigen Unwillen und Aufruhr verursacht, doch das *Variantenwörterbuch des Deutschen* (Ammon et al. 2004; Untertitel: *Die Standardsprache [!] in Österreich, der Schweiz und Deutschland sowie in Liechtenstein, Luxemburg, Ostbelgien und Südtirol*) umfasst nicht weniger als 954 Seiten – und ist durchaus ergänzungsbedürftig.

---

[6] Historisch gesehen hat das Zungenspitzen-r in beiden Sprachen die älteren Rechte. Das velare [R] setzt sich in der frühen Neuzeit zunächst in Frankreich durch – einer der miteinander konkurrierenden Thesen zufolge, weil der Sonnenkönig Ludwig XIV., nachdem ihm die Schneidezähne gezogen worden waren, nicht mehr in der Lage war, das gerollte [r] zu artikulieren. Der betreffende Sprachwandel wäre also vom französischen Hof, genauer gesagt von einer exakt zu identifizierenden Person, ausgegangen. In einigen Rückzugsgebieten hat das [r] auch in Frankreich überlebt, es gilt dort heute als ‚ländlich' konnotiert. – In Deutschland wurde das [R] in der Aufklärungszeit, wie nahezu alles, was aus Frankreich kam, bereitwillig nachgeahmt und als vornehm betrachtet.

Ein anderes Phänomen, das bei Angehörigen einer Sprachkultur, in welcher Wörterbücher eine große Autorität haben (also z.B. Franzosen oder Spanier), Befremden auszulösen pflegt, ist die – grundsätzliche – Unvollständigkeit deutscher Wörterbücher. Wenn Studierende in einem französischen Text ein Wort gebrauchen, das nicht im Referenzwörterbuch *Robert* steht, dann ist es ‚falsch' bzw. ‚nicht-existent' (entlegene fachsprachliche Termini ausgenommen). In Bezug auf das Deutsche kann man längst nicht so rigoros argumentieren. Der Hauptgrund dafür liegt in den unterschiedlichen Wortbildungsverfahren. Das Deutsche als kompositionsfreudige Sprache erlaubt die Bildung von adjektivischen und vor allem substantivischen Zusammensetzungen, die sich aus der sprachlich zu bewältigenden Situation ergeben und keineswegs künstlich oder „neu" wirken müssen. Der souveräne Umgang mit dieser Freiheit des Deutschen erfordert aber wiederum sehr viel Sprachgefühl (vergleichbar der Verwendung der zahllosen südromanischen quantifizierend-qualifizierenden Suffixe wie sp. *-ito*, *-ino*, *-illo*, *-azo*, *-ón*, *-uco*, *-acho, -ucho* etc., die man dem Rat von *native speakers* zufolge auch nur verwenden soll, wenn man die betreffende Bildung schon einmal gehört bzw. gelesen hat), denn vieles scheint theoretisch möglich, was in der Praxis dann aber doch nicht akzeptiert wird (in der geläufigen Unterscheidung von Eugenio Coseriu würde man sagen, dass das System hier von der Norm „gebremst", also eingeschränkt wird).

In den letzten Jahren hat sich die Eurolinguistik auf Bereiche ausgedehnt, die für Studierende der Translationswissenschaft mindestens so wichtig sind wie für PhilologInnen. Zu erwähnen wären hier vor allem die Phraseologie und die Textologie. Für DolmetscherInnen ganz besonders ertragreich sollte die Hereinholung der ***Kulturpragmatik*** sein, mit der sich im eurolinguistischen Kontext namentlich Joachim Grzega (2006, 2010) beschäftigt hat. Man sollte allerdings nicht übersehen, dass in der Kulturemtheorie von Els Oksaar (umfassende Präsentation dieses Ansatzes in Oksaar 1988) schon sehr viel von dem theoretisch aufgearbeitet ist, was eine „Europragmatik" noch flächendeckend mit Leben zu erfüllen hätte.

Oksaar analysiert seit den sechziger Jahren Sprachhandlungen wie Grüßen, Bitten, Komplimente machen (und darauf reagieren) etc., die in den verschiedenen Kulturen großteils streng standardisiert sind und bei deren Realisierung durch kulturfremde Personen am leichtesten kulturelle Missverständnisse (heute gern *critical incidents* genannt) entstehen. Bei diesen Handlungen müssen verbale Äußerung und Körpersprache nach den Normen der jeweiligen Kultur zusammenpassen, widrigenfalls man unglaubwürdig, unbeholfen oder unhöflich wirkt. Komponenten wie Mimik, Gestik, Proxemik werden im Sprachunterricht meist (viel zu) wenig thematisiert und sind beim Lerner nicht selten Auslöser des ersten Kulturschocks, wenn er sich in einem Land befindet, dessen Sprache er nach jahrelangem Unterricht einigermaßen sicher zu beherrschen meint. In der Fachliteratur gibt es zu diesen Themen mittlerweile reichlich anekdotisches Material, doch es dürfte eine Lehrveranstaltung beträchtlich beleben, wenn die Studierenden selbst von Erfahrungen dieser Art berichten können.

4 Ausblick

Mit dieser nicht sonderlich originellen didaktischen Empfehlung ist aber doch ein Punkt angesprochen, der einen Eurolinguistik-Kurs zu einer weniger asymmetrischen und daher auch für die TeilnehmerInnen motivierenden Unterrichtseinheit machen könnte, als es die herkömmlichen Lehrveranstaltungen mit ihrer klassischen Rollenverteilung sind. Der Blick über den Tellerrand der gewählten Studienfächer sollte neugierig machen auf andere Sprachen, die Lernbereitschaft erhöhen und den Respekt vor dem „Unbekannten“ (das sich nach einem Semester Eurolinguistik wahrscheinlich als gar nicht so unbekannt entpuppt) abbauen. Das Sprechen über weniger vertraute Sprachen gibt auch *native speakers* anderer Sprachen die Möglichkeit, etwas über ihre Muttersprache zu berichten (was wiederum eine Reflexion über diese voraussetzt), so dass auch Stavros aus Thessaloniki, Biljana aus Belgrad, Lana aus Ljubljana, Matti aus Helsinki und Jordi aus Barcelona zum Nutzen aller etwas beitragen, was in der betreffenden Vorlesung nur sie selbst so genau wissen und erklären können.

Literaturverzeichnis

Ammon, Ulrich et al. (2004): *Variantenwörterbuch des Deutschen. Die Standardsprache in Österreich, der Schweiz und Deutschland sowie in Liechtenstein, Luxemburg, Ostbelgien und Südtirol*. Berlin: de Gruyter.

Arntz, Reiner (2011): „Polyglott dank EuroCom – Das didaktische Potential der Interkomprehension“, in: Pöckl, Wolfgang /Ingeborg Ohnheiser/Peter Sandrini (Hg.): *Translation – Sprachvariation – Mehrsprachigkeit. Festschrift für Lew Zybatow zum 60. Geburtstag*. Frankfurt am Main: Lang, 471-481.

Bal, Willy, et al. (1994): *Belgicismes. Inventaire des Particularités Lexicales du Français en Belgique*. Louvain: Duculot.

Busch, Brigitta (2008): „Sprachenbiographien als Zugang zum interkulturellen Lernen: Erfahrungen aus einem Workshop mit SchülerInnen in Südafrika“, in: Furch, Elisabeth/Harald Eichelberger (Hg.): *Kulturen, Sprachen, Welten. Fremdsein als pädagogische Herausforderung*. Innsbruck: Studienverlag, 139-149.

Franceschini, Rita (2001): „Sprachbiographien randständiger Sprecher“, in: Franceschini, Rita (Hg.): *Biographie und Interkulturalität: Diskurs und Lebenspraxis*. Tübingen: Stauffenburg, 111-125.

Franceschini, Rita/Johanna Miecznikowski (Hg.) (2004): *Leben mit mehreren Sprachen: Sprachbiographien im mitteleuropäischen Kontext*. Bern: Lang.

Grzega, Joachim (2006): *EuroLinguistischer Parcours. Kernwissen zur europäischen Sprachkultur*. Frankfurt am Main: Iko.

Grzega, Joachim (2010): „Kulturpragmatische Gemeinsamkeiten in den Sprachen Europas (Umriss)“, in: Hinrichs, Uwe (Hg.): *Handbuch der Eurolinguistik*. Wiesbaden: Harrassowitz, 739-751.

Hanse, Joseph et al. (1971): *Chasse aux Belgicismes*. Bruxelles: Fondation Charles Plisnier.

Hinrichs, Uwe (Hg.) (2010a): *Handbuch der Eurolinguistik*. Wiesbaden: Harrassowitz.

Hinrichs, Uwe (2010b): „Vorbemerkungen zum Handbuch der Eurolinguistik. Mit besonderer Berücksichtigung der kulturellen Identität Europas“, in: Hinrichs, Uwe (Hg.): *Handbuch der Eurolinguistik*. Wiesbaden: Harrassowitz, 1-23.

Hönig, Hans G. (1995): „Wieviel Linguistik braucht ein (Konsekutiv-)Dolmetscher?“, in: Salnikow, Nikolai (Hg.): *Sprachtransfer – Kulturtransfer: Text, Kontext und Translation*. Frankfurt am Main: Lang, 49-61. – Wieder abgedruckt in: Hönig, Hans G. (2011): *Übersetzen lernt man nicht durch Übersetzen. Translationswissenschaftliche Aufsätze 1976 – 2004*. Hg. von Susanne Hagemann. Berlin: Saxa, 156-166.

Jessner-Schmid, Ulrike (2003): „A Dynamic Approach to Language Attrition in Multilinguals“, in: Cook, Vivian (Hg.): *The Effects of the Second Language on the First*. Clevedon: Multilingual Matters, 234-247.

Klein, Horst G./Tilman D. Stegmann (2000): *EuroComRom – Die Sieben Siebe: Romanische Sprachen sofort lesen können*. Aachen: Shaker.

Oksaar, Els (1988): *Kulturemtheorie. Ein Beitrag zur Sprachverwendungsforschung*. Göttingen: Vandenhoeck & Ruprecht.

Pöckl, Wolfgang (Hg.) (2004): *Übersetzungswissenschaft – Dolmetschwissenschaft. Wege in eine neue Disziplin*. Wien: Praesens.

Pohl, Dieter (2007): *Die österreichische Küchensprache*. Ein Lexikon der typisch österreichischen kulinarischen Besonderheiten (mit sprachwissenschaftlichen Erläuterungen). Wien: Praesens.

Pöll, Bernhard (2005): *Le Français Langue Pluricentrique? Etudes sur la Variation Diatopique d'une Langue Standard*. Frankfurt am Main: Lang.

Snell-Hornby, Mary (2006): *The Turns of Translation Studies*. Amsterdam: Benjamins.

Wandruszka, Mario (1979): *Die Mehrsprachigkeit des Menschen*. München: Piper.

Wandruszka, Mario (1990): *Die europäische Sprachengemeinschaft*. Tübingen: Francke.

Peter Kupfer

Vom schweren Stand des „Morphems" in der chinesischen Grammatik – ein typologischer Versuch

1 Braucht die chinesische Sprachwissenschaft kein „Wort" und kein „Morphem"?

Erst mit den Anfängen der modernen Sprachwissenschaft begann man sich in China unter westlichem Einfluss und zumeist mit bildungspolitischer und sprachdidaktischer Orientierung für ein wissenschaftlich fundiertes Konzept zur Beschreibung der chinesischen Sprache zu interessieren. Als Beginn der Grammatikbeschreibung und erste systematische Grammatik des Chinesischen gilt „Meister Mas Grammatik" (*Ma shi wen tong* 马氏文通) von 1898/99, die der sowohl traditionell chinesisch als auch westlich gebildete Gelehrte Ma Jianzhong (马建忠) verfasste. Obgleich seiner Systematik gemäß dem Zeitgeist zum Ende des Kaiserreiches noch die am klassischen Chinesisch orientierte Schriftsprache, das so genannte *wenyan* (文言), und nicht die gesprochene Sprache zugrunde lag, entwickelt dieses Werk erstmals ein konsequentes Begriffsinventar für sprachliche Einheiten und grammatische Regeln und gilt bis heute als Prototyp der späteren Generationen von Grammatiken in China.

Mas Pionierarbeit wurde im Verlauf der sprachwissenschaftlichen Diskurse der vergangenen Jahrzehnte allerdings nicht immer nur als solche gewürdigt, sondern von Traditionalisten insbesondere in Zeiten der nationalen Abgrenzung auch mehr oder weniger als bloße Nachahmung westlicher Grammatikbeschreibung bzw. als einseitiger Versuch kritisiert, die Kategorien indoeuropäischer Sprachen blind auf das Chinesische zu übertragen, ohne dessen eigene Charakteristika zu berücksichtigen. Interessanterweise trat diese Kritik immer in solchen politischen Perioden in den Vordergrund, in denen in China um einen unabhängigen Entwicklungsweg bei gleichzeitiger Suche nach der eigenen Identität und den historischen Wurzeln gestritten wurde. Dazu gehören vor allem die Zeit um die Bewegung des Vierten Mai in den 1910er und 1920er Jahren, die Retraditionalisierungsphase in den 1930er Jahren, der Neubeginn nach der Gründung der Volksrepublik in den 1950er Jahren bei allmählicher Abkehr vom sowjetischen Vorbild, was auch sämtliche Wissenschaften betraf, und schließlich während der sich bis zur Gegenwart intensivierenden politisch-kulturellen Renaissance seit den 1990er Jahren, in der im Zuge der verstärkten Selbstbehauptungsdiskurse und Verweise auf die Einmaligkeit der ununterbrochenen 5000jährigen chinesischen Geschichte die eigene Exzeptionalität oder gar Superiorität schrittweise in allen Lebensbereichen herausgearbeitet wird. Dies begann mit dem Postulat des „Sozialismus chinesischer Prägung" (*you Zhongguo tese de shehuizhuyi* 有中国特色的社会主义) und setzte sich fort in den Wissenschaften, wo sich dann in neuerer Zeit auch Stimmen erheben, die etwa für eine „Linguistik mit chinesischer Prägung" (*you Zhongguo tese de yuyanxue* 有中国特色的语言学) plädieren und argumentieren – d.h. eine Linguistik, die auf den eigenen sprachwissenschaftlichen Traditionen basiert und sich grundsätzlich von den Konzepten und Methoden der westlichen Linguistik unterscheidet.

In der Tat kann China auf eine rund zweitausendjährige Geschichte sprachwissenschaftlicher Aktivitäten und eines entsprechend umfangreichen Schrifttums, vor allem in den Bereichen Schriftforschung, Paläographie, Etymologie, Lexikologie, Phonologie, Dialektologie, Partikelforschung und Stilistik, zurückgreifen. Diese traditionelle Sprachwissenschaft war jedoch nie als Selbstzweck und im Sinne einer selbständigen disziplinären Ausrichtung zu verstehen, sondern stets eng mit der Analyse und Interpretation der klassischen kanonischen Schriften verbunden. Demzufolge war, bis auf wenige Ausnahmen, die am klassischen Chinesisch orientierte Schriftsprache Hauptgegenstand der Untersuchungen.

Die traditionelle chinesische Sprachwissenschaft zielte insofern nie darauf ab, allgemeingültige Regeln zu deduzieren und ein System linguistischer Einheiten und Kategorien zu etablieren, auch wenn hier und da derartige Ansätze erkennbar sein mögen. In bestimmten Bereichen entwickelten sich lediglich gewisse methodisch-begriffliche Konventionen, die später auch in die moderne Sprachwissenschaft, teils sogar bis in die Gegenwart, hineinwirkten. Völlig anders als in der abendländisch-lateinischen Tradition findet sich in der traditionellen Sprachpädagogik Chinas kein Versuch, auf der Grundlage einer Regelgrammatik muttersprachliche und textuelle Kompetenzen auszubilden. Als Vorbilder dienten stets die kanonischen Schriften oder aus diesen entwickelte Lehr- und Lerntexte, als Methode das beständige Memorieren und Repetieren. Im Fokus stand dabei immer die komplexe Schrift, für die Kinder bis heute mindestens sechs Schuljahre benötigen, um eine akzeptable Lese- und Schreibkompetenz zu erreichen, und wobei auch nur unermüdliche Übungs- und Wiederholungspraxis weiterhilft anstelle eines systematischen Regelwerks etwa wie in der Tradition des Lateinunterrichts.

Es verwundert nicht, dass in der Arbeit mit chinesischen Texten weder ein wissenschaftlicher noch ein orthographisch-didaktischer Bedarf für die Einführung eines Wortbegriffs entstand. Dies gilt vor allem für die zwei Jahrtausende, in denen alles auf Texten der klassischen Schriftsprache basierte, bei der eine weitgehende Kongruenz zwischen Schriftzeichen auf der graphischen, Worteinheiten auf der semantischen und Silben auf der phonetisch-phonologischen Ebene besteht. Vor diesem Hintergrund erscheint es fast selbstverständlich, dass über diesen langen Zeitraum das „Schriftzeichen“ (nachfolgend: Sinographem[1]), im Chinesischen *zi* 字, als wichtigste Grundeinheit der Sprache galt und sich kein Begriff herausbildete, der mit der Einheit „Wort“ in anderen Sprachen vergleichbar wäre.

Im ursprünglichen Sinne bezeichnet *zi* die zusammengesetzten Sinographeme im Gegensatz zu den einfachen, aus nur einem Bestandteil (Subgraphem) bestehenden Sinographemen, die mit *wen* 文 bezeichnet wurden und weniger als zehn Prozent des gesamten Sinographeminventars ausmachen.[2] Später erfuhr *zi* eine Bedeutungserweiterung zunächst als generelle Bezeichnung eines Sinographems als schriftliche Ausdrucksform und, unter gleichzeitiger Berücksichtigung des semantischen Inhalts, mit Bezug auf die *wenyan*-Texte dann eben auch im Sinne von „Wort“. In der modernen Epoche erweiterte *zi* seinen Bedeutungsumfang und dient etwa auch zur Bezeichnung der Grapheme anderer Schriftsysteme, wie beispielsweise lateinische Buchstaben, sowie gelegentlich auch allein für den lautlichen Ausdruck eines Sinographems in Verbindung mit seinem Inhalt, also als Einheit der gesprochenen Sprache. Im letzteren Fall okkupierte *zi* zeitweise sowohl in der Umgangssprache als auch in der linguistischen Fachterminologie die beiden Domänen, die in der allgemeinen Sprachwissenschaft einerseits vom „Wort“, andererseits vom „Morphem“ besetzt sind. Aus dieser historischen Tradition wird vielleicht plausibel, weshalb der Wortbegriff und insbesondere der Morphembegriff sich in der chinesischen Grammatikforschung im Laufe des 20. Jahrhunderts erst in einem langwierigen Prozess gegen den letztlich mehrdeutigen und unscharfen Begriff des *zi* durchsetzen konnten, was allerdings im gemeinsprachlichen Gebrauch bis heute kaum registriert wird.

Dass die oben erwähnte Kritik an Ma Jianzhongs Pionierwerk nicht berechtigt ist, zeigen bei genauerer Betrachtung seine zahlreichen Ansätze, Kategorien und Strukturen zu beschreiben, die allein typisch für das Chinesische sind. Dazu gehört der Versuch, das traditionelle *zi* als Bezeichnung für das „Wort“ zu übernehmen und zu definieren. Entsprechend klassifiziert er Wortarten (*zilei* **字类**), die zwar größtenteils denen der europäischen Grammatik entsprechen, jedoch übernimmt er teils seit der Song-Zeit (10.-13. Jh.) geltende sprachwissenschaftli-

---

1 Für die wissenschaftliche Beschäftigung mit der chinesischen Schrift wurde von mir als Bezeichnung „Sinographemik“ in Kupfer (1994: 121) vorgeschlagen und damit die Grundlage für den Fachterminus "Sinographem“ als Übersetzung von *Hanzi* 汉字 gelegt, wie er in nachfolgenden Arbeiten unter Verzicht auf ältere, irreführende Konzepte wie „Ideogramme“, „Ideographeme“, „Logogramme“, aber auch „Schriftzeichen“ etc. verwendet wird. Vgl. etwa Guder-Manitius (1998).

2 Diese Differenzierung wurde in Chinas erstem Schriftzeichenlexikon „Erläuterung der komplexen Schriftzeichen und Analyse der einfachen Schriftzeichen“ (*Shuo wen jie zi* 说文解字) von Xu Shen 许慎 (121 n. Chr.) vorgenommen.

che und philosophische Begriffskategorien. Zu den ersteren gehört die Dichotomie von „Vollwörtern" oder „Begriffswörtern/-graphemen" (*shizi* 实字; d.h. Autosemantika) und „Leerwörtern" oder „Funktionswörtern/-graphemen" (*xuzi* 虚字; d.h. Synsemantika), denen in den vergangenen Jahrhunderten bei der Analyse der kanonischen Texte das größte Interesse galt.[3] Den „Vollwörtern" ordnet Ma die Klassen der Nomen (*mingzi* 名字), Pronomen (*daizi* 代字), Verben (*dongzi* 动字), Adjektive (*jingzi* 静字) und Adverbien (*zhuangzi* 状字) zu. Bei den Bezeichnungen der Verben und Adjektive werden die im songzeitlichen Konfuzianismus zentralen kosmologischen Gegensätze der „Bewegung" (*dong* 动) und der „Ruhe" (*jing* 静) verarbeitet. Zu den „Leerwörtern" gehören „Präpositionen" (*jiezi* 介子), „Konjunktionen" (*lianzi* 连字), „Hilfswörter/Partikeln" (*zhuzi* 助字) und „Interjektionen" (*tanzi* 叹字). Die „Hilfswörter" werden dabei eigens als eine für das Chinesische spezifische Klasse eingefügt und waren bereits Gegenstand der traditionellen Sprachforschung.[4] Mit dieser Systematik hat Ma nicht nur die im Wesentlichen bis heute gültigen Grundlagen für das Wortartensystem im Chinesischen geschaffen, sondern auch eine Diskussion ausgelöst, die insbesondere die sprachliche Einheit „Wort" und später auch das „Morphem" im Chinesischen thematisiert.

2 Der mühsame Weg des „Wortes" in die chinesische Grammatik

Mit der Abschaffung der höchst gekünstelten und elitären Schriftsprache des *wenyan* und der Forderung nach der Umgangssprache (*baihua* 白话) als Grundlage für jegliche schriftliche Kommunikation und Literatur im Zuge der Kultur- und Bildungsreformen nach der Gründung der Republik begann auch ein neues Kapitel der Grammatikforschung und didaktisierten Grammatikdarstellung. Eines der zentralen sprachpolitischen Ziele im Interesse des neuen Nationalstaates war die Schaffung und allgemeine Verbreitung der „Nationalsprache" (*guoyu* 国语). 1924 erschien die *Neue Grammatik der Nationalsprache* des Sprachwissenschaftlers und Sprachpädagogen Li Jinxi (黎锦熙: *Xinzhu guoyu wenfa* 新著国语文法*)*, das erste umfassende Grammatikwerk der chinesischen Umgangssprache und das Fundament für alle nachfolgenden Arbeiten auf diesem Gebiet. Li stützt sich wohl teils auf die Konzeption und die Begriffsbildung des *Ma shi wen tong*, kreiert jedoch ein weitaus komplexeres System, in dem – mit dem Argument, dass das Chinesische über keine „Morphologie" im Sinne von Flexion verfügt – die chinesische Grammatik im Kern aus Syntax besteht. Diese

3 Lucien Tesnière, der Begründer der Dependenzgrammatik, hat diese Kategorien für die Wortarten in seinem 1959 posthum veröffentlichten Buch *Éléments de syntaxe structurale* als „mots pleins" und „mots vides" aus der chinesischen Grammatik übernommen.

4 Etwa in dem qingzeitlichen Werk *Zhuci bianlüe* 助字辨略 *(Diskussion der Hilfswörter)* aus dem Jahr 1711 von Liu Qi 刘淇.

Position ging später als Theorie des „Satzes als Grundlage“ (*jubenwei* 句本位) in die Geschichte ein. Nichtsdestotrotz rückte das „Wort“ damit in den Fokus, denn seine Stellung und Funktion im Satz bildet letztlich das Gerüst zur Formulierung von Grammatikregeln. Da Li die Umgangssprache untersucht, wählt er hierfür den bis heute gültigen Terminus *ci* (词), der wenige Jahre zuvor bereits von anderen Sprachwissenschaftlern zur Umschreibung des Wortbegriffes vorgeschlagen worden war.[5]

In der philologisch-literarischen Tradition ist *ci* ein äußerst vieldeutiger Begriff, der ursprünglich, wie im Lexikon *Shuo wen jie zi* erklärt, die Idee der Verbindung von Semantik und formalem wie lautlichem Ausdruck eines Sinographems bezeichnet. Allerdings hat *ci* im Verlauf der letzten zwei Jahrtausende noch teils voneinander stark abweichende Bedeutungen erhalten, wie z.B. „Rede“, „Spruch, Ausdruck“, „Text“, „Argument“, „Klage“ und die Bezeichnung eines besonders in der Song-Zeit gepflegten Poesiestils. Interessant in unserem Zusammenhang ist, dass *ci* vor allem bei Sprachforschern der Qing-Zeit im engeren Sinn die „Hilfswörter“, „Partikeln“ bzw. „Leerwörter“ bezeichnete.[6] Im *Ma shi wen tong* schließlich wird *ci* im Sinne von „Satzglied“ definiert, wofür heute allgemein *juzi chengfen* 句子成分 bzw. die Endung *-yu* 语 (wie etwa in *zhuyu* 主语 „Subjekt“ und *binyu* 宾语 „Objekt“) steht.

Mit der einflussreichen Grammatik von Li Jinxi etabliert sich *ci* allmählich als Bezeichnung des „Wortes“ in der chinesischen Linguistik. Auch wenn Ende der 1930er und zu Beginn der 1940er Jahre noch einmal recht kontrovers die Orientierung an Kategorien der westlichen Grammatik diskutiert wurde, übernahmen nahezu alle bedeutenden chinesischen Linguisten in ihren Werken den Terminus *ci* für das Wort.

Gefördert wurde die Auseinandersetzung mit der Einheit Wort zunächst durch die schon erwähnte Einführung der Umgangssprache als Forschungs- und Bildungsgegenstand sowie die Diskussion um die Standardisierung einer Nationalsprache in den 1910er und 1920er Jahren. Hinzukamen Bemühungen um die Schaffung einer Lautschrift des Chinesischen als Hilfe in der muttersprachlichen Schulausbildung und für Zwecke der Internationalisierung. Die prominentesten Konzepte waren die „Lateinschrift der Nationalsprache“ (*Gwoyeu Romatzyh* 国语罗马字), die ab 1923 entwickelt und sogar vorübergehend vom Bildungs-

5 Erste Definitionen von *ci* als „Wort“ finden sich bei Chen Chengze 陈承泽: *Guowenfa caochuang* 国文法草创 *(Begründung einer nationalen Grammatik)*, Peking 1922 (Aufl. von 1982, S. 23) und bei Jin Zhaozi 金兆梓: *Guowenfa zhi yanjiu* 国文法之研究 *(Untersuchungen zur nationalen Grammatik)*, Peking 1922 (Aufl. von 1982, S. 43).

6 Etwa in dem Werk *Jing zhuan shi ci* 经传释词 *(Erläuterung der Leerwörter in den kanonischen Schriften)* aus dem Jahr 1798 von Wang Yinzhi 王引之.

ministerium als Hilfsmittel für den Schulunterricht genehmigt wurde, sowie die „Neue Lateinschrift“ (*Ladingxua Sinwenzi* 拉丁化新文字), die ab 1929-31 in den kommunistisch regierten Regionen zur Bekämpfung des ländlichen Analphabetentums unterrichtet und verbreitet wurde – sogar mit dem Ziel, die chinesische Schrift als rückständiges Relikt der Feudalzeit abzuschaffen. Nach der Gründung der Volksrepublik diente dieser Entwurf als Grundlage bei der Ausarbeitung der *Hanyu-Pinyin*-Transkription (汉语拼音), die 1958 offiziell als einzig gültige verabschiedet wurde und seit dem Beginn von Chinas Öffnungspolitik sich auch als internationaler Transkriptionsstandard des Chinesischen allgemein durchgesetzt hat.

Im Zuge der Lateinverschriftung ergab sich von Anfang an automatisch das Problem der Wortzusammen- und -getrenntschreibung und damit die grundsätzliche Frage nach dem Status und der Definition des „Wortes“ im Chinesischen. So entbrannte 1952-54 eine landesweite Debatte unter den Linguisten über „Das Wort im Chinesischen und seine Transkription“ (*Hanyu de cir he pinxiefa* 汉语的词儿和拼写法), an die sich 1953-56 die „Diskussion über die Wortarten im Chinesischen“ (*Hanyu cilei wenti de taolun* 汉语词类问题的讨论)[7] anschloss. In beiden Fällen kam man, nicht zuletzt auch auf Grund der folgenden politischen Kampagnen und Katastrophen, zu keinem Ergebnis. Einen kleinen Kompromiss stellen lediglich die „Grundregeln zur Wortorthographie“ im Hanyu Pinyin (汉语拼音证词法基本规则) dar, die 1988 nach langwierigen internen Prozessen veröffentlicht und schließlich 1996 als staatliche GB-Norm vom Staatsrat sanktioniert wurden.[8]

Seit Li Jinxis *Neuer Grammatik der Nationalsprache* eroberte sich die Bezeichnung *ci* für den Wortbegriff einen festen Platz in der Grammatikforschung wie auch in der Lexikologie. Beispielsweise wird seither bei Nachschlagewerken konsequent unterschieden zwischen *cidian* 词典 „Wörterbüchern“, deren Einträge aus einfachen oder zusammengesetzten Lexemen bestehen, und *zidian* 字典, „Schriftzeichenlexika“, in denen nur einzelne Sinographeme mit ihren Erläuterungen aufgelistet sind. Die in den 1940er Jahren verfassten epochalen Grammatikwerke der berühmten Linguisten Lü Shuxiang und Wang Li[9] orientieren sich bei der Definition des *ci* – anders als Li Jinxi, der allein semantisch argumentiert und das Wort als Ausdruck einer Vorstellung oder eines Begriffes beschreibt –

---

7 Näheres hierzu bei Kupfer (1979: 110-511).

8 Vgl. dazu auch Ke (1992b).

9 Lü Shuxiang吕叔湘：Zhongguo wenfa yaolüe 中国文法要略 (Abriss der chinesischen Grammatik), 1942-44, und Wang Li 王力 : Zhongguo xiandai yufa 中国现代语法 (Moderne chinesische Grammatik) sowie Zhongguo yufa lilun 中国语法理论 (Chinesische Grammatiktheorie), 1944-45.

unter dem beginnenden Einfluss des amerikanischen Strukturalismus auch an formalen Kriterien. Allerdings wird *ci* im Wesentlichen als kleinste sprachliche Einheit mit Bedeutung interpretiert, zugleich aber aufgezeigt, dass es aus einem, zwei oder mehreren *zi* bestehen kann, wobei sowohl Lü als auch Wang dazu tendieren, den traditionell unscharfen Begriff *zi* im Sinne von „Morphem" zu verwenden, für das es bis dato noch keine andere Bezeichnung im Chinesischen gibt. Neben *ci* für „Wort" und *zi* für „Schriftzeichen" bzw. „Morphem" führt Wang noch die dritte Einheit *yin* (音) für „Silbe" ein, worunter er vermutlich den lautlichen Ausdruck eines Morphems versteht. Lü führt zudem systematisch Begriffe für „Wortwurzel" (词根 *cigen*) und „Suffixe" (词尾 *ciwei*, wörtlich „Wortschwanz") ein und bereitet damit erste Grundlagen für zaghafte Ansätze zur morphologischen Forschung im Chinesischen.

Die *jubenwei*-Theorie Li Jinxis führte indes letztlich dazu, dass sich bis heute sowohl die Grammatikforschung als auch die didaktische Grammatikbeschreibung fast ausschließlich auf die Syntax konzentriert und die Morphologie, also nicht nur die im Chinesischen ja kaum vorhandene Flexion, sondern auch die Wortbildung, ganz oder nahezu vernachlässigt.[10]

3 Die Entdeckung des Morphems

Der Beginn der morphologischen Forschung in der VR China wird markiert durch die Arbeiten des Psychologen, Pädagogen, Linguisten und Akademiemitglieds Lu Zhiwei 陆志韦, zunächst vor allem durch seinen *Wortschatz der einsilbigen Wörter des Peking-Dialekts* (*Beijinghua danyinci cihui* 北京话单音词词汇), eine Art Wörterbuch, an dem er bereits seit 1938 gearbeitet hatte, das aber erst 1951 publiziert wurde und 1956 unter den derzeit vorherrschenden sprachpolitischen und -ideologischen Aspekten in einer revidierten und ergänzten Fassung erschien. Unter seiner Leitung wurde als Ergebnis eines Forschungsprojekts an der Chinesischen Akademie der Wissenschaften 1957 die Schrift *Wortbildung des Chinesischen* (*Hanyu de goucifa* 汉语的构词法) veröffentlicht.[11] Beeinflusst von den Konzepten und Methoden des amerikanischen

---

10 Symptomatisch für die auch in westlichen Grammatiken des Chinesischen übernommene Geringschätzung der Morphologie ist z.B. das ansonsten gern als Durchbruch in der modernen chinesischen Grammatikforschung gepriesene Werk von Li/Thompson (1981: 10-11); „...one of the most obvious features to ermerge is the relative simplicity of words of Chinese. That is, a typical word is not made up of component parts, called morphemes, but is, rather, a single morpheme. ...In short, there is very little morphological complexity in any of the Chinese languages."

11 Vgl. Lu (1971) und (1957). Auf Einladung der Ostberliner Deutschen Akademie der Wissenschaften referierte Lu wenig später zum Problem des Wortes im Chinesischen (Lu 1960). Die *Wortbildung des Chinesischen* erschien 1964 in einer Neuauflage.

Strukturalismus, aber auch gefördert durch die ideologischen Impulse der damals vorherrschenden sowjetischen Sinolinguistik, die darauf bedacht war, den „kolonialistischen“ Mythen des Chinesischen als „monosyllabische“ und „formlose“ Sprache zu begegnen, stellten seine Forschungen schließlich den Durchbruch zur Anerkennung und Darstellung einer sehr komplexen Wortbildung im Chinesischen dar. Dabei spielte in erster Linie die endgültige Etablierung des Wortbegriffes *(ci)* die tragende Rolle. Zugleich führt Lu den Begriff des „Morphems“, terminologisiert als *cisu* 词素, wörtlich etwa „Wortgrundelement“, ein, der bis in die 1980er Jahre in Gebrauch ist und dann auf Vorschlag der Linguisten Lü Shuxiang 吕叔湘 und Zhu Dexi 朱德熙 abgeändert wird in *yusu* 语素, etwa „Grundelement der Sprache“, um die Unabhängigkeit des Morphems vom Wort als eigenständige sprachliche Einheit treffender zu charakterisieren.[12]

Alle drei Wissenschaftler, wie auch der Neubeginn der Grammatikforschung in der jungen Volksrepublik an sich, wurden inspiriert von Zhao Yuanrens (Yuen Ren Chao) strukturalistischen Analyseansätzen, die er erstmals 1948 im einführenden Teil seines in den USA erschienenen *Mandarin Primer* formulierte, wobei auch dem *morpheme* und der Morphologie im Chinesischen nähere Beachtung und Systematik zuteil wurde.[13] Sein späteres epochales Werk *A Grammar of Spoken Chinese* wurde nach der Kulturrevolution 1979 von Lü Shuxiang ins Chinesische als *Hanyu kouyu yufa* übersetzt, worin dem Wort *(ci)* und dem Morphem *(yusu)* ganze Kapitel gewidmet werden.[14]

Wie bereits erwähnt, war der Aufschwung der Morphologieforschung in den Aufbaujahren der VR China wesentlich motiviert von den sprachplanerischen Maßnahmen der Definition und Verbreitung der Standardsprache *putonghua* 普通话 sowie vor allem der Konzipierung und Normierung der Lateintranskription *Hanyu Pinyin* 汉语拼音. Im Hinblick auf das damals noch aktuelle (heute

---

12 Vgl. Lü Shuxiang (1979: 13) und Zhu Dexi (1982: 9). Symptomatisch für den in den 1950er Jahren noch nicht etablierten Morphembegriff ist, dass Lu (71: 1 ff.) in den einführenden Erläuterungen seines Frühwerks zunächst die Unterscheidung von *ci* 词 und *zi* 字 thematisiert. Gelegentlich findet sich diese Gegenüberstellung bis heute.

13 Der einführende Grammatikteil des *Mandarin Primer* erschien 1952 in einer chinesischen Übersetzung von Li Rong unter dem Titel *Beijing kouyu yufa* 北京口语语法 *(Grammatik der Pekinger Umgangssprache)* und entfaltete damit seinen Einfluss in der chinesischen Sprachwissenschaft, kurioserweise gleichzeitig neben der Adaption der Konzepte und Methoden der anti-strukturalistisch orientierten sowjetischen Linguistik.

14 Chao (1957) und (1968) sowie Zhao (2005). Allerdings verwendet Chao (1957: 33) selbst anfangs noch *zi* 字 zur Bezeichnung des Morphems und erst in seiner großen Grammatik *cisu* 词素 (Chao 1968: 138), was sich damals schon unter den Sinolinguisten so eingebürgert hatte. In deren Übersetzung von 1979 (Zhao 2005: 79 ff.) verwendet Lü Shuxiang allerdings den von ihm selbst favorisierten Terminus *yusu* 语素.

jedoch längst verworfene) Fernziel des graduellen Ersatzes der chinesischen Schrift durch *Hanyu Pinyin* rückten das Wort und seine orthographische Standardisierung in der Transkription in den 1950er Jahren in den Mittelpunkt des Interesses. Diese und andere Diskussionen fielen jedoch im Zuge der politischen Kampagnen ab dem Ende der 1950er der Ideologisierung zum Opfer und konnten erst mit dem Beginn der Öffnungspolitik ab 1979 zunächst zaghaft, jedoch in sachlicher Weise wieder aufgegriffen werden.[15]

Allerdings trifft die Einführung des Morphembegriffs auch in der neuen Epoche der chinesischen Grammatikforschung auf Widerstände der Traditionalisten, die zwar inzwischen nur noch eine kleine Minderheit ausmachen, sich jedoch dem gegenwärtigen Trend zum Nachweis kultureller Exklusivität oder gar Superiorität anschließen, der auch Chinas Sprachwissenschaft ergriffen hat. Spektakulär ist, in Anlehnung an Li Jinxis oben diskutierte *jubenwei*-Theorie, die ja wohlgemerkt bereits die Andersartigkeit des Chinesischen als nur mit Mitteln der syntaktischen Analyse beschreibbare Sprache charakterisiert, dass sich im Zuge der Renaissance der chinesischen Schriftkultur seit den 1990er Jahren immer wieder obstinate Verfechter einer *zibenwei*-Theorie (字本位) zu Wort meldeten, die als zentrale Grundeinheit und besonderes Merkmal der chinesischen Sprache und Schrift das *zi*, im engeren Sinne also das Sinographem, sozusagen als Ersatz für die „westlichen" Kategorien Wort und Morphem definieren.[16] Letztlich steht dies im Kontext eines Diskurses, wie er auch in anderen Wissenschafts- und Kulturbereichen seit etwa einem Jahrhundert in China um die Übernahme europäisch-amerikanischen Gedankenguts versus Rückgriff auf die eigene Tradition geführt wird. Dabei argumentieren die *zibenwei*-Verfechter auf den Ebenen sowohl der Grammatiktheorie als auch der muttersprachlichen Didaktik bzw. der Didaktik des Chinesischen als Fremdsprache. Im letzteren Fall glauben einzelne von ihnen, mittels dieser Theorie die Probleme beim Erwerb von Lese- und Schreibkompetenzen seitens ausländischer Lernender lösen und teils sogar die chinesische Schrift als leicht vermittelbar darstellen zu können. Auf dieser Grundlage erscheinen immer wieder Sensationsmeldungen in den Medien, die für die Vorteile einer bestimmten Methode der Sinographemdidaktik werben. Letztlich sind die Argumente dieser mehr oder weniger ideologisch geprägten Gruppierung, so prominent ihre Vertreter auch manchmal sein mögen, weder nachvollziehbar noch überzeugend, so dass sie auch vom überwiegenden Teil der Scientific Community nicht ernst genommen werden. Insofern ist es an dieser Stelle unnö-

---

15 Wobei Lü Shuxiangs (1979) programmatische Schrift den Auftakt zu einer neuen Grammatikwissenschaft bildete.

16 Zu den radikalen Repräsentanten der *zibenwei*-Theorie gehören Xu (1994) und Pan (2001), welche die Begriffe „Wort" und „Morphem" als westliche Importe und als für die Beschreibung der chinesischen Sprache ungeeignet betrachten.

tig, sich näher mit dieser Theorie auseinanderzusetzen. Sie soll hier nur erwähnt sein, um zu verdeutlichen, wie bis in die Gegenwart sowohl der linguistischen Forschung als auch der Sprachdidaktik in China der facettenreiche Traditionsbegriff des *zi* nachwirkt, nach wie vor für terminologisch-begriffliche Verwirrung sorgt und eine differenzierte Betrachtung und Analyse der unterschiedlichen Ebenen graphemischer (Sinographem, *Hanzi* 汉字), phonetisch-phonologischer (Silbe, *yinjie* 音节), morphologischer (Wort, *ci* 词; Morphem, *yusu* 语素) und syntaktischer Einheiten (Wort, *ci* 词; Phrase, *duanyu* 短语; Satz, *juzi* 句子; Satzglied, *juzi chengfen* 句子成分) sowie ihrer komplexen Beziehungen untereinander beeinträchtigt.[17]

Mit dem Neubeginn der sprachwissenschaftlichen Aktivitäten veröffentlichte Ren Xueliang 任学良 1981 sein Buch *Wortbildung des Chinesischen* (汉语造词法), das bis heute als Grundlagenwerk zur morphologischen Erforschung des Chinesischen gilt und immer wieder als solches zitiert wird. Obgleich zur selben Zeit der Begriff des Morphems *(yusu)* hoffähig wurde und verstärkt wissenschaftliche Aufmerksamkeit auf sich zog, greift Ren (1981) bemerkenswerterweise nicht auf diesen zurück. Als Grundeinheit definiert er lediglich das Wort *(ci)*: „Das Wort ist das Material für den Satzbau und die kleinste Einheit des Satzes."[18] Ansonsten verwendet er für Einheiten, die kleiner sind als das Wort, Begriffe wie „Präfix" (*citou* 词头), „Suffix" (*ciwei* 词尾), „Infix" (*ciqian* 词嵌) und „Wortstamm" (*cigan* 词干). Dies ist für ihn das Material, aus dem neue Wörter generiert werden, was er als „Wortschöpfung" (*zaocifa* 造词法) bezeichnet, die das Thema seines Buches ist und von der eigentlichen „Wortbildung" (*goucifa* 构词法) im eher deskriptiven Sinne unterschieden wird, deren Untersuchungsgegenstand die wortinternen Strukturen sind (Ren 1981: 8). Beeinflusst wird die Forschung bis heute von Rens (1981: 30 ff.) Einteilung der verschiedenen Wortbildungsarten, wobei die beiden Verfahren der „morphologischen Wortschöpfung" (*cifaxue zaocifa* 词法学造词法) und der „syntaktischen Wortschöpfung" (*jufaxue zaocifa* 句法学造词法) die wichtigsten sind. Letztere Methode, die Formen wie „Subjekt-Prädikat" (*zhuweishi* 主谓式), „Prädikat-Objekt" (*weibinshi* 谓宾式), „Komplementierung" (*buchongshi* 补充式) usw.

---

17 In seiner Kritik an der *zibenwei*-Theorie in der Anwendung auf die Didaktik des Chinesischen als Fremdsprache zeigt Ren Hulian (2002) überzeugend auf, dass deren Protagonisten letztlich nur ein konfuses Spiel mit Begriffen treiben, wobei sie beispielsweise von *zi* sprechen, wenn sie tatsächlich *ci* meinen.

18 „词是造句材料，是句子的最小单位。" (Ren 1981: 11). Er kritisiert dort zugleich die auf Bloomfields (1973: 178) Definition „a word is a minimum free form" basierenden, unter den chinesischen Grammatikern üblichen Wortdefinitionen, wie etwa bei Lu Zhiwei (1957: 1) als „kleinste frei bewegliche Einheit" („能自由活动的最小单元") oder bei Liu Yuehua et al. (2003: 2): „Das Wort ist die kleinste frei bewegliche sprachliche Einheit mit Bedeutung" („词是最小的有意义的能独立运用的语言单位").

typisiert, bedient sich also syntaktischer Funktionen und Relationen, um wortinterne Strukturen zu beschreiben, womit einerseits wieder der Einfluss der *jubenwei*-Theorie erkennbar wird, andererseits die für die chinesische Sprachwissenschaft bis heute so symptomatische Vermischung diachronischer und synchronischer Aspekte vorgenommen wird. Letztlich ist das Problem der Durchsetzung eines Morphembegriffs und einer eigenständigen, von der Syntax unabhängigen Morphologie auch auf den Umstand zurückzuführen, dass in der Mehrzahl der Grammatikmodelle des Chinesischen nach wie vor historische syntaktische Strukturen und Prozesse zur Analyse und Beschreibung von wortinternen Strukturen in der modernen Sprache herangezogen werden.

4 Ansätze zur Definition und Kategorisierung des Morphems

Wie bei der Wortdefinition orientiert sich die Mehrzahl der chinesischen Grammatikwerke bei der Definition des Morphems an strukturalistischen Vorbildern der westlichen Linguistik, z.B.:

> „Morphemes are the smallest individually meaningful elements in the utterances of a language." (Hockett 1958: 123)
> „kleinste bedeutungstragende Elemente der Sprache, die als phonologisch-semantische Basiselemente nicht mehr in kleinere Elemente zerlegt werden können." (Bußmann 2002: 448)

Entsprechend heißt es bei Lü Shuxiang (1979: 15):

> „Die kleinste grammatische Einheit ist das Morphem, das man definieren kann als ‚die kleinste phonetisch-semantische Verbindung'."
> („最小的语法单位是语素，语素可以定义为最小的语音语义结合体。")

Ähnlich bei Zhu Dexi (1982: 9):

> „Der kleinste bedeutungstragende Bestandteil der Sprache."
> („最小的有意义的语言成分。")

Repräsentativ für andere neuere Grammatikhandbücher steht bei Liu Yuehua et al. (2003: 1):

> „Das Morphem ist die kleinste phonologisch-semantische Verbindung und auch die kleinste grammatische Einheit."
> („语素是最小的音义结合体，也是最小的语法单位。")

War es im früheren Stadium der modernen chinesischen Linguistik noch erforderlich und üblich, sich mit den Unterschieden der traditionellen Grundeinheit *zi* und dem „importierten“ Morphembegriff, *cisu* oder *yusu*, auseinanderzusetzen,[19] so befasst man sich in neuerer Zeit eher mit der phonologischen Grundeigenschaft der Einsilbigkeit (*danyinjie* 单音节) der überwiegenden Zahl der Morpheme im Chinesischen. Dabei wird zugleich auf die Ausnahmen zweisilbiger (*shuangyinjie* 双音节), wie z.B. *geda* 疙瘩 (Knoten), und mehrsilbiger (*duoyinjie* 多音节) Morpheme, wie *qiaokeli* 巧克力 (Schokolade) und *aolinpike* 奥林匹克 (Olympiade), hingewiesen. Bei näherer Betrachtung ergeben sich dabei die grundsätzlichen Probleme einerseits der syntagmatischen Segmentation der Morpheme (*yusu daxiao wenti* 语素大小问题) – wie bei der Frage, ob *hutu* 糊涂 (verwirrt) aus einem oder zwei Morphemen besteht – andererseits der paradigmatischen Identifikation der Morpheme (*yusu yitong wenti* 语素异同问题) – wie *gong* 公 (mit dem identischen Sinographem) in *gonggong* 公共 (öffentlich), *gonghou* 公侯 (Adel), *gongji* 公鸡 (Hahn) etc. – wo keine semantischen Gemeinsamkeiten mehr vorliegen.[20]

Auch wenn hierbei gemäß strukturalistischem Grundsatz der Primat der gesprochenen Sprache und die lautliche Ausdrucksform des Morphems interessiert, spielt bei den gängigen Analysen in chinesischen Abhandlungen immer zumindest implizit auch der sinographemische Ausdruck eine Rolle, wie etwa bei der obigen Untersuchung der Silbe *gong* (im 1. Ton), für die es ja noch mehrere andere sinographemische Repräsentationen gibt (z.B. 工, 功, 攻, 恭, 宫), die aber in diesem Zusammenhang deshalb nicht in Betracht gezogen werden. Auf Grund dessen lässt sich erahnen, dass das dem Konzept des *zi* 字 in der traditionellen chinesischen Sprachwissenschaft zugeordnete Beziehungsdreieck von (sinographischer) „Form“ (*xing* 形), „Lautung“ (*yin* 音) und „Bedeutung“ (*yi* 义) sich bei der Übertragung in die moderne linguistische Forschung als überaus komplexes Geflecht vielfältiger Relationen zwischen den phonetisch-phonologischen, morphologischen, semantischen und sinographemischen Ebenen erweist.[21] Die explizite Trennung dieser Ebenen und der auf ihnen angesiedelten Einheiten sind sowohl für wissenschaftliche als auch für didaktische Zwecke von fundamentaler Bedeutung für die adäquate Beschreibung und Charakterisierung der chinesischen Sprache. Umgekehrt führt deren Vermischung und mangelnde Differenzierung immer wieder zu verzerrenden Interpretationen und Fehlschlüssen, die in diversen Darstellungen der chinesischen Sprache oft eine

---

19 Auch in neueren didaktischen Grammatiken sehen sich die Autoren noch veranlasst, die Unterschiede zwischen *zi* und *yusu* einführend zu erklären, vgl. z.B. Guo Zhenhua (2000: 1-3).

20 Vgl. Lü Shuxiang (1979: 15).

21 Vgl. dazu vor allem Karl et al. (1993: 4-7).

hartnäckige Langlebigkeit gewinnen.[22] Als Beispiel sei hier der Mythos von der Monosyllabizität des Chinesischen genannt, der seit etwa einem Jahrhundert nicht nur in westlichen linguistischen Arbeiten immer weiter tradiert wird, sondern bisweilen auch in chinesischen Quellen.[23] Abgesehen von der auch im Chinesischen nicht immer eindeutigen phonetischen Frage, wie eine Silbe überhaupt zu definieren ist,[24] bleibt dabei meist diffus, ob mit der Charakterisierung als „monosyllabisch" Wörter oder Morpheme oder beides gemeint sind und welche Relevanz die Syllabizität für die eigentliche Grammatikbeschreibung überhaupt hat, wenn von der sinographischen Repräsentanz der sprachlichen Einheiten und damit von der Begrifflichkeit des *zi* gänzlich abstrahiert wird. In diesem Zusammenhang muss man sich bewusst machen, dass die Begriffe *zi* und *yinjie* (Silbe) in der bis heute nachwirkenden sprachwissenschaftlichen Tradition ihre Existenz letztlich einem Definitionszirkel zu verdanken haben, wonach ein *zi* als schriftlicher Ausdruck einer Silbe und die Silbe als lautlicher Ausdruck eines *zi* gedeutet wird. Für den Morphembegriff ergibt sich aus dieser konservativen Perspektive kein wirklicher Bedarf.

Die Wiederbelebung der chinesischen Grammatikforschung zum Beginn der 1980er Jahre maßgeblich beeinflusst hat die von Lü Shuxiang ins Chinesische übertragene Version der Grammatik von Yuen Ren Chao (1968), in der eine differenzierte Auseinandersetzung mit dem Morphem, etwa auch im Kontrast zum Wort und zum *zi*, und seinen Wortbildungseigenschaften erfolgt (Zhao Yuanren 2005: 78-81). Interessant ist unter anderem Zhaos (2005: 104) erstmalige Kategorisierung in „Vollmorpheme" (*shiyusu* 实语素) und „Leermorpheme" (*xuyusu* 虚语素) gemäß der Jahrhunderte alten philologisch-sprachwissenschaftlichen Tradition. Er schreibt dazu:

22 Z.B. verwenden Hao/Zhang (2006: 60) neben dem Ausdruck „homophone Morpheme" (同音语素) den widersprüchlichen Begriff „homographe Morpheme" (同形语素), der sich auf zwei oder mehr Morpheme bezieht, die von ein und demselben Sinographem repräsentiert werden. Dieses Beispiel zeigt deutlich, wie schwer es manchen fällt, den Morphembegriff vom traditionellen *zi*-Konzept zu abstrahieren.

23 Die diversen Mythen, die sich um die chinesische Sprache und Schrift ranken, hat DeFrancis (1984) in seinem herausragenden Buch unter die Lupe genommen. Vgl. dort vor allem die Ausführungen zum *Monosyllabic Myth* (177 ff.).

24 Man denke an die „Silben" *yi* und *wu*, die nur aus je einem Vokal bestehen, oder in der gesprochenen Sprache übliche Verschmelzungen wie *haizi* zu *haiz* (Kind) *shenme* zu *shem* (was). Die Problematik der Silbendefinition wird im Folgenden nicht weiter vertieft.

„In China ist seit jeher die Rede von ‚Vollwörtern' (*shizi* 实字) und ‚Leerwörtern' (*xuzi* 虚字). Zur Vermeidung des in seiner Bedeutung konfusen Ausdrucks *zi* (字) wurden diese neuerdings umbenannt in ‚Vollmorpheme' und ‚Leermorpheme', …"[25]

Zu den ersten, die die Notwendigkeit der Einheit Morphem in der modernen wissenschaftlichen wie auch didaktischen Grammatikbeschreibung betonen und zugleich eine systematische Kategorisierung der Morpheme versuchen, gehören Zhu Dexi (1982) und Zhang Zhigong (1982). Zhu (1982: 9-11) definiert folgende Kategorien:

1. freie vs. gebundene Morpheme (*ziyou yusu* 自由语素 vs. *nianzhuo yusu* 粘着语素) anhand des Kriteriums der Fähigkeit bzw. Unfähigkeit, selbständig einen Satz zu bilden;

2. Morpheme mit fester Position vs. nicht fester Position (*dingwei yusu* 定位语素 vs. *bu dingwei yusu* 不定位语素) im Wort oder Satz; erstere werden nochmals unterteilt in voran- und nachgestellte Morpheme mit fester Position (*qianzhi/houzhi dingwei yusu* 前置/后置定位语素);

3. Wortfähige und nicht wortfähige Morpheme (*chengci yusu* 成词语素 vs. *bu chengci yusu* 不成词语素), d.h. solche, die ein bzw. kein einfaches Wort (Simplizium) bilden können.

Die hier vorliegende direkte Verknüpfung des Morphems mit syntaktischen Kriterien ohne Berücksichtigung der dazwischen angesiedelten Wortebene weist auf die bis heute gängige – offensichtlich auch auf die *jubenwei*-Theorie zurückzuführende – Vorstellung, das Morphem unter Ausklammerung der Wortbildung direkt als syntaktische Einheit zu verstehen.[26]

Zhang Zhigong (1982, Bd. 1: 111-112) teilt zunächst alle „einsilbigen Morpheme" (*danyinjie yusu* 单音节语素) ein in „freie" (*ziyou de* 自由的), „halbfreie" (*ban ziyou de* 半自由的) und „nicht freie" (*bu ziyou de* 不自由的).[27] Bei ihm ist

---

25 „中国一向讲"实字"与"虚字"，近来为了避免"字"这个字的意义混淆，改称实语素和虚语素，…"

26 Bei Zhang Bin et al. (2000: 22 ff.) wird in hierfür typischer Weise das Morphem *(yusu)* grundsätzlich als „syntaktische Einheit" (*jufa danwei* 句法单位) im Rahmen der „Satzanalyse" (*jufa fenxi* 句法分析) interpretiert, was bedeutet, dass in dieser ansonsten sehr detaillierten Grammatik der Wortlehre (*cifa* 词法) bzw. Wortbildung (*goucifa* 构词法) kein Platz eingeräumt.

27 Ähnlich bei Lü Shuxiang (2002: 10), der noch eine vierte Kategorie „im allgemeinen nicht freie" (*yiban bu ziyou* 一般不自由) Morpheme einfügt, die nur in speziellem Kontext in freier Form auftreten.

das Kriterium entscheidend, ob ein Morphem selbständig ein Wort bilden kann. Die Kategorie der „halbfreien Morpheme“ umfasst solche, die zwar nicht selbst wortfähig sind, jedoch frei in Kombination mit anderen Morphemen Wörter bilden können. Interessant ist bei ihm, dass er an anderer Stelle (Zhang 1982, Bd. 2: 8-14) so wie Zhao (2005: 104) und in Analogie zur traditionellen Unterscheidung von „Vollwörtern“ und „Leerwörtern“ auch auf der morphologischen Ebene die Einteilung in autosemantische „Vollmorpheme“ (*shisu* 实素) und synsemantische „Leermorpheme“ (*xusu* 虚素) vornimmt und dazwischen noch die Kategorien „Halbvollmorpheme“ (*banshisu* 半实素) und „Halbleermorpheme“ (*banxusu* 半虚素) vornimmt. In eigenartiger Verquickung wiederum mit semantisch-syntaktischen Kriterien werden die „Vollmorpheme“ nach Wortarten subklassifiziert in „Nominalmorpheme“ (*mingsu* 名素), „Verbalmorpheme“ (*dongsu* 动素) und „Adjektivmorpheme“ (*xingsu* 形素). Die „Halbvollmorpheme“ umfassen die einfachen Pronomen, die „Halbleermorpheme“ im Wesentlichen Prä- und Suffixe und die „Leermorpheme“ die in Funktionswörtern enthaltenen Morpheme.

5 Die Beziehungen zwischen den sinographemischen, phonologischen und morphologischen Ebenen im Chinesischen

Vor einer Analyse der komplexen Beziehungen zwischen diesen Ebenen und ihren jeweiligen Einheiten ist zu allererst zu klären, ob diese aus paradigmatischer oder syntagmatischer Perspektive bzw. vom Standpunkt des Sprachsystems (Langue) oder des Textsystems (Parole) vorgenommen wird. Aussagen, denen die explizite Differenzierung dieser beiden Beschreibungsdimensionen nicht zugrunde liegt, führen regelmäßig zu Missinterpretationen, etwa wenn generell behauptet wird, ein Sinographem entspreche jeweils einer Silbe und einem Morphem.[28] Diese weitgehende Kongruenz trifft lediglich auf das Textsystem (Syntagma) zu, wobei es – wenn auch nur in einem geringen Umfang – folgende Abweichungen gibt:

1. Sinographemisch-morphologische Kongruenz mit je zwei Einheiten, aber nur einer Silbe: Dies sind die eher in umgangssprachlichen Texten vorkommenden Wörter mit dem Wortbildungssuffix *-r* 儿, wie bei *huar* 花儿 (Blume).

2. Sinographemisch-syllabische Kongruenz mit disyllabischem Morphem: Dies sind die im Lexikon mehrere Hundert Einträge umfassenden

[28] Um die Einheiten der beiden Beschreibungsdimensionen zu unterscheiden, wird gewöhnlich von Morphemen und Sinographemen als abstrakte Repräsentationen im Sprachsystem und von Morphen und Sinographen als deren Realisationen im Textsystem gesprochen, worauf hier zwecks methodischer Vereinfachung verzichtet wird.

disyllabischen und digraphemen, jedoch monomorphemen Wörter, die teilweise bereits zum archaischen bzw. klassischen Bestand zählen und meist aus Tier- und Pflanzenbezeichnungen, aber auch aus einigen Verben bestehen, wie *qiuyin* 蚯蚓 (Regenwurm), *zhizhu* (Spinne), *hulu* (Flaschenkürbis), *chouchu* (zögern) etc.[29] Darüber hinaus entstanden seit dem Altertum bis in die Neuzeit zahlreiche und sich immer noch weiter vermehrende monomorpheme Formen, die fremdsprachliche Entlehnungen darstellen und je durch zwei Silben und zwei Sinographeme repräsentiert werden, wie *boli* 玻璃 (Glas), *tanke* 坦克 (Panzer), *youmo* 幽默 (humorvoll), *shafa* 沙发 (Sessel, Sofa) etc.

3. Sinographemisch-syllabische Kongruenz mit polysyllabischem Morphem: Hierbei handelt es sich ausnahmslos um neuere Lehn- bzw. Fremdwörter, die jedoch in bestimmten Textsorten gehäuft vorkommen können, z.B. *qiaokeli* 巧克力 (Schokolade), *tuolasi* 托拉斯 (Trust), *xiesidili* 歇斯底里(hysterisch) und *Bu'ershiweike* 布尔什维克 (bolschewistisch).

4. Sinographemisch-syllabische Kongruenz mit je einem Sinographem und einer Silbe, jedoch zwei Morphemen: Dies kommt nur in vereinzelten Fällen der Silbenverschmelzung vor, wie bei *beng* 甭 (< *bu yong* 不用 = nicht brauchen), *bie* 别 (< *bu yao* 不要 = nicht sollen), *la* 啦 (< zwei Satzpartikeln *le* 了 + *a* 啊) und beim klassischen *zhu* 诸 (< Objektpronomen *zhi* 之 + Präposition *yu* 于 oder *hu* 乎).

5. Syllabisch-morphologische Kongruenz mit jeweils zwei oder mehr Einheiten bei nur einer Sinographemrepräsentation: etwa bei der Verwendung von „%" im sinographischen Text, wo diese Einheit phonologisch als „*bai fenzhi*" (… von 100 Teilen)[30] und entsprechend durch drei Morpheme realisiert wird. Hierunter fallen auch früher eingeführte, inzwischen wieder abgeschaffte bzw. inoffiziell verwendete Sinographeme als Repräsentation von zwei oder drei Silben und entsprechend zwei oder drei Morphemen, wie *haili* 浬 (Seemeile) und *tushuguan* 圕 (Bibliothek).

Im Sprachsystem (Paradigma) liegen völlig andere Relationsverhältnisse vor, was sich allein schon aus einer einfachen quantitativen Betrachtung ergibt:

---

29 Dieser Typ von Lexemen, die meist das Merkmal der Alliteration oder des Reimes aufweisen, wird in der Tradition als *lianmianzi* 联绵字, mit der Übersetzung „Kettenwörter" bei Karl et al. (1993: 239), bezeichnet.

30 Streng genommen muss das Prozentzeichen in ansonsten rein chinesischen Texten, ebenso wie arabische Ziffern, als Sinographem interpretiert werden. Allerdings kommt gelegentlich noch entsprechend die Variante 百分之 vor.

1. Die oft als „lautarm“ charakterisierte chinesischen Standardsprache *putonghua* 普通话 besteht aus über 1300 Tonsilben,[31] von denen nur ca. 1200 häufiger verwendet werden. Die Gesamtzahl der Morpheme wird auf mindestens 5000 geschätzt.[32] Daraus ergäbe sich eine durchschnittliche Zuordnung von rund vier Morphemen zu einer Silbe, was bereits die hochgradige Homophonität der Morpheme im Chinesischen andeutet.

2. Zieht man die Anzahl der heute im Gebrauch befindlichen Sinographeme von etwa 4000 hinzu, so liegt im Sprachsystem eine Relation von durchschnittlich mehr als einem Morphem für ein Sinographem vor.

Bezüglich der unter beiden Punkten genannten Relationen ergibt sich de facto jedoch eine recht komplexe statistische Verteilung, wie in den folgenden Tabellen veranschaulicht.[33]

1. Zuordnung einer Silbe zu 1 bis 8 Morphemen und prozentualer Anteil im Silbenbestand:

Morpheme	Anteil
1	25 %
2	19 %
3	14 %
4	11 %
5	7 %
6	6 %
7	6 %
8	3 %

2. Zuordnung eines Sinographems zu einem bis mehreren Morphemen und prozentualer Anteil im Sinographembestand:

---

[31] Dies sind über 400 Silbenformen, die in den vier bedeutungsunterscheidenden Tönen realisiert werden, wobei sich rein rechnerisch mehr als 1600 Tonsilben ergäben. Etliche Silben sind jedoch nicht in allen vier Tonvarianten realisiert.

[32] Vgl. Yin (1984: 340). Er bezieht sich damit aber nur auf die „einsilbigen“ Morpheme.

[33] Vgl. dazu die detaillierten Statistiken bei Yin (1984: 345-346).

Morpheme	Anteil
1	88 %
2	10 %
3	2 %
4	0,4 %
5 und mehr	0,1 %

Dies bedeutet, dass ein Viertel aller Silben als Ausdrucksform nur eines Morphems fungieren, dass andererseits ein knappes Viertel aller Silben fünf und mehr Morpheme repräsentieren, was die extreme Homophonität belegt. Diese wird allerdings durch einen interessanten Mechanismus entschärft, der sich in der Tendenz ausdrückt, dass je mehr Morpheme ein und derselben Silbe zugeordnet sind, d.h. je höher die Homophonie bestimmter Morpheme ist, diese Morpheme umso eher gebunden, also nicht wortfähig sind und nur in Wortbildungen vorkommen. Als Beispiel sei die Silbe *yì* (im 4. Ton) erwähnt, die im gesamten historischen Sinographeminventar 195 Sinographemen zugeordnet ist.[34] Davon sind 76 nicht standardisiert und 84 aus der klassischen Schriftsprache. Der Rest von 35 Sinographemen enthält 28, die zumindest in modernen Texten ausschließlich in Wortbildungen vorkommen, und nur 6, die jeweils einem halbfreien Morphem entsprechen, d.h. nur in bestimmter Kollokation wortfähig sind und als Simplizia vorkommen, wie z.B. *yì* 译 (übersetzen). Dazu gehören auch 3 nur in naturwissenschaftlichen Texten verwendete Sinographeme, z.B. *yì* 镱 (Ytterbium = chemisches Element Yb mit der Ordnungszahl 70). Letztlich bleibt nur 1 Sinographem, das einem freien Morphem entspricht: das Numerale *yì* 亿 (100

34 Im großen Wörterbuch *Cihai* 辞海 finden sich 195 Sinographeme mit der Aussprache *yì* und vermutlich weit über 200 verschiedenen Bedeutungen, d.h. Morphemen, womit diese Tonsilbe als Extremfall der Homophonie gilt. Darüber hinaus gibt es weitere 8 Tonsilben, die jeweils mehr als 20 Morpheme repräsentieren: *fù – jī – jì – jiàn – xī – yù – shì – zhì*. Auch für diese gilt der oben dargestellte Mechanismus.

Millionen), das jedoch auch einen bestimmten Kontext verlangt, um in der gesprochenen Sprache eindeutig zu werden.[35]

Entsprechend dem annähernd gleichen Sinographem- und Morpheminventarumfang repräsentiert unter den Sinographemen die überwiegende Mehrzahl nur ein Morphem. Allerdings gibt es etwa 12 % Sinographeme, denen zwei oder mehr Morphemen zugeordnet sind. Auch hier zeichnet sich eine Tendenz in der statistischen Verteilung ab: Je häufiger sich ein Sinographem im Textsystem realisiert, d.h. je höher dort seine Textfrequenz ist, desto eher ist es zwei oder mehr Morphemen zugeordnet. Geläufige Beispiele sind 了、就、着、会 (teils in verschiedenen Aussprachevarianten). Umgekehrt gilt: Je seltener sich ein Sinographem im Textsystem realisiert, desto eher besteht eine eineindeutige Zuordnung zwischen Sinographem und Morphem.

Diese kurze Übersicht mag genügen, um einen Einblick in die überaus komplexen Relationen zwischen den sinographemischen, phonologischen und morphologischen Ebenen bzw. zwischen den Einheiten Sinographem, Silbe und Morphem (Bedeutung, Semem) im Chinesischen zu erlauben und gleichzeitig aufzuzeigen, wie unentbehrlich die Kategorie Morphem im Chinesischen sowohl für die linguistische Beschreibung als auch für die sprachdidaktische Instrumentalisierung ist – ein Faktum, dem in neueren Arbeiten immer mehr Bedeutung beigemessen wird.[36]

6 Entwurf einer Morphemklassifikation und einer morphologischen Typologie der chinesischen Sprache

Wie bereits detailliert in Kupfer (1980) und weiterführend in Ke (1992a) begründet und ausgeführt, lassen sich im Chinesischen folgende Morphemklassen unterscheiden:

- Kernmorpheme (*jiben yusu* 基本语素), Abk.: K
- Partikelmorpheme (*yuzhu yusu* 语助语素), Abk.: P
- Formbildungsmorpheme (*gouxing* 构形语素), Abk.: F
- Derivationsmorpheme (*gouci yusu* 构词语素), Abk.: D

---

35 Auf der anderen Seite gibt es einzelne Silben, die nur in einem der vier Töne und als Ausdruck von lediglich 1-2 Morphemen vorkommen, wie z.B. *neng* 能 (können; Energie – nur im 2. Ton) und *zen* 怎 (wie – nur im 3. Ton), d.h. also nicht vom Problem der Homophonität betroffen sind.

36 Vgl. beispielsweise Shi (1987), Wan (1990), Lü (2000), Kupfer (2002), Hao/Zhang (2006) und Jiang (2007a, b).

Die Klassifizierung wird anhand der Kriterienpaare offene/geschlossene Klasse, frei/gebunden, produktiv/nichtproduktiv, wortwurzelfähig/nicht wortwurzelfähig sowie mit/ohne Ton vorgenommen, beansprucht universelle Anwendbarkeit und stellt damit eine geeignete Grundlage für kontrastive Untersuchungen der morphologischen Eigenschaften des Chinesischen im Vergleich mit anderen Sprachen dar. Auf diese Weise gewinnt man einen typologischen Ansatz, der eine objektive Beschreibung der chinesischen Morphologie erlaubt und über die bisherigen, meist einseitig auf graphemische oder syntaktische Merkmale fixierten Typologisierungen hinausführt.

Nachfolgend eine kurze Darstellung der einzelnen Morphemklassen:

- K: offene (nicht abzählbare) Klasse mit sowohl freien als auch gebundenen Morphemen, die sämtlich produktiv (d.h. immer neue Lexeme bilden können) und wortwurzelfähig sind sowie in der Regel volle Tonalität besitzen; 96-97 % des gesamten Morphembestandes.[37]
- P: geschlossene Klasse von maximal 200 Morphemen, die grundsätzlich frei, beschränkt produktiv sowie wurzelfähig sind und im Wesentlichen die grammatischen Funktionswörter (*xuci* 虚词) konstituieren; häufig, jedoch nicht immer tonlos.
- F: im nahezu flexionslosen Chinesisch beschränkt auf wenige Elemente, wie die formbildenden Aspektsuffixe *-le* 了, *-zhe* 着, *-guo* 过 und das Pluralsuffix *-men* 们;[38]also grundsätzlich gebunden und nicht wortwurzelfähig sowie stets tonlos.
- D: nach enger Definition eine Klasse von sehr wenigen Elementen: das Präfix *a-* 阿 und die Suffixe *-zi* 子, *-tou* 头, *-r* 儿, *-zhe* 者 (im 3. Ton), *-de* 的 (z.B. in *biede* 别的„andere/-s/-r"), *-le* 了 und *-zhe* 着 (z.B. in *weile* 为了 und *weizhe* 为着„wegen")[39], die grundsätzlich gebunden, kaum produktiv, nicht wurzelfähig und mit Ausnahme von *-zhe* 者 (im 3. Ton)[40]

---

37 Auch „Grund-" oder „Basismorpheme" genannt, vgl. Fleischer/Barz (1992: 25).

38 Entsprechen den „Flexionsmorphemen", etwa bei Fleischer/Barz (1992: 34 ff.). Hier wird jedoch aus universaler Perspektive der Begriff „Formbildung" vorgezogen, um auch Wortformänderungen mit grammatisch-kategorialer Funktion einzuschließen, die nicht nur auf Flexionsmuster indoeuropäischer Sprachen beschränkt sind.

39 Zu unterscheiden von den homonymen F-Morphemen.

40 Dieses Morphem fällt aus der Reihe, da es im vollen 3. Ton realisiert wird und nicht nur an einzelne Wörter, sondern auch an längere Phrasen angehängt wird, vgl. etwa *chi bu tong zhengjian* <u>*zhe*</u> 持不同政见者 (jemand mit abweichender politischer Meinung, Dissident). Insofern ist sein Status, selbst wenn es durch seine nachgestellte Position

tonlos sind. Darüber hinaus gibt es noch Dutzende reihenbildender Morpheme in initialer oder finaler Wortposition, die in manchen chinesischen Grammatiken ebenfalls den Wortbildungsaffixen zugeordnet, häufig jedoch auch als „Affixoide“ oder „Semi-/Halbprä-/suffixe“ (chinesisch: *leiqianzhui* 类前缀 bzw. *leihouzhui* 类后缀 = „analoge Prä-/Suffixe“) bezeichnet werden.[41] Dazu gehören etwa folgende Fälle: *lao-* 老 und *xiao* 小 (persönl. Anrede), *fan-* 反 *(Anti-), fei-* 非 *(Nicht-), chao-* 超 *(Ultra-, Super), -jia* 家 *(Experte), -gong* 工 *(Arbeiter), -zhang* 长 *(Leiter), -sheng* 生*/-shi* 士*/-shou* 手*/-yuan* 员*/-shi* 师 (Personen-/Berufsbezeichnungen), *-jie* 界 *(Gruppierung), -xue* 学 *(Fach/Disziplin), -lun* 论*/-jiao* 教 *(Theorie/ Lehre), -qi* 气 *(Charakter), -xing* 性 *(Eigenschaft, -ität, -heit), -shi* 式 *(Form, Stil), -fa* 法 *(Methode; Gesetz), -ji* 机 *(Maschine, Apparat), -yi* 仪 *(Instrument)* etc. Letztlich ist hierbei in jedem einzelnen Fall zu prüfen, inwieweit diese Konstituenten noch als Kernmorpheme oder als separate Wortbildungsaffixe mit klar abgegrenzter Bedeutung und Funktion zu identifizieren sind.[42]

Die K-Morpheme entsprechen also den weiter oben erwähnten „Vollmorphemen“ (*shisu* 实素), die P-, F- und D-Morpheme den „Leermorphemen“ (*xusu* 虚素).

Auf der Basis der obigen Ausführungen und nach vorläufigen empirischen Datenauswertungen zeichnen sich folgende morphologische Charakteristika des Chinesischen ab:[43]

1. Im Textsystem auffällig ist die prinzipielle formale Kongruenz Silbe-Sinographem-Morphem. Ausnahmen sind, wie bereits erwähnt, das nicht-syllabische Morphem *-r* 儿, disyllabische native Morpheme sowie di- und polysyllabische Morpheme aus dem Lehnbestand.

2. Die di- und polysyllabischen Morpheme sind quantitativ sehr beschränkt, sowohl im Sprachsystem (ca. 3 %) als auch im Textsystem (durchschnitt-

---

Suffixcharakter aufweist, strittig. Das homonyme *zhe* in *huozhe* 或者 (oder) muss allerdings als separates Morphem verstanden werden.

41 Auch „Wortbildungsmorpheme“ oder „Formantien“, vgl. Fleischer/Barz (1992: 9). Zur Problematik der „Affixoide“ vgl. dort S. 27-28.

42 Die Problematik ist vergleichbar mit zahlreichen „Affixoiden“ im Deutschen, wie z.B. in *Schuhwerk* im Verhältnis zu *Kraftwerk*.

43 Noch vorzunehmende umfangreichere empirisch-statistische Untersuchungen würden die hier dargelegten Schlussfolgerungen und Tendenzen im Wesentlichen bestätigen.

lich nur ca. 0,3 %). Auch ihre Produktivität (d.h. ihre Fähigkeit, neue Lexeme zu bilden) ist sehr gering.

3. Anders als das Deutsche und die meisten anderen Sprachen kennt das Chinesische fast keine Allomorphie. Ausnahmen finden sich in Einzelfällen wie dem Tonsandhi bei *yi* 一 (1., 2. und 4. Ton) und *bu* 不 (2. und 4. Ton), bei den Varianten der Modalpartikel *a* 啊 in Form von *ya* 呀, *na* 哪 und *wa* 哇 sowie bei den Tonvarianten für das Morphem mit der Bedeutung „Finger": *shouzhi* 手指 (wörtl. Hand-Finger, 3. Ton),[44] *zhijia* 指甲 (Fingernagel, 1. Ton) und *zhitou* 指头 (Finger, 2. Ton).[45]

4. Der Anteil der K-Morpheme ist sowohl im Sprachsystem als auch im Textsystem signifikant hoch, der der P-, F- und D-Morpheme insgesamt entsprechend reduziert. Während im deutschen Text K-Morpheme nur rund 45 % ausmachen und die P-, F- und D-Morpheme zu etwa je gleichen Teilen die übrigen 55 % belegen, enthält der chinesische Text ca. 80 % K-Morpheme und ansonsten neben vereinzelten F- und D-Morphemen knapp 20 % P-Morpheme. Letztere nehmen dort übrigens einen durchschnittlich geringeren Anteil ein als im deutschen Text, was die gelegentlich geäußerte These von der Kompensation fehlender Flexion durch mehr Partikeln im Chinesischen widerlegt.

5. Die überwiegende Mehrzahl der chinesischen K-Morpheme ist vergleichsweise produktiv, manche sind sogar unbegrenzt produktiv, was die Beobachtung stützt, dass das Chinesische Neologismen gewöhnlich aus nativem Bestand kreiert und kaum Bedarf zeigt, Entlehnungen aus anderen Sprachen zu übernehmen.

6. Es gibt relativ viele „halbfreie" K-Morpheme, d.h. solche, die bedingt gebunden in bestimmter Kollokation und ansonsten nicht uneingeschränkt

---

44 Interessant ist, dass im Wort für „Zeh", *jiaozhi* 脚趾 (wörtl. Fuß-zeh), ebenfalls das Morphem *zhi* vorkommt, jedoch in Zuordnung zu einer sinographemischen Variante, die das Signifikum für Fuß enthält. Man könnte in diesem Fall von einer Allographie sprechen, die sich auf ein und dasselbe Morphem bezieht. Eine solche liegt auch in anderen Fällen vor, wie z.B. beim Personalpronomen der 3. Person: 他, 她, 它 für das Morphem *ta* (er, sie, es), bei den Schreibvarianten für die Zahl „drei" *san* 三 und 叁 oder – evtl. diskutabel – bei 的 und 地 für *de* (Strukturpartikel zur Modifikation).

45 Yin (1984: 340) gibt lediglich über 30 Fälle von Allomorphie im Chinesischen an.

als Wort (Simplizium) vorkommen, wie z.B. *yong* in *you yong* 游泳 (schwimmen) oder *hun* in *jie hun* 结婚 (heiraten).[46]

7. Monomorpheme Wörter nehmen im Textsystem im Durchschnitt knapp die Hälfte ein, im Sprachsystem nur 4-5 %, was bedeutet, dass die monomorphemen Wörter im Lexikon eine geschlossene Menge von über 2300 Elementen ausmachen[47] und damit die freien K-Morpheme etwa die Hälfte aller K-Morpheme umfassen.

8. Im Textsystem sind je zur Hälfte zusammen über 90 % mono- und dimorpheme Wörter zu finden.[48] Der Durchschnitt polymorphemer Wörter ist im Vergleich etwa zum Deutschen deutlich geringer.

9. Dies liegt auch an der Tatsache, dass Derivationen im Chinesischen vergleichsweise selten sind und sich nur auf den ersten Grad beschränken. Derivationen 2.-5. Grades, wie sie im Deutschen typisch sind, etwa wie in „Un-ver-ant-wort-lich-keit",[49] wären im Chinesischen nicht vorstellbar.[50] Chinesische D-Morpheme bilden zumeist Suffixe.[51]

10. Die wenigen F-Morpheme im Chinesischen bilden ausnahmslos Suffixe.

11. P-Morpheme sind grundsätzlich mit K-Morphemen (z.B. *guanyu* 关于„in Bezug auf" und *zhihou* 之后 „danach") oder mit D-Morphemen (z.B. *weizhe* 为着 „wegen" und *chule* 除了 „außer") kombinierbar, allerdings nur als dimorpheme Strukturen.

---

46 Zur Problematik der „halbfreien" und gebundenen Morpheme in dimorphemen Verb-Objekt-Strukturen vgl. Ke (1994).

47 Vgl. Zhou (1988: 232).

48 Die Proportionen verschieben sich natürlich je nach unterschiedlicher Auffassung, wie im Text Wörter zu segmentieren sind. Besonders kontroverse Fälle sind prädikative Verbalstrukturen, wie *na chu lai le* vs. *nachulaile* 拿出来了, wo die traditionelle Grammatik vier Textwörter und die modernere Interpretation ein Textwort annimmt. Vgl. dazu auch Ke (2000a) und (2005).

49 Struktur: D + (((D + (D + K)) + D) + D).

50 Falls das *qi* in *haiziqi* 孩子气 (kindisch) als nicht identisch mit dem K-Morphem *qi* (Luft, Atmosphäre u.a.) und als separates D-Morphem identifiziert würde, läge hier der Ausnahmefall einer Derivation 2. Grades (von der Basisderivation *haizi* = „Kind") vor.

51 Strittig ist die Identifikation der in Resultativ- und Direktionalverben eingefügten Morpheme *de* 得 und *bu* 不 zum Ausdruck der kategorialen Bedeutung der positiven bzw. negativen Potentialität entweder als wortbildende Infixe, also D-Morpheme, als K-Morpheme (trotz Tonlosigkeit) oder gar als formbildende Infixe (Potentialaspekt?).

12. Im Vergleich zum Deutschen[52] sind unikale Morpheme im Chinesischen sehr selten, etwa wie *shen* in *shenme* 什么 (was) und *piao* in *piaoliang* 漂亮 (schön).

13. Aus konsequent synchronischer Perspektive sind K-Morpheme wie im Deutschen und anderen Sprachen grundsätzlich wortartenunabhängig. Die entwicklungsgeschichtliche Tatsache, dass K-Morpheme im klassischen Chinesisch bevorzugt in bestimmten Simplizia mit fester Wortartenzugehörigkeit realisiert sind, und die statistische Tendenz, dass manche K-Morpheme häufiger in Lexemen bestimmter Wortart vorkommen, rechtfertigt nicht die „syntaktische" Analyse wortinterner Strukturen mittels Begriffen wie „Nominal-", „Verbal-" und „Adjektivmorphemen", wie weiter oben zitiert und auf Grund der Vermischung synchronischer und diachronischer Aspekte immer noch üblich. So realisiert sich z.B. das Morphem *nan* 难 sowohl als monomorphemes Adjektiv (schwierig) als auch in Wortbildungen verschiedener Wortart: *nanchu* 难处 („Problem" – Nomen), *weinan* 为难 („in peinliche Situation bringen" – Verb), *nankan* 难看 („hässlich" – Adjektiv), *nandao* 难道 („wie könnte" – Adverb) und *nanguai* 难怪 („kein Wunder" – Konjunktion).

14. Als besonderes Problem und künftiger Untersuchungsbereich erweist sich die Identifikation von Morphemen in Phraseologismen, vor allem den so genannten *chengyu* 成语, die sich zumeist gemäß den syntaktischen Regeln des klassischen Chinesisch strukturieren, aber als lexikalische Einheiten im modernen Chinesisch fungieren.

Literaturverzeichnis

Bloomfield, Leonard (1973): *Language.* London: George Allen & Unwin [1. Aufl. 1933]

Bußmann, Hadumod (2002): *Lexikon der Sprachwissenschaft.* Stuttgart: Kröner.

Chao, Yuen Ren (Zhao Yuanren) (1957): *Mandarin Primer. An Intensive Course in Spoken Chinese.* Cambridge: Harvard University Press [Nachdruck von 1948].

52 Z.B. in *Him*beere, *Brom*beere, *Schorn*stein, Nacht*igall*, Bräut*igam*, ver*gess*en, ver*lier*en, *led*ig.

Chao, Yuen Ren (Zhao Yuanren) (1968): *A Grammar of Spoken Chinese.* Berkeley: University of California Press.

Chen, Guanglei 陈光磊 (1994): 汉语词法论 *(Über die chinesische Wortbildung)*. Shanghai: Xuelin Chubanshe.

DeFrancis, John (1984): *The Chinese Language – Fact and Fantasy.* Honolulu: University of Hawaii Press.

Dong, Xiufang 董秀芳 (2004): 汉语的词库与词法 *(Wortschatz und Wortbildung im Chinesischen)*. Peking: Beijing Daxue Chubanshe.

Fleischer, Wolfgang/Irmhild Barz (1992): *Wortbildung in der deutschen Gegenwartssprache.* Tübingen: Max Niemeyer.

Gan, Ruiyuan 甘瑞瑗 (2008)：„试论什么是对外汉语教学中的'词'" (Was ist ein „Wort" in der ChaF-Didaktik?), in: Zheng, Ding'ou 郑定欧 (Hg.): 对外汉语学习词典学国际研讨会论文集(三) *(Proceedings: International Workshop on Pedagigical Lexicography of CFL*, Nanjing 2007). Peking: Zhongguo Shehui Kexue Chubanshe, 367-389.

Guder-Manitius, Andreas (1998): *Sinographemdidaktik. Aspekte einer systematischen Vermittlung der chinesischen Schrift im Unterricht Chinesisch als Fremdsprache. Mit einer Komponentenanalyse der häufigsten 3867 Schriftzeichen.* Heidelberg: Groos.

Hao, Meiling/Wei Zhang 郝美玲/张伟 (2006): 语素意识在留学生汉字教学中的作用 (Die Rolle des Morphembewusstseins in der Schriftdidaktik für ausländische Studierende), *Hanyu Xuexi* 1, 60-65.

Hockett, Charles F. (1958): *A Course in Modern Linguistics.* New York: Macmillan.

Hong, Duren 洪笃仁 (1984): 词是什么？*(Was ist ein Wort?).* Shanghai: Shanghai Jiaoyu Chubanshe.

Jiang, Zixia 姜自霞 (2007a): „语素项的构词力概况及制约因素分析" (Analyse der Wortbildungsfähigkeit von Morphemen und beschränkenden Faktoren), *Yuwen Yanjiu* 2, 36-40.

Jiang, Zixia 姜自霞 (2007b): „语素法与对外汉语学习词典的编纂" (Morphologie und die Erstellung eines Lernwörterbuchs für Chinesisch als Fremdsprache), in: 对外汉语学习词典学国际研讨会 *(Proceedings: International Workshop on Pedagogical Lexicography of CFL),* Nanjing, 47-60.

Karl, Ilse et al. (1993): *Chinesische Wortbildung. Studien zur Theorienbildung und Wortstrukturbeschreibung.* Heidelberg: Groos.

Ke, Bide 柯彼德 (Kupfer, Peter) (1991): „汉语作为外语教学的语法体系必须修改的要点" (Schwerpunkte bei der notwendigen Neugestaltung des Grammatiksystems für Chinesisch als Fremdsprache), *Shijie Hanyu Jiaoxue* 2, 100-104.

Ke, Bide 柯彼德 (Kupfer, Peter) (1992a): „试论汉语词素的分类" (Zur Morphemklassifikation im Chinesischen), *Shijie Hanyu Jiaoxue* 1, 1-12.

Ke, Bide 柯彼德 (Kupfer, Peter) (1992b): „汉语合成动词的结构以及有关汉语拼音证词法的问题" (Strukturen komplexer Verben im Chinesischen und die diesbezüglichen Probleme in der Lautschriftorthographie), *Yuyan Wenzi Yingyong* 2, 93-100.

Ke, Bide 柯彼德 (Kupfer, Peter) (1994): „汉语里双素述宾结构的性质和类型" (Charakteristika und Typen dimorphemer Verb-Objekt-Konstruktionen im Chinesischen), *Chugokugogaku* 241 (Tokyo), 118-125.

Ke, Bide 柯彼德 (Kupfer, Peter) (2000a): „汉语凝合动词的类型和特点" (Typen und Merkmale komplexer Verbbildungen im Chinesischen), in: *Proceedings of the Sixth International Symposium on Teaching Chinese as a Foreign Language* 第六届国际汉语教学讨论会论文集. Peking: Beijing Daxue Chubanshe, 484-489.

Ke, Bide 柯彼德 (Kupfer, Peter) (2000b): „汉语作为外语教学语法体系革新的焦点" (The Central Issue of Reforming the Grammar System of Teaching Chinese as a Foreign Language – Verb Morphology), *Hanyu Xuebao* 2.2, 161-172.

Ke, Bide 柯彼德 (Kupfer, Peter) (2005): „以动词词法为中心的对外汉语教学语法改革" (Verbale Wortbildung als Zentralproblem bei der Reform der didaktischen Grammatik des Chinesischen als Fremdsprache), *Hanyu Jiaoxue Xuekan* (Juli), 50-63.

Kupfer, Peter (1979): *Die Wortarten im modernen Chinesischen. Zur Entwicklung und Etablierung einer grammatischen Kategorie im Rahmen der chinesischen Linguistik.* Bonn.

Kupfer, Peter (1980): „Morphemklassen und Wortstrukturen im modernen Chinesisch“, *Sprachwissenschaft* 5.1, 53-72.

Kupfer, Peter (1994): „Moderne Schriftzeichenforschung und Schriftzeichendidaktik“, *CHUN – Chinesischunterricht* 10, 117-131.

Kupfer, Peter (2002): „Zum Status der Morphologie in der Grammatik des Chinesischen als Fremdsprache“, *CHUN – Chinesischunterricht* 17, 55-69.

Li, Charles N./Sandra A. Thompson (1981): *Mandarin Chinese. A Functional Reference Grammar.* Berkeley: University of California Press.

Li, Hui 李慧 (2007): „现代汉语双音节词组词汇化基本特征探析“ (A Study of the Characteristics of Lexicalization of Disyllabic Phrases in Contemporary Chinese), *Yuyan Jiaoxue yu Yanjiu* 2, 50-55.

Liu, Yuehua/Wenyu Pan/Wei Gu 刘月华/潘文娱/故韡 (2003): 使用现代汉语语法(修订本) *(Chinese grammar)*. Peking: Shangwu Yinshuguan [Neuaufl. von 1983].

Lu, C. W. (1960): „The Status of the Word in Chinese Linguistics“, in: Ratchnevsky. Paul (Hg.): *Beiträge zum Problem des Wortes im Chinesischen.* Berlin: Akademie, 34-47.

Lu, Zhiwei 陆志韦 (1957): 汉语的构词法 *(Wortbildung des Chinesischen)*. Peking: Kexue Chubanshe.

Lu, Zhiwei 陆志韦 (1971): 北京单音词词汇 *(Wortschatz der einsilbigen Wörter des Peking-Dialekts)*. Peking: Chongwen Shudian [Nachdruck von 1956].

Lü, Shuxiang 吕叔湘 (1979): 汉语语法分析问题 *(Analyseprobleme in der chinesischen Grammatik)*. Peking: Shangwu Yinshuguan.

Lü, Shuxiang (Hg,) 吕叔湘 (主编) (2002): 现代汉语八百词(修订本) *(800 Wörter des modernen Chinesisch)*. Peking: Shangwu Yinshuguan [Neuaufl. von 1980].

Lü, Wenhua 吕文华 (1999)：对外汉语教学语法体系研究 *(Untersuchungen zum Grammatiksystem in der Didaktik des Chinesischen als Fremdsprache)*. Peking.

Lü, Wenhua 吕文华 (2000): „建立语素教学的构想“ (Überlegungen zur Didaktik des Morphems), in: *Proceedings of the Sixth International Symposium on*

Teaching Chinese as a Foreign Language 第六届国际汉语教学讨论会论文集. Peking: Beijing Daxue Chubanshe, 307-314.

Pan, Wenguo 潘文国 (2001): „'字'与Word的对应性“ (Zur Korrespondenz von Sinographem und 'Word'), 上、下 (Teile 1-2), *Jinan Daxue Huawen Xueyuan Xuebao* 3.

Ren, Hulian 任瑚琏 (2002): „字、词与对外汉语教学的基本单位及教学策略“ (Schriftzeichen, Wort und grundlegende Einheiten in der Didaktik des Chinesischen als Fremdsprache sowie ihrer Strategien), *Shijie Hanyu Jiaoxue* 4, 78-85.

Ren, Xueliang 任学良 (1981): 汉语造词法 *(Wortbildung des Chinesischen).* Peking: Zhongguo Shehui Kexue Chubanshe.

Richter, Gunnar (1989): „Wortbildungsforschung in der Volksrepublik China“, *Zeitschrift für Phonetik, Sprachwissenschaft und Kommunikationsforschung.* Berlin 42. 5, 638-648.

Shi Guangheng 施光亨 (1987): „语素研究述评“ (Anmerkungen zur Morphemforschung), *Yuwen Daobao* 6, 35-38.

Sun, Dejin (Hg.) 孙德金(主编) (2006): 对外汉语词汇及词汇教学研究 *(Untersuchungen zum Wortschatz und zur Wortschatzdidaktik im Chinesischen als Fremdsprache).* Peking: Shangwu Yinshuguan.

Sung Chang-Lien (1984): *Grammatik der chinesischen Umgangssprache.* Berlin: de Gruyter.

Tang, Tingchi 汤廷池 (1992): „汉语的'字''词''语'与'素'“ *(„Sinographem“, „Wort“, „Phrase“ und „Morphem“ im Chinesischen).* Taibei.

Wan, Rufan万汝璠 (1990): „语素教学的地位与教材的编写“ (Die Stellung der Morphemdidaktik und das Abfassen von Lehrmaterialien), in: *Proceedings of the Third Conference of the Chinese Society for Teaching Chinese as a Foreign Language* 中国对外汉语教学学会第三次学术讨论会论文选. Peking: Beijing Yuyan Wenhua Daxue Chubanshe, 196-207.

Wu, Zhankun 武占坤 (1986): 现代汉语读本 *(Reader zum modernen Chinesisch).* Peking: Beijing Yuyan Wenhua Daxue Chubanshe.

Xu, Tongjiang (1994): „'字'和汉语研究的方法论 – 兼评汉语研究中的'印欧语的眼光'“ (Zum 'Sinographem' und zur Forschungsmethode im Chinesischen – Kritik an der 'indoeuropäischen Perspektive' in der Erforschung des Chinesischen), *Shijie Hanyu Jiaoxue* 3, 1-14.

Yin, Binyong 尹斌庸 (1984): „汉语语素的定量研究“ (Untersuchungen zur Quantität der Morpheme im Chinesischen), *Zhongguo Yuwen* 5, 338-347.

Zhang, Bin 张斌/Kaitai Fan 范开泰/Yajun Zhang 张亚军 (2000): 现代汉语语法分析 *(Grammatikanalyse des modernen Chinesisch)*. Shanghai: Huadong Shifan Daxue Chubanshe.

Zhang, Zhigong (Hg.) 张志公 (主编) (1982): 现代汉语 (上、下) *(Modernes Chinesisch,* Bde. 1-2). Peking: Renmin Jiaoyu Chubanshe.

Zhao, Jinming (Hg.) 赵金铭 (主编)/Cui, Xiliang (Mit-Hg.) 崔希亮 (副主编) (1997): 新视觉汉语语法研究 *(Grammatikforschung des Chinesischen aus neuer Sicht)*. Peking: Beijing Yuyan Wenhua Daxue Chubanshe.

Zhao, Yuanren 赵元任 (2005): 汉语口语语法 *(A Grammar of Spoken Chinese)*. Peking: Shangwu Yinshuguan [Neudruck von 1979].

Zhou, Jian 周荐 (2004): 词汇学词典学研究 *(Untersuchungen zur Lexikologie und Lexikographie)*. Peking: Shangwu Yinshuguan.

Zhou, Youguang 周有光 (1988): „略谈现代汉语中的单音节词问题“ (Zum Problem der einsilbigen Wörter im modernen Chinesisch), *Proceedings of the Second International Symposium on Teaching Chinese as a Foreign Language* 第二届国际汉语教学讨论会论文集. Peking: Beijing Yuyan Xueyuan Chubanshe, 232-234.

Zhu Dexi 朱德熙 (1982)：语法讲义 *(Vorlesungen zur Grammatik)*. Peking: Shangwu Yinshuguan.

Zhu, Zhiping 朱志平 (2005)：汉语双音复合词属性研究 *(Untersuchungen zur den Eigenschaften zweisilbiger Wörter im Chinesischen)*. Peking: Beijing Daxue Chubanshe.

Rebekka Bratschi

Alles ganz easy? Vom Gesetzestext zu einer „Sprache der Nähe“

1 Mündlichkeit und Schriftlichkeit

Mündliche Äußerungen und schriftliche Äußerungen unterscheiden sich bekanntlich stark. In der *Face-to-Face*-Kommunikation, der prototypischen Form mündlicher Kommunikation, stehen dem Sprecher neben der Sprache weitere Mittel zur Übermittlung seiner Botschaft zur Verfügung:

> „In normal face-to-face conversation, human speakers typically transmit their message simultaneously via several channels (acoustical, visual, tactile, olfactory, etc.) involving both verbal and nonverbal, vocal and nonvocal, linguistic and paralinguistic means of communication.“ (Huber 1996: 259)

In anderen Situationen wie beim Telefongespräch, wo sich Sprecher und Hörer nicht sehen und somit Mimik und Gestik als Informationsträger wegfallen, hat der Sprecher zur Informationsübermittlung immer noch das gesamte lautliche Spektrum zur Verfügung und kann insbesondere auf prosodische Mittel wie Sprechtempo, Intonation und Pausen zurückgreifen.

All diese Möglichkeiten – Gestik, Mimik, Prosodie – stehen in schriftlichen Äußerungen nicht zur Verfügung. Denn im Gegensatz zur mündlichen gibt es bei der schriftlichen Kommunikation in der Regel keinen direkten Kontakt zwischen Schreiber und Leser, was die möglichen Kommunikationskanäle einschränkt. Die unterschiedlichen Rahmenbedingungen haben aber nicht nur einen Einfluss darauf, welche Kommunikationskanäle überhaupt zur Verfügung stehen. Sie haben auch Auswirkungen darauf, wie viele (und welche) Informationen über die Sprache übermittelt werden und wie diese Informationen sprachlich verpackt sind. Es gilt, dass:

> „[...] gesprochene Sprache im Vergleich zu geschriebener Sprache einerseits eine Reihe von Informationsdefiziten vor allem im Bereich der verbalen Ausdrucksmittel aufweist (zum Beispiel Reduktionen, Verschleifungen, Ellipsen, Satzabbrüche, fehlende Wortgrenzen und Satzzeichen), gleichzeitig aber auf der Ebene der nonverbalen Ausdrucksmittel eine Fülle an zusätzlichen, in der Schrift nicht markierten Informationen enthält. Hierzu gehört neben Mimik und Gestik der gesamte Bereich der suprasegmentalen, prosodischen Ausdrucksmittel [...].“ (Huber 1999: 48)

Verwendet man die Ausdrücke „Mündlichkeit“ und „Schriftlichkeit“, ist es daher sinnvoll, zwei verschiedene Bedeutungen auseinanderzuhalten. Einerseits beschreiben die Termini „mündlich“ und „schriftlich“ die Realisationsform von Äußerungen: Mündlich heißt demgemäß phonisch realisiert, eine mündliche Äußerung ist also eine gesprochene Äußerung. Eine schriftliche Äußerung ist entsprechend eine geschriebene, grafisch realisierte Äußerung. In dieser Bedeutung ist das Begriffspaar Mündlichkeit/Schriftlichkeit dichotom: Eine Zwischenstufe zwischen „gesprochen“ und „geschrieben“ gibt es nicht.

Andererseits können sich die Ausdrücke „Mündlichkeit“ und „Schriftlichkeit“ auf die Konzeption einer Äußerung beziehen und damit auf die Art und Weise, wie die Botschaft in Sprache gefasst wird. Eine Äußerung ist konzeptionell mündlich bzw. schriftlich, wenn sie bestimmte, für Mündlichkeit bzw. Schriftlichkeit typische Merkmale aufweist. Konzeptionell mündliche Äußerungen sind dadurch charakterisiert, dass sie weniger kompakt, komplex und elaboriert sind als schriftliche Äußerungen. Dies zeigt sich auf der sprachlichen Ebene durch Merkmale wie die oben zitierten „Reduktionen, Verschleifungen, Ellipsen, Satzabbrüche“, durch Selbstkorrekturen, Rektions- oder Kongruenzfehler, Modalpartikeln, Dialektismen, umgangssprachliche Ausdrücke und *Passepartout*-Wörter (vgl. Koch/Oesterreicher 1994: 590 f.; Dürscheid 2006: 47 f.). Konzeptionell schriftliche Texte zeichnen sich demgegenüber durch eine formellere, explizitere und elaboriertere Ausdrucksweise aus. Dies zeigt sich in sprachlichen Merkmalen wie syntaktischer Wohlgeformtheit, hierarchisch komplexer Textgliederung, hypotaktischen Konstruktionen, Nominalisierungen und starker Differenzierung des lexikalischen Materials (vgl. Koch/Oesterreicher 1994: 590 f.; Dürscheid 2006: 48).

Konzeptionell mündliche und konzeptionell schriftliche Äußerungen unterscheiden sich also auf morphologischer, lexikalischer, syntaktischer und pragmatischer Ebene, kurz: in Bezug auf die ganze Art der Versprachlichung.

Die hier eingeführte Unterscheidung zwischen medialer und konzeptioneller Mündlichkeit bzw. Schriftlichkeit geht zurück auf die Romanisten Ludwig Söll, Peter Koch und Wulf Oesterreicher (vgl. Koch/Oesterreicher 1985, 1994). Wichtig ist nun, dass die Ausdrücke „Mündlichkeit“ und „Schriftlichkeit“ in ihrer konzeptionsbezogenen Bedeutung nicht dichotom sind, sondern dass sie ein Feld aufspannen zwischen dem Mündlichkeitspol einerseits und dem Schriftlichkeitspol andererseits. Innerhalb dieses Feldes gibt es zahlreiche Zwischenstufen. Eine Äußerung kann näher beim Mündlichkeitspol oder näher beim Schriftlichkeitspol liegen und damit von ihrer Konzeption her mehr oder weniger „mündlich“ bzw. „schriftlich“ sein (vgl. Koch/Oesterreicher 1985: 17 f.).

2 Kombinationen

Medium und Konzeption müssen nun – und das ist das Interessante an dieser Theorie – nicht unbedingt zusammenfallen. Überlegt man sich, welche Kombinationsmöglichkeiten sich aus der doppelten Begriffsunterscheidung ergeben, so erhält man die folgenden Fälle (vgl. Koch/Oesterreicher 1994: 588; Dürscheid 2006: 45).

Mündlich/mündlich: Eine Äußerung kann sowohl in Bezug auf ihre Realisationsform als auch in Bezug auf ihre Konzeption mündlich sein. Ein typischer Vertreter einer solchen Äußerungsform ist das Gespräch mit Freunden.

Schriftlich/schriftlich: Das Gegenstück dazu sind Texte, die sowohl medial als auch konzeptionell schriftlich sind. Hier führen Koch/Oesterreicher als besonders typisches Beispiel den Gesetzestext an.

Mündlich/schriftlich: Ein Beispiel für eine Äußerungsform, die medial mündlich ist, konzeptionell aber in der Nähe des Schriftlichkeitspols steht, ist der wissenschaftliche Vortrag: Er wird zwar vorgetragen, also gesprochen, enthält aber zahlreiche Merkmale, die charakteristisch sind für konzeptionelle Schriftlichkeit. Gleiches gilt für Plädoyer und Urteilsverkündung in der Gerichtsverhandlung: „Das Plädoyer wird zwar mündlich gehalten, ist aber von Planung und Realisierung her ein schriftlicher Text [...]“ (Nussbaumer 2009: 2141).

Schriftlich/mündlich: Als Beispiel für die gegenteilige Konstellation, also für einen medial schriftlichen, konzeptionell aber mündlichen Text, wurden früher Textsorten wie Grußkarte oder Privatbrief angeführt. Noch typischer für diesen Fall sind aber Kommunikationsformen wie Chat oder SMS, die sich erst in den letzten Jahren entwickelt haben. Insbesondere im Chat kombiniert sich mediale Schriftlichkeit mit konzeptioneller Mündlichkeit, ein Phänomen, das auch als „Mündlichkeit in der Schriftlichkeit“ charakterisiert wurde (Huber 2003: 411, in Anlehnung an Ong 1982). Kennzeichnend für viele Chats ist, dass sie sprachliche Merkmale aufweisen, die üblicherweise mit konzeptioneller Mündlichkeit assoziiert werden, beispielsweise morphologische Verschleifungen, Gesprächspartikeln oder umgangssprachliche Ausdrücke. Außerdem versuchen die Schreiberinnen und Schreiber im Chat häufig, mit den Mitteln der Schriftlichkeit die nonverbalen, an die gesprochene Sprache und die *Face-to-Face*-Kommunikation gebundenen Ausdrucksmittel zu imitieren, etwa durch den Einsatz von Emoticons (☺), durch Buchstabenwiederholungen („gaaaaaaanz“) oder verstärkende Interpunktion („Bitte melden!!!“).

Diese Beispiele zeigen, dass konzeptionelle Mündlichkeit nicht zwingend an mediale Mündlichkeit und konzeptionelle Schriftlichkeit nicht zwingend an mediale Schriftlichkeit gebunden ist.

3 Nähe und Distanz

Bei der Diskussion von Mündlichkeit und Schriftlichkeit kommt häufig ein weiteres Begriffspaar ins Spiel: das Begriffspaar „Nähe/Distanz". Koch/Oesterreicher (1985: 21) nennen den Duktus von Äußerungen am Mündlichkeitspol „Sprache der Nähe", das Gegenstück am Schriftlichkeitspol „Sprache der Distanz". Dies deshalb, weil die Kommunikation am Mündlichkeitspol charakterisiert wird durch Faktoren wie raumzeitliche Nähe, Spontaneität, freie Themenentwicklung, Vertrautheit der Partner und affektive Teilnahme. Für den Schriftlichkeitspol kennzeichnend sind demgegenüber raumzeitliche Distanz, Reflektiertheit und Planung, Themenfixierung, Fremdheit der Partner und Emotionslosigkeit. Konzeptionell mündliche Äußerungen sind daher nähesprachlich, konzeptionell schriftliche Äußerungen sind distanzsprachlich.[1]

„Nähe" und „Distanz" sind dabei zunächst räumlich und zeitlich zu verstehen: In der *Face-to-Face*-Kommunikation sind sich Sprecherin und Hörerin nah im eigentlichen Sinn des Wortes: Sie sind in Sicht- und Hörweite, befinden sich also gleichzeitig am gleichen Ort. Bei einem konzeptionell schriftlichen Text wie dem Gesetzestext hingegen kann sowohl räumlich als auch zeitlich eine große Distanz zwischen Autoren und Lesern liegen. Über diese wörtliche Bedeutung hinaus kann man „Nähe" und „Distanz" im übertragenen Sinn verstehen, das heißt, es „läßt sich metaphorisch auch von ‚sozialer', ‚emotionaler', ‚referentieller' Nähe und Distanz sprechen" (Koch/Oesterreicher 1994: 588). Nicht allein die räumlich-zeitliche Nähe bzw. Distanz wird dann als Kriterium herangezogen, sondern auch Faktoren wie Emotionalität, Vertrautheit etc. Das Gespräch im Freundeskreis steht näher beim Mündlichkeits- und damit beim Nähepol als das Gespräch mit dem Vorgesetzten, obwohl beide in einer *Face-to-Face*-Kommunikationssituation stattfinden. Entsprechend wird je nach Absender, Empfänger und Kommunikationszweck eher eine nähesprachliche oder eine distanzsprachliche Kommunikationsform angemessen sein.

4 Der Gesetzestext

Von allen Beispielen, die Koch/Oesterreicher zur Illustration ihres Konzepts anführen, steht der Gesetzestext am nächsten beim Schriftlichkeits- und damit beim

---

1 Kritisch zu dieser Gleichsetzung von konzeptioneller Schriftlichkeit mit Distanz und konzeptioneller Mündlichkeit mit Nähe Dürscheid (2006: 46 f. und 51 f.).

Distanzpol (1994: 588). Auch Dürscheid illustriert die Merkmale konzeptioneller Schriftlichkeit am Beispiel eines Gesetzestextes (2006: 49). Der Gesetzestext scheint also der prototypische Fall konzeptioneller Schriftlichkeit und damit einer „Sprache der Distanz" zu sein. Dies ist nicht verwunderlich, denn „unser Recht ist extrem schriftsprachlich geprägt" (Nussbaumer 2009: 2134). Einerseits ergibt sich dies aus der Funktion des Gesetzestextes: Er muss über eine große räumliche und teilweise auch zeitliche Distanz hinweg funktionieren und setzt daher auf die für die Distanzkommunikation besonders geeigneten Versprachlichungsstrategien der konzeptionellen Schriftlichkeit. Andererseits schwingt beim Gesetzestext möglicherweise auch die zweite, beziehungsbezogene Komponente von Nähe/Distanz mit: Der Staat als Textproduzent kommuniziert aus einer Machtposition heraus mit seinen Bürgerinnen und Bürgern, und diese soziale Distanz zeigt sich auch in der Sprache.

Gesetzestexte weisen entsprechend eine Vielzahl von Merkmalen auf, die als typische Schriftlichkeitsmerkmale gelten (vgl. zu den im Folgenden aufgeführten Merkmalen Nussbaumer 2009: 2137 ff.). Es sind unpersönliche Texte mit einem vorgegebenen Aufbau, die stark gegliedert und quasi bis in den letzten Buchstaben hinein durchgeplant sind. Sie sind durchzogen von Verweisen auf andere Textstellen oder andere Gesetzestexte. Sie enthalten lange und häufig höchst komplexe Sätze mit zahlreichen, oft verschachtelten Nebensätzen. Nominalphrasen mit komplexen Attribuierungen, mehrgliedrige Komposita[2] und ähnliche Konstruktionsformen ermöglichen eine maximale Komprimierung der Information. Komplexe begriffliche Unterscheidungen, die in „Legaldefinitionen" (vgl. Bratschi 2009) festgehalten werden, führen zu einer ausdifferenzierten Wortwahl. Nicht selten finden sich in Gesetzestexten daher Sätze wie der folgende, die mit nähesprachlicher Kommunikation kaum noch etwas gemein haben:

> „Für Wein von Erzeugern, die eine Erhöhung des Alkoholgehalts durch Zuckerung oder Zusatz von Most vorgenommen haben, für den die Beihilfe nach Artikel 34 gewährt wurde, wird der für die jeweilige Destillation, mit Ausnahme der Destillation nach Artikel 27, festgesetzte Ankaufspreis innerhalb jeder Weinbauzone um denselben Pauschalbetrag verringert, der nach der Höhe der Beihilfe gemäß Artikel 34 und der für die betreffende Weinbauzone vorgesehenen Erhöhung des Alkoholgehalts berechnet wird." (Art. 32 Abs. 1 der Verordnung (EG) Nr. 1493/1999 des Rates vom 17. Mai 1999 über die gemeinsame Marktorganisation für Wein)

---

2 Eine gewisse Berühmtheit erlangt hat in diesem Zusammenhang das „Rindfleischetikettierungsüberwachungsaufgabenübertragungsgesetz", das es sogar zu einem eigenen Wikipedia-Eintrag gebracht hat:

http://de.wikipedia.org/wiki/Rindfleischetikettierungsüberwachungsaufgabenübertragungsgesetz [31.07.2011].

Gesetzestexte sind – das sollte diese kleine Zusammenstellung gezeigt haben – unmittelbar am Distanzpol angesiedelt. Damit sind sie weit entfernt von Merkmalen wie Spontaneität, Natürlichkeit, Vertrautheit oder Emotionalität, die mit dem Nähepol verbunden sind. Diese Distanz wird dann zu einem Problem, wenn man einen Gesetzestext den Bürgerinnen und Bürgern „näher bringen" will. Es gibt durchaus Situationen, in denen ein solches Näherbringen nötig ist. So gibt es in verschiedenen Ländern Volksbefragungen, bei denen es um die Annahme bzw. Ablehnung eines Gesetzestextes oder eines anderen normativen Rechtstextes geht. Im Jahr 2005 fanden etwa in Frankreich und den Niederlanden Referenden über die Annahme der neuen EU-Verfassung statt, die bekanntlich in beiden Fällen ein Nein zum Ergebnis hatten. Die Vermutung, die sprachliche Form des Textes – der mit Ausdrücken wie „unlesbares Monstrum" bedacht wurde – könnte zur Ablehnung beigetragen haben, ist zumindest nicht völlig abwegig. Denn wie sollen sich die Stimmberechtigten für einen Text erwärmen, der durch seinen ganzen sprachlichen Duktus Distanz zu ebendiesen Stimmberechtigten markiert?

Die Frage ist also, wie man distanzsprachliche Texte wie einen Gesetzestext mehr in Richtung Nähepol bringt. Mit dieser Frage betreten wir das komplexe Gebiet der Vermittlung von Recht. Eine dieser Vermittlungsmöglichkeiten soll im folgenden Abschnitt angesprochen werden: die Möglichkeit, mit einem neuen, stärker beim Nähepol stehenden Text den Kontakt zum Zielpublikum herzustellen, während der Gesetzestext selbst im Hintergrund bleibt. Dazu soll im Folgenden ein Beispiel aus der Schweiz vorgestellt werden: das „Easy Abstimmigsbüechli".

5 Das „Easy Abstimmigsbüechli"

In der Schweiz finden regelmäßig Volksabstimmungen zu Sachfragen statt. Im Vorfeld einer Abstimmung wird an alle Stimmberechtigten eine Informationsbroschüre des Bundesrates, also der Schweizer Regierung, verschickt, in der die Vorlage erklärt wird. Diese Broschüre heißt im Volksmund „Bundesbüchlein". Abbildung 1 zeigt als Beispiel zwei Seiten der Broschüre zur Abstimmung vom 13. Februar 2011, bei der über die Volksinitiative „Für den Schutz vor Waffengewalt" abgestimmt wurde.

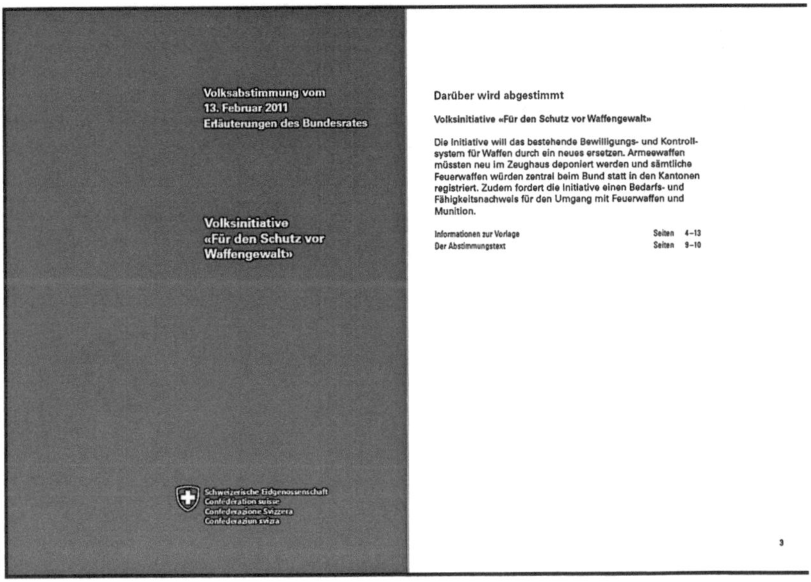
Volksabstimmung vom
13. Februar 2011
Erläuterungen des Bundesrates

Volksinitiative
«Für den Schutz vor
Waffengewalt»

Schweizerische Eidgenossenschaft
Confédération suisse
Confederazione Svizzera
Confederaziun svizra

Darüber wird abgestimmt

Volksinitiative «Für den Schutz vor Waffengewalt»

Die Initiative will das bestehende Bewilligungs- und Kontrollsystem für Waffen durch ein neues ersetzen. Armeewaffen müssten neu im Zeughaus deponiert werden und sämtliche Feuerwaffen würden zentral beim Bund statt in den Kantonen registriert. Zudem fordert die Initiative einen Bedarfs- und Fähigkeitsnachweis für den Umgang mit Feuerwaffen und Munition.

Informationen zur Vorlage	Seiten	4–13
Der Abstimmungstext	Seiten	9–10

3

Abbildung 1: Erläuterungen des Bundesrates zur Volksabstimmung vom 13. Februar 2011, Titelseite und Seite 3[3]

Die Broschüre stellt die Vorlage kurz vor, erklärt die Auswirkungen einer Annahme oder Ablehnung, listet die Pro- und Kontra-Argumente auf und enthält eine Abstimmungsempfehlung der Regierung. In der Broschüre abgedruckt wird immer auch der zugrunde liegende Gesetzestext im vollen Wortlaut.

Seit kurzem gibt es ein Alternativprodukt zu diesen offiziellen Erläuterungen der Regierung: das „Easy Abstimmigsbüechli“, das von Jugendlichen gemacht wird und sich an Jugendliche richtet. Abbildung 2 zeigt zwei Seiten des „Easy Abstimmigsbüechli“ zur gleichen Volksabstimmung vom 13. Februar 2011.

3 Die Broschüre ist als PDF-Datei unter der folgenden Internetadresse abrufbar: www.bk.admin.ch > Themen > Politische Rechte > Volksabstimmungen > Chronologie Volksabstimmungen > 2011 > 13.02.2011 > Erläuterungen des Bundesrates > Abstimmungsbüchlein [31.07.2011].

Abbildung 2: „Easy Abstimmigsbüechli“ zur Volksabstimmung vom 13. Februar 2011[4], Titelseite und Seite 2

Das „Easy-Abstimmigsbüechli“ hat die folgende Zielsetzung:

> „Das ‚Easy-Abstimmigsbüechli‘ informiert Jugendlichen [sic] bei Abstimmungen und Wahlen politisch neutral. Noch nicht Stimmberechtigte sollen auf verständliche Weise mitbekommen, was auf politischer Ebene bestimmt wird. Mündige Jugendliche werden ermuntert, ihre Möglichkeit zur Urne zu gehen, auch wirklich zu nutzen. Die Broschüre ist kurz, aber dennoch informativ und soll zum Lesen animieren.“[5]

Die Broschüre will also gezielt Jugendliche ansprechen und sie dazu bringen, sich am politischen Geschehen zu beteiligen. Um dieses Ziel zu erreichen, setzt sie auf eine Textform, die sich zumindest ein Stück weit an nähesprachlicher Kommunikation ausrichtet. Dies soll im Folgenden an drei Einzelpunkten gezeigt werden.

---

4 Die Broschüre ist als PDF-Datei unter der folgenden Internetadresse abrufbar: www.easyabstimmigsbuechli.ch > Büechli > 2011 Kanton Bern > Easy Abstimmigsbüechli Februar 11 [31.07.2011].

5 Das Zitat stammt von der Internetseite www.easyabstimmigsbuechli.ch > About [31.07.2011].

5.1 Die Bildelemente

Ein Unterschied zwischen den offiziellen Abstimmungserläuterungen und dem „Easy Abstimmigsbüechli“ sticht sofort ins Auge: Die offizielle Broschüre ist stark textbetont. Sie enthält, abgesehen vom Schweizer Wappen auf der Titelseite und einem stilisierten Paragrafenzeichen im Inneren der Broschüre, keine Bildelemente und steht damit ganz in der Tradition der „Wortlastigkeit und Bilderfeindlichkeit des Rechts“ (Nussbaumer 2009: 2134). Beim „Büechli“ hingegen spielen bildhafte Elemente eine wichtige Rolle: Auf der Titelseite nimmt eine comicartige Figur – auf giftgrünem Hintergrund – einen Großteil der Fläche ein, auf der zweiten Seite steht ebenfalls prominent eine Figur, und diese beiden Figuren tauchen in kleinerem Format auf fast allen folgenden Seiten wieder auf.

Bilder funktionieren anders als Sprache: Sie werden ganzheitlich wahrgenommen und sind insbesondere für ihre aufmerksamkeitsweckende und verhaltenssteuernde Wirkung bekannt (vgl. Bratschi 2005: 39 ff.). Die Figuren im „Easy Abstimmigsbüechli“ haben wohl in erster Linie die Aufgabe, als Türöffner zu fungieren, den Kontakt zu den potenziellen Empfängerinnen und Empfängern herzustellen und diese gefühlsmäßig auf die Kommunikation einzustimmen.

Die Bildelemente übernehmen damit zumindest teilweise die Funktion, die in der *Face-to-Face*-Kommunikation den paraverbalen Kommunikationsmitteln zukommt: Sie geben der sprachlichen Information einen Rahmen, betten sie ein und übernehmen die Aufgabe der Beziehungskonstitution. Durch den Rückgriff auf diese Bildelemente rückt das „Easy-Abstimmigsbüechli“ insgesamt stärker zum Nähepol. Denn im Gegensatz zur Distanz-Kommunikation, die auf digitale Verfahren setzt, bevorzugt die Nähe-Kommunikation analoge Verfahren, die „im übrigen besonders der Affektivität und Expressivität gerecht werden“ (Koch/Oesterreicher 1985: 23). Der Verlust der paraverbalen Mittel in der Schriftkommunikation wird hier also durch den Rückgriff auf Bilder teilweise kompensiert.

5.2 Der Name

Der Name der Broschüre, „Easy Abstimmigsbüechli“, zielt ebenfalls in Richtung nähesprachlicher Kommunikation. Das Wort „Abstimmigsbüechli“ ist der schweizerdeutsche Ausdruck für „Abstimmungsbüchlein“. An zentraler Stelle, auf der Titelseite der Broschüre, steht damit ein Dialektwort. Diatopisch stark markierte Varietäten haben grundsätzlich eine Affinität zum Mündlichkeitspol (vgl. Koch/Oesterreicher 1985: 16). Für die deutschsprachige Schweiz mit ihrer Diglossiesituation bedeutet dies, dass der Dialekt die „Sprache der Nähe“, die Standardsprache aber die „Sprache der Distanz“ ist (vgl. Koch/Oesterreicher 1994: 596). Das „Easy Abstimmigsbüechli“ ist insgesamt in Standarddeutsch, nicht in Dialekt verfasst. Die Verwendung eines Dialektworts auf der Titelseite der Broschüre ist aber ein starkes Signal dafür, dass die Autoren die Broschüre vom Distanzpol weg in Richtung Nähepol rücken wollen.

In die gleiche Richtung zielt die Wahl des englischen Worts „easy". Es markiert den Text als jugendsprachlich, denn die Jugendsprache zeichnet sich unter anderem durch einen hohen Anteil an englischen Ausdrücken aus (vgl. Bratschi 2005: 91).[6] Damit wird die Zielgruppe in ihrer gruppenspezifischen Varietät angesprochen. Gleichzeitig rückt der Text dadurch zum Nähepol. Diastratisch markierte Varietäten sind, wie diatopisch markierte, ebenfalls am Mündlichkeitspol angesiedelt, die Verwendung von Wörtern aus solchen Varietäten ist daher kennzeichnend für konzeptionell mündliche Äußerungen.

Der Name der Broschüre, „Easy Abstimmigsbüechli", macht also auf den ersten Blick deutlich, dass dieser Text im Nähe-Distanz-Kontinuum an ganz anderer Stelle steht als die offiziellen Abstimmungserläuterungen des Bundesrates.

5.3 Die zentralen Wörter

In einer Abstimmung spielt es eine wichtige Rolle, wie das zentrale Thema – hier also die Waffen – sprachlich benannt wird.

Der Bundesrat verwendet in seinen Erläuterungen meist den Ausdruck „Armeewaffen". Daneben findet sich auch der Terminus „Ordonnanzwaffen"[7], welcher der Verwaltungssprache entstammt und im Alltagssprachgebrauch unüblich ist. Bezeichnenderweise verzichtet das „Easy Abstimmigsbüechli" auf diesen Ausdruck, mit dem die meisten Jugendlichen wohl nichts anfangen können. Neben dem Wort „Armeewaffe" verwendet die Jugendbroschüre dafür zusätzlich den Ausdruck „Dienstwaffe" – ein Ausdruck, der bei Diskussionen zum Thema „Sturmgewehr im Kleiderschrank" häufig fällt und der daher den meisten Stimmberechtigten in der Schweiz geläufig sein dürfte.

---

6 Im Wikipedia-Eintrag zum Stichwort Schweizerdeutsch wird in diesem Zusammenhang übrigens genau das Wort „easy" als Beispielwort angeführt: „Doch auch das Englische wird immer mehr in der Alltagssprache der Jugend verwendet. So verwendet man oftmals z.B. ‚dä tescht isch easy gsi!' anstatt des üblichen ‚dä tescht isch eifach gsi!' (dieser Test war einfach!)." Quelle: http://de.wikipedia.org/wiki/Schweizerdeutsch [31.07.2011].

7 „Die Initiative verlangt im Weiteren eine neue Regelung für die Aufbewahrung von Armeewaffen, den sogenannten Ordonnanzwaffen. Ausserhalb des Militärdienstes müssten die Ordonnanzwaffen neu in gesicherten Räumen der Armee aufbewahrt werden." (Abstimmungserläuterungen des Bundesrates, S. 7).

Geht es um die Beschreibung des Waffentyps, so sprechen die offiziellen Abstimmungserläuterungen konsequent von „Feuerwaffen". Dieses Wort kommt auch im „Easy Abstimmigsbüechli" vor. Hier wird zusätzlich das Wort „Schusswaffe" verwendet. Dieses ist zwar gebräuchlicher als „Feuerwaffe", aber auch etwas weniger genau, da es neben Feuerwaffen noch andere Typen von Schusswaffen einschließt.

Es zeigt sich also die folgende Tendenz: Die offiziellen Abstimmungserläuterungen verwenden die präzisen, aber ungebräuchlicheren Bezeichnungen, die der Verwaltungs- bzw. der Fachsprache entstammen und nicht in jedem Fall Teil der Alltagssprache sind. Das „Easy Abstimmigsbüechli" setzt dagegen stärker auf die allgemeinverständlichen, dafür aber ungenaueren Bezeichnungen. Somit bestätigt sich auch bei der Wortwahl, dass das „Easy Abstimmigsbüechli" näher beim Mündlichkeitspol angesiedelt ist. Komplexe begriffliche Unterscheidungen mit entsprechendem Spezialvokabular sind ein Kennzeichen konzeptioneller Schriftlichkeit. In konzeptionell mündlichen Äußerungen sind die Wörter dagegen in der Regel vager. Im Extremfall können hier sogar *Passepartout*-Wörter mit extremer lexikalischer Unschärfe („Ding") eingesetzt werden. Nähesprachliche Texte haben eine viel höhere „Unschärfetoleranz" als distanzsprachliche Texte.

Insbesondere Gesetzestexte sind, wie oben erläutert (vgl. Abschnitt 4), für ihre ausdifferenzierte Terminologie bekannt. In den offiziellen Abstimmungserläuterungen der Regierung wird diese Terminologie oft übernommen, weil befürchtet wird, dass sonst die Kohärenz zwischen Erläuterungen und Gesetzestext verloren geht. Das „Easy Abstimmigsbüechli", das sich nicht direkt auf den Gesetzestext bezieht, nimmt sich hier mehr Freiheiten heraus.

Wie tolerant nähesprachliche Kommunikation gegenüber unscharfen Begriffen ist, zeigt sich im Übrigen noch an einem weiteren Punkt: In der Inhaltsangabe des „Easy Abstimmigsbüechli" steht das Stichwort „Waffengesetz" (vgl. Abbildung 2). In der Volksabstimmung geht es allerdings gar nicht um das Waffengesetz, sondern um eine Änderung der Bundesverfassung. Das Stichwort in der Broschüre ist also juristisch gesehen falsch. Trotzdem ist es zur Charakterisierung der Vorlage geeignet, weil man eine Waffenschutzinitiative intuitiv mit dem Waffengesetz in Verbindung bringt und dieses Gesetz später auch tatsächlich geändert werden müsste. Aus kommunikativer Sicht ist das Stichwort „Waffengesetz" im „Easy Abstimmigsbüechli" also nicht unbedingt unangemessen, obwohl es inhaltlich falsch ist. In den offiziellen Abstimmungserläuterungen hingegen wäre es natürlich fehl am Platz. Je schriftsprachlicher ein Text ist, desto präskriptiver wird die für ihn geltende Norm, und desto kleiner wird der Toleranzbereich für Fehler jeglicher Art.

6 Schluss

Das „Easy Abstimmigsbüechli“ ist ein Versuch, einem jugendlichen Zielpublikum einen konzeptionell schriftlichen Text wie den Gesetzestext mithilfe eines anderen Textes, der stärker nähesprachlich formuliert ist, zu vermitteln. Gewisse Kommunikationsbedingungen (geschriebener Text, festes Thema etc.) sind zwar auch hier vorgegeben. Trotzdem lässt sich der Text mit bestimmten Versprachlichungsstrategien in Richtung einer „Sprache der Nähe“ rücken. Natürlich hängt die Art und Weise, wie ein solcher Text formuliert ist, auch vom Absender ab: Die Regierung kann für ihre Kommunikation nicht die gleichen Mittel einsetzen wie eine Gruppe Jugendlicher. Trotzdem könnte sich auch die offizielle Behördenkommunikation von solchen unkonventionellen Alternativen inspirieren lassen, um sich von einer „Sprache der Distanz“ hin zu einer „Sprache der Nähe“ zu bewegen.

Literaturverzeichnis

Bratschi, Rebekka (2005): *Xenismen in der Werbung. Die Instrumentalisierung des Fremden.* Frankfurt/M. etc.: Lang.

Bratschi, Rebekka (2009): „‚Frau im Sinne dieser Badeordnung ist auch der Bademeister‘. Legaldefinitionen aus redaktioneller Sicht“, *LeGes – Gesetzgebung & Evaluation* 20.2, 191-213.

Dürscheid, Christa (2006): *Einführung in die Schriftlinguistik.* 3., überarb. und ergänz. Auflage. Göttingen: Vandenhoeck & Ruprecht.

Huber, Dieter (1996): „Prosodic Transfer: Nonverbal Language in Intercultural Communication“, in: Drescher, Horst W./Susanne Hagemann (Hg.): *Scotland to Slovenia. European Identities and Transcultural Communication. Proceedings of the Fourth International Scottish Studies Symposium.* Frankfurt/M. etc.: Lang, 259-277.

Huber, Dieter (1999): „Phonologie“, in: Snell-Hornby, Mary/Hans G. Hönig/Paul Kussmaul et al. (Hg.): *Handbuch Translation.* 2., verb. Aufl. Tübingen: Stauffenburg, 47-49.

Huber, Dieter (2003): „Migration virtuell: Interkulturelle Kommunikation im Globalen Dorf“, in: Perl, Matthias/Wolfgang Pöckl (Hg.): *„Die ganze Welt ist Bühne“ / „Todo el Mundo es un Escenario“. Festschrift für Klaus Pörtl* *zum 65. Geburtstag / Homenaje a Klaus Pörtl en Ocasión de su 65 Aniversario.* Frankfurt/M. etc.: Lang, 407-416.

Koch, Peter/Wulf Oesterreicher (1985): „Sprache der Nähe – Sprache der Distanz. Mündlichkeit und Schriftlichkeit im Spannungsfeld von Sprachtheorie und Sprachgeschichte", *Romanistisches Jahrbuch* 36, 15-43.

Koch, Peter/Wulf Oesterreicher (1994): „Schriftlichkeit und Sprache", in: Günther, Hartmut/Otto Ludwig (Hg.): *Schrift und Schriftlichkeit / Writing and Its Use. Ein interdisziplinäres Handbuch internationaler Forschung / An Interdisciplinary Handbook of International Research.* 1. Halbbd. Berlin/New York: de Gruyter, 587-604.

Nussbaumer, Markus (2009): „Rhetorisch-stilistische Eigenschaften der Sprache des Rechtswesens", in: Fix, Ulla/Andreas Gardt/Joachim Knape (Hg.): *Rhetorik und Stilistik / Rhetoric and Stylistics. Ein internationales Handbuch historischer und systematischer Forschung / An International Handbook of Historical and Systematic Research.* 2. Halbbd. Berlin/New York: de Gruyter, 2132-2150.

Ong, Walter J. (1982): *Orality and Literacy. The Technologizing of the Word.* London/New York: Methuen.

Michael Poerner
Melanie Arnold

‚Eigentümliche Weltsicht' auf Chinesisch? Über die Problematik der Vermittlung interkultureller *und* fremdsprachlicher Kompetenzen

1 Sprachlos, und trotzdem kompetent?

Spätestens seit der kulturellen Wende wird kaum noch jemand einen signifikanten Zusammenhang zwischen Sprache und Kultur bestreiten wollen. Es ist eine Binsenweisheit, dass es ohne sprachliche Kenntnisse schwer fällt, sich in interkulturellen Kontexten zurechtzufinden und zu orientieren. Wenn man eine passive Zuschauerperspektive überwinden und tatsächlich mit Menschen in *Interaktion* treten möchte, dann ist die Kenntnis einer Fremdsprache eine konstitutive Voraussetzung. Soweit, so bekannt. Wie sich dieser Zusammenhang zwischen interkulturellen und fremdsprachlichen Kompetenzen theoretisch konzeptionalisieren und praktisch umsetzen lässt, ist allerdings alles andere als eindeutig geklärt. Das gilt für den Fremdsprachenerwerb ebenso wie für die Rolle fremdsprachlicher Kenntnisse bei der Ausbildung interkultureller Kompetenzen – etwa im Kontext von Studienangeboten, wie sie unter der Bezeichnung ‚Interkulturelle Kommunikation' in den letzten Jahren entstanden sind.

Vor diesem Hintergrund beschäftigt sich der vorliegende Beitrag mit folgenden Leitfragen: Wie könnte man die Ausbildung fremdsprachlicher und interkultureller Kompetenzen sinnvoll zusammenführen, ohne dabei die Anforderungen gegenwärtiger Theoriebildung aus den Augen zu verlieren? Welche curricularen Konsequenzen lassen sich daraus für regionalbezogene Studiengänge ableiten, deren Alleinstellungsmerkmal per definitionem in der ziel*sprachlichen* und ziel*kulturellen* Expertise besteht? Bei dem Versuch sich möglichen Antworten anzunähern, schöpfen die beiden Autoren aus drei Quellen, die alle eng mit der Person des Jubilars in Verbindung stehen. Erstens: Ihre Promotionsprojekte an den Schnittstellen zwischen Fremdsprachenerwerb und Hispanistik sowie interkultureller Kommunikation und China-Studien an der Johannes Gutenberg-Universität Mainz. Zweitens: Ihre Lehrarbeit zu wissenschaftstheoretischen, linguistischen und translationswissenschaftlichen Themen, die fächerübergreifend für alle Studierende des Bachelor- und Masterprogramms „Sprache, Kultur, Translation" am Fachbereich Translations-, Sprach- und Kulturwissenschaft (FTSK) angeboten werden. Drittens: Ihre Erfahrungen bei der Umsetzung der Bologna-Reformen am FTSK, die auch eine Neustrukturierung translationswissenschaftlicher Ausbildung zur Folge hatte und an der beide Autoren an verschiedenen Stellen maßgeblich beteiligt waren.

Die Vorgehensweise gestaltet sich wie folgt. Zunächst werden die wesentlichen wissenschaftstheoretischen Grundverständnisse skizziert, die den Forschungsbereich der Fremdsprachendidaktik in Grundzügen bestimmen. Im Mittelpunkt steht dabei die Frage, wie es zu einer besonderen Berücksichtigung kultureller Aspekte gekommen ist, was darunter gemeinhin verstanden wird und welche Herausforderungen damit verbunden sind. Im Anschluss daran wird am Beispiel des Chinesischen als Fremdsprache versucht aufzuzeigen, welche Hürden bei der konkreten Umsetzung dabei zu bedenken sind. Auf dieser Grundlage werden schließlich Vorschläge formuliert, inwiefern sich Perspektiven interkultureller Kommunikationsforschung gewinnbringend in regionalbezogene Studiengänge integrieren lassen und dabei auch der universitäre Fremdsprachenunterricht profitieren könnte.

2 Alle Wege führen zur Kultur

> „Das übergeordnete Lernziel des interkulturellen Fremdsprachenunterrichts zielt auf die Entwicklung der Fähigkeit, Verschiedenheit (...) auszuhalten, eigene Normen in Frage zu stellen und für andere Sprach- und Verhaltensformen (...) zu sensibilisieren." (Krumm 2003: 141)

Die Gründe für das Lernen von Fremdsprachen haben sich im Laufe der Zeit erheblich verändert. Das gleiche gilt für die Zielsetzung, den Inhalt und die Methodik des Fremdsprachenunterrichts. Wagt man einen Blick auf Fachdiskussionen seit Beginn des 20. Jahrhunderts wird schnell deutlich, wie bunt und komplex – um nicht zu sagen unübersichtlich – sich die wissenschaftliche Beschäftigung mit dem Lehren und Lernen von Fremdsprachen gestaltet. Diese Unübersichtlichkeit ist sicher auch der institutionellen Beschaffenheit von Wissenschaft selbst zuzuschreiben, schließlich sind auch akademische Disziplinen nur ein „(...) konstruiertes Konglomerat von Problemen und Lösungsversuchen" (Popper 1961: 84). Vor allem aber spiegelt sich darin die Problematik des zugrunde liegenden Erkenntnisinteresses: Die reziproken Prozesse, die sowohl beim Sprachenlernen als auch bei der Sprachvermittlung beteiligt zu sein scheinen, sind schließlich alles andere als leicht zu verstehen und zu systematisieren. Bedenkt man zudem mögliche kulturelle Variablen, ist rasch eine theoretische und empirische Komplexitätsstufe erreicht, die ganz offensichtlich aus der Perspektive eines einzelnen Forschungszweiges nur unzureichend bearbeitet werden kann.

Die Erforschung des Lehrens und Lernens von Fremdsprachen ist Gegenstandsbereich der Fremdsprachendidaktik, die sich in erster Linie mit der Umsetzung theoretischer Erkenntnisse in der eigentlichen Unterrichtspraxis auseinandersetzt.[1] Gerade wegen ihres primär anwendungsorientierten Erkenntnisinteresses

---

1 Siehe neben vielen anderen etwa: Bausch et al. (2003), Harden 2006, Roche 2008.

ist sie daher notwendigerweise auf die Zusammenarbeit mit und den Erkenntnissen aus anderen Wissenschaften angewiesen. Mit anderen Worten handelt es sich bei der Fremdsprachendidaktik in vielerlei Hinsicht um eine Schnittstellendisziplin, die zahlreiche Berührungspunkte zu verschiedenen geistes- und sozialwissenschaftlichen Forschungszweigen aufweist.[2] Die jeweiligen fremdsprachendidaktischen Grundverständnisse, auf deren Basis anwendungsorientierte Lösungsansätze formuliert werden, sind daher stets ein Spiegel entsprechender sprachphilosophischer, kommunikations- bzw. kulturtheoretischer „Denkstile“ (Fleck 1935), ohne deren Kenntnis auch der gegenwärtige interkulturelle ‚Boom‘ weitgehend unverständlich bleibt.

Der Beginn einer wissenschaftlichen Auseinandersetzung mit dem Lehren und Lernen fremder Sprachen wird in der Regel mit dem Aufkommen des Strukturalismus und den Paradigmen der Universalität und Äquivalenz in der ersten Hälfte des 20. Jahrhunderts in Verbindung gebracht (Saussure 1931). Sprache galt zu jener Zeit als ein in sich geschlossenes System, das aus einzelnen Bausteinen besteht (Phonem, Morphem etc.) und dessen höchste Grenze der Satz darstellt. Die Funktion von Sprache im kommunikativen Miteinander beschränkte sich auf die Rolle eines neutralen Trägers allgemeingültiger Bedeutungen. Grundlage dafür waren im Wesentlichen mechanische Konzeptionen des Kommunikationsvorgangs in Form eines linearen De- und Umkodierungsprozesses, der letztlich zwischen zwei klar voneinander abgrenzbaren Einheiten stattfindet (Shannon/Weaver 1949).

Gekoppelt mit Erkenntnissen aus dem Behaviorismus führte dies in der Fremdsprachendidaktik zu der Annahme, dass eine Sprache idealerweise in kleinste Einheiten zerlegt und dann durch reines Nachahmen von Sprachmustern und Analogieschlussbildung erlernt wird (Bloomfield 1922; Skinner 1957). Das Ziel bestand also explizit *nicht* in der Reflexion über sprachliche oder gar kulturelle Differenzen. Angestrebt wurde vielmehr derselbe ‚automatisierte‘ Gebrauch der Zielsprache wie bei Muttersprachlern. Der Unterricht wurde daher durch klassische Reiz-Reaktions-Methodik dominiert, etwa in Form von Einsetz- und Ergänzungsübungen mit Satzschalttafeln oder der Reproduktion von Dialogen (*chain drills*) und das Nachsprechen von Satzmustern. Letzteres vor allem mit Hilfe des Sprachlabors und später unter Einbezug visuellen Materials.

Bekanntlich führte die linguistische Wende in der ersten Hälfte des 20. Jahrhunderts zu einem entscheidenden Paradigmenwechsel, der eine Hinwendung zur tatsächlichen Sprachverwendung zur Folge hatte (Bühler 1934; Morris 1938). Erste sprechakttheoretische Arbeiten in den 1960er Jahren trugen

---

[2] Linguistik, Psychologie, Pädagogik, Literaturwissenschaft, Soziologie, Kognitionswissenschaft, Translatologie, Interkulturelle Kommunikation etc.

zu einer Erweiterung der Sprachwissenschaft und Etablierung neuer Forschungsbereiche wie Textlinguistik oder Pragmatik bei (Austin 1962; Searle 1969). Auch in der Fremdsprachendidaktik führte dies letztlich zu der Einsicht, dass der Wissensbestand eines Fremdsprachenlerners weitaus mehr als strukturalistisch ausgerichtetes Sprachwissen umfassen muss. Analog dazu wurde auch das Paradigma der Universalität zunehmend durch sprachrelativistische Perspektiven abgelöst, wonach sprachliche Strukturen, Äußerungsformen und Semantiken eng mit dem jeweils gegebenen Kontext verbunden sind (Whorf 1956). Die kognitive Wende in der Lernpsychologie leitete zudem die Abkehr von behavioristischen Reiz-Reaktions-Modellen hin zu kognitivistischen Verfahren ein, bei denen der Spracherwerb als komplexer und interaktiver Prozess der Informationsverarbeitung verstanden wird und Fremdsprachen durch *bewusstes* kognitives methodisches Vorgehen erlernt werden (Piaget 1972; Bruner 1987; Wygotski 1934/1972).

Auf dieser Grundlage erfolgte in den 1970er Jahren schließlich die kommunikative Wende in der Fremdsprachendidaktik, die zu einer Neustrukturierung der bisherigen Lernziele und Lehrverfahren, sprich zur Kommunikativen Didaktik führte (Piepho 1974; Canale/Swain 1980). Im Kern ging es dabei um die Fähigkeit zur kommunikativen Interaktion bzw. das Gelernte adäquat auf reale Kommunikationssituationen zu übertragen, die in kreativen, interaktiven Unterrichtsgestaltungen ausgebildet werden sollte. Es ging also nicht länger nur um grammatikalische Strukturen oder portionierte Sprachschablonen, sondern vor allem um die Fähigkeit zur Artikulation bestimmter Sprechabsichten in bestimmten Kontexten, unter Einbeziehung aller Sinne, Fähigkeiten, Begabungen und Interessen. Dies führte letztlich auch zu einer Abkehr vom Frontalunterricht und der Einführung interaktiver Sozialformen. Im Gegensatz zu behavioristischen Kettenmustern dienten möglichst freie Rollenspiele als Mittel der Kommunikationssimulation. Die Steuerung sollte nicht länger paternalistisch durch den Lehrenden, sondern möglichst auch von den Lernenden selbst ausgehen, die als aktive Partner in einem *wechselseitigen* Lernprozess begriffen wurden.

Die kommunikative Wende erweiterte den Forschungsbereich der Fremdsprachendidaktik erheblich. Sie zeichnete die Notwendigkeit der Auseinandersetzung mit kulturellen Unterschieden vor und ebnete den Weg zur sogenannten Interkulturellen Methodik: Sprachliches Handeln über sprachlich-kulturelle Grenzen hinweg ist notwendigerweise auch als *inter*kulturelles Handeln zu verstehen. Für die Ausbildung kommunikativer Kompetenzen ist daher neben soliden zielkulturellen Kenntnissen auch das Antizipieren kultureller Unterschiede in der eigentlichen Interaktionssituation von elementarer Bedeutung. Insbesondere Letzteres führte im Zuge der interkulturellen Wende in der Fremdsprachendidaktik in den 1990er Jahren zu der Einsicht, dass landeskundliches Faktenwissen zu Geschichte und Gesellschaft nicht länger ausreicht und mit Erkenntnissen aus der interkulturellen Kommunikationsforschung ergänzt werden sollte.[3]

Wichtig ist, dass es sich dabei entgegen vereinzelter Skepsis nicht um „grundsätzlich nichts Neues“ (Henrici 1994: 520) handelt. Das Konzept des Kon*text*es und das daraus abgeleitete fremdsprachliche Kompetenzprofil wurde schließlich erheblich erweitert: Es geht nicht nur um mögliche kulturelle Differenzen in Kommunikationsstilen, Verhaltensweisen oder Wertvorstellungen, die im Fremdsprachenunterricht fruchtbar gemacht werden sollen. Es geht vor allem auch um die Ausbildung interkultureller *Reflexionsfähigkeit* in Bezug auf die Wahrnehmung und den Umgang mit kultureller Alterität und Identität, um sprachlich und kulturell adäquates Handeln überhaupt erst zu gewährleisten.[4]

3 Bequeme Nationalcharakter

Was zunächst als vielversprechender Ansatz klingt, stellt die Praxis vor große Herausforderungen. Die Förderung interkultureller Kompetenzen ist bisweilen schwierig curricular umzusetzen und der Lernerfolg kaum überprüfbar. Der Grund dafür ist recht einfach und gewissermaßen selbst kulturbedingt: „Nur der obere Teil einer Kultur ist überhaupt sichtbar. (...) Was sich darunter verbirgt, hat tragenden Einfluss darauf, ist aber in der Regel nicht zu erkennen.“ (Roche 2008: 230) Bevor also über konkrete Formen einer Kulturdidaktik gesprochen werden kann, müssen zunächst mindestens folgende drei Fragen beantwortet werden. Was wird unter Kultur verstanden? Wie unterscheiden sich Kulturen voneinander? Was verbirgt sich eigentlich hinter dem Ausbildungsziel interkultureller Kompetenz?

Der Blick in die Forschung hilft bei der Suche nach Antworten auf diese Fragen allerdings nicht zwingend weiter. Die akademische Beschäftigung mit interkulturellen Phänomenen ist ausgesprochen heterogen und erstreckt sich über das gesamte sozial- und kulturwissenschaftliche Feld moderner Wissenschaft. Seit der zweiten Hälfte des 20. Jahrhunderts haben sich in den verschiedensten Disziplinen teilweise stark voneinander abweichende bis gegensätzliche Vorstellungen über Ziele, Untersuchungsgegenstände und Vorgehensweisen interkultureller Forschung entwickelt. Analog dazu ist die Bestimmung der kulturellen Bezugsgröße keineswegs eindeutig geklärt. Sprechen die einen von Kultur als psychologische Programmierung oder quantitative Größe in ökonomischen Kontexten (Hofstede 1980), verstehen die anderen darunter religiöse Faktoren bei internati-

---

3 Siehe dazu etwa: Byram/Zarate 1994, Bredella 1999, Roche 2001.

4 Für einen lesenswerten Überblick siehe etwa: Krumm 2003, Apfelbaum 2007, Hu/Byram 2009.

onalen Konflikten (Huntington 1993) oder abstrakte Übersetzungsprozesse zwischen „Integrationseinheiten“ (Renn 2006: 177).

Das gleiche gilt für die damit einhergehenden Ausbildungsziele: Konzeptionen interkultureller Kompetenz reichen von der Aufzählung normativer Persönlichkeitsmerkmale über die Gliederung verschiedener Eigenschaften in sogenannten Komponentenmodellen (affektiv, kognitiv, konativ) bis hin zu Beschreibungen eines kosmopolitischen Menschenbildes mit „(...) einem unüberhörbar metaphysisch-religiösen Anklang“ (Straub 2007: 40). Zu allem Überfluss ist die Rolle fremdsprachlicher Kenntnisse dabei bestenfalls unklar. Zwar wird die Schlüsselfunktion fremdsprachlicher Kompetenzen in interkulturellen Überschneidungssituationen an keiner Stelle ernsthaft bestritten. Dennoch kommen sie in bisherigen Modellentwürfen – etwas überspitzt formuliert – entweder nicht oder nur am Rande vor.[5] Dies trifft kurioserweise auch auf den Großteil interkultureller Studiengänge an deutschen Universitäten und Fachhochschulen zu.[6]

Diese konzeptionelle Orientierungslosigkeit hat auch Auswirkungen auf die Ausbildung von Lehrkräften, die die eigentliche Vermittlung und Förderung interkultureller Kompetenzen im Fremdsprachenunterricht gestalten und zu verantworten haben.

> „Für die Ausbildung als Lehrkraft für eine andere Sprache ist es eher Zufall und Glück, wenn die Notwendigkeiten der späteren Berufspraxis, kulturspezifisch ausgerichtete interkulturelle Kompetenz für eine Sprache, einen Sprachraum zu vermitteln, systematisch angegangen, vermittelt und erworben werden. Hier keimt die Hoffnung, dass entsprechende Kompetenzen während eines längeren Auslandsaufenthaltes – der jedoch auch nicht immer verbindlich vorgeschrieben ist – erworben werden und die Fähigkeit, diese Kompetenzen reflektiert in eine Vermittlungsperspektive umzusetzen, gleich dazu.“ (Sarter 2006: 100 f.)

Vor diesem Hintergrund beschreibt der ‚interkulturelle‘ Fremdsprachenunterricht eigentlich „eine Unmöglichkeit“ (Sarter 2006: 105 f.). Es ist insofern keine Überraschung, dass sich interkulturelle Aspekte in der Regel auf Daten zu einem Land und punktueller Kultur-Folklore (kochen, tanzen etc.) beschränken: Erlebnisorientierte Veranstaltungen bringen Abwechslung und machen Spaß; landeskundliches Faktenwissen lässt sich um ein Vielfaches leichter vermitteln *und*

---

5 Siehe dazu Beiträge zum interkulturellen Kompetenzbegriff aus der deutschsprachigen (Straub 2007, Rathje 2006, Bolten 2007b) und der englischsprachigen Diskussion (Chen/Starosta 1996, Landis et al. 2008, Deardorff 2009).

6 Eine übersichtliche Zusammenstellung entsprechender Angebote findet sich auf der Webseite des Instituts für Interkulturelle Kommunikation der Ludwig-Maximilians-Universität München unter: http://www.ikk.uni-muenchen.de [20.02.2012].

prüfen als die Reflexion über möglicherweise kulturspezifische Präsuppositionen.[7]

Insgesamt dominiert also ein essentialistisches und bequemes Kulturverständnis, das sich an Nationalstaaten orientiert. Kultur wird als Eigenschaftscontainer konstruiert, der offenbar für alle Mitglieder dieses Landes gleichermaßen charakteristisch sein soll. Interkulturalität erscheint dabei vor allem als Problem, das es zu überwinden gilt. Parallelen zur Nationalcharakterforschung in den 1940/50er Jahren sind nur schwer zu übersehen (Poerner 2011: 60-70): ‚Interkultureller' Fremdsprachenunterricht beruht in weiten Teilen auf der Vorstellung von der Existenz nationaler Charakterzüge und der Annahme kulturdeterministischer Vorstellungen, die bereits vor über einem halben Jahrhundert als „mystical abstraction" (Hamilton 1940: 129) verworfen wurden. Längst überholte Kulturkomparatistik hat *auch* in der Fremdsprachendidaktik keine vertiefte Reflexion zur Folge. In aller Regel führ dies zu der Bestätigung bereits bekannter Stereotypen und Klischees, die im schlimmsten Fall „(...) in einer Art ‚Kochbuch' mit Rezepten für die jeweiligen ‚dos and don'ts' in der Zielkultur (....)" (Harden 2006: 42) verwertet werden.[8]

4 Chinesische Harmonie?

Chinesisch ist ein instruktives Fallbeispiel für die inhaltlichen, institutionellen und praktischen Schwierigkeiten, die mit der Integration interkultureller Perspektiven in die Fremdsprachenausbildung verbunden sind. Beginnen wir mit der inhaltlichen Seite: Das Chinesische unterscheidet sich bekanntlich sowohl in strukturalistischer Perspektive als auch mit Blick auf handlungsorientierte Fragestellungen (Stichwort: Textsorten, kommunikatives Miteinander etc.) deutlich von der deutschen Sprache.[9] Theoretisch gibt es also eine Fülle an Möglichkeiten, Differenzen aufzuzeigen und diese auf verschiedenen Lernstufen fruchtbar zu machen. Leider liegen entsprechende Arbeiten aber noch nicht vor. Die Forschung konzentrierte sich bisher auf strukturelle Fragestellungen im Zusammenhang mit Besonderheiten der chinesischen Schrift.[10] An der Schnittstelle zur interkulturellen Kommunikationsforschung sind zwar in den letzten Jahren vereinzelt erste Beiträge erschienen.[11] Im Grunde steht aber eine solide theoretische Grundlagenarbeit als auch entsprechende empirische Studien noch aus.

7 Ein instruktives Beispiel dafür, wie sich diese ‚Bequemlichkeitsfalle' aus der Perspektive interkultureller Kulinaristik vermeiden lässt ist: Cnyrim 2011.

8 Sehr lesenswert dazu ist etwa: Schmenk 2008.

9 Siehe dazu nach wie vor die hervorragende Arbeit von: DeFrancis 1984.

10 Siehe etwa: Guder 1999, Schindelin 2007.

11 Siehe etwa: Liang 2003, Jandok 2007, Vötter 2007, Liang 2008.

Der Grund dafür ist recht einfach: Die Institutionalisierung des Forschungsbereichs Chinesisch als Fremdsprache hält sich in der deutschsprachigen Wissenschaftslandschaft in engen Grenzen. Bis auf die Johannes Gutenberg-Universität Mainz gibt es an deutschen Universitäten bisher keinen Lehrstuhl, der sich explizit dieser Thematik in Forschung und Lehre widmet.[12] Das gleiche trifft auf den Forschungsbereich interkultureller Kommunikation in den hiesigen Chinawissenschaften zu: Es existiert keine entsprechende Professur, kein eigenständiger Bachelor- oder Masterstudiengang, keine Fachzeitschrift und es wurde bisher keine Fachtagung oder ein Workshop veranstaltet, im Rahmen dessen in verschiedenen Disziplinen an verschiedenen Universitäten verteilte Initiativen zusammengeführt und gebündelt werden könnten.[13]

Es ist insofern auch kein Zufall, dass bis dato – vor allem im Vergleich zu anderen regionalbezogenen Wissenschaftszweigen wie der Anglistik oder der Romanistik – keine substanziellen interkulturellen Beiträge aus sinologischen Kreisen zu beobachten sind.[14] Vielversprechende Initiativen finden in der Regel in den Erziehungswissenschaften, der Psychologie, der Kommunikationswissenschaft oder der Germanistik statt.[15] Dies betrifft insbesondere auch den akademischen Austausch mit der festlandchinesischen Wissenschaftsgemeinschaft, die sich seit Ende der 1990er Jahre intensiv mit dem Themenkomplex interkultureller Kommunikation in der englischen Fremdsprachendidaktik beschäftigt (Poerner 2011: 82-93).

---

12 Im Jahr 2010 wurde erstmals eine W2-Professur für chinesische Fremdsprachdidaktik an der Georg-August-Universität Göttingen ausgeschrieben.

13 Eine Ausnahme stellt der Fachverband Chinesisch dar, der an der Universität Trier im Oktober 2006 eine Tagung mit dem Titel „Sprachliche und interkulturelle Kompetenz" organisierte, die sich erstmals mit interkulturellen Fragen in der chinesischen Fremdsprachendidaktik beschäftigte. Siehe dazu die Webseite des Fachverbands unter: http://www.fachverband-chinesisch.de [20.02.2012].

Im März 2010 wurde an der Humboldt-Universität Berlin die erste internationale Fachkonferenz über interkulturelle Kommunikationsforschung in Deutschland und China veranstaltet, zu der führende chinesische Wissenschaftler eingeladen wurden. Interessanterweise wurde diese Konferenz – die vor dem Hintergrund des Deutsch-Chinesischen Jahres der Wissenschaften vom Bundesministerium für Bildung und Forschung finanziert wurde – von den Erziehungswissenschaften und nicht etwa von der dort ansässigen Sinologie organisiert (Henze/Kulich 2010).

14 Siehe etwa: Lüsebrink 2008, Hansen 2003, Gipper/Klengel 2008. Bisherige sinologische Arbeiten konzentrierten sich meist auf punktuelle linguistisch-pragma-tische (etwa: Liang 1998) oder kulturhistorische Aspekte (etwa: Pohl 2003) bzw. auf literarische Konstruktionen von Fremdheitsprofilen (etwa: Leutner/Yü-Dembski 1990, Kubin 1995).

15 Siehe etwa: Günthner 1993, Thomas 1996, Wierlacher/Bogner 2003, Bolten 2007a, Günthner 2007, Henze 2007, Jandok 2010.

Die interkulturelle Forschung in Bezug auf den chinesischsprachigen Kulturraum hält sich also in engen Grenzen. Das bedeutet allerdings nicht, dass keine ‚interkulturellen' Arbeiten vorliegen, in denen mögliche Besonderheiten chinesischer Kultur beschrieben und erläutert werden. Maßgeblich ist dabei die „(...) Interkulturalitäts-Industrie des Westens, ein populärer Ableger des cultural turn (...)" (Lackner 2007: 497), deren Vertreter kulturelle Differenzen zwischen China und dem Westen besonders hervorheben. In diesem ‚Industriezweig' werden vor allem Ergebnisse aus Umfrageforschungen verwertet, die seit den 1960er Jahren in unregelmäßigen Abständen in ökonomischen Kontexten durchgeführt wurden.[16] In Bezug auf China impliziert dies klassischerweise – und etwas vereinfacht – folgende Ansammlung an Stereotypen und Klischees:

‚Die' chinesische Kultur sei weltweit einmalig und beruhe auf einem philosophischen Grundverständnis, das von allen Chinesen geteilt werde. In der chinesischen Kultur stehe demnach der Mensch im Mittelpunkt, menschliches Handeln orientiere sich am Wohle der Gemeinschaft und ziele auf ein harmonisches Miteinander. Chinesen kommunizierten daher prinzipiell indirekt, seien ausgesprochen höflich, legten größten Wert auf sozialen Ausgleich und ihr Gesicht.[17]

Problematisch sind diese reduktionistischen Hypothesen nicht nur weil mit einem anachronistischen Theorieverständnis und einer bestenfalls lückenhaften empirischen Grundlage gearbeitet wird (Poerner 2011: 60-81). Sie sind es vor allem deshalb, da auf dieser Grundlage interkulturelle Verhaltensrichtlinien formuliert werden, die wiederum als Basis bei der Konzeption, der Durchführung und der Evaluation interkultureller Ausbildungs- und Weiterbildungsprogramme fungieren (Poerner 2009: 111-130). Ganz davon abgesehen, dass dabei fremdsprachliche Kompetenzen oder auch Fragen translatorischer Vermittlung eigentlich keine Rolle spielen.

Ähnliches gilt auch für China: Die Vorstellung eines prinzipiell harmonischen und kollektiven Nationalcharakters dominiert weite Teile interkultureller Kommunikationsforschung in der festlandchinesischen Wissenschaftslandschaft (Poerner 2011: 82-107). Seit den 1990er Jahren ist eine deutliche Tendenz der Kulturalisierung akademischer Debatten zu beobachten, im Zuge dessen sich explizit auf diese Ergebnisse der ‚Interkulturalitäts-Industrie' berufen und kulturelle Alleinstellungsmerkmale im Unterschied zur ‚westlichen' Kultur besonders

16 Siehe etwa folgende ‚klassischen' Untersuchungen aus der Cross Cultural Psychology bzw. der internationalen Umfrageforschung: Hofstede 1980, Hofstede/Bond 1988, Hampden-Turner/Trompenaars 1994, House et al. 2004, Chhokar et al. 2009.

17 Ein instruktives Beispiel für diese Form des kulturhistorischen Determinismus samt der meist damit einhergehenden plakativen Gegenentwürfe zu vermeintlich ‚westlichen' Weltverständnissen ist etwa: Huang 2008.

betont werden (Ebenda). Dies schlägt sich inzwischen auch in den sprachenpolitischen Bemühungen der Volksrepublik in den letzten Jahren nieder, im Zuge dessen die chinesische Sprache *und* Kultur international gefördert werden soll – etwa durch die Errichtung von Konfuzius-Instituten, die Entsendung von Lehrkräften oder das Erstellen von Lehrmaterialen (Kupfer 2011: 8).

5 Aus der Not eine Tugend machen

Insgesamt ist die Ausgangslage für die Integration interkultureller Perspektiven in den universitären Sprachenunterricht also ausgesprochen ungünstig. Zum einen ist kein disziplinenübergreifend mehrheitsfähiges und theoretisch fundiertes Grundverständnis über interkulturelle Kompetenz auszumachen. Zum anderen ist es bisher nicht gelungen, die Rolle fremdsprachlicher Kompetenzen überzeugend in diese Modelle zu integrieren und spezifisch fremdsprachendidaktische Theorieansätze zu formulieren. Im Falle des Chinesischen sind zwar erste Ansätze zu erkennen. Streng genommen liegen aber weder belastbare theoretische noch ausreichende empirische Grundlagen vor, die man an der Schnittstelle zur Fremdsprachendidaktik fruchtbar machen könnte. Das gilt nicht nur für den eigentlichen Unterricht, sondern vor allem auch für die Ausbildung von Lehrkräften, die nur in den seltensten Fällen überhaupt über ein fremdsprachendidaktisches Ausbildungsprofil verfügen.[18]

Vor diesem Hintergrund stellt sich zurecht die Frage, ob die Zielsetzungen interkultureller Fremdsprachendidaktik überhaupt umsetzbar sind und man Fremdsprachenlehrer damit nicht überfordert. Das Beispiel des Chinesischen legt dabei Folgendes nahe: Angesichts erheblicher theoretischer, inhaltlicher und institutioneller Lücken bleibt gewissermaßen gar nichts anderes übrig, als aus der Not eine Tugend zu machen und die Reflexion über die Schwierigkeiten, die mit diesem Unterfangen verbunden sind, in das Zentrum universitärer Ausbildungsziele zu stellen. Mit anderen Worten lohnt es sich darüber nachzudenken, wie man den Fremdsprachenunterricht an Hochschulen ‚kulturell' entlasten und die Ausbildung interkultureller Reflexionsfähigkeit separat gestalten könnte. Die Annahme, man könne diese Aufgabe gewissermaßen *nebenher* und ohne entsprechende Forschungsarbeit übernehmen, ist schlicht naiv. Niemand würde ernsthaft von einem Fremdsprachendozenten verlangen, in einem regionalbezogenen Studiengang auch die historische, politikwissenschaftliche oder ökonomische Ausbildung abzudecken.

---

18 Siehe dazu die Stellungnahme des Fachverbands Chinesisch zur Sprachausbildung in chinawissenschaftlichen Studiengängen, in der auf die Selbstverständlichkeit hingewiesen wird, dass der Unterricht von Lehrkräften mit „nachweisbarer Qualifikation" durchgeführt werden sollte. „Bloße Muttersprachlichkeit ist kein ausreichendes Qualifikationskriterium" (Fachverband Chinesisch 2005: 1).

Was die curriculare Umsetzung dieser Überlegungen angeht, lassen sich daraus mindestens zwei Schlussfolgerungen ableiten. Erstens: Es ist notwendig, die Sprachausbildung nicht länger als ein lästiges Randphänomen, sondern als einen zentralen Bestandteil regionalbezogener Studiengänge zu betrachten, der stärker mit theoretischen und inhaltlichen Aspekten des Studiums verbunden werden sollte (Ebd.). Zweitens: Dies betrifft neben landeskundlichen Aspekten zur Geschichte, Politik, Wirtschaft etc. eines Landes vor allem auch Fragen interkultureller Kommunikations*forschung*, die eigenständig bearbeitet werden sollten und die Sprachausbildung theoretisch-konzeptionell unterstützen können.

Dies beinhaltet sowohl kultur-, sprach- und kommunikationstheoretische Überlegungen als auch die Auseinandersetzung mit anwendungsorientierten Perspektiven. Dazu gehört die Thematisierung von Fremdwahrnehmungs- und Kulturtransferprozessen ebenso, wie das Ausloten von Möglichkeiten und Grenzen bei der Quantifizierung und Operationalisierung kultureller Kompetenzen. Denkbar wäre etwa ein interkulturelles Grundlagenmodul, das in regionalbezogene Studienprogramme integriert werden und gemeinsam mit anderen an einer Universität oder Fachhochschule vertretenen Fächern angeboten werden könnte.[19]

6 Fazit

Die mit jeder Sprache verbundene „eigentümliche Weltsicht“ (Humboldt 1836: 53.) trägt wesentlich zur Faszination und Neugier bei, die mit dem Erlernen einer fremden Sprache verbunden sind. Dies gilt insbesondere auch für das Chinesische, dem als eine im besten Sinne fremden Fremdsprache eine besondere Faszination entgegengebracht wird. Wie sich diese Weltsicht allerdings en detail darstellt, ob überhaupt von *einer* einheitlichen Weltsicht *einer* Sprache die Rede sein kann, ist freilich eine völlig andere Frage.

In jedem Fall ist eine Beschränkung auf Nationalcharaktere nur sehr schwer mit den Zielen interkultureller Fremdsprachendidaktik in Einklang zu bringen. Sich davon zu lösen ist aber auch nicht ganz einfach: In Bezug auf den chinesischsprachigen Kulturraum liegen weder ausreichend theoretische Grundlagen, noch genügend empirische Ergebnisse vor, die man für einen konsequent interkulturell ausgerichteten Sprachunterricht heranziehen könnte. Zwar gibt es

---

19 Die Art der Zusammenarbeit ist natürlich abhängig von der Situation an der jeweiligen Hochschule. Am FTSK wurde nach diesem Muster im WS 2009/10 das Modul „Interkulturelle Kompetenz“ ins Leben gerufen, das gemeinsam von den Arbeitsbereichen Sinologie, Linguistik sowie Interkulturelle Kommunikation im Masterstudiengang „Sprache, Kultur, Translation: Chinesisch“ durchgeführt wird. Siehe dazu die Internetseite des Arbeitsbereichs Chinesische Sprache und Kultur unter: http://www.fb06.uni-mainz.de/chinesisch [12.01.2012].

einen reichen Fundus an Abhandlungen, in denen interkulturelles ‚Know-how' für den Umgang mit Chinesen samt der dazugehörigen Stereotypen formuliert wird. Für einen zeitgemäßen Unterricht an Universitäten gelten allerdings fraglos andere Qualitätsmaßstäbe und andere theoretische Notwendigkeiten.

Entscheidend ist schließlich etwas völlig anderes: Das Ziel interkulturellen Fremdsprachenunterrichts besteht nicht darin, Wissens *über* das Fremde aufzubauen, sondern darin, Verständnis *für* das Fremde zu entwickeln. Es geht weder um die behavioristische Aneignung kultureller Kommunikationsrezepte, noch um klassische Landeskunde oder erlebnisorientierte Kultur-Folklore, die an Feiertagen oder anderen festlichen Anlässen bunt zelebriert werden. Es geht vielmehr um die Fähigkeit zur Reflexion über kulturelle Differenzen und deren unterschiedlichen Form in verschiedenen Interaktionssituationen, um auf diese Weise die Faszination und Komplexität des Fremden zu verstehen. Diese Aufgabe kann alleine im Rahmen des Fremdsprachenunterrichts nicht bewältigt werden. Ohne ihn geht es aber auch nicht.

Literaturverzeichnis

Austin, John L. (1962): *How to do Things with Words*. Oxford: Oxford University Press.

Apfelbaum, Birgit (2007): „Interkulturelle Fremdsprachendidaktik", in: Straub, Jürgen et al. (Hg.): *Handbuch interkulturelle Kommunikation und Kompetenz.* Stuttgart: Metzler, 154-163.

Bausch, Karl-Richard et al. (Hg.) 2003: *Handbuch Fremdsprachendidaktik*. Tübingen: Francke.

Bloomfield, Leonard (1933): *Language*. New York: Holt.

Bolten, Jürgen (2007a): *Einführung in die interkulturelle Wirtschaftskommunikation.* Göttingen: Vandenhoeck & Ruprecht.

Bolten, Jürgen (2007b): „Was heißt interkulturelle Kompetenz?", in: Berninghausen, Jutta/Vera Kuenzer (Hg.): *Wirtschaft als interkulturelle Herausforderung.* Frankfurt am Main: Iko, 21-42.

Bredella, Lothar (Hg.) (1999): *Interkultureller Fremdsprachenunterricht*. Tübingen: Narr.

Bruner, Jerome (1987): *Wie das Kind sprechen lernt*. Bern: Huber.

Bühler, Karl (1934/1982): *Die Darstellungsfunktion der Sprache*. Stuttgart: Utb.

Byram, Michael/Geneviève Zarate (1994): *Definitions, Objectives, and Evaluation of Cultural Competence*. Strasbourg: Council of Europe.

Canale, Michael/Merryll Swain (1980): „Theoretical Bases of Communicative Approach to Second Language Teaching and Testing", *Applied Linguistics* 1, 1-47.

Chen, Guoming/William J. Starosta (1996/2008): „Intercultural Communication Competence", in: Asante, Molefi K. et al. (Hg.): *The Global Intercultural Communication Reader*. New York: Routledge, 57-72.

Chhokar, Jagdeep S. et al. (Hg.) (2009): *Culture and Leadership across the World*. New York: Erlbaum.

Cnyrim, Andrea (2011): „Gastlichkeit als Gegenstand akademischer Lehre", in: Wierlacher, Alois (Hg.): *Gastlichkeit*. Berlin: Lit, 489-499.

Deardorff, Darla K. (Hg.) (2009): *The Sage Handbook of Intercultural Competence*. Thousand Oaks: Sage.

DeFrancis, John (1984): *The Chinese Language*. Honolulu: University of Hawai'i Press.

Fachverband Chinesisch (2005): *Empfehlungen des Fachverbands Chinesisch zur Stellung der Fremdsprache Chinesisch in chinawissenschaftlichen Studiengängen*. Germersheim: Fachverband Chinesisch.

Fleck, Ludwik (1935/1980): *Entstehung und Entwicklung einer wissenschaftlichen Tatsache*. Frankfurt am Main: Suhrkamp.

Gipper, Andreas/Susanne Klengel (2009) (Hg.): *Kultur, Übersetzung, Lebenswelten*. Würzburg: Königshausen Neumann.

Guder, Andreas (1999): *Sinographemdidaktik*. Heidelberg: Groos.

Günthner, Susanne (1993): *Diskursstrategien in der interkulturellen Kommunikation*. Tübingen: Niemeyer.

Günthner, Susanne (2007): „Die Analyse kommunikativer Gattungen", in: Straub, Jürgen et al. (Hg.): *Handbuch interkulturelle Kommunikation und Kompetenz.* Stuttgart: Metzler, 374-383.

Hamilton, Fyfe (1940): *The Illusion of National Character*. London: Watts.

Hansen, Klaus P. (2003): *Kultur und Kulturwissenschaft*. Tübingen: Francke.

Harden, Theo (2006): *Angewandte Linguistik und Fremdsprachendidaktik*. Tübingen: Narr.

Henrici, Gert (1994): „Kleine Geschichte der Fremdsprachenlehr- und Lernmethoden", in: Henrici, Gert/Claudia Riemer (Hg.): *Einführung in die Didaktik des Unterrichts Deutsch als Fremdsprache*. Baltmannsweiler: Schneider, 506-522.

Henze, Jürgen/Steve Kulich (Hg.) (2010): *Conference Papers: Chinesisch-Deutsche Konferenz zur Interkulturellen Kommunikation.* Berlin: Humboldt-Universität Berlin.

Henze, Jürgen (2007): „Interkulturelle Kommunikation und Kompetenz. Nichtwestliche Perspektiven", in: Straub, Jürgen et al. (Hg.): *Handbuch interkulturelle Kommunikation und Kompetenz.* Stuttgart: Metzler, 304-314.

Hofstede, Geert (1980): *Culture's Consequences*. Beverly Hills: Sage.

Hofstede, Geert/Michael Bond (1988): „From Cultural Roots to Economic Growth", *Organizational Dynamics* 16, 5-21.

House, Robert J. et al. (Hg.) (2004): *Culture, Leadership, and Organizations*. Thousand Oaks: Sage.

Hu, Adelheid/Michael Byram (Hg.) (2009): *Interkulturelle Kompetenz und fremdsprachliches Lernen*. Tübingen: Narr.

Huang, Ning (2008): *Wie Chinesen denken.* München: Oldenbourg.

Humboldt, Wilhelm von (1836/2007): „Natur und Beschaffenheit der Sprache überhaupt", in: Humboldt, Wilhelm von (Hg.): *Schriften zur Sprache.* Stuttgart: Reclam, 44-58.

Huntington, Samuel (1993): „The Clash of Civilizations", *Foreign Affairs* 72, 22-49.

Jandok, Peter (2007): „Interkulturelle Kommunikation im Unterricht des Chinesischen als Fremdsprache“. *Chun – Chinesischunterricht* 22, 15-34.

Jandok, Peter (2010): *Gemeinsam planen in deutsch-chinesischen Besprechungen.* München: Iudicium.

Krumm, Hans-Jürgen (2003): „Curriculare Aspekte des interkulturellen Lernens und der interkulturellen Kommunikation“, in: Bausch, Karl-Richard et al. (Hg.): *Handbuch Fremdsprachendidaktik.* Tübingen: Francke, 138-144.

Kubin, Wolfgang (Hg.) (1995): *Deutschland und China im 20. Jahrhundert.* Darmstadt: Wissenschaftliche Buchgesellschaft.

Kupfer, Peter (2011): *Festvortrag zum fünfjährigen Jubiläum des Konfuzius-Instituts Erlangen-Nürnberg am 6. Juli 2011.* Unveröffentlichtes Manuskript, 1-8.

Lackner, Michael (2007): „Kulturelle Identitätssuche von 1949 bis zur Gegenwart“, in: Fischer, Doris/Michael Lackner (Hg.): *Länderbericht China.* Bonn: Bundeszentrale für politische Bildung, 491-512.

Landis, Dan et al. (2008): *Handbook of Intercultural Training.* Thousand Oaks: Sage.

Leutner, Mechthild/Dagmar Yü-Dembski (Hg.) (1990): *China in Reisebeschreibungen vom 17. Jahrhundert bis zur Gegenwart.* München: Minerva.

Liang, Yong (1998): *Höflichkeit im Chinesischen.* München: Iudicium.

Liang, Yong (2003): „Zur linguistischen Pragmatik des Chinesischen als Fremdsprache“, *Chun – Chinesischunterricht* 18, 17-38.

Liang, Yong (2008): „Sprachliche und interkulturelle Kompetenz“, *Chun – Chinesischunterricht* 23, 11-26.

Lüsebrink, Hans-Jürgen (2008): *Interkulturelle Kommunikation.* Stuttgart: Metzler.

Morris, Charles William (1938/1988): *Grundlagen der Zeichentheorie.* Frankfurt am Main: Fischer.

Piaget, Jean (1972): *Sprechen und Denken.* Düsseldorf: Schwann.

Piepho, Hans-Eberhard (1974): *Kommunikative Kompetenz, Pragmalinguistik und Ansätze zur Neubesinnung in der Lernzielbestimmung im Fremdsprachenunterricht*. Düsseldorf: Pädagogisches Institut.

Poerner, Michael (2009): „China-Knigge für deutsche Geschäftsleute?", *Interculture Journal* 9, 110-130.

Poerner, Michael (2011): *Chinesisch in der Fremde*. Münster: Waxmann.

Pohl, Karl-Heinz (2003): „Chinesische und westliche Werte", in: Pohl, Karl-Heinz/Wei Chiao (Hg.): *Brücke zwischen Kulturen*. Hamburg: Lit, 106-126.

Popper, Karl R. (1961/2004): „Die Logik der Sozialwissenschaften", in: Popper, Karl R. (Hg.): *Vorträge und Aufsätze aus dreißig Jahren*. München: Piper, 79-98.

Rathje, Stefanie (2006): „Interkulturelle Kompetenz", *Zeitschrift für Interkulturellen Fremdsprachenunterricht* 11, 1-15.

Renn, Joachim (2006): *Übersetzungsverhältnisse*. Weilerswist: Velbrück.

Roche, Jörg (2001): *Interkulturelle Sprachdidaktik*. Tübingen: Narr.

Roche, Jörg (2008): *Fremdsprachenerwerb, Fremdsprachendidaktik*. Tübingen: Francke.

Sarter, Heidemarie (2006): *Einführung in die Fremdsprachendidaktik*. Darmstadt: Wiss. Buchgesellschaft.

Saussure, Ferdinand de (1931/2001): *Grundfragen der Allgemeinen Sprachwissenschaft*. Berlin: de Gruyter.

Schindelin, Cornelia (2007): *Zur Phonetizität chinesischer Schriftzeichen in der Didaktik des Chinesischen als Fremdsprache*. München: Iudicium.

Schmenk, Barbara (2008): *Lernerautonomie*. Tübingen: Narr.

Shannon, Claude E./Warren Weaver (1949): *The Mathematical Theory of Communication*. Chicago: University of Illinois Press.

Searle, John R. (1969): *Speech Acts*. Cambridge: Cambridge University Press.

Skinner, Frederic B. (1957): *Verbal Behavior*. New York: Appelton-Century-Crofts.

Straub, Jürgen (2007): „Kompetenz“, in: Straub, Jürgen et al. (Hg.): *Handbuch interkulturelle Kommunikation und Kompetenz*. Stuttgart: Metzler, 35-46.

Thomas, Alexander (Hg.) (1996): *Die Psychologie interkulturellen Handelns*. Göttingen: Hogrefe.

Trompenaars, Alfons/Charles Hampden-Turner (1997): *Riding the Waves of Culture*. London: Brealey.

Vötter, Sebastian (2007): „Zum Lehren und Lernen von Kultur im Rahmen chinawissenschaftlicher Studiengänge“, *Chun – Chinesischunterricht* 22, 35-54.

Whorf, Benjamin Lee (1956/2010): *Language, Thought and Reality*. Cambridge: MIT.

Wierlacher, Alois/Andrea Bogner (Hg.) (2003): *Handbuch interkulturelle Germanistik*. Stuttgart: Metzler.

Wygotski, Lev (1934/1972): *Denken und Sprechen*. Frankfurt am Main: Fischer.

Konstantina Glykioti
Doris Kinne

Per Charterflug von Europa nach Griechenland: Zum Umgang mit präsupponiertem Kulturwissen beim Übersetzen ausgangskulturell geprägter griechischer Texte ins Deutsche

1 Ausgangspunkt und Gegenstand

Ausgangspunkt des vorliegenden Beitrags ist die im Kontext unserer Übersetzungsübungen gemachte Beobachtung, dass das Erfassen von und der Umgang mit kulturspezifischen Elementen in „ausgangskulturell geprägten Texten" (Arntz 2005: 195) Übersetzende vor große Herausforderungen stellen. Unter ausgangskulturell geprägten Texten sind solche mit „spezifischer AK [Ausgangskultur]-Gerichtetheit" (Fleischmann 1999: 68) zu verstehen, d.h. „Texte, die politische, juristische, kulturelle Gegebenheiten der AK [Ausgangskultur] beschreiben" (ibid.). Beim Übersetzen solcher Texte ist zum einen der Grad der kulturellen Vertrautheit sowohl mit der Ziel- als auch mit der Ausgangskultur und zum anderen die Fähigkeit des Übersetzenden, vom eigenen Wissen Abstand nehmen zu können, um sich in den Wissensstand des Zielkulturrezipienten hineinversetzen zu können, von Bedeutung. Er muss „einschätzen, welches Wissen bei der Zielgruppe vorausgesetzt werden kann" (Arntz 2005: 195). Der Begriff Wissen ist hierbei als ein Vor-/Welt-/Kulturwissen zu verstehen, das der ausgangskulturelle Sender bei seinen Rezipienten voraussetzt (vgl. Nord 2002: 53) und das sich sowohl „auf Gegebenheiten der Situation und Realia" (Nord 2009: 108) als auch „auf [...] Ideologie, Religion, Philosophie und mythische Vorstellungen, auf gesellschaftliche Besonderheiten, Kultur und Politik eines Zeitabschnittes [...]" (ibid.) beziehen kann. Dieses präsupponierte Wissen (ibid.: 106 ff.) muss nicht nur ermittelt, sondern auch mit dem Wissen der anvisierten Adressaten der Zielkultur verglichen und explizit gemacht werden (vgl. Nord 2002: 53). Ausschlaggebend für das weitere Vorgehen im Übersetzungsprozess ist hierbei immer die jeweilige Funktion der Übersetzung (d.h. der Skopos). Mit anderen Worten: Aus der kommunikativen Funktion „leitet er [d.h. der Übersetzer] den notwendigen Grad der Differenzierung ab, indem er die relevante Grenze zwischen Verbalisierung und soziokulturellem Situationshintergrund im AS [ausgangssprachlichen]-Text bestimmt, und dann als Sender des ZS [zielsprachlichen]-Textes auf dem Hintergrund der soziokulturellen Situation seiner Adressaten den notwendigen Grad der Differenzierung seiner Verbalisierung festlegt" (Hönig / Kussmaul 1999: 58). Hierbei gilt es, ein für die Übersetzungsfunktion angemessenes Maß an Explizitmachung zu erreichen, d.h. im Zieltext weder zu viel und damit überflüssige Informationen hinzuzufügen, was einer „Überdifferenzierung" (vgl. ibid.: 61) gleichkäme, noch für das Verständnis des Zieltextes notwendige Informationen auszulassen, was eine „Unterdifferenzierung“ (vgl. Kussmaul 2007: 61) hervorriefe.

Das Phänomen von präsupponiertem Kulturwissen ist aus translationsdidaktischer Perspektive eine besondere Herausforderung. Hierfür noch nicht sensibilisierte Studienanfänger müssen Strategien entwickeln lernen, in Ausgangstexten impliziertes Wissen zu erkennen, zu systematisieren und adäquate Lösungswege zu finden. Diese translatorischen Anforderungen an angehende Sprach- und Kulturmittler werden bei Betrachtung der von ihnen angefertigten Übersetzungen von ausgangskulturell geprägten Texten transparent. Für translationsdidaktische Zwecke eignen sich diese Texte generell sehr gut, da anhand dieser gleichzeitig mehrere translatorische Teilkompetenzen eingeübt werden können, wie u.a. der Perspektivwechsel vom Ausgangstext- zum Zieltextrezipienten unter Berücksichtigung etwaiger Präsuppositionsmerkmale, die Recherchekompetenz sowie die Erweiterung der Kulturkompetenz (vgl. Hennecke 2009: 44). Wir werden im Folgenden anhand von Übersetzungen von Studierenden[1] exemplarisch zeigen, inwiefern dieses präsupponierte Kulturwissen erkannt und welche Lösungswege sie gefunden haben, um die kommunikative Funktion in der Zielkultur zu erfüllen.

Unsere Beobachtungen stützen sich auf Übersetzungen von Texten aus Internetauftritten griechischer Städte, die unter der Rubrik „Geschichte der Stadt“ zu finden sind. Im Gegensatz etwa zu deutschen Stadtportalen, die (wenn vorhanden) in der Regel nur tabellarische Stadtchroniken enthalten, ist diese Rubrik fester, gut sichtbar platzierter und oftmals umfangreicher Bestandteil der griechischen Webpräsenzen. Die den Übersetzungen zu Grunde liegenden Texte sind in ihrer Thematik (historische, soziokulturelle und geographische Informationen) stark durch die Ausgangskultur – und hier besonders durch die lokale bzw. regionale Ausgangskultur – geprägt. Sie richten sich somit tendenziell eher an die Bewohner der jeweiligen Gemeinden und nur eingeschränkt an ein breiteres griechischsprachiges Publikum, das zwar die Ausgangssprache beherrscht, jedoch nicht unbedingt mit der lokalen bzw. regionalen Ausgangskultur vertraut ist. Beim Übersetzen gilt es also, eine doppelte Brücke zu schlagen: Zum einen muss der Übersetzer entscheiden, welche allgemeinen ausgangskulturellen Informationen er dem Zielrezipienten an die Hand geben muss (vgl. Arntz

[1] Es handelt sich um Studierende des B.A. Sprache, Kultur, Translation. Da in den Übersetzungsübungen weder nach Progressionsniveau (Anfänger bzw. Fortgeschrittene) noch nach Muttersprache (Deutsch bzw. Griechisch) unterschieden werden kann, sind die Gruppen hinsichtlich der translatorischen Erfahrung und der Muttersprache der Teilnehmer heterogen. Die Teilnehmerzahlen in den Übungen, die im Zeitraum Wintersemester 2009/10 bis Sommersemester 2011 angeboten wurden, bewegten sich zwischen drei und 17.

2005: 200 bzw. Koller 2004: 131), zum anderen muss er zusätzlich die lokalspezifischen ausgangskulturellen Informationen, die ihm selbst in der Regel nicht bekannt sein dürften, recherchieren und auswerten. Die Entscheidung darüber, ob und wie er diese Informationen in seine Übersetzung einarbeitet, hängt entscheidend vom Skopos der Übersetzung ab: Bei den hier betrachteten Übersetzungen lautete der Translationsauftrag stets, die Ausgangstexte (AT) funktionskonstant, d.h. als Bestandteil einer Rubrik in der Art „Wissenswertes über die Stadt", ins Deutsche zu übertragen, als wäre eine mehrsprachige Version des Stadtportals angedacht. Der anvisierte Rezipientenkreis der Zieltexte (ZT) ist demnach ein breites deutschsprachiges Leserpublikum, das sich über die griechischen Gemeinden informieren möchte und bei dem man voraussetzen muss, dass sein Wissen über die griechische Kultur eher begrenzt ist.

2 Präsupponiertes Wissen in griechischen Stadtportalen

2.1 Wissen über geographische Gegebenheiten

Im Allgemeinen beinhalten die landessprachlichen Versionen von Stadtportalen keine dezidierten Angaben zur näheren geographischen Lage der Städte, da man beim Textrezipienten voraussetzt, dass er auf ein entsprechendes Vorwissen zurückgreifen kann. Grobe Informationen zur geographischen Lage finden sich lediglich in den Rubriken „Geschichte der Stadt". Bei mehrsprachigen Internetauftritten hingegen werden zur Orientierung des zielsprachlichen Rezipienten die genaueren geographischen Angaben direkt zu Beginn hinzugefügt – unter Umständen sogar in einer eigens für die fremdsprachige Version eingerichteten Startseite[2] oder einer eigenen Rubrik „Geographische Lage"[3]. In den im Rahmen der Lehrveranstaltungen übersetzten AT, die sämtlich aus der Rubrik „Geschichte der Stadt" stammen, finden sich – wenn überhaupt – einzig hier grobe Angaben zur geographischen Lage der Orte. Vor dem Hintergrund des Übersetzungsauftrags, funktionskonstant zu übersetzen (d.h. in diesem Fall mehrsprachige Internetauftritte zu erstellen), kommt es nun dem kultur- bzw. recherchekompetenten Übersetzer zu, das beim AT-Rezipienten präsupponierte und dem ZT-Rezipienten fehlende geographische Vorwissen zu kompensieren.

---

2 Vgl. die niederländische, französische und englische Version des Stadtportals von Bad Hönningen: http://bad-hoenningen.de.

3 Vgl. die englische und russische Version des Stadtportals von Kavala: http://www.kavala.gov.gr/c/document_library/get_file?folderId=136041&name=DLFE-7902.pdf, http://www.kavala.gov.gr/c/document_library/get_file?folderId=136041&name=DLFE-7901.pdf.

Veranschaulichen lässt sich dieses Phänomen anhand der folgenden Textauszüge. Bei diesen handelt es sich jeweils um den Beginn von AT, in denen die Städte geo- und demographisch bzw. historisch (im ersten Fall) verortet werden.

(1) Η πόλη του Αφάντου έχει ιστορία περίπου 3.000 χρόνων. Την εποχή εκείνη **στο νησί** υπήρχαν οι τρεις πόλεις-κράτη (Λίνδος, Ιαλυσός και Κάμειρος) που είχαν υπό την εποπτεία τους διάφορους δήμους του νησιού. (Afa)[4]

Die Geschichte der Stadt Afantou reicht etwa 3.000 Jahre weit zurück. Damals gab es **auf der Insel** drei Stadtstaaten (Lindos, Ialysos und Kameiros). Diese verwalteten die verschieden Städte der Insel.[5]

Im Beispieltext (1) wird keinerlei geographische Einordnung des Ortes Afantou vorgenommen. Allein durch die Ortsangabe „στο νησί" („auf der Insel") wird deutlich, dass es sich um einen Inselort handeln muss. Der Verfasser des AT ist offensichtlich davon ausgegangen, dass der ZT-Leser diesbezüglich keine weiteren Informationen benötigt. In allen drei vorliegenden Übersetzungsversionen ergänzten die Studierenden nach der Ortsangabe „auf der Insel" den Zusatz „Rhodos", was darauf schließen lässt, dass sie die Präsupposition erkannt und verbalisiert haben. Es stellt sich jedoch die Frage, ob diese Angabe für den ZT-Leser als Erklärung ausreicht. Falls es im weiteren Verlauf der Internetpräsenz keine andere Möglichkeit gibt, genauere Angaben zum Ort zu machen, wäre an dieser Stelle eine weitergehende Differenzierung in der Art „an der Nordostküste von Rhodos, ca. 20 km von der Inselhauptstadt entfernt" dem Kommunikationszweck (d.h. über den Ort Afantou zu informieren) dienlich.

Ein vergleichbarer Fall findet sich auch in einem anderen AT, einem Text über die im Nordosten Griechenlands liegende Gemeinde Vyssa, in dem das zu ihr gehörige Dorf Kavyli vorgestellt wird:

(2) Η Καβύλη, ένα προσφυγικό χωριό **κοντά στην Νέα Ορεστιάδα**. (Vys)

Kavyli ist ein nach dem griechisch-türkischen Krieg 1919-1922 vor allem von griechischen Flüchtlingen aus dem türkischen Thrakien besiedeltes Dorf **in der Nähe von Nea Orestiada**.[6]

---

4 An dieser Stelle und bei allen weiteren Textbeispielen haben wir diejenigen Textteile durch Fettdruck hervorgehoben, die aus kulturspezifischer Sicht interessant sind und im weiteren Verlauf diskutiert werden.

5 Die dem Textbeispiel folgende Arbeitsübersetzung wurde von uns angefertigt. Der relevante (markierte) Textteil wird hierbei wörtlich wiedergeben. Bei allen weiteren Textbeispielen verfahren wir auf gleiche Weise.

Die nähere geographische Einordnung von Kavyli erfolgt durch die Erwähnung der benachbarten Stadt Nea Orestiada. Ein durchschnittlich gebildeter AT-Rezipient weiß, dass Nea Orestiada, und somit Kavyli, an der türkisch-griechischen Festlandsgrenze liegt. Dieses Wissen kann jedoch beim ZT-Rezipienten in der Regel nicht vorausgesetzt werden. Zwar erfährt der Leser im weiteren Textverlauf, dass die Flüchtlinge aus Ostthrakien (türkisches Thrakien) stammten und dass das Dorf ursprünglich türkische Einwohner hatte, aber selbst diese Information dürfte für das Zielpublikum nicht per se ein Hinweis auf die geographische Nähe des Ortes zur Türkei sein. Hinzu kommt, dass diese der allgemeinen Orientierung dienenden Anhaltspunkte direkt am Textanfang hilfreicher gewesen wären.[7] In acht von neun Übersetzungen wurde analog zum AT sinngemäß übersetzt: „in der Nähe von Nea Orestiada". Lediglich in einer Version wird mit der Übersetzung „in der Nähe von der nordöstlichsten Stadt Nea Orestiada der Präfektur Evros" die Perspektive des ZT-Rezipienten eingenommen. Die Nennung der Präfektur allein ist jedoch keine Hilfestellung, da das Wissen um die geographische Lage der Präfektur (im Nordosten Griechenlands, an der Grenze zur Türkei) beim ZT-Rezipienten ebenfalls vorhanden sein müsste. Eine Ergänzung in der Art „in der Nähe der türkischen Grenze" hätte zur Orientierung ausgereicht.

Das folgende Beispiel (3) einer im AT hinsichtlich der geographischen Lage elliptischen Phrase ringt dem Übersetzer einiges an kulturellem Wissen ab bzw. die Bereitschaft, das erkannte fehlende Wissen durch entsprechende Recherchen zu kompensieren.

(3) Ο Δήμος Περάματος βρίσκεται στο Νοτιοδυτικό τμήμα του **Λεκανοπεδίου** και αποτελεί το Δυτικότερο άκρο του πολεοδομικού συγκροτήματος της Αθήνας. (Per)

Die Gemeinde Perama befindet sich im Südwesten der **Tiefebene** und liegt im äußersten Westen des Ballungsraums Athen.

Durch den bestimmten Artikel „του" vor „Λεκανοπεδίου" („Tiefebene") sowie der Großschreibung wird im AT signalisiert, dass es sich um eine ganz bestimmte Tiefebene handeln muss. Der weitere Kontext („Ballungsraum Athen") evoziert, dass die Gemeinde Perama sich im Großraum Athen befindet. Das erfor-

---

6 Die AS Formulierung „προσφυγικό χωριό" („Flüchtlingsdorf") wurde hier mit „ein nach dem griechisch-türkischen Krieg 1919-1922 vor allem von griechischen Flüchtlingen aus dem türkischen Thrakien besiedeltes Dorf" wiedergegeben, da dem ZT-Rezipienten verständlich gemacht werden sollte, um welche Flüchtlinge es sich handelt und in welcher Zeit die Flüchtlinge in das Dorf kamen. Weitere Ausführungen zu präsupponiertem Wissen über diese Epoche finden sich in den Erläuterungen zu Beispiel (5).

7 Vgl. Fußnote 2 (Stadtportal Bad Hönningen) und Fußnote 3 (Stadtportal Kavala).

derliche kulturelle Wissen zur Konkretisierung der Tiefebene besteht hierbei darin, zu wissen bzw. zu ermitteln, dass man im Griechischen diese Region als „Λεκανοπέδιο Αττικής“ bzw. mit Artikel „Λεκανοπέδιο της Αττικής“ („Attische Tiefebene“) oder auch als „Λεκανοπέδιο Αθήνων“ („Athener Tiefebene“) bezeichnet. Im Griechischen wird die Konkretisierung „Αττικής“ („von Attika“) häufig ausgelassen, d.h. „Λεκανοπέδιο“ wird als elliptische Phrase verwendet, da es sich hierbei um die bekannteste griechische Tiefebene handelt. In den meisten (acht von zwölf) studentischen Übersetzungen wurde das Problem erkannt und mit „attische Tiefebene“ bzw. „Tiefebene von Attika“ adäquat gelöst. In vier Übersetzungsversionen wurde die Notwendigkeit einer Konkretisierung nicht erkannt.

2.2 Wissen über historische Ereignisse, Persönlichkeiten und Schauplätze sowie mythologische Figuren

Mit umfangreichen historischen Informationen wird in griechischen Stadtportalen dem AT-Rezipienten ein umfassendes Bild über die zum Teil sehr wechselhafte Geschichte der Orte vermittelt. Meist werden die diversen Fremdherrschaften und die damit verbundenen kulturellen Einflüsse thematisiert. Zentrale historische Ereignisse, zumal solche, die für ganz Griechenland Gültigkeit haben, werden dabei generell nicht erläutert. In deutschen ZT hingegen müssen diese Präsuppositionen verbalisiert werden, um das mangelnde geschichtliche Vorwissen des ZT-Rezipienten zu kompensieren. In vielen Fällen ist die Ergänzung zeitlicher Angaben, die inhaltliche Konkretisierung von historischen Fakten und die Explizitmachung von in der Ausgangskultur implizit vorhandenem Wissen notwendig.

Anschaulich kann dies an dem folgenden Beispiel (4) aus einem Text zur Geschichte der Insel Rhodos gezeigt werden:

(4) Κατά την διάρκεια της **Ιπποτοκρατίας** ο **Μεγάλος Μάγιστρος** διοικεί το νησί και ρυθμίζει την πολιτική και κοινωνική ζωή του νησιού. Τα χαρακτηριστικά της περιόδου αυτής είναι η αρμονική **συμβίωση**, η πνευματική και κοινωνική πρόοδος και η ευνομία στις εμπορικές συναλλαγές και την δικαιοσύνη, ενώ δεν λείπουν οι θρησκευτικές διαφορές και συγκρούσεις οι οποίες όμως διευθετούνται με αμοιβαίες υποχωρήσεις γιατί προέχει η υπεράσπιση **των νησιών** από τους **αλλόθρησκους**. (Afa)

Während der **Ritterherrschaft** herrschte der **Großmeister** über die Insel und bestimmte das politische und gesellschaftliche Leben. Kennzeichnend für diese Epoche waren einerseits das harmonische **Zusammenleben**, der geistige und soziale Fortschritt und ein geordnetes Handels- und Rechtswesen, andererseits aber auch religiöse Differenzen und Konflikte, die jedoch durch Entgegenkommen beider Seiten beigelegt wurden, da die Verteidigung **der Inseln** gegen die **Andersgläubigen** Vorrang hatte.

Die zeitliche Orientierung für den AT-Rezipienten erfolgt bereits in dem Absatz, der dem hier diskutierten vorausgeht, in dem auf die Zeit, als auf Rhodos die Kreuzritter bzw. später die Osmanen herrschten, Bezug genommen wird. Er weiß somit, dass die im Folgenden angerissenen historischen Ereignisse in dem Zeitabschnitt zwischen dem 11. und dem beginnenden 20. Jahrhundert anzusiedeln sind. Im vorliegenden Abschnitt kann der Übersetzer durch den Kontext („Großmeister") erkennen, dass in dieser Passage die Zeit behandelt wird, als Rhodos in den Händen des Johanniterordens war. Da der durchschnittliche ZT-Leser diese Epoche wahrscheinlich nicht einordnen kann, wäre hier eine zeitliche Differenzierung der Art „vom 14. bis zum 16. Jahrhundert" erforderlich gewesen, was jedoch in keiner der drei vorgeschlagenen Übersetzungen erfolgte.

Was nun die Erwähnung des Titels „Großmeister" (im Singular – gemeint ist allgemein der jeweilige Großmeister) betrifft, so dürfte dieser sowohl dem AT- als auch dem ZT-Leser fremd sein. Der AT-Rezipient kann u.U. diesen Titel zwar auch nicht genau zuordnen, aus dem Kontext und in Verbindung mit der lateinischen Etymologie (*magister*) kann er ihn allerdings als Bezeichnung für einen westlich-katholischen Herrscher identifizieren. Für den ZT-Rezipienten sind zusätzliche Informationen in der Art „Großmeister des Johanniterordens" zum Verständnis unerlässlich. Dieser Notwendigkeit wurde in einer der Übersetzungsversionen durch die Formulierung „Großmeister der Ritter" Rechnung zu tragen versucht, während in den zwei übrigen Übersetzungen keine weitere Differenzierung erfolgte.

Wenn der Übersetzer die bestehenden Herrschaftsverhältnisse zu der im Text thematisierten Zeit durch entsprechende Ergänzungen differenziert, ist dem ZT-Leser bereits bewusst, dass sich das im folgenden Textverlauf genannte „harmonische Zusammenleben" auf die Ordensritter und die einheimische Bevölkerung beziehen muss. Eine Übersetzungsvariante, in der diese beiden Parteien explizit genannt werden, wäre jedoch leserfreundlicher. Zumindest würde eine solche Verbalisierung den christlichen Schulterschluss von Orthodoxen und Katholiken gegen die angreifenden Muslime verdeutlichen. Letztere werden im Text mit „Andersgläubige" impliziert. Zumindest an dieser Stelle müsste der Übersetzer die „Andersgläubigen" durch „Muslime", die durch ihre beharrlichen Angriffe eine Gefahr für Rhodos darstellten, ersetzen. Der ZT-Rezipient kann wahrscheinlich aufgrund seines begrenzten kulturellen Wissens in diesem Kontext „Andersgläubige" nicht zwingend als „Muslime" identifizieren – möglicherweise denkt er bei „Andersgläubige" sogar an Anhänger anderer Religionen oder christlicher Sekten. Der AT-Leser verfügt darüber hinaus über das nötige kulturelle Vorwissen, um die Textstelle „υπεράσπιση των νησιών" („die Verteidigung der Inseln") zu deuten. Er weiß, dass hiermit auch andere Inseln des Dodekanes, die im 14. und 15. Jahrhundert ebenfalls durch Angriffe seitens der Muslime bedroht waren, impliziert sind. Keine der genannten Differenzierungen wurde in den drei vorliegenden Übersetzungsversionen realisiert, was dazu führt, dass die Texte für ZT-Leser unverständlich werden.

Auch Beispiel (5) stellt den Übersetzer vor ähnliche Herausforderungen: Die AT-Passage gliedert sich in einen historischen Abriss ein, der in wenigen Zeilen die wichtigsten historischen Ereignisse der Region um die nordgriechische Stadt Kavala von der Antike bis ins 20. Jahrhundert beschreibt.

(5) Τον 8ο αι. είναι γνωστή με το όνομα Χριστούπολις και μετά από έντονες περιπέτειες και αγώνες την **εποχή των Σταυροφοριών**, εμφανίζεται πάλι γύρω στο 1500μ.Χ. με το σημερινό της όνομα και εξελίσσεται γρήγορα σε σημαντικό λιμάνι, ιδιαίτερα μετά την **Μικρασιατική καταστροφή**. (Kav)

Im 8. Jahrhundert war die Stadt Kavala unter dem Namen Christoupolis bekannt. Nach der unruhigen **Zeit der Kreuzzüge** wird sie erst ab ca. 1500 n. Chr. wieder schriftlich – unter dem Namen Kavala – erwähnt. Vor allem nach der **Kleinasiatischen Katastrophe** entwickelte sie sich schnell zu einer bedeutenden Hafenstadt.

Die im AT erwähnten Kreuzzüge und die Kleinasiatische Katastrophe sind historische Ereignisse, die in griechischen ausgangskulturell geprägten Texten, wie etwa in den Geschichtsdarstellungen der Stadtportale, häufig erwähnt werden. Sie sind wichtige Eckdaten der griechischen Geschichte, die jeder potentielle AT-Rezipient, d.h. auch jeder Übersetzer (und jeder Studierende unserer Übersetzungsgruppen), sowohl zeitlich als auch inhaltlich einordnen können sollte. Daher finden sich im AT hierzu keine Erläuterungen. Ein ZT-Leser weiß jedoch nicht unbedingt, wann genau die Kreuzzüge – die er inhaltlich vielleicht einzuordnen weiß – die Region geprägt haben. Eine zeitliche Differenzierung der Kreuzzüge, etwa in der Art „Zeit der Kreuzzüge vom 11. bis 13. Jahrhundert" wäre zur Orientierung des ZT-Rezipienten hilfreich gewesen, ist für das Textverständnis jedoch insofern nicht unbedingt erforderlich, als er durch die zeitlichen Angaben „8. Jahrhundert" und „ca. 1500 n. Chr." erschließen kann, dass sich die Kreuzzüge grob zwischen diesen Daten ereignet haben müssen. Von 17 Übersetzungsvorschlägen erfolgte diese Einordnung auch nur in einem einzigen Fall. Im Fall der Kleinasiatischen Katastrophe hingegen weiß ein durchschnittlicher ZT-Leser weder wann sie sich ereignet hat, noch was vorgefallen ist. Im schlimmsten Fall denkt er bei „Katastrophe" an eine Naturkatastrophe. Für den AT-Leser hingegen gibt der im Griechischen übliche Begriff „Μικρασιατική καταστροφή" („Kleinasiatische Katastrophe") die griechische Perspektive der Folgen des griechisch-türkischen Kriegs (1919-1922) wieder. Damals wurden ca. 1,1 Mio. Griechisch-Orthodoxe aus der Türkei nach Griechenland und im Gegenzug ca. 380.000 Muslime aus Griechenland in die Türkei zwangsumgesiedelt. Dieser Bevölkerungsaustausch wurde mit dem Vertrag von Lausanne im Jahr 1923 geregelt (vgl. Clogg 1992: 101, 241). Der ZT-Leser benötigt also in jedem Fall inhaltliche Informationen, um zu verstehen, warum und wann sich Kavala zu einer bedeutenden Hafenstadt entwickeln konnte. Eine Lösung, welche die Ereignisse knapp zusammenfasst, hätte die Textverständlichkeit gewährleistet. Diese hätte – sogar unter Umgehung der Bezeichnung „Kleinasiatische Katastrophe“ – beispielsweise wie folgt lauten können: „Nach dem griechisch-türkischen Krieg 1919-1922 und den damit verbundenen Zwangsumsiedlungen und Flüchtlingsströmen entwickelte sich Kavala schnell zu einer bedeutenden Hafenstadt“. Ein vergleichbarer Übersetzungsvorschlag wurde allerdings nicht gemacht. Lediglich in einem Fall wurde mit dem Vorschlag „nach der Kleinasiatischen Katastrophe im Jahr 1922“ eine Differenzierung vorgenommen, die dem ZT-Rezipienten zumindest eine zeitliche Orientierung ermöglicht. Ohne diese Information würde der ZT-Leser nicht verstehen, dass im Text innerhalb eines Absatzes ein chronologischer Abriss der Stadtgeschichte vom 8. bis zum 20. Jahrhundert gegeben wird.

Um grundlegendes Wissen zur Epoche des griechischen Unabhängigkeitskampfes handelt es sich in folgendem Beispiel (6). Diesem lag ein AT aus dem Stadtportal der Gemeinde Kallithea (Großraum Athen) zu Grunde. Hierzu liegen uns zwölf Übersetzungsvorschläge vor. Der AT wurde von neun Studierenden übersetzt, wovon drei Studierende den Text zweimal übersetzt haben. Deren zweite Übersetzung wurde ein Semester nach der Erstübersetzung als Abschlussarbeit einer Lehrveranstaltung zur translationsrelevanten Textanalyse (vgl. Nord 2009) angefertigt. Da die Erstübersetzungen nur der Dozentin eingereicht, nicht aber im Unterricht besprochen wurden, sind die Unterschiede zwischen den jeweiligen Erst- und Zweitübersetzungen besonders aufschlussreich.

(6) Στην **εποχή της Ελληνικής Επανάστασης**, η περιοχή που συνορεύει στη σημερινή Καλλιθέα **από τον Άγιο Σώστη μέχρι την οδό Σπάρτης, γνωστό ως Ανάλατος**, έγινε το πεδίο της μάχης, κατά την οποία σκοτώθηκε ο **Γεώργιος Καραϊσκάκης**, στις 22 Απριλίου 1827. (Kth)

Zur Zeit des griechischen Unabhängigkeitskampfs fand in dem an das heutige Kallithea angrenzenden Gebiet, **das von [der Kirche] Agios Sostis bis zur Spartis-Straße verläuft und das unter dem Namen Analatos bekannt war**, die Schlacht statt, bei der am 22. April 1827 **Georgios Karaiskakis** umkam.

Dem obigen Absatz geht die Erwähnung archäologischer Funde aus dem 4. Jahrhundert v. Chr. voraus, womit die Schilderung der Stadtgeschichte beginnt. Somit ist der zeitliche Sprung zum nächstgenannten historischen Ereignis, dem griechischen Unabhängigkeitskampf im 19. Jahrhundert, sehr groß. Für den ZT-Rezipienten, der mit diesem zentralen Eckdatum der neugriechischen Geschichte nicht vertraut ist, wäre prinzipiell eine zeitliche Differenzierung in der Art „während der Zeit des griechischen Unabhängigkeitskampfes 1821-1829“ zur Orientierung hilfreich, zumal das in diesem Zusammenhang erwähnte Datum (22. April 1827) erst am Ende des Satzes genannt wird. Lediglich in einer der neun Erstübersetzungen wurde die zeitliche Einordnung des Unabhängigkeitskampfes ergänzt. Bezeichnenderweise wurde jedoch in allen drei Zweitübersetzungen eine entsprechende Differenzierung vorgenommen – die Studierenden hatten sich zwischenzeitlich im Kontext der Übung zur übersetzungsrelevanten Textanalyse mit dem Phänomen der Präsuppositionen beschäftigt.

Die im zweiten Satzteil erwähnte historische Persönlichkeit, Georgios Karaiskakis, gehört zur Hauptaussage des Satzes und muss daher für den ZT-Leser zwingendermaßen erläutert werden. In sieben von neun Erstübersetzungen wurde daher die Ergänzung „Freiheitskämpfer" bzw. „General" vorgenommen, ebenso in sämtlichen Zweitübersetzungen. Im gleichen Textabschnitt wird im Zusammenhang mit dem Tod von Karaiskakis das Gebiet Analatos (heute zur Nachbargemeinde Nea Smyrni gehörend) erwähnt und durch die Nennung von Grenzpunkten – die Kirche Agios Sostis und die Spartis-Straße – lokalisiert. Diese geographischen Angaben sind für einen AT-Rezipienten, der sich in der Region auskennt, z.B. ein Bewohner der Stadt Kallithea oder der Nachbargemeinde Nea Smyrni, durchaus sinnvoll, da er die Punkte wahrscheinlich kennt. Für den ZT-Leser, der diese nicht kennt, haben die Informationen keinerlei Aussagekraft. Der Translator muss in einem solchen Fall entscheiden, ob er derartige Informationen in den ZT übernimmt und ggf. ergänzt oder ob er sie, wenn sie im Rahmen der Textfunktion irrelevant sind, auslässt. In einer Erst- und in zwei Zweitübersetzungen haben sich die Studierenden tatsächlich für eine Auslassung entschieden und die Textsstelle mit einer Formulierung in der Art „in dem an das heutige Kallithea angrenzenden Gebiet, das unter dem Namen Analatos bekannt war" übersetzt.

Häufiger Gegenstand in Texten griechischer Stadtportale ist das antike griechische Erbe. Aufgrund der langen Kontinuität der griechischen Kulturgeschichte ist der AT-Rezipient mit zentralen historischen Ereignissen, Persönlichkeiten und Schauplätzen sowie mythologischen Figuren des Altertums derart vertraut, dass sie im AT keinerlei Erläuterung bedürfen. Da das antike griechische Erbe durch die humanistische Bildung der letzten Jahrhunderte auch heute noch in der gesamten westlichen Welt in gewissem Maße als präsent vorausgesetzt werden kann, handelt es sich hierbei um präsupponiertes Wissen, das zwischen zwei Extremen liegt: Auf der einen Seite verfügt ein durchschnittlicher ZT-Leser über ausreichend kulturelles Wissen, um etwa die Athener Akropolis einordnen zu können. Auf der anderen Seite ist es jedoch fraglich, ob er beispielsweise das Asklepieion von Kos kennt. Zwischen diesen beiden Extremen sind Fälle wie die folgenden anzusiedeln, die in den untersuchten AT zu finden sind: „Ναυμαχία της Σαλαμίνας" (Per; „Seeschlacht von Salamis"), „Ξέρξης" (Per; „Xerxes"), „Θησέας" (Kth; „Theseus") und „Μινώταυρος" (Kth; „Minotauros"). Hierbei ist die Wahrscheinlichkeit, dass ein durchschnittlicher ZT-Leser über entsprechendes kulturelles Wissen verfügt, genauso groß wie die Wahrscheinlichkeit, dass er nicht darüber verfügt. Der Übersetzer muss also mit dem aktuellen „Bildungskanon“ der Zielkultur sehr gut vertraut sein, um das Wissen des ZT-Publikums einschätzen und um dann abwägen zu können, ob er jeweils eine Differenzierung vornehmen sollte. Falls eine solche erforderlich ist, muss er den Grad der Differenzierung bestimmen, um für ZT-Rezipienten, die über ein breiteres Hintergrundwissen verfügen, keine Überdifferenzierungen in Form von überflüssigen, im ZT störenden Informationen, vorzunehmen. In Fällen wie diesen reicht häufig eine unauffällige Hilfestellung aus, um passives Wissen zu aktivieren. Einfache Differenzierungen zu den oben genannten Beispielen könnten wie folgt aussehen: „die Schlacht bei Salamis 480 v. Chr.“, „der persische König Xerxes“, „der griechische Sagenheld Theseus“ bzw. „der stierköpfige Minotaurus“. Den letzten Ausschlag für oder gegen eine Differenzierung gibt selbstverständlich der konkrete Skopos der Übersetzung vor. Erscheinen oben genannte historische Ereignisse, Persönlichkeiten und mythologische Figuren etwa in griechischen Begleitbroschüren, die für deutschsprachige Bildungsreisende übersetzt werden sollen, könnten derartige Ergänzungen im ZT völlig entfallen. In den uns vorliegenden studentischen Übersetzungen wurden sie in der Mehrheit nicht erläutert. Dies könnte daran liegen, dass die Studierenden – unabhängig davon, ob sie selbst über das nötige Hintergrundwissen verfügten oder nicht – sich nicht bewusst waren, in welchem Maße der ZT-Rezipient entsprechende Verständnishilfen benötigt.

2.3 Wissen über die politisch-kulturelle Identität

Eine weitere Kategorie von präsupponiertem Wissen, auf das man in kulturell geprägten Texten trifft, ergibt sich aus dem Selbstverständnis über die eigene Kultur in Abgrenzung zu anderen Kulturen. Im Hinblick auf Griechenland ist das ambivalente Verhältnis des Landes zu Europa hierfür ein besonders charakteristisches Beispiel. Trotz seiner eindeutigen geographischen Zugehörigkeit zu Europa und noch Jahrzehnte nach dem EU-Beitritt des Landes, sprechen Griechen, wenn sie nach West-, Mittel- bzw. Nordeuropa reisen, von „Reisen nach Europa“: „[...] Greeks might still talk of travelling to Europe as though their Country was not properly a part of it [...]“ (Clogg 1992: 205; vgl. auch ibid.: 177). Ein entsprechendes Textbeispiel findet sich im letzten Absatz des AT zur Stadtgeschichte von Kavala:

(7) Όπου και αν βρίσκεστε η Καβάλα είναι σίγουρα κοντά σας, καθώς συνδέεται με όλη την Ελλάδα με καθημερινή χερσαία, εναέρια και θαλάσσια συγκοινωνία και **με την Ευρώπη** με πτήσεις charter. (Kav)

Kavala hat gute Verkehrsanbindungen. Die Stadt ist innergriechisch durch regelmäßige Bus-, Flug- und Fährverbindungen und **von Europa aus** per Charterflug zu erreichen.

Die Tatsache, dass Griechenland sich nicht unbedingt dem übrigen Europa bzw. der westlichen Welt zugehörig sieht, hat viele Gründe. Einerseits ist ausschlaggebend, dass die Zugehörigkeit Griechenlands zu Europa seit jeher immer verteidigt werden musste und die Griechen unter Anpassungsdruck standen (vgl. Auernheimer 2001: 96), so etwa nach der Bildung des Nationalstaats im 19. Jahrhundert, als sie sich mit dem als feindselig empfundenen Eingreifen der westlichen Staatenwelt (vgl. Katsoulis 1995: 397) auseinandersetzen mussten. Andererseits wird auch in jüngerer Zeit die europäische Identität Griechenlands immer wieder in Frage gestellt, wie etwa durch die umstrittenen Thesen eines Samuel Huntington (vgl. Auernheimer 2001: 127 ff.). Weiterhin ausschlaggebend für das ambivalente Zugehörigkeitsgefühl der Griechen zu Europa ist auch die Geographie, denn Griechenland liegt am südöstlichen Rand Europas. Im Norden grenzt es an die Länder der Balkanhalbinsel und im Osten an die Türkei, die natürlichen Grenzen des größten Teils des griechischen Staatsgebiets stellt das Mittelmeer dar. Weitaus gewichtiger sind jedoch die soziopolitischen Faktoren, die sich aufgrund der historischen Entwicklungen ergeben haben. Die Trennung von lateinischer Kirche im Westen und griechischer Kirche im Osten durch das Schisma im Jahr 1054, die mit „Haß und Feindseligkeit dem Westen gegenüber" (Wenturis 1990: 180) einherging, sowie die Eroberung Konstantinopels durch den vierten Kreuzzug 1204 führten dazu, dass sich bis heute das christlich-orthodoxe Griechenland auf religiöser – und dadurch zuweilen auch auf politischer – Ebene eher mit den orthodoxen Staaten Osteuropas identifiziert als mit den katholisch-protestantischen Ländern West-, Mittel- und Nordeuropas. Das nationale Selbstverständnis jener Zeit war vor allem durch die Abgrenzung von den sogenannten „Franken", die im Sprachgebrauch jener Zeit für die Griechen das westliche Europa darstellten, bestimmt (vgl. Tzermias 1993: 33). Dieser Aspekt ist nicht zu unterschätzen, da die Religion seit jeher in Griechenland eine bedeutende Rolle spielt und ihr ein großer Beitrag zur Staatsbildung zugeschrieben wird. Es sei ein „zentrales Ideologem" (Auernheimer 2001: 30), dass die orthodoxe Kirche in der Zeit der osmanischen Herrschaft (1453-1830) „die nationale Identität bewahrte und wesentlich zur Vorbereitung des Freiheitskampfes beitrug" (ibid.). Aufgrund der Tatsache, dass nach der fast 400-jährigen osmanischen Herrschaft die Nationalstaatbildung Griechenlands erst 1830 erfolgte, konnte sich eine bürgerliche Schicht erst relativ spät entwickeln, was wiederum als Ursache dafür gesehen werden kann, dass sich das (Agrar)Land wirtschaftlich nie in gleichem Maße entwickeln konnte wie Westeuropa und sich somit auch später nie als gleichwertig fühlte. Nach dem Zweiten Weltkrieg sicherte der Westen seine Einflusssphäre in Griechenland, die kommunistischen Kräfte konnten sich im Bürgerkrieg von 1946-49 nicht durchsetzen und durch Griechenlands Aufnahme in die NATO im Jahr 1952 wurde seine „Zugehörigkeit" zum Westen besiegelt. Aufgrund seiner strategischen Bedeutung als militärischer Stützpunkt gegen den Osten konnte sich Griechenland gewissermaßen stets eine kritische Haltung gegenüber dem Westen leisten, die sich quer durch die Bevölkerung zog. Gleichzeitig förderten konservative Politiker die Zugehörigkeit zum Westen, wie etwa der Premierminister Konstantinos Karamanlis, der 1962 das Assoziierungsabkommen mit der EWG unterzeichnete und seine prowestliche Politik mit den Worten „Ανήκομεν εις την δύσιν." („Wir gehören zum Westen.") gegen die Kritik der Sozialisten verteidigte. Kritik seitens aller politischen Parteien gegenüber den USA und großen Teilen Westeuropas wurde laut, da man ihnen sowohl die Errichtung der Militärdiktatur 1967-1974 als auch die Besetzung Nordzyperns durch die Türkei 1974 anlastete (vgl. Katsoulis 1995: 399). Das ambivalente Verhältnis Griechenlands zu West-, Mittel- und Nordeuropa trat besonders deutlich 1981 zu Tage, als Griechenland Mitglied der Europäischen Gemeinschaft wurde und gleichzeitig mit der sozialistischen Regierung unter Premierminister Andreas Papandreou eine Programmatik des „traditionalistischen Antiokzidentalismus" (Wentouris 1990: 188) begann.

Wie bewusst oder unbewusst diese vielschichtig begründete Distanzierung Griechenlands von Europa die politisch-kulturelle Identität des Landes beeinflusst, sei dahingestellt. Zumindest sprachlich distanziert man sich gern und schließt sich begrifflich häufig nicht in „Europa" ein – eine Tatsache, die Sprach- und Kulturmittler vor Augen haben müssten. In fast allen von den Studierenden angefertigten Übersetzungsversionen (16 von 17) wird jedoch mit Lösungen in der Art „von Europa aus" sehr wörtlich übersetzt. Hierbei scheinen die Studierenden die Paradoxie, die dadurch für den ZT-Rezipienten, der weiß, dass Griechenland zu Europa gehört, entsteht, nicht bedacht zu haben. Allein in einer Übersetzung wird mit der Formulierung „aus dem Ausland" eine der Logik der Zielkultur nicht widersprechende Lösung gewählt. Der Begriff „Ausland" ist zwar semantisch weiter gefasst als „Europa", doch da nicht davon auszugehen ist, dass der ZT-Leser glaubt, dass es von einer nicht allzu großen griechischen Stadt wie Kavala aus Interkontinentalflüge gibt, sind die beiden Begriffe hier äquivalent. Um jeglicher Verwirrung vorzubeugen, wäre höchstens die Konkretisierung „aus dem europäischen Ausland" praktikabler gewesen. Eine andere mögliche Lösung könnte auch sein, die Textstelle im ZT mit einer Formulierung wie „aus anderen europäischen Städten" wiederzugeben. Durch die Hinzufügung von „anderen" wäre ersichtlich, das auch Kavala zu Europa gehört. Naheliegend wäre auch eine Übersetzungsvariante gewesen, für die man die genauen Verbindungsflughäfen von Kavala recherchiert und dann die dazugehörigen Länder nennt.

3 Konsequenzen für die Translationsdidaktik

Die Ergebnisse der Übersetzungsanalysen zeigen, dass die Studierenden beim Übersetzen einige Stellen im AT, in denen Kulturwissen präsupponiert wird, adäquat in den ZT übertrugen, sie an anderen Stellen jedoch auf Kosten einer den Kommunikationszweck erfüllenden Lösung eher wörtlich übersetzten. Es scheint, dass sie ihre Entscheidungen nicht unbedingt bewusst trafen. Es ist anzunehmen, dass sie schlecht einschätzen konnten, welches Kulturwissen dem AT-Rezipienten bekannt, aber im Text nicht verbalisiert, d.h. nicht „sichtbar“, ist und daher unter Umständen für den ZT-Rezipienten explizit gemacht werden musste. Ein Problembewusstsein scheint weitestgehend bezüglich einer notwendigen Differenzierung bei geographischem und historischem Faktenwissen vorhanden gewesen zu sein, wie die Beispiele (1) und (3) und die Konkretisierung der historischen Persönlichkeit in Beispiel (6) zeigen. In einigen Fällen scheinen die Studierenden den Bildungskanon des durchschnittlichen ZT-Rezipienten allerdings zu überschätzen. So ließen sie in ihren Übersetzungen etwa ergänzende Informationen zum antiken griechischen Erbe aus, die aufgrund des Übersetzungsauftrags (mehrsprachiges Stadtportal, das von jedem Internetnutzer genutzt werden kann) erforderlich gewesen wären. Größere Schwierigkeiten bereitete den Studierenden die Übertragung von Kulturwissen, das auf den ersten Blick nicht auf Faktenwissen zurückgeht, sondern mit der kollektiven Mentalität der Ausgangskultur in Zusammenhang steht, wie Beispiel (7) zeigt. In diesem Fall wäre eine inhaltliche Konkretisierung des Begriffs „Europa“ notwendig gewesen.

In dem Fall, in dem drei Studierende einen Text zweimal übersetzten, fällt auf, dass sie, nachdem sie sich im Rahmen einer Lehrveranstaltung verstärkt mit translationsrelevanter Textanalyse beschäftigt hatten, in ihrer Zweitübersetzung meist translationsadäquatere Lösungen fanden, wie die Beobachtungen zu Beispiel (6) zeigen. Zu den Fortschritten in den übersetzerischen Leistungen wird beigetragen haben, dass die Studierenden im Rahmen der translationsrelevanten Textanalyse gelernt hatten, „die kulturellen Präsuppositionen des Ausgangstextes zu erkennen und mit dem kulturgeprägten Weltwissen der intendierten Zieltextrezipientinnen zu vergleichen“[8] (Kadrić/Kaindl/Kaiser-Cooke 2010: 137), denn translationsrelevante Präsuppositionen erkennt der Übersetzer, wenn er „in der Lage ist, das dem Verstehen des Ausgangstextes zugrunde liegende Wissen mit dem der Zielgruppe zu vergleichen und in Relation zum Skopos zu bewerten“ (ibid.: 142).

Durch translationsrelevante Textanalysen etwa kann für die Thematik sensibilisiert und eine gewisse Routine entwickelt werden, sich der unterschiedlichen Wissensbestände von AT- und ZT-Rezipient bewusst zu werden, zumal ein sol-

8 Dass der Fortschritt in der übersetzerischen Leistung in diesem Fall auf die Beschäftigung mit der translationsrelevanten Textanalyse zurückzuführen ist, ist der Übersetzungskommentierung einer Studentin (Sofia Tsantilas, Wintersemester 2010/11) zu entnehmen. Sie argumentiert, sie habe „bei der Übersetzung die Beschreibung des Gebiets Analatos ausgelassen, da im Deutschen die ungefähre Lage als Beschreibung ausreichend ist und die angegebenen Straßennamen für den deutschsprachigen Leser nichtssagend sind.“

ches Bewusstsein der Entscheidung vorausgeht, ob und in welchem Maße der Übersetzer im ZT Informationen hinzufügen bzw. konkretisieren (oder aber weglassen) muss. Ist dieses Bewusstsein beim Übersetzer zwar vorhanden, nicht jedoch eine entsprechende ausgangs- und zielkulturelle Kompetenz, die sehr vielschichtig sein und sich sogar über soziopolitisches Hintergrundwissen erstrecken muss, könnte er dies bis zu einem gewissen Grad durch die Bereitschaft zur Recherche kompensieren. Aus didaktischer Perspektive erscheint es uns erforderlich, die Studierenden hierbei zu „mutigeren" Übersetzungslösungen zu motivieren.

Eine weitere didaktische Maßnahme zur Schärfung des Bewusstseins, dass AT- und ZT-Rezipienten über unterschiedliche Wissensbestände verfügen, wäre z.B. die Arbeit in multikulturellen Unterrichts- oder Arbeitsgruppen (Reinart 2009: 455 f.). Ein Arbeiten in solchen Gruppen – dies bestätigt auch unsere Unterrichtserfahrung – hilft angehenden Sprach- und Kulturmittlern dabei, einen Blick von außen auf die ihnen vertraute Ausgangskultur sowie „Insiderwissen" über die ihnen nicht so vertraute Zielkultur zu bekommen.

Literaturverzeichnis

Ausgangstexte der Übersetzungen

Afa = [Stadtportal der Gemeinde Afantou:] „Ιστορία". http://www.afandou.gr/el/History/ [03.12.2009].

Kav = [Stadtportal der Gemeinde Kavala:] „Η Πόλη μας" – „Γενικά & Ιστορικά Στοιχεία" – „Ιστορικά στοιχεία". http://www.kavala.gov.gr/web/guest/cityofkavala [09.07.2010].

Kth = [Stadtportal der Gemeinde Kallithea:] „Πόλη" – „Ιστορία της Πόλης". http://www.kallithea.gr/Default.aspx?pid=5&la=1 [27.05.2010].

Per = [Stadtportal der Gemeinde Perama:] „Ιστορία" – „Ιστορία Δήμου Περάματος". http://www.perama.gr/history.aspx [14.12.2009].

Vys = [Stadtportal der Gemeinde Vyssa:] „Καβύλη" – „Ιστορία". http://www.vyssa.gr/cgs.cfm?areaid=1&id=161 [19.11.2009].

Sekundärliteratur

Arntz, Rainer (2005): „Kulturbarrieren und ihre Überwindung beim Verfassen und Übersetzen journalistischer Texte“, in: Sandrini, Peter (Hg.): *Fluctuat nec mergitur. Festschrift für Annemarie Schmid zum 75. Geburtstag.* Frankfurt a. M. etc.: Lang, 195-208.

Auernheimer, Gustav (2001): *Griechenland zwischen Tradition und Moderne: Zur politischen Kultur eines europäischen Landes.* Athen/Baden-Baden: Sakkoulas/Nomos.

Clogg, Richard (1992): *A Concise History of Greece.* Cambridge: Cambridge University Press.

Fleischmann, Eberhard (1999): „Die Translation aus der Sicht der Kultur. Kulturelle Modelle der Translation“, in: Gil, Alberto/Johann Haller/Erich Steiner et al. (Hg.): *Modelle der Translation. Grundlagen für Methodik, Bewertung, Computermodellierung.* Frankfurt a. M. etc.: Lang, 59-77.

Hennecke, Angelika (2009): „Zum Transfer kulturspezifischer Textbedeutungen. Theoretische und methodische Überlegungen aus einer semiotischen Perspektive“, in: *Linguistik online*, 37, www.linguistik-online.org/37_09/hennecke.pdf.

Hönig, Hans G./Paul Kussmaul (^{5}1999): *Strategie der Übersetzung. Ein Lehr- und Arbeitsbuch.* Darmstadt: Wissenschaftliche Buchgesellschaft.

Kadrić, Mira/Klaus Kaindl/Michèle Kaiser-Cooke (^{4}2010): *Translatorische Methodik.* Wien: Facultas.

Katsoulis, Ilias (1995): „Griechenlands Angst vor Europa“, in: *Neue Gesellschaft*, Frankfurter Hefte, 5, 396-400.

Koller, Werner (^{7}2004): *Einführung in die Übersetzungswissenschaft.* Heidelberg, Wiesbaden: Quelle & Meyer.

Kussmaul, Paul (2007): *Verstehen und Übersetzen. Ein Lehr- und Arbeitsbuch.* Tübingen: Narr Francke Attempto.

Nord, Christiane (^{4}2009): *Textanalyse und Übersetzen. Theoretische Grundlagen, Methode und didaktische Anwendung einer übersetzungsrelevanten Textanalyse.* Tübingen: Groos.

Nord, Christiane (2002): *Fertigkeit Übersetzen. Ein Selbstlernkurs zum Übersetzenlernen und Übersetzenlehren.* Alicante: Editorial Club Universitario.

Reinart, Sylvia (2009): *Kulturspezifik in der Fachübersetzung.* Berlin: Frank & Timme.

Tzermias, Pavlos ([2]1993): *Neugriechische Geschichte. Eine Einführung.* Tübingen: Francke.

Wenturis, Nikolaus (1990): *Griechenland und die Europäische Gemeinschaft: Die soziopolitischen Rahmenbedingungen griechischer Europapolitiken.* Tübingen: Francke.

Christos Karvounis

Diglossie und Übersetzung: Eine historische Skizze am Beispiel des Griechischen[1]

1 Diglossie

Diglossie als Terminus geht auf den Literaten und Satiriker Emmanuil Roidis zurück,[2] aber es war Jannis Psycharis (Jean Psichari), ein in Paris lehrender Linguist und Professor für Neugriechisch, der den Begriff in den wissenschaftlichen Kreisen Europas bekannt machte. Trotz Psycharis' Versuche (und einiger anderer nach ihm),[3] Diglossie als allgemeinlinguistischen Terminus zu etablieren, blieb dieser für mehrere Jahrzehnte – etwas vage definiert – vorwiegend auf die Sprachverhältnisse im zeitgenössischen Griechenland beschränkt und bekannt, um die Opposition zwischen Volkssprache (*Dimotiki*) und Hochsprache (*Katharevousa*) zu erklären.

Als eigentlicher „Schöpfer" von Diglossie als soziolinguistischem Terminus gilt zu Recht der amerikanische Soziolinguist Charles Ferguson, der mit seinem 1959 erschienenen Artikel[4] ein terminologisches Rüstzeug lieferte, das einen erheblichen Teil der Sprachverhältnisse auf der ganzen Welt zu erklären und zu analysieren vermochte und noch immer vermag.[5] Nach Ferguson ist Diglossie die Koexistenz zweier Sprachvarietäten einer Sprache in derselben Sprachgemeinschaft, von denen aber die eine, die in der Regel verschriftet ist, mit hohem sozialen Ansehen verbunden ist und vorwiegend für formelle Zwecke verwendet wird, z.B. als Literatur- und Wissenschaftssprache, in der Öffentlichkeit, in staatlichen Institutionen usw. Dieser sog. *High variety* (H-Varietät) steht eine andere, in der Regel nicht verschriftete, Varietät (*Low variety*, L-Varietät) gegenüber, die über nur geringes Ansehen verfügt und im Wesentlichen für die Alltagskommunikation bzw. im familiären Kreis verwendet wird. Zwischen beiden Varietäten herrscht also eine (komplementäre) Funktions(ver)teilung; sie ergänzen sich gegenseitig, denn im idealtypischen Fall werden sie in unterschiedlichen Domänen

---

1 Für sprachliche Verbesserungen möchte ich mich bei meiner Germersheimer Kollegin Doris Kinne ganz herzlich bedanken.

2 1885 in seinen *Πάρεργα*. Dennoch scheint das Wort zunächst 1830 von K. Oikonomou verwendet worden zu sein (in Οικονόμου 1830; nach Κουμανούδης 1900, s.v. διγλωσσία). Zum Terminus vgl. Kremnitz 1987: 209 ff., Mackridge 2009: 27 f.

3 Vgl. Kremnitz 1987: 209 ff.

4 Vgl. Ferguson 1959

5 Bis 1990 waren ca. 3.000 relevante Publikationen erschienen: vgl. Fernández 1993.

verwendet. Ferguson zeigte die wesentlichen Züge dieser soziolinguistisch komplexen Situation anhand vierer Sprachen/Sprachgemeinschaften, die er als idealtypische Fälle darstellte (die H-Varietät wird jeweils zuerst genannt): Griechenland (Katharevousa:Dimotiki), (deutschsprachige) Schweiz (Hochdeutsch: Schweizerdeutsch), Arabisch (Hocharabisch:Dialekte), Haiti (Französisch:kreolischer Regiolekt). Auch wenn etwa 50 Jahre nach der Darstellung von Ferguson in Griechenland keine Diglossie mehr herrscht und in der Schweiz oder manchen arabischen Ländern die L-Varietät allmählich über ihre traditionelle Rolle hinauswächst, auch wenn die vier genannten Fälle sehr ungleich sind, behält Fergusons Modell dennoch nach wie vor seine Gültigkeit, vor allem, weil die damit beschriebene soziolinguistische Situation – oder zumindest ihre wesentlichen Züge – ein überaus häufiges Phänomen auf der ganzen Welt darstellt. Wesentliche Konstanten in einer Diglossie-Situation bleiben die Funktions(ver)teilung und die Ungleichheit, die sozial bzw. linguistisch motiviert sind, wobei das Verhältnis zwischen diesen beiden Parametern durchaus zirkulär sein kann: Die Varietät x verfügt über ein niedriges Ansehen, weil sie linguistisch gesehen nicht ausgebaut ist bzw. sie ist linguistisch gesehen nicht ausgebaut, weil sie ein niedriges Ansehen besitzt.[6]

Ein immer wiederkehrendes Problem im Kontext der Diglossie ist die Definition des Begriffs *Varietät*.[7] Folgende Fragen stellen sich nach wie vor und sind nicht eindeutig zu beantworten: Wo endet die Varietät in Diglossie-Situationen und wo beginnt die Sprache? Müssen einer Diglossie-Situation zwei Varietäten derselben Sprache zugrunde liegen (*klassische* bzw. *Innendiglossie*, vgl. Anm. 9) oder können es auch zwei verschiedene Sprachen sein (*Außendiglossie*), insofern sie jeweils unterschiedliche Funktionen in einer Sprachgemeinschaft erfüllen? Letzteres befürwortete der amerikanische Soziolinguist Joshua Fishman[8] einige Jahre nach Fergusons Artikel und verwies auf das Verhältnis zwischen Diglossie und Bilingualismus sowie den Umstand, dass diese soziolinguistischen Phänomene ineinander übergehen können.[9] Obwohl die Kritik, Diglossie habe auf-

---

6 Die Wichtigkeit beider Parameter für die „Entwicklung" einer Sprache erfasst Heinz Kloss in sehr treffender Weise, wenn er die Sprachplanung in zwei miteinander eng verbundene Aktionen begründet sieht: der *Status*planung (soziales Ansehen, soziale, gesetzliche Stellung) und der *Korpus*planung (linguistische Eigenschaften).

7 Übersicht bei Berruto 1987: 263-267.

8 Vgl. Fishman 1967

9 Terminologisch versucht man die Differenzen zwischen den beiden Modellen durch die Begriffe „klassische" bzw. „Innendiglossie" (zwei Varietäten derselben Sprache: Ferguson) und „ausgeweitete" bzw. „Außendiglossie" (zwei verschiedene Sprachen: Fishman) zu beschreiben: Übersicht bei Schiffman 1997: 209.

grund dieser Ausweitung an begrifflicher Schärfe verloren,[10] durchaus berechtigt ist, ist es schwierig, soziolinguistischen Situationen, wie sie z.B. in Sprachgemeinschaften in Indien, in arabischen Sprachgemeinschaften in Nordafrika oder in afrikanischen Sprachgemeinschaften vorkommen, ohne den Terminus Diglossie gerecht zu werden, wenn komplexere Diglossie-Verhältnisse herrschen und sich mehr als eine H- oder/und L-Varietät überlappen.[11] Eine adäquate Alternative hierfür wäre die Verwendung von Begriffen wie *societal bilingualism*, *Dilalie* o.Ä.[12] in Abgrenzung zu einer Diglossie im ursprünglichen, „engen" Sinne von Ferguson.[13] Im Gegensatz zur Außendiglossie, wo die H-Varietät meist als etwas „Fremdes" und nicht als Bestandteil der eigenen Identität angesehen wird,[14] tauchen bei der Innendiglossie eine Reihe von Fragen auf, die hauptsächlich von dem soziolinguistischen Verhältnis zwischen den beiden Varietäten herrühren. Aus synchroner Sicht ist dabei vor allem die Rezeption der Diglossie-Situation – ungeachtet dessen, wie in der betreffenden Sprachgemeinschaft die Situation genannt wird – durch die eigene Sprachgemeinschaft von Bedeutung sowie der Umstand, dass sie das Sprachverhalten der Sprecher und deren Vorstellung von Varietät und Sprache entscheidend prägt.[15] Vor diesem Hintergrund soll im Folgenden gezielt, wenn auch z.T. nur übersichtsartig, auf das Verhältnis zwischen (Innen)Diglossie und Übersetzung eingegangen werden.

2 Diglossie und (intralinguale) Übersetzung

2.1 Einleitendes und Vorgeschichtliches

Welche Auswirkungen kann nun Diglossie auf die Übersetzung haben? In der griechischen Sprachgeschichte könnten eine Reihe relevanter Erscheinungen genannt werden. Im Folgenden möchte ich mich auf die intralinguale/vertikale Übersetzung beschränken, bei der es im Wesentlichen auf die Frage hinauslief,

---

10 Vgl. vor allem Daltas 1993 und Hudson 2002: 10 ff., 40 ff.

11 z.B. im afrikanischen Burkina Faso, in Tansania usw., vgl. hierzu Fasold 1984

12 zu den Termini vgl. Dittmar 1997: 143 ff.; Hudson 2002

13 Vgl. Hudson 2002

14 In Paraguay trennt beispielsweise die Sprachgemeinschaft eindeutig Guarani vom Spanischen, und auch in Indien stellt das Englische, das als (weitere) Amtssprache gilt, kein Identitätsmerkmal (zumindest kein „ethnisches") dar.

15 In Fällen wie beim Verhältnis zwischen Katalanisch und Spanisch (=Kastilisch) oder Französisch und Okzitanisch (vorausgesetzt man klassifiziert dieses Verhältnis als Diglossie und nicht als Pseudodiglossie, wie z.B. Hudson 2002: 30, oder als *standard with dialect* im weiteren Sinne) oder auch Hochdeutsch und Schweizerdeutsch in der deutschsprachigen Schweiz können aus sprachlichen Differenzen durchaus Identitätsdivergenzen entstehen, sobald die L-Varietät als identitätsstiftendes Merkmal fungiert.

in welche Varietät des Griechischen aus einer älteren Sprachstufe übersetzt werden sollte. In diesem Zusammenhang kann also eher von Ziel*varietät* als von Ziel*sprache* gesprochen werden. Zeitlich soll sich diese repräsentative Skizze in dem Zeitraum zwischen dem 14. und dem Beginn des 20. Jh. bewegen, wobei die Frage nach der geeigneten Zielvarietät erst in der Zeit der neugriechischen Aufklärung (1774-1821) thematisiert wurde. Zum einen geht es um Aspekte der intralingualen Übersetzung in der spät- und postbyzantinischen Zeit, zum anderen um die Haltung gegenüber Übersetzungen der altgriechischen Literatur in der Zeit etwa zwischen dem 19. und dem Beginn des 20. Jh.

Zur besseren Einordnung dieser sprachgeschichtlich angelegten Skizze soll einleitend kurz auf die Antike, und zwar auf die Übersetzung der *Septuaginta* und deren Bedeutung für die griechische Sprach- und Übersetzungsgeschichte eingegangen werden. Sowohl die Übersetzung der Septuaginta, auch wenn sie sprachlich und übersetzungstechnisch nicht homogen war,[16] als auch die Sprache des Neuen Testaments, stellen eine Zäsur in der griechischen Sprachgeschichte dar, weil sie mit der attizistischen Tradition und der sprachlichen *Mimesis* (lat. *imitatio*) brachen, und zwar zu einer Zeit – dies gilt vor allem für die Sprache des Neuen Testaments – als der Attizismus, jene sprachlich-rhetorische Bewegung der Nachahmung und (später) des Sprachpurismus, das Attische zu einem sprachstilistischen Ideal der antiken, griechischzentrierten Bildung erhoben hatte.

Zwei grundlegende Voraussetzungen der antiken Mittelmeerwelt jener Zeit sind in diesem Zusammenhang von immenser Bedeutung: 1) Die *Verbreitung* des Griechischen, die nicht nur durch das Alexanderreich und die Diadochen erfolgte, sondern auch durch das Römische Reich, welches die sprachlichen Verhält-

---

16 Obwohl der Legende (vom sog. Aristeasbrief) nach 72 Übersetzer (sechs Männer aus den zwölf Stämmen Israels) in 72 Tagen die Übersetzung angefertigt haben sollen (die Zahl wurde später auf 70 abgerundet, griechisch *εβδομήκοντα* [Zahlzeichen O′] und lateinisch *Septuaginta* [Zahlzeichen LXX], vielleicht um an die biblische Erzählung der 70 Ältesten angeglichen zu werden), entstand die Übersetzung in einem Zeitraum von etwa drei Jahrhunderten. Man hatte etwa in der ersten Hälfte des 3. Jh. mit den ersten fünf Büchern (*Tora* bzw. *Pentateuch*) begonnen und diese Sammlung im Laufe der Zeit mit weiteren Übersetzungen, aber auch mit Schriften, die auf Griechisch abgefasst wurden, ergänzt, weshalb sich die übersetzten Texte stilistisch auch oft sehr eindeutig voneinander unterscheiden. Zum Thema vgl. Tilly 2005: 19 ff., 27 ff.; Hornblower/Spawforth 1999, s.v. „Septuagint"; Ziegler/Sontheimer, s.v. „Septuaginta". Auch die Vorstellung, dass die Übersetzung der Vervollständigung der Bibliothek von Ptolemaios II. dienen sollte, gehört zur Legende. Vielmehr entsprach sie dem Wunsch der griechisch sprechenden Juden Alexandriens, die Hebräisch nicht mehr beherrschten, sprachlichen Zugriff zu diesem zentralen Text ihrer Religion zu bekommen, zu einer Zeit, als die religiösen und kulturellen Einflüsse des hellenistischen Kosmopolitismus die althergebrachten Werte zu „destabilisieren" drohten.

nisse des stark hellenisierten Ostens auch aus praktischen Gründen übernahm. So wurde nun Griechisch auch außerhalb der traditionellen gräkophonen Regionen, zu welchen im Wesentlichen Griechenland, Kleinasien, Unteritalien und Pontosgebiet gehörten, gesprochen und geschrieben und avancierte somit vor allem in Ägypten und im Nahen Osten zur Verkehrssprache in den hellenistischen Reichen sowie im Römischen Reich und in seinen Provinzen;[17] 2) Die *Literalität*. Literalität (im Griechischen) bedeutete in der Vorstellung der *literati*, ungeachtet dessen, ob das Griechisch ihre Muttersprache war oder nicht, eine bestimmte Varietät zu schreiben, nämlich die attische Literatur- und Wissenschaftssprache, die selbst für Nicht-Griechen[18] eine literale Verpflichtung darstellte. Das Attische zu schreiben wurde bald im Rhetorikunterricht zum stilistischen Ideal, so dass der *hellenismos* (vgl. *latinitas*) eine sehr konkrete und enge Vorstellung vom „korrekten" Griechisch verlangte. Diesem sprachstilistischen Ideal der Literalität, der konzeptionellen Schriftlichkeit, folgte man sehr konsequent, außer man gehörte nicht zum exklusiven Kreis der *literati*, aber auch als *illiteratus* oder *semiliteratus* musste man aufgrund der sozioökonomischen Dynamik der Zeit schriftlich kommunizieren und war meist auf das soziolinguistische Verhalten der *literati* angewiesen. Andererseits entwickelte sich die gesprochene Sprache in schnellem Tempo, nicht nur aufgrund *außersprachlicher* Faktoren,[19] sondern auch aufgrund *innersprachlicher*.[20] Dies hatte zur Folge, dass innerhalb von verhältnismäßig „kurzer" Zeit, etwa zwischen dem 4. und dem 1. Jh. v. Chr., sich die gesprochene Sprache sichtlich von der geschriebenen, den oben erwähnten „Literalitätsregeln" verpflichteten Sprache unterschied. In diesem Sinne wuchs nicht nur die ständische, sondern vor allem die soziolinguistische Kluft zwischen *literati* und *illiterati*, so dass die gehobene (Schrift)Sprache nicht nur zum Kennzeichen für Herkunft und (Macht)Position, sondern auch für sozialen Status wurde.

---

[17] Somit wurde das Griechische die *lingua franca* des gesamten Mittelmeergebiets und löste auch in den Regionen des früheren Perserreichs Sprachen mit ähnlichen Funktionen (wie das Aramäische) ab. Zum Thema vgl. Debrunner/Scherer 1969; Browning 1983.

[18] Der Ägypter Manetho oder der römisch-jüdische Historiker Flavius Josephus könnten als typische Beispiele hierfür gelten.

[19] Ausweitung des Sprachgebiets, Vergrößerung der Sprachgemeinschaft, Christentum, Sprache und Literatur als Bildungsideal, Herausbildung eines sog. Fremdenregisters (Xenolekt) etc.

[20] Phonologie: Isochronie der Vokale, Itazismus, Monophthongierung; Morphologie: Wandel im Deklinationssystem, Analogiebildungen, Regulierung der unregelmäßigen Formen; Syntax: Vereinfachung bzw. Abnahmetendenz der Infinitiv- und Partizipialkonstruktion; Lexik: Bedeutungswandel.

Zu einer Zeit also, in der Literalität im östlichen Mittelmeerraum Griechischsprachigkeit bedeutete, und Griechischsprachigkeit mit der attischen Literatursprache oder zumindest einer ihr nahe stehenden Schriftvariante[21] verbunden wurde, war es schlicht und einfach unvorstellbar, sich „literarisch“ (im antiken Sinne) zu betätigen, ohne die attische Literatursprache oder zumindest die etwas einfachere übliche literarische *Koine* zu verwenden. In dieser soziokulturellen und soziolinguistischen Szenerie schlug nun die Übersetzung der Septuaginta wie ein Blitz ein und stellte somit die erste überaus bedeutende Zäsur in der griechischen Sprach- und Übersetzungsgeschichte dar. Der Grund hierfür war, dass sie, wie bereits erwähnt, mit der sprachlich-literarischen Tradition brach, nach der die Zielsprache bzw. Zielvarietät nicht wie sonst immer die gepflegte attische Literatursprache bzw. die literarische Koine war, sondern eine Varietät, die das gesprochene Griechisch der Zeit als Grundlage hatte, jenes Griechisch, das man im Ptolemäerreich auf der Straße hörte und sprach.

Ungeachtet dessen, ob in der Spätantike von Diglossie oder diglossieähnlicher Situation gesprochen werden kann,[22] wichtig ist, dass die Übersetzung der Septuaginta *de facto* auf die Existenz zweier unterschiedlicher Sprachstile aufmerksam machte. Es handelte sich also um eine soziolinguistische Situation, die einerseits von der Übersetzung unabhängig war und mit den „Literalitätsregeln“ des Griechischen zusammenhing, und sich andererseits im Laufe der Zeit immer weiter verkomplizierte.

2.2 *Metaphrasen* und Varietätenwechsel zwischen Spätmittelalter und früher Neuzeit

Typisch für die byzantinische Literatursprache ist die Koexistenz *dreier Schriftvarietäten* bzw. sog. *Stilstufen.*[23] Die zwei Außengrenzen dieser komplexen Schriftlichkeit stellten einerseits die sog. *volkssprachliche (Literatur)Sprache bzw. Varietät*[24] und andererseits das *Altgriechische* bzw. eine, das klassische

21 Für weitere Einzelheiten in Bezug auf die sog. „Stilstufen“ der hellenistischen Zeit und der Kaiserzeit vgl. Browning 1983 und Horrocks 1997.

22 So Niehoff-Panagiotidis 1994; dagegen Karvounis 2012.

23 S. vor allem Sevcenko 1981.

24 Die volkssprachliche Varietät ist nicht mit der gesprochenen Sprache gleichzusetzen, auch wenn sie auf der gesprochenen Sprache basiert. Hierbei sind folgende Einschränkungen zu beachten: 1) Die als „Volkssprache“ bzw. gesprochene Sprache bezeichnete Varietät stellt eine Abstraktion dar, da es nicht *eine* Volkssprache, sondern mehrere Regiolekte gegeben hat, die man stellvertretend und der Einfachheit halber als byzantinische „Volkssprache“ bezeichnet. 2) Folglich war auch die sog. volkssprachliche Schriftvarietät bzw. Literatursprache nicht einheitlich; vielmehr handelte sich um mehrere (volkssprachliche) Literatursprachen bzw. Schriftvarietäten, deren Grundlage verschie-

Griechisch weitestgehend imitierende Schriftvarietät dar.[25] Dazwischen steht als eine Art Ausgleichsvarietät der sog. „mittlere Sprachstil", der im Wesentlichen die Gegensätze zwischen der erstarrten Literatursprache einerseits und der volkssprachlichen Literatursprache/-varietät andererseits zu schlichten suchte.

Etwa zwischen dem 13. und 14. Jh. lassen sich die Spuren einer intralingualen Übersetzung im Griechischen deutlich verfolgen,[26] die in den darauf folgenden Jahrhunderten eine Tradition des Stilwechsels anbahnen sollte. Unter *Metaphrase* oder *Stilwechsel* versteht man in der Byzantinistik bzw. Neogräzistik die sprachliche Anpassung bzw. Veränderung eines Textes in eine „gehobenere" bzw. „niedrigere" Varietät (vgl. hier die Diglossie-Termini: H- und L-Varietät), wobei Begriffe bzw. Wertungen wie „gehoben", „mittel" und „niedrig" im Wesentlichen als Bestandteile eines *Schriftsprachenkontinuums* verstanden werden, welches sich von der altgriechischen bis zur volkssprachlichen Schriftvarietät erstreckt. Da unter volkssprachlicher Schriftvarietät im Wesentlichen ein frühes Neugriechisch zu verstehen ist, koinzidieren allerdings diese Metaphrasen zuweilen mit einem eindeutig systemischen Unterschied. Zu beachten ist andererseits der Umstand, dass die griechischsprachige Bildungselite das Griechische weit über das Mittelalter hinaus als *eine* Sprache betrachtete, welche über „korrekte" und „weniger korrekte" bzw. gehobene und niedrige Varietäten verfügte.

---

dene Regiolekte darstellten, z.B. eine Schriftkoine am Kaiserhof in Konstantinopel (vgl. die *Ptochoprodromika* oder M. Glykas' *Gefängnisgedicht*, beides im 12. Jh.), Regiolekte auf Zypern (vor allem die Chroniken von L. Machairas und G. Voustronios, 15. Jh.) oder auf Kreta (kretische Literatur, zwischen dem 14. und 17. Jh.). 3) Diese volkssprachliche(n) Schriftvarietät(en) entsprachen nicht völlig dem jeweiligen Regiolekt, sondern versuchten auf unterschiedliche Art und Weise die Balance zwischen gesprochener Sprache und (traditioneller) Schriftlichkeit zu halten, wobei auch die (literarische) Gattung eine sehr entscheidende Rolle spielte.

25 Ähnlich wie zu der Zeit des Humanismus geht es hier weniger um den Grad der „Korrektheit" der klassischen Literatursprache Latein bzw. Griechisch, sondern eher um die bewusste Nachahmung dieser Literatursprachen. Ungeachtet dessen, wie „klassisch" bzw. „ciceronianisch" das Latein von Th. More oder L. Valla war, wesentlich ist hier das Resultat, nämlich dass Vallas Latein ein klassisches Latein zu sein beabsichtige und m.m. auch war. In diesem Sinne ist auch das Griechische der Prinzessin Anna Komnena (11./12. Jh.) in ihrer *Alexias* (s. unten) aus soziolinguistischer Sicht ein „erfolgreicher" Versuch, klassisches Griechisch zu schreiben, auch wenn zahlreiche „Fehler", wie z.B. der Umgang mit dem Optativ oder der Einsatz des Perfekts und des Plusquamperfekts usw., uns heute veranlassen, über den Grad der „Korrektheit" zu sprechen.

26 Diese gehen noch weiter zurück, auch wenn meist in die entgegengesetzte Richtung, vgl. weiter unten.

Trotz nennenswerter Ansätze, wie z.B. von N. Sophianos[27]oder von M. Kallioupolitis,[28] die die Volkssprache als metasprachliches Objekt wahrnahmen und zwischen Altgriechisch und Neugriechisch deutlich unterschieden, blieb die sprachliche Emanzipation vom Altgriechischen im Wesentlichen aus; diese setzte erst in der Zeit der neugriechischen Aufklärung, also zwischen 1774 und 1821, ein. Die Vorstellung von der Einheitlichkeit der (Schrift)Sprache, die das Sprachverhalten der Byzantiner bis zum Fall Konstantinopels (1453) durchzieht, aber wie bereits erwähnt auch über die sog. postbyzantinische Zeit hinausging, rief zahlreiche praktische Probleme hervor, da man im Grunde zwei unterschiedliche Sprachsysteme – etwas vereinfacht und terminologisch „modernisiert“: Altgriechisch gegenüber Neugriechisch – als *eine* Sprache ansah, so dass der rudimentär gebildete Teil der Sprachgemeinschaft die Texte im gehobenen Sprachstil, d.h. im Altgriechischen, überhaupt nicht oder nur sehr bedingt verstehen konnte. Vertikale/intralinguale Übersetzungen rührten also zunächst vom rein praktischen Bedürfnis her, „Klassiker“ der byzantinischen (oder der durch die Byzantiner überlieferten antiken) Literatur in eine „niedrigere“ bzw. „einfachere“ Sprache/Varietät zu übertragen.

Eine besondere Komplexität gewinnt die Thematik dadurch, dass der „Stilwechsel“/die Metaphrase, d.h. die intralinguale Übersetzung, im Wesentlichen alle möglichen Kombinationen aus den bereits erwähnten drei Schriftvarietäten (volkssprachliche Literatursprache – mittlerer Sprachstil – gehobene Varietät/Altgriechisch) annehmen konnte. In der Richtung „von oben“ nach „unten“ konnte man sowohl Altgriechisch als auch den mittleren Sprachstil als Ausgangssprache bzw. -varietät wählen und diese in die jeweils „niedrigere“ übersetzen. So konnte die Zielsprache/Zielvarietät wiederum sowohl der mittlere Stil als auch die volkssprachliche Schriftvarietät sein. Für die vorliegende Skizze sollen zwei repräsentative Beispiele aufgeführt werden, die sog. anonyme Metaphrase zu Anna Komnena[29] sowie die unterschiedlichen Versionen einer äsopischen Fabel.

Die Prinzessin Anna Komnena (1083 bis ca. 1154) verfasste ein Geschichtswerk zu Ehren ihres Vaters, des Kaisers Alexios I. Komnenos. Ihr Werk *Alexias* knüpft, was den Titel betrifft, an die *Ilias* (Ilion > Ilias, Alexios > Alexias) an, doch ansonsten handelt es sich um ein reines Prosastück, welches sich bewusst

---

27 Sophianos verfasste um die Mitte des 16. Jh. u.a. die erste neugriechische Grammatik und übersetzte Plutarchs Werk „Über die Erziehung der Kinder“ in die (neugriechische) Volkssprache.

28 Kallioupolitis übersetzte im Auftrag des Patriarchen K. Loukaris die Bibel in die (neugriechische) Volkssprache (Anfang des 17. Jh.).

29 Vgl. Hunger 1981

an die Sprache des griechischen Historikers Thukydides anlehnt. Durch diese bewusste sprachliche *Mimesis* sowie die historiographische und literarische Tradition der byzantinischen Bildungselite war die Sprache/Varietät des Werkes vorgegeben und so verwendete Anna Komnena eine, die attische Prosasprache imitierende Schriftvarietät, die selbst aus heutiger Sicht ohne fundierte Altgriechischkenntnisse nicht verständlich ist. Da *Alexias* eine wichtige Quelle darstellte, nicht nur für die Zeit der Kreuzzüge, sondern auch für die byzantinische (Kaiser)Geschichte überhaupt, war der Bedarf nach sprachlicher Verständlichkeit umso größer.[30] Etwa hundert oder zweihundert Jahre später (zwischen dem 13. und 14. Jh.) entstand eine anonym überlieferte intralinguale Übersetzung (Metaphrase), die den Text aus dem Altgriechischen (Ausgangsprache/-varietät) in den sog. mittleren Sprachstil (Zielsprache/-varietät) übersetzte.

Eine kurze, repräsentative Passage aus beiden Texten ist ausreichend, um Aufschluss über die sprachliche Arbeit und das Wesen dieser intralingualen Übersetzung zu geben (*Alexias*, 113).[31]

Alexias (Original)
ἀλλὰ νῦν γε ἴσθι με, κἂν ἀπέθανον, πάλιν ἐξ ὑπαρχῆς ἀναβεβιωκότα καὶ τὰς σὰς διαδεδρακότα χεῖρας.
Anonyme Metaphrase
ἀλλὰ γίνωσκε ὅτι εἰ καὶ ἀπέθανον, ἀλλὰ πάλιν ἰδοὺ ἔζησα καὶ ἀπὸ τὰς χεῖράς σου ἐγλύτωσα.

Selbst einfachere Textpassagen wie die vorliegende sind wie bereits erwähnt ohne fundierte Altgriechisch-Kenntnisse nicht erschließbar. Neben der Partizipialkonstruktion (ἀναβεβιωκότα, διαδεδρακότα), auf die in der Metaphrase verzichtet wird und an deren Stelle ein einfacher dass-Satz tritt (ὅτι...ἔζησα καὶ...ἐγλύτωσα), sticht vor allem die Lexik ins Auge. Die altgriechischen Verben bzw. Verbformen ἴσθι, ἀναβεβιωκότα, διαδεδρακότα werden jeweils durch die gemäßigten oder sprachgebräuchlich aktuellen γίνωσκε, ἔζησα, ἐγλύτωσα ersetzt, so dass der Text auch für einen durchschnittlich oder gar rudimentär gebildeten Leser verständlich sein konnte, zumindest genau so verständlich wie die Chroniken von I. Malalas oder Theophanes, an deren Sprache (=mittlerer Stil) der anonyme „Übersetzer“ anknüpfen wollte. Von den sprachlichen Änderungen, die in dieser oder vergleichbaren Metaphrasen der byzantinischen Literatur vorgenommen wurden, seien hier Folgende erwähnt:[32] 1) Ersatz des Dativs durch präpositionale Ausdrücke, 2) Umgehung des Dativs durch Änderung der Kon-

30 „Der Sinn der Metaphrase kann nur gewesen sein, ein interessantes und lesenswertes Geschichtswerk, das dem hohen rhetorischen Stil zugehörte, durch sprachliche Retuschierung einem breiteren Lesekreis zugänglich zu machen.“ (Hunger 1981: 15)

31 nach Hunger 1981: 54-55

32 ausführliche Darstellung bei Hunger 1981: 158 ff.

struktion, 3) Ersatz (vor allem aufgrund der Syntax) schwer verständlicher Genitive durch Hinzufügen einer Präposition (z.B. ἀπὸ) oder durch syntaktische Vereinfachung, 4) Ersatz des Perfekts bzw. Plusquamperfekts durch andere Tempora, 5) Ersatz des Optativs durch andere Modi, 6) Ersatz von zusammengesetzten Verben durch einfache, 7) morphologische Vereinfachung (z.B. bei Adverbien auf -θεν, -δε, -σε), 8) Vermeidung von Superlativen und Komparativen, 9) Umgehung des Infinitivs, 10) Umgehung des Partizips, 11) Vermeidung des *Genetivus absolutus*, und vor allem 12) Ersatz „schwieriger", d.h. archaistischer Wörter durch einfache(re), der Gegenwartsprache entsprechender Wörter. Aus dieser letzten Kategorie sollen im Folgenden einige Beispiele angeführt werden, die den systemischen Unterschied zwischen den zwei Varietäten auf lexikalischer Ebene offenbaren:

Alexias	**anonyme Metaphrase**
ἀναπυνθάνομαι	ἐρωτάω
ἀνολολύζω	θρηνέω
ἄπειμι	ἀπέρχομαι
ἀπηνής	ἀνηλεής
γαστήρ	κοιλία
δαψιλής	πλούσιος
δεῖ	ἀναγκαῖόν ἐστίν / πρέπει / πρέπον ἐστίν
εἱρκτή	φυλακή
νοσέω	ἀρρωστέω
ξίφος	σπάθη
οἶκος	ὀσπίτιον
ὁπηνίκα	ὅταν
ὁράω	βλέπω

Ein aufschlussreicheres Beispiel bietet auch Äsop, dessen Fabeln über die Antike hinaus sehr beliebt waren und im Laufe der Jahrhunderte aus stilistischen Gründen bzw. aus Gründen der Verständlichkeit bearbeitetet wurden. Das ausgewählte Beispiel, die Fabel von der Maus und dem Frosch,[33] liegt beispielsweise in mehreren Varietätenversionen vor, die sich zeitlich vom 11. bis zum 17. Jh. erstrecken. Es handelt sich somit um einen dieser seltenen Fälle, bei dem eine in mehreren „Sprachstilen" vorliegende vertikale Übersetzung in ihren wesentlichen Zügen verfolgt werden kann.

---

[33] Nach Eideneier 2001.

1 καὶ οὕτως ἀμφοτέρους διεσπάραξεν (Textversion W nach Παπαθωμόπουλος 1999)[34]
2 καὶ οὕτως ἄμφω κατεθοινήσατο (Text von M. Planudes nach Eberhard 1892)
3 καὶ κατέφαγε καὶ τοὺς δύο (Text nach Παπαθωμόπουλος 1999, Δ', 93-121)
4 καὶ ἔφαγεν ὁμοίως καὶ τοὺς δύο (Text nach der Hanschrift [im Kloster] Athous-Iviron 177 aus dem Jahre 1617; vgl. Παπαθωμόπουλος 1999, Γ' 61-91)
5 καὶ ἔφαγε καὶ τοὺς δύο ὁ κόρακας (Text nach Παπαθωμόπουλος 1999, Α'1-52)

Der Vergleich der Schlusszeile (Z. 17) der Fabel in allen erwähnten Versionen offenbart (von den sprachlich-stilistischen Einzelheiten abgesehen)[35] zwei Hauptkennzeichen: 1) die im Großen und Ganzen graduell erfolgte sprachliche Vereinfachung der Versionen 3-5. Die Version 1 ist in einem „mittleren Sprachstil“ verfasst, welcher in den folgenden Versionen noch weiter vereinfacht wird. Die Versionen 3-5 – vor allem Letztere – bewegen sich im Rahmen der volkssprachlichen Schriftvarietät. 2) Version 2 versucht stellenweise den Text „gelehrter“ zu gestalten, in dem Sinne, dass bestimmte Wörter vom „mittleren“ in den „gehobenen“ Stil gesetzt werden (z.B., Version 1:Version 2, ἀπήγαγεν...καὶ φησίν : ἀγαγών...φησί; διεσπάραξεν : κατεθοινήσατο; ἀμφοτέρους : ἄμφω), was in die entgegengesetzte Übersetzungsrichtung lenkt (s. weiter unten zu Nonnos und Symeon Metaphrastes).

Einer besonderen Erläuterung bedarf in diesem Zusammenhang der Terminus „Sprachstil“ bzw. *style* (manchmal auch *Register* genannt), den man seit geraumer Zeit vor allem in der Byzantinistik zur Unterscheidung dieser drei Schriftvarietäten verwendet. Ungeachtet dessen, wie die Byzantiner selbst über diese unterschiedlichen Schriftvarietäten urteilten bzw. wie sie sie nannten,[36] wäre es aus heutiger Sicht nicht vertretbar, sie weiterhin als „Stile“ zu bezeichnen. Davon abgesehen, dass sich weder der Terminus „Register“ noch der Terminus „Stil“ hierfür eignen – da beide in der Soziolinguistik einen sehr spezifischen Sinn haben –,[37] zwingt uns vor allem der systemische Unterschied zwischen *volkssprachlicher* und *gehobener* Schriftvarietät aus rein linguistischer Sicht weniger von Sprachstilen und vielmehr von Sprach*varietäten* oder Sprach*systemen* zu sprechen. Ein Beispiel aus dem romanischen Kulturraum könnte das hier angesprochene Problem verdeutlichen.

---

34 Zu den Manuskripten/Ausgaben s. Eideneier 2001: 31 ff.

35 Ausführliche Besprechung bei Eideneier 2001.

36 Bis zur spätbyzantinischen Zeit gibt es im Wesentlichen keinen eindeutigen metasprachlichen Bezug auf die Volkssprache. Der erste Ansatz dürfte meines Wissens die neugriechische Grammatik von Nikolaos Sophianos aus der Mitte des 16. Jh. sein. Ansonsten verwenden die byzantinischen Autoren Begriffe wie „συρφετώδη“, „χυδαίαν ὁμιλίαν“, „παραφθείρουσαν“ bzw. „διὰ κοινῆς καὶ καθωμιλημένης ἀπαγγελίας“ für die Volkssprache bzw. den mittleren Sprachstil, vgl. Κριαράς 1976: 219; Hunger 1981: 20.

37 Übersicht bei Spillner 1987.

Wenn man eine, auf Latein[38] verfasste Zeile von Dantes *De vulgari eloquentia*

„Quid nunc personat tuba novissimi Frederici, quid tintinabulum secundi Karoli...“[39]

mit einer Zeile aus dessen, im Volgare verfassten *Convivio* vergleicht,

„Poi che purgato è questo pane da la macule accidentali, rimane ad escusare lui da una sustanziale...“[40]

spricht man heute kaum von zwei *Sprachstilen* in der Romania bzw. im italienischen Sprach- und Kulturraum, sondern viel mehr vom Unterschied zwischen Volgare/Volkssprache und Latein, der als systemischer Unterschied zugleich die Opposition Latein/Italienisch[41] nahelegt. Sicherlich ist im Falle der italienischen Sprachgeschichte von unterschiedlichen soziokulturellen und politischen Verhältnissen auszugehen, doch aus linguistischer Sicht geht es in beiden Fällen um zwei *verschiedene* Sprachsysteme, eine Tatsache, die der Begriff „Sprachstil“ zweifelsohne verbirgt.

Um das soziolinguistische Sprachverhalten der griechischsprachigen Bildungselite nachvollziehen zu können, muss auch die intralinguale Übersetzung in die entgegengesetzte Richtung berücksichtigt werden; ein Umstand, der im Fall des Griechischen bereits seit der Spätantike eine kleine, aber eigene Tradition aufweist.[42] Hierfür seien zwei Beispiele genannt:

Zum einem *Nonnos von Panopolis*, der im 5. Jh. n. Chr. eine Paraphrase des Johannes-Evangeliums in homerischer Sprache (auch in Bezug auf das Metrum: daktylischer Hexameter) verfasst hat, eine sog. *Metabole* (Μεταβολὴ τοῦ κατὰ Ἰωάννην εὐαγγελίου ἁγίου). Das Entstehungsdatum ist nicht bekannt, aber 431 dürfte als *Terminus post quem* gelten, weil der bei Nonnos verwendete Begriff θεοτόκος bzw. θεητόκος (=Gottesgebärerin), der im Johannes-Evangelium nicht vorkommt, Maria erst im Konzil von Ephesus im Jahre 431 n. Chr. verliehen wurde.[43] Anscheinend anderen Vorbildern folgend[44] „übersetzte“ Nonnos im

38 Unabhängig davon, wie „klassisch“ dieses Latein gewesen ist, hierzu s. oben Anm. 25.

39 *De vulgari eloquentia* I, 12, 5, nach Coseriu/Meisterfeld 2003: 118.

40 *Il Convivio* I, 5, 1 nach Coseriu/Meisterfeld 2003: 121.

41 Der weiteren Entwicklung vom Volgare des 14. Jh. bis zur italienischen Standard- und Nationalsprache des 20. Jh. wohl bewusst.

42 Als vergleichbares Beispiel in der Romania sei hier Petrarcas lateinische Version der Griseldis-Novelle erwähnt, vgl. Pöckl 2006: 1378.

43 Vgl. Πλούσος 2009: 1107 ff.

Wesentlichen den in einem einfachen Griechisch verfassten Text in eine anspruchsvollere Literatursprache bzw. -varietät. Die Auswahl der homerischen Kunstsprache hängt sicherlich mit Nonnos' persönlichen Vorlieben zusammen, da sein Hauptwerk, *Dionysiaka*, das letzte wichtige Epos der (griechischen) Antike darstellt. Daran, dass hier eine (literarische) intralinguale Übersetzung vorliegt, dürfte kein Zweifel bestehen. Ungewöhnlich ist hingegen einerseits die Richtung (volkssprachlich/niedrig > gehoben), andererseits der Umstand, dass sie nicht aus Gründen der Verständlichkeit angefertigt wurde (Ziel: ein möglichst großes Lesepublikum zu erreichen), sondern aus literarisch-stilistischen Gründen (Ziel: ein möglichst kleines/elitäres Lesepublikum zu erreichen), vielleicht aus der Motivation heraus, christliche Literatur mit dem Prestige der klassischen Literatursprache zu versehen.[45]

Zum anderen sei *Symeon Metaphrastes* genannt (der Namensbestandteil *Metaphrastes* scheint ein Beiname für seine Übersetzungstätigkeit zu sein, da μεταφραστής = Übersetzer).[46] Symeon, der im 10. Jh. n. Chr. gelebt haben dürfte, verfasste u.a. ein *Menologium*, eine Art Heiligenlexikon, in dem 150 Heiligenviten, eingeteilt in 12 Kapitel = 12 Monate, aufgenommen wurden. Inwiefern er damit den Inhalt der (älteren) hagiologischen Tradition verändert hat, ist nicht klar. Als gesichert darf hingegen der Umstand gelten, dass er die Heiligenviten, die im Wesentlichen als einzige Literaturgattung dem wachsenden Attizismus der Kirchenväter und der daran anschließenden Kirchensprache nicht unterlagen, sondern nach wie vor in einem einfachen Griechisch verfasst wurden, sprachlich bearbeitete. Das volkssprachliche Griechisch der bzw. vieler Heiligenviten wurde also durch Symeon Metaphrastes in ein „gehobenes" Griechisch „übersetzt". Auch bei dieser intralingualen Übersetzung ist die Richtung bemerkenswert (volkssprachlich > gehoben), wobei hier anders als bei dem spie-

44 Z.B. Apollinaris von Laodicea (310-390); dieser hat nach Sokrates Scholastikos (Kirchengeschichte 3, 16) das Neue Testament in Form von platonischen Dialogen paraphrasiert; erhalten ist außerdem eine ihm zugeschriebene Paraphrase Davids Psalmen in homerischer Sprache, vgl. Δετοράκης 1995: 245-247.

45 Stellt man jeweils einige Zeilen vom Original und von Nonnos' Übersetzung gegenüber, so wird Nonnos' ungeheure Mühe, welche hinter diesem übersetzerischen Unterfangen steckt, deutlich: *Johannes Evangelium*, 20, 19 f.: „Οὔσης ὀψίας τῇ ἡμέρᾳ ἐκείνῃ τῇ μιᾷ σαββάτων, καὶ τῶν θυρῶν κεκλεισμένων ὅπου ἦσαν οἱ μαθηταὶ διὰ τὸν φόβον τῶν Ἰουδαίων, ἦλθεν ὁ Ἰησοῦς καὶ ἔστη εἰς τὸ μέσον καὶ λέγει αὐτοῖς· Εἰρήνη ὑμῖν." *Nonnos' Metabole*, XX 48, 84 f.: „Καὶ σκιερὴν ὅτε γαίην ὅλην ἐμέλαινεν ὀμίχλη / ἀκλινέες δὲ θύρετρα συνεκλήϊσσαν ὀχῆες / ὀππόθι φωλεύοντες ἐναυλίζοντο μαθηταί, / ὡς πτερὸν ἠὲ νόημα μετάρσιος εἰς μέσον ἔστη μιτρωθεὶς ἑτάροισι καὶ ἔννεπε· σύννομος ὑμῖν εἰρήνη." (nach Scheindler 1981).

46 Zu Leben und Werk von Symeon Metaphrastes s. Høgel 2002. Zur „Übersetzung" s. Zilliacus 1938.

lerisch anmutenden Versuch von Nonnos, zweifelsohne eine Programmatik vorlag. Sowohl der Umfang als auch der praktische Nutzen des bearbeiteten Textkorpus – Heiligenviten dürften die am meisten (vor)gelesenen Texte des (griechischen) Mittelalters gewesen sein – zeugen von einer bewussten Aktion (wahrscheinlich im Rahmen eines Auftrags oder zumindest einer Anregung), die wiederum ein auffällig konservatives soziolinguistisches Verhalten offenbart,[47] zumal die Zielvarietät gezwungenermaßen eine soziale Abgrenzung darstellte. Der Umstand, dass die Heiligenviten aus der Zeit der Kirchenväter (4. Jh. n. Chr.) bis zum 10. Jh. im Wesentlichen in einer einfachen Sprache verfasst und überliefert waren, offenbart einerseits die Nachfrage nach dieser Sprachvarietät, andererseits aber auch die Anpassung an die (sprachlichen) Bedürfnisse der Zielgruppe. Symeons groß angelegte Übersetzungsaktion bedeutet hingegen eine Missachtung der sozialen und sprachlichen Bedürfnisse der Zielgruppe bzw. eine Höherschätzung der Stilistik zugunsten der Verständlichkeit. Im Wesentlichen handelt es sich um eine sprachpolitische Entscheidnung mit weitreichenden Folgen für die Sprachgemeinschaft, ähnlich wie wir sie im institutionalisierten Zeitalter der Diglossie kennen.

2.3 Altgriechisch-Übersetzungen im 19. und zu Beginn des 20. Jh.

Die Bedeutung der klassischen Literatur und deren Übersetzung in die Volkssprachen bzw. die eigenen Nationalsprachen stellt ein recht umfangreiches Kapitel der europäischen Kultur- und Sprachgeschichte dar. Auch wenn Nikolaos Sophianos im 16. Jh. (vgl. oben) zu den ersten gehörte, die einen Text der antiken Literatur in eine Volkssprache übersetzt hatten (*volgarizzare*), stellt sich die Frage der Übersetzung klassischer (vor allem griechischer) Autoren im griechischen Kulturraum erst in der Zeit der neugriechischen Aufklärung. Das gesamte 19. und zumindest die erste Hälfte des 20. Jh. stellten eine spannende Zeit dar, in der die Frage der Übersetzung altgriechischer Literatur intensiv diskutiert wurde.

Volgarizzare als vertikale Übersetzungstätigkeit stellte in Italien in der Zeit der Renaissance zweifelsohne eine Standardsituation dar. Dennoch wurde dieses „Thema" im Wesentlichen schon in der ersten Phase der italienischen Sprachenfrage gelöst. Wenn wir an Cosimo de' Medici denken, denken wir auch an seinen Gedanken, „das Toskanische zur Gelehrtensprache zu machen".[48] Sobald das

47 Besonders deutlich wird dies etwa im Vergleich mit dem Konzil von Tours (813), nach dem die Predigten in einer dem Volk verständlichen Sprache (Volkssprache) gehalten werden sollten: „...Et ut easdem omelias quisque aperte transferre studeat *in rusticam Romanam* [=Altfranzösisch] *linguam aut Thiotiscam* [=Althochdeutsch], quo facilius cuncti possint intellegere quae dicuntur" [Hervorhebung des Verfassers], Text nach Berschin/Felixberger/Goebl 2008: 183.

48 L. Olschki zitiert nach Pöckl 2006: 1378.

Volgare als eigenständige Einzelsprache aufgefasst wurde – und dies dürfte trotz Vorläufer spätestens mit Bembos *Prose della volgar lingua* im Jahre 1525 der Fall gewesen sein –, schlägt die Sprachenfrage im italienischen Sprachraum eine andere Richtung ein, die sich im Wesentlichen um das Verhältnis zwischen Regiolekt, Name, Standardsprache und später auch Nationalsprache drehte und zunächst mit Manzonis *Promessi sposi* (2. Aufl. 1840/1841), aber definitiv erst im Rahmen des Nationalstaates in der ersten Hälfte des 20. Jh. endgültig gelöst wurde.[49] Die Emanzipation des Volgare vom Lateinischen war aber im Wesentlichen spätestens im 16. Jh. bereits erfolgt.

Im griechischen Sprach- und Kulturraum setzte ein „öffentlicher“ und außerordentlich offener geist- und ideenreicher Diskurs über die Sprache erst in der Zeit der neugriechischen Aufklärung ein. Der Unabhängigkeitskrieg und die Bildung des Nationalstaates machten allerdings jegliche Fortschritte vorerst „rückgängig“, so dass sich zwischen 1830 und 1880, also im Zeichen der Romantik, der mittlere Sprachstil, d.h. die Ausgleichsvarietät zwischen Altgriechisch und Volkssprache (später als Katharevousa [=Reinsprache] bekannt),[50] als Staats-, Wissenschafts- und zum größten Teil auch als Literatursprache durchsetzte. In der Terminologie der Diglossie bedeutete dies, dass das inzwischen recht selten verwendete Altgriechisch oder eine archaisierende Varietät bzw. der mittlere Sprachstil (Katharevousa) die H-Varietät repräsentierten, während die Volkssprache die L-Varietät darstellte. Auch wenn die Verwendung der Katharevousa nicht per Gesetz festgelegt wurde – dies geschah erst 1911 –, setzte sie sich *de facto* als Staats- und Wissenschaftssprache durch. Die „Duldung“ bzw. „Förderung“ der Diglossie-Verhältnisse seitens des Staats und der bürgerlichen Elite (im Zusammenspiel mit den Besonderheiten der griechischen Sprachgeschichte und vor allem mit der Suche nach Bestätigung der historischen Kontinuität im Rahmen des Nationalstaates) institutionalisierten die Vorstellung von der *Einheitlichkeit* des Griechischen, was wiederum – von der Ideologisierung und Politisierung der Sprachfrage abgesehen – die Spaltung der Literatursprache in zwei Schriftvarietäten noch im gesamten 19. Jh. festigte. Damit wurde das Dilemma, in welche Varietät übersetzt werden soll (L- [Volkssprache/Dimotiki] oder H-Varietät [Katharevousa]), *de facto* institutionalisiert. Sprach- und übersetzungsgeschichtlich bedeutete dies, dass die vertikale Übersetzung in die H-Varietät insofern eine zeitliche „Störung“ der natürlichen Sprachentwicklung darstellte, als die H-Varietät erstens eine der Gegenwartssprache nicht mehr entsprechende

---

49 Vgl. Vitale 1978; De Mauro 1986.

50 Der Einfachheit halber soll im Folgenden für den mittleren Sprachstil der Begriff „Katharevousa“ bereits ab der Zeit um 1800 verwendet werden, auch wenn sich der Terminus erst gegen Ende des 19. Jh. durchgesetzt hat.

Varietät darstellte und zweitens für die meisten Leser selbst übersetzungsbedürftig war.

Aus dem Kontext dieser immens großen Thematik soll hier repräsentativ ein Beispiel angeführt werden: die Übersetzung der ersten drei Verse aus Sophokles' *Antigone*. Dem griechischen Original

> Ὦ κοινὸν αὐτάδελφον Ἰσμήνης κάρα, / ἆρ' οἶσθ' ὅ τι Ζεὺς τῶν ἀπ' Οἰδίπου κακῶν / ὁποῖον οὐχὶ νῷν ἔτι ζώσαιν τελεῖ;

seien hier folgende Übersetzungen aus dem Zeitraum zwischen 1868 und 1940 aufgeführt (Gruppe A = H-Varietät, Gruppe B = L-Varietät):

Gruppe A

1 Γνωρίζεις φιλτάτη μου αδελφή Ισμήνη, ότι / όσας φρικώδεις κατάρας εξηκόντισεν ο Οιδίπους κατά των / υιών του ότι όλας εφ' ημων θέλει τας εκτελέσει ο Ζευς; (Νικολαΐδης 1868)
2 Ω αγαπητή κεφαλή της αυταδέλφου μου / Ισμήνης, τάχα να καταλαμβάνης, οποίον / κακόν, προερχόμενον εκ του Οιδίποδος, υ/πάρχει, το οποίον ο Ζευς δεν εκτελεί καθ' / ημών ενόσω ακόμη ζώμεν; (Σπυλιόπουλος 1877)

Gruppe B

3 Ισμήνη, αδελφούλα μου, εσύ αγαπημένο κεφαλάκι. / Ξέρεις νάμεινε απ' τον Οιδίποδα κακό / που να μην έρριξεν ο Δίας επάνω μας / ενόσω ζούμε. (Χρηστομάνος 1912)
4 Ισμήνη μου, αδερφούλα μου συνομότυχη, / ξέρεις κανένα από του Οιδίποδα τα κακά, / που ο Δίας να μην τόδωκε σεμάς τις δύο / που ζούμε ακόμα; (Σαρρός 1930)
5 Ω αγαπημένη αυταδερφή μου Ισμήνη, / ξέρεις ποιο τάχ' απ' τα κακά, που ο Οιδίπους / μας άφησε κληρονομιά, να μένη / που ο Δίας να μην το 'στειλε στις δυο μας / που είμαστε ακόμα στη ζωή; (Γρυπάρης 1940)

Von den Unterschieden in den Bereichen der Morphophonologie (φιλτάτη αδελφή, εξηκόντισεν, Οιδίπους, εφ' ημων, Ζευς, καταλαμβάνης οποίον εκ του Οιδίποδος vs. αγαπημένη αδερφούλα, έρριξεν, από του Οιδίποδα, σεμάς, τόδωκε, σεμάς, που, νάμεινε), der Syntax (θέλει τας εκτελέσει, καθ' / ημών vs. επάνω μας, που) und der Lexik (Ζευς, κατάρας, εξηκόντισεν, εφ' ημων, εκτελέσει vs. Δίας, τόδωκε, έρριξεν), die eine ganze Reihe von Phänomenen betreffen (z.B. Elision, Krasis, Infinitiversatz, (inneres) Augment, Relativpronomen, Partizipialkonstruktion, Präpositionalphrasen usw.) sowie von translatorischen Fragen abgesehen – wobei diese manchmal von den sprachlichen nicht zu trennen sind – ist der rein sprachliche Unterschied zwischen den beiden Varietäten offensichtlich, obwohl sogar aufgrund der Gattung die H-Varietät hier eine sehr milde Form annimmt und im Wesentlichen recht verständlich erscheint. Betrachtet man hingegen Doukas' Übersetzung[51] der Verse 583-585 (Chorlied) aus dem Jahr 1834,[52] so trifft man auf eine Zielvarietät, die, sicherlich auch aufgrund rein translatorischer Fragen, für den durchschnittlichen Leser wenig verständlich ist: „Ευδαίμονες, όσοις μηδέν κακόν πρόσεστιν εν τω βίω. Οις γαρ αν ο θεός άνωθεν ενδιασείση την οικίαν, ουκέτι παύσεται εκ κακών κακά επί πολύ του γένους, μεταπίπτοντα επί τους απογόνους [...]".[53] Aber selbst Doukas' Übersetzung erscheint „neugriechische" genung, wenn man sie mit anderen Beispielen vergleicht, wie etwa mit der von Alexandros Rangavis (1860), die sich an ein sehr exklusives Publikum richtete: (dieselbe Stelle) „Μακάριος ου αμιγής κακών ο βίος. / Όταν οίκον σείση ο θεός, ουδέν λείπει / είδος κακών, γενεάς γενεών διέρπον".[54]

Von besonderem Interesse ist außerdem die Vorstellung vom Übersetzen (altgriechischer Literatur) in der Schule, die der regen und zunehmend progressiven Übersetzungstätigkeit im Laufe des 19. Jh. nicht folgte. Als Grundsatz galt hier zunächst die *Unübersetzbarkeit* des Altgriechischen. Aber nicht so sehr im translatorischen Sinne der Art *tradutore : tradittore*, sondern in dem Sinne, dass Alt- und Neugriechisch dieselbe Sprache seien, so dass *keine* Übersetzung, sondern lediglich eine *Vereinfachung* vonnöten sei. Dieses für diglossische Sprach-

---

51 Zu Neophytos Doukas, der – obwohl Aufklärer – ein überzeugter sprachlicher Archaist war, s. Δημαράς 1989: 342-348.

52 Zitiert nach Τριανταφυλλίδης 1963: 197-198.

53 Auf das (noch interessantere) Thema der interlingualen Übersetzung, die *de facto* einen weit größeren Teil der Sprachgemeinschaft betraf, wird hier wie bereits eingangs erwähnt nicht eingegangen, obwohl auch hier eine entsprechende Problematik herrschte, die manchmal (allerdings selten) so extreme Formen annehmen konnte, dass sich bereits die Zeitgenossen über den *Skopos* solcher Übersetzungen bzw. der Zielvarietät Gedanken machten. 1791 übersetzte beispielsweise E. Voulgaris (einer der bedeutendsten Aufklärer, der aber das Altgriechische bevorzugte) für die griechischen Schulkinder im St. Petersburg, wo er auch lebte, Vergils *Aeneis*. Das Interessante bei dieser Übersetzung ist wiederum die Zielvarietät: Voulgaris übersetzt *Aeneis* in homerisches Griechisch. Dem Leser begegnen hier Hexameter und die unverwechselbare Kunstsprache Homers: „Πάντες ἀκὴν δ' ἐγένοντο, σιωπῇ δ' εἰνατένιζον, / Αἰνείας δὲ πατὴρ κλισμοῦ τὼς ἤρξατ' ἀπ' ἄκρου· / Οὐ φατόν, ὦ βασίλεια, νεώσασθ' ἄλγος ἀνώγεις" (zitiert nach Τριανταφυλλίδης 1938: 322). Von dieser Ausnahmeerscheinung abgesehen verwendete Voulgaris (bei Übersetzungen) meist eine „mittlere" Varietät als Zielvarietät; vgl. z.B. die Übersetzung von Voltaires *Essai historique et critique sur les dissentions des églises de Pologne*, die Voulgaris 1768 in Leipzig drucken ließ (sie beginnt wie folgt: „Πριν δώσω εις το κοινόν μιαν ορθήν ιδέαν των διαφορών δι' ας η Πολονία την σήμερον διαστασιάζει και διασχίζεται [...]"). Zur Übersetzungstheorie in der Zeit der Aufklärung s. Κουτσιβίτης 1994: 97 ff. Vgl. Athini 2004.

54 Zitiert nach Τριανταφυλλίδης 1963: 198, der weitere Übersetzungen dieser Stelle (unterschiedlicher Varietäten) anführt.

gemeinschaften (des klassischen Typs: Innendiglossie) durchaus typische Sprachverhalten bedeutete, dass die L-Varietät keine Sprache, sondern lediglich eine *niedrige* Varietät, vor allem im soziologischen Sinne sei: Diese werde von den „einfachen“ Menschen (*illiterati*) verwendet, während die Gebildeten, die Schriftkundigen, die „korrekte“ „Standardsprache“ (d.h. die H-Varietät) benützten. Dieses auch für den arabischen Sprachraum früher und zum großen Teil noch heute typische Sprachverhalten zeichnete die griechische Sprachgemeinschaft sicherlich bis etwa zu Beginn des 20. Jh. aus.

Für die Übersetzung altgriechischer Texte bedeutete das im Wesentlichen, dass diese überhaupt nicht übersetzt werden mussten, da sie Bestandteil des „einheitlichen“ Griechischen darstellten.[55] Nicht zu vernachlässigen ist in diesem Kontext das zentrale Ziel des Altgriechisch-Unterrichts, zumindest bis zu Beginn des 20. Jh. (Venizelos-Ära und Tätigkeit des Bildungsvereins [εκπαιδευτικός όμιλος]): „[...] η μόρφωσις ύφους εις το ελληνικόν [...]“ (*=Die Bildung eines griechischen*[56] *[Sprach]Stils*),[57] sowie die festgelegte Unterrichtssprache: 1856 erinnerte der Minister für *Religion und Öffentliche Bildung* Ch. Christopoulos: „[...] Γραμματική της ελληνικής γλώσσης δια τα δημοτικά σχολεία ορίζεται η της αρχαίας και μόνη, συντεταγμένη όμως επί το απλούστατον [...]“ (*=Als Grammatik der griechischen Sprache für die Grundschule wird allein die des Altgriechischen festgelegt, in deren einfachsten Form...*).[58] Bei dieser Bildungspolitik und Sprachplanung ist es also nicht verwunderlich, dass altgriechische

---

[55] Zu beachten ist auch die „Schwierigkeit“, in der interlingualen Übersetzung die Zielsprache/-varietät terminologisch (einheitlich) zu erfassen. „Neugriechisch“ als Terminus wird bis zum Ausgang des 19. Jh. konsequent gemieden (nicht nur bei Übersetzungen). Von den Termini ρωμαίικος/γραικικός der Aufklärungszeit abgesehen verwendet man vor allem 1) Adjektivattribute (meist: „einfaches“, „gemeines“, „unser gemeines“ Griechisch, also kein bzw. sehr selten „Neugriechisch“) und 2) verzichtet man auf γλώσσα/Sprache (stattdessen meist: „Dialekt“, „Idiom“). Vgl. hierzu repräsentative Quellen bei Αθήνη 2004: 365-366 für (interlinguale) Übersetzungen aus der Zeit zwischen 1711 und 1824: „Εις την των Ελλήνων απλή και πεζήν διάλεκτον“, „εις την ημετέραν απλοελληνικήν φράσιν“, „εις την *ημετέραν διάλεκτον*“, „εις την ημετέραν *απλή διάλεκτον*“, „εις το νεοελληνικόν *ιδίωμα*“, „εις την καθ’ ημας *διάλεκτον*“, „εις την *κοινήν* των Ελλήνων *διάλεκτον*“, „εις την *απλοελληνικήν*“ [Hervorhebung des Verfassers] (zu ergänzen wäre hier auch das übliche εις την καθ’ ημας *ομιλουμένη* [=die bei uns *Sprechsprache*], welches auf die Opposition Schrift- : Sprechsprache verweist). Dies reflektiert vor allem die „Angst“, zuzugestehen, Alt- und Neugriechisch seien zwei verschiedene Sprachen, was gerade für das 19. Jh. eine Reihe von weiteren, rein kulturellen Fragen aufwerfen und nach entsprechenden Antworten verlangen würde.

[56] Unter „griechisch“ ist in diesem Fall Altgriechisch bzw. Katharevousa zu verstehen, d.h. ein Sprachstil, der der H-Varietät entspricht.

[57] Verordnung 31-12 1836/12-1-1837, zitiert nach Βαρμάζης 1992: 125.

[58] Nach Δημαράς 1973: 136.

Texte nicht „richtig" übersetzt werden mussten, aus dem einfachen Grund, weil das Altgriechische als wesentlicher Bestandteil nicht nur des Bildungssystems, sondern vor allem der Standardsprache (H-Varietät), die man in der Öffentlichkeit verwendete und durch den Bildungsapparat förderte, angesehen wurde.[59] Auch die Terminologie für das *Übersetzen* ist hierfür bezeichnend. Im Schulprogramm werden vor allem die Termini εξήγησις, ερμηνεία, μετάφρασις und παράφρασις verwendet.[60] Die Unterschiede zwischen diesen Termini sind nicht immer deutlich, zumal sie manchmal uneinheitlich verwendet werden. Unter ερμηνεία verstand man im Wesentlichen „Auslegung"/„Interpretation" eines Textes, die aus εξήγησις (=Erklärung) und παράφρασις (=Paraphrase/Umformulierung) bestand. Beachtenswert ist der Unterschied zwischen μετάφρασις (=Übersetzung)[61] und παράφρασις (=Paraphrase/Umformulierung). Ersterer wurde z.B. für die *interlinguale* Übersetzung verwendet, z.B. vom Lateinischen ins Neugriechische, während Letzterer ausschließlich für die *intralinguale* Übersetzung vom Alt- ins Neugriechische benutzt wurde. Dabei kann παράφρασις nur annähernd als *(intralinguale) Übersetzung* gelten, weil sie weniger als Übersetzung und mehr als sprachliche Übung angesehen bzw. praktiziert wurde, die darauf abzielte, die schwierigen Wörter des Originals mit ähnlichen bzw. vergleichbaren Wörtern zu beleuchten. 1828 schrieb etwa S. Kommitas „H παράφρασις γίνεται μεν και προς σαφήνειαν τινός κειμένου, γίνεται δε και προς άσκησιν εις τον έλληνα λόγον [...]"[62] (=*Man übersetzt/paraphrasiert sowohl um den Text zu verdeutlichen als auch um den griechischen [sprich: gehobenen] Sprachstil zu üben*). Dieser sehr fragwürdigen Fixierung auf das altgriechische Original, die durch die Bildungsvorstellungen der bayerischen Regenten verstärkt wurde, entkam man zunächst (aber noch nicht endgültig) erst um die Jahrhundertwende, also um 1900, als man im Rahmen der *demotizistischen Bewegung*, die einerseits das griechische Bürgertum der Diaspora (allen voran J. Psycharis), andererseits das autochthone Bürgertum in der Zeit zwischen 1880 und 1920 auslösten, die (intralinguale) Übersetzung kompromisslos als Übersetzung betrachtete und zwar in Hinblick sowohl auf die Ausgangs- als auch auf die Zielsprache bzw. -varietät. In der Schule blieb allerdings der Altgriechisch-Unterricht bis in den 1960er Jahren primär ein sprachausgerichteter Unterricht, denn trotz nennenswerter Aktionen, z.B. in den Gesetzesentwürfen bzw. -reformen von 1913 und 1929,[63] änderte sich die Situation erst mit der liberalen

---

59 Zur sozialen Funktion des Bildungsapparats in den ersten hundert Jahren des griechischen Staates s. Τσουκαλάς 2006.

60 S. Βαρμάζης 1992: 150 ff.

61 Der eigentliche Terminus im heutigen Standardneugriechisch für „Übersetzung".

62 Aus Kommitas' Grammatik, zitiert nach Βαρμάζης 1992: 151.

63 Vgl. Βαρμάζης 1992: 176 ff., 186 ff.

Regierung unter G. Papandreou und deren groß angelegter Bildungsreform im Jahre 1964, welche für die Sekundarstufe I (das griechische γυμνάσιο) altgriechische Literatur ausschließlich in Übersetzung(en) vorsah. An diese Reform knüpften nach dem kurzen „Intermezzo" der Militärjunta sämtliche spätere Bildungsprogramme, die das Übersetzungskonzept weiter verstärkten, an.[64] Erst jetzt ging der Altgriechisch-Unterricht über die Sprache hinaus und verwandelte sich zu einem kulturausgerichteten Fach, welches die Altertumswissenschaft und deren humanistische Werte als Ganzes zu pflegen suchte.

Die vertikale/intralinguale Übersetzung im Griechischen geht also im Großen und Ganzen auf die Antike zurück, wobei die Kluft zwischen gesprochener und geschriebener Sprache im Mittelalter die Herausbildung dreier entsprechender Schriftvarietäten hervorrief, die von der zeitgenössischen Sprachgemeinschaft jeweils als niedrige und gehobene Varietäten *desselben* Sprachsystems angesehen wurden. Dies hatte zur Folge, dass vorwiegend aus Gründen der Verständlichkeit (aber auch aus stilistischen Gründen) vertikale/intralinguale Übersetzungen angefertigt wurden, die zwischen den verschiedenen Varietäten wechselten. Diese Übersetzungsaktivitäten zeigten nicht nur, dass die Kluft zwischen den Varietäten eine rein systemische gewesen ist, sondern offenbarten auch, dass ein Teil der Bildungselite die gehobene Varietät nach wie vor für die einzig richtige hielt, die man um jeden Preis förderte, sogar durch vertikale Übersetzung in die entgegengesetzte Richtung (Volkssprache/L-Varietät > Hochsprache/H-Varietät).

Während nun in der Romania die vertikale Übersetzung bald zur Erkenntnis führte (bzw. die Übersetzung deren Ergebnis darstellte), dass es sich hierbei im Wesentlichen um zwei *unterschiedliche* Sprachsysteme/Sprachen handele, blieb im Griechischen diese Erkenntnis bis zur neugriechischen Aufklärung (1774-1821) im Wesentlichen aus. Hier setzte sich jedoch trotz der Progressivität des neugriechischen Aufklärungsgeistes wieder die Vorstellung (im Rahmen des Nationalstaates) durch, Griechisch sei *eine* Sprache, die über zwei (eher sozial verstandene) Varietäten verfüge. Im Rahmen einer klassischen Diglossie (Innendiglossie) entstand also im neugegründeten Staat, der diese Diglossie auch durch seine Institutionen förderte, unter anderem die Frage, in welche Varietät man übersetzen sollte. Am Beispiel der intralingualen Übersetzung aus dem Altgriechischen wurden einige Beispiele angeführt, die auf repräsentative Weise zeigen, 1) warum man zunächst Altgriechisch überhaupt nicht übersetzen wollte, 2) wie die jeweiligen Varietäten als Ziel*varietäten* miteinander konkurrierten und 3) wie mühsam man die Bastion der Katharevousa-*Paraphrase*, die zum Teil als „Übersetzung" fungierte, erobern konnte.

---

[64] Vgl. Βαρμάζης 1992: 201 ff.

Literaturverzeichnis

Athini, S. (2004): „Questions Liées à la Traduction de la Prose Narrative en Grec Moderne (1780-1800)“, *Neohelicon. Acta Comparationis Litterarum Universarum* XXXI.2. Akadémiai Kiadó. Budapest, 43-51.

Αθήνη, Σ. (2004): „Η διαμόρφωση της σελίδας τίτλου του βιβλίου ως έκφραση αντίληψης για τη μετάφραση. Αφηγηματική πεζογραφία (18^{ος} αιώνας – 1830)“, in: *Το έντυπο ελληνικό βιβλίο 15^{ος} – 19^{ος} αιώνας. Πρακτικά Διεθνούς Συμποσίου. Δελφοί, 16 – 20 Μαΐου 2001*. Athen: Kotinos, 363-378.

Βαρμάζης, Ν. Δ. (1992): *Η αρχαία ελληνική γλώσσα και γραμματεία ως πρόβλημα της νεοελληνικής εκπαίδευσης*. Thessaloniki: Kyriakidis.

Berruto, G. (1987): „Varietät“, in: Ammon, Ulrich/Norbert Dittmar/Klaus J. Mattheier (Hg.) (1987): *Sociolinguistics. An International Handbook of the Science of Language and Society*. Berlin/New York: de Gruyter, 263-267.

Berschin, H./J. Felixberger/H. Goebl (2008^2): *Französische Sprachgeschichte*. Hildesheim: Olms.

Browning, R. (1983^2): *Medieval and Modern Greek. Cambridge*: University Press.

Coseriu, E./R. Meisterfeld (2003): *Geschichte der romanischen Sprachwissenschaft. I: Von den Anfängen bis 1492*. Tübingen: Narr.

Γρυπάρης, Ι. Ν. (1940): *Σοφοκλέους Αντιγόνη*. Athen: Estia.

Daltas, P. (1993): „The Concept of Diglossia from Ferguson to Fishman to Fasold“, in: Philipaki-Warburton, I./K. Nikolaidis/M. Sifianou (Hg.), *Themes in Greek Linguistics: Papers from the First International Conference on Greek Linguistics, Reading, September 1993*. Amsterdam: Benjamins, 341-348.

Debrunner, A./A. Scherer (1969^4): *Geschichte der griechischen Sprache. II: Grundfragen und Grundzüge des nachklassischen Griechsich*. Berlin: Göschen.

De Mauro, T. (1986): *Storia Linguistica dell'Italia Unita*. Roma/Bari: Laterze.

Δετοράκης, Θ. (1995): *Βυζαντινή Φιλολογία. Τα πρόσωπα και τα κείμενα. I: Προβυζαντινοί και πρωτοβυζαντινοί χρόνοι*. Herakleion: Detorakis.

Δημαράς, Α. (1973): *Η μεταρρύθμιση που δεν έγινε. Τεκμήρια ιστορίας. I: 1821-1894*. Athen: Estia.

Δημαράς, Κ. Θ. (1989[5]): *Νεοελληνικός Διαφωτισμός*. Athen: Ermis.

Dittmar, N. (1997): *Grundlagen der Soziolinguistik. Ein Arbeitsbuch*. Tübingen: Niemeyer.

Eberhard, A. (1892): *Fabulae romanenses graece conscriptae*. Leipzig: Teubner.

Eideneier, H. (2001): „Die Metaphrase als Wechsel der Stilstufe in byzantinischen und postbyzantinischen Texten", in: Sideras, A./B. Bayer (Hg.).: *Göttinger Beiträge zur Byzantinischen und Neugriechischen Philologie*, H. 1. Göttingen: Peust & Gutschmidt, 27-45.

Fasold, R. W. (1984): *The Sociolinguistics of Society*. Oxford: Blackwell.

Ferguson, Ch. A. (1959): „Diglossia", *Word* 15, 325-340.

Fernández, J. (1993): *Diglossia: A Comprehensive Bibliography 1960-1990*. Amsterdam: Benjamins.

Fishman, J. (1967): „Bilingualism with and without Diglossia; Diglossia with and without Bilingualism", *Journal of Social Issues* 23.2, 29-38.

Høgel, C. (2002): *Symeon Metaphrastes. Rewriting and Canonization*. Copenhagen: Museum Tusculanum Press.

Hornblower, S./A. Spawforth (Hg.) (1999): *The Oxford Classical Dictionary*. Oxford. Oxford University Press.

Horrocks, G. (1997): *Greek. A History of the Language and its Speakers*. London/New York: Longman.

Hudson, A. (2002): „Outline of a Theory of Diglossia", *International Journal of the Sociology of Language. 157. Focus on Diglossia*. Berlin/New York: De Gruyter, 1-48.

Hunger, H. (1981): *Anonyme Metaphrase zu Anna Komnene, Alexias XI-XIII. Ein Beitrag zur Erschließung der byzantinischen Umgangssprache*. Wien: Österreichische Akademie der Wissenschaften.

Karvounis, Ch. (2012): „Η διγλωσσία στην ιστορία της ελληνικής γλώσσας“, in: *10th International Conference on Greek Linguistics. 1st – 4th September, 2011 Komotini*. [erscheint demnächst]

Κουμανούδης, Σ. Α. (1900): *Συναγωγή νέων λέξεων*. Athen: Sakellariou.

Κουτσιβίτης, Β. (1994): *Θεωρία της μετάφρασης*. Athen: Ell. Panepist. Ekdoseis.

Kremnitz, G. (1987): „Diglossie/Polyglossie“, in: Ammon, Ulrich/Norbert Dittmar/Klaus J. Mattheier (Hg.) (1987): *Sociolinguistics. An International Handbook of the Science of Language and Society*. Berlin/New York: de Gruyter, 208-218.

Κριαράς, Ε. (1976): „Η διγλωσσία στα υστεροβυζαντικά γράμματα και η διαμόρφωση των αρχών της νεοελληνικής λογοτεχνίας“, *Βυζαντινά* 8: 215-243.

Mackridge, P. (2009): *Language and National Identity in Greece 1766-1976*. Oxford: University Press.

Niehoff-Panagiotidis, J. (1994): *Koine und Diglossie*. Wiesbaden: Harrasowitz.

Νικολαΐδης, Δ. (1868): *Σοφοκλέους Αντιγόνη*. Konstantinopel: Eptalofos.

Οικονόμου, Κ. (1830): *Περί της Γνησίας Προφοράς της Ελληνικής Γλώσσης Βιβλίον*. St. Petersburg.

Παπαθωμόπουλος, Μ. (1999): *Πέντε δημώδεις μεταφράσεις του Βίου του Αισώπου*. Athen

Πλούσος, Ε. (2009): „Σημασιολογικές διαφοροποιήσεις στο λεξιλόγιο του Νόννου: Από το παγανιστικό έπος των Διονυσιακών στη χριστιανική μεταβολή του Κατά Ιωάννην Αγίου Ευαγγελίου“, in: *8th International Conference on Greek Linguisitcs, Ioannina, August 30th – September 2nd 2007*. Ioannina: University Press, 1106-1117.

Pöckl, W. (2006): „Übersetzen und Sprachgeschichte: Übersetzungen ins Italienische und Sardische“, in: Ernst, G. et al. (Hg.); *Romanische Sprachgeschichte. II. HSK*. Berlin/New York: De Gruyter, 1373-1386.

Σαρρός, Δ. (1930): *Σοφοκλής. Αντιγόνη*. Athen: Gerardoi.

Schiffman, H. F. (1997): „Diglossia as a Sociolinguistic Situation“, in: Coulmas, F. (Hg.): *The Handbook of Sociolinguistics*. Malden/Oxford/Victoria: Blackwell, 205-216.

Scheindler, A. (1981): *Nonni Panopolitani Paraphrasis S.Evangelii Ioannis*. Lipsieae: Teubner.

Sevcenko, I. (1981): „Levels of Style in Byzantine *Prose*“, *Jahrbuch der Österreichischen Byzantinistik* 31.1, 289-312.

Spillner, B. (1987): „Style and Register“, in: Ammon, Ulrich/ Norbert Dittmar/Klaus J. Mattheier (Hg.): *Sociolinguistics. An International Handbook of the Science of Language and Society*. Berlin/New York: de Gruyter, 273-285.

Σπυλιόπουλος, N. K. (1877): *Σοφοκλέους Αντιγόνη*. Athen: Stoa.

Tilly, M. (2005): *Einführung in die Septuaginta*. Darmstadt: WBG.

Τριανταφυλλίδης, M. (1938): *Νεοελληνική Γραμματική. Ιστορική εισαγωγή*. Athen.

Τριανταφυλλίδης, M. (1963): *Άπαντα, τ. 5*. Thessaloniki: INS.

Τσουκαλάς, K. (2006): *Εξάρτηση και αναπαραγωγή. Ο κοινωνικός ρόλος των εκπαιδευτικών μηχανισμών στην Ελλάδα (1830-1922)*. Athen: Themelio.

Χρηστομάνος, K. (1912): *Αντιγόνη Σοφοκλέους*. Athen: Fexis.

Vitale, V. (1978²): *La Questione della Lingua*. Palermo.

Ziegler, K./W. Sontheimer (Hg.) (1979): *Der Kleine Pauly. Lexikon der Antike*. München: DTV, 5.

Zilliacus, H. (1938): „Zur stilistischen Umarbeitungstechnik des Symeon Metaphrastes“, *Byzantinische Zeitschrift* 38.2, 333-350.

Torsten Dörflinger

An Ghaeilge i gContae Dhún na nGall: Zur Situation der irischen Sprache in der Grafschaft Donegal

1 Einleitung

Als sich die Republik Irland im Jahre 1937 eine neue Verfassung (*Bunreacht na hÉireann*) gab und damit die seit 1922 gültige Verfassung des Irischen Freistaates – diese kam inzwischen aufgrund zahlreicher Änderungen einem juristischen Flickenteppich gleich und war zugleich noch stark britisch geprägt – ablöste, blieb der ehemalige Artikel 4, welcher für die irische Sprache damals zum ersten Mal in der Geschichte des Landes einen institutionell gesicherten Rahmen schuf, davon nahezu unberührt. Einzig die Anordnung der Artikel hatte sich verändert, sodass die Stellung der Sprachen Irlands nun unter Artikel 8 fiel. Dort ist zu lesen:

> (1) Ós í an Ghaeilge an teanga náisiúnta is í an phríomhtheanga oifigiúil í.
> (2) Glactar leis an Sacs-Bhéarla mar theanga oifigiúil eile.
>
> (1) The Irish language as the national language is the first official language.
> (2) The English language is recognised as a second official language.[1]

Obwohl die Sprachenfrage nicht das dominierende Moment in der irischen Revolutionsbewegung war, stand nach Erlangen der Unabhängigkeit von der britischen Krone außer Zweifel, dass dem Irischen nach Jahrzehnten der Unterdrückung eine besondere Stellung zukommen sollte. Hungersnöte, Auswanderungsbewegungen und das Verbot von Irisch im Schulwesen sowie die pure Notwendigkeit der englischen Sprache für den sozialen Aufstieg hatten dazu geführt, dass Irisch längst zu einer Minderheitensprache abgestiegen war, die nur noch in den wirtschaftlich besonders rückständigen und oftmals schwer erreichbaren Gebieten im äußersten Westen der Insel verwendet wurde. Um die tatsächliche Stellung der Sprache herauszufinden, wurde eine Kommission (*Coimisiún na Gaeltachta*) ins Leben gerufen, die den Auftrag hatte, irischsprachige Regionen[2]

---

1 Verfassung der Republik Irland (*Bunreacht na hÉireann*), online: https://www.constitution.ie/Documents/Bhunreacht_na_hEireann_web.pdf [18.01.2013]. Ein dritter Absatz räumt staatlichen Institutionen jedoch das Recht ein, sich nur einer der beiden Sprachen zu bedienen.

2 Irischsprachige Regionen werden als *Gaeltacht* (Singular) oder *Gaeltachtaí* (Plural) bezeichnet; dies ist die offizielle irische Terminologie, die sich auch in der englischen Sprache durchgesetzt hat.

zu identifizieren und zu kartographieren. Als irischsprachig galten fortan Gebiete, in denen mehr als ein Viertel der Bewohner Irisch spricht. Da die Arbeit der Kommission jedoch hauptsächlich politischen Zwecken diente, muteten deren Schätzungen und Einteilungen recht optimistisch, bisweilen gar realitätsfern an. Aus diesem Grund wurde in den 1950er-Jahren eine neue *Gaeltacht*-Kommission ins Leben gerufen, deren Abschlussbericht 1956 zu einer Neugliederung der *Gaeltachtaí* führte; darüber hinaus wurde im gleichen Jahr ein eigenes Ministerium[3] (*An Roinn Gaeltachta*) geschaffen, das sich fortan besonders um die wirtschaftliche Entwicklung auf der einen Seite, um die Bewahrung und Weitergabe der irischen Sprache auf der anderen Seite kümmern sollte. Die 1956 festgelegten Grenzen der irischsprachigen Gebiete haben – mit minimalen Veränderungen – bis zum heutigen Tage Bestand. Gleichwohl ist anzumerken, dass die Realität vor Ort oftmals eine andere ist und Irisch im Alltag längst nicht mehr die Stellung innehat, die es per Definition innehaben sollte. Damals war man sogar davon ausgegangen, dass selbst jene Gebiete innerhalb der *Gaeltachtaí*, die offensichtlich längst englischsprachig waren, durch gezielte Fördermaßnahmen wieder irischsprachig würden.[4]

Abbildung 1 veranschaulicht die geographische Situierung irischsprachiger Gebiete: Die unterschiedlichen Farbschattierungen sollen die Häufigkeit der Verwendung des Irischen darstellen. Dazu hat die Forschergruppe um Ó Giollagáin et al. sich der Ergebnisse des im Jahre 2002 durchgeführten Census[5], also der irischen Volkszählung, die für sämtliche Haushalte verpflichtend ist und die stets eine Frage nach der Verwendung der irischen Sprache enthält, ausgewertet. Anhand dieser Ergebnisse haben sie die offiziellen *Gaeltachtaí* in drei Kategorien eingeteilt: Kategorie A für all jene Gebiete, in denen mehr als 67% der Bevölkerung täglich Irisch verwenden, Kategorie B für jene Gebiete, in denen Irisch von 44%-66% der Bevölkerung täglich gebraucht wird, und Kategorie C für Gebiete, in denen Irisch von weniger als 44% der Bevölkerung gesprochen wird.

Lediglich Gebiete der Kategorie A können heute noch als tatsächlich irischsprachig bezeichnet werden; Gebiete der Kategorie B befinden sich in einem Übergang, in welchem Irisch zwar nach wie vor eine starke Stellung einnimmt, jedoch allmählich an Boden verliert und insbesondere in jüngeren Bevöl-

---

3 Der Name des Ministeriums änderte sich von 1956 bis 2011 mehrfach; ebenso erweiterte sich sein Aufgabenradius. Seit seiner Neugliederung 2011 ist es zuständig für Kunst, Kulturerbe und *Gaeltacht*-Angelegenheiten (weitere Informationen unter: http://www.ahg.gov.ie/en/ [18.01.2013]).

4 Vgl. Ó Giollagáin et al. 2007: 8.

5 Weitere Informationen zum Census, insbesondere auch Ergebnisse vergangener Jahre und Jahrzehnte, finden sich unter: http://www.cso.ie/en/census/ [18.01.2013].

kerungsgruppen aktive Sprecher immer seltener werden. In Gebieten der Kategorie C ist Irisch fast vollständig durch das Englische im täglichen Leben verdrängt worden und nur noch in einigen ausgewählten Lebensbereichen oder Netzwerken vorhanden.

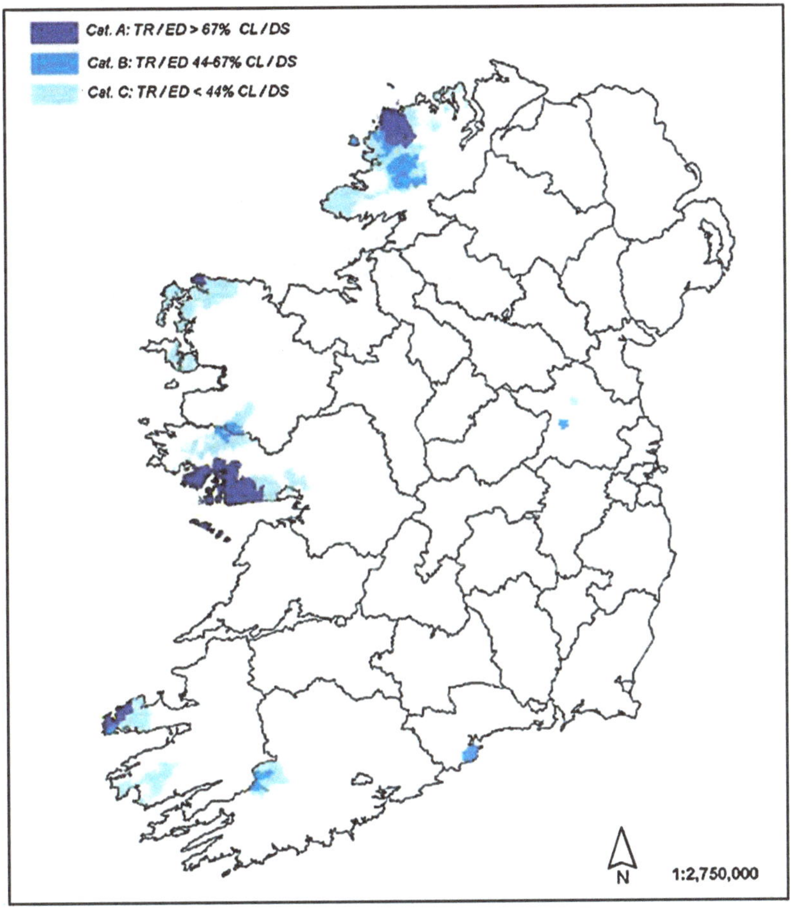

Abbildung 1: Irischsprachige Regionen (*Gaeltachtaí*) seit 1956[6]

Derzeit gibt es in Irland – bei knapp 4.6 Millionen Einwohnern – 1.774.437 Irischsprecher (drei Jahre und älter), von denen 77.185 die Sprache täglich au-

6 Ó Giollagáin et al. 2007: 24.

ßerhalb des Bildungswesens verwenden;[7] der Faktor Bildungswesen ist insofern relevant, als Irisch Pflichtfach in allen Schulen ist, die dortige Verwendung jedoch nichts über die tatsächliche Sprachkompetenz bzw. den Sprachgebrauch außerhalb des Unterrichts aussagt. Weitere 110.643 Personen geben an, Irisch zwar nicht täglich, aber doch (mehrmals) wöchentlich zu verwenden. Insgesamt bezeichnen sich 40,6% der irischen Bevölkerung als irischsprachig, allerdings wird die Sprache nur von 1,8% der Gesamtbevölkerung täglich verwendet.[8]

Abbildung 2: *Gaeltachtaí* in Donegal mit wichtigen Orten[9]

---

7 Vgl. Central Statistics Office 2012a: 25. Die Publikationen des CSO sind in sogenannte Profile untergliedert, die sich mit der jeweiligen Fragekategorie im Census befassen. Profil 9 behandelt das Bildungswesen und die Sprachenfrage, wohingegen beispielsweise Profil 3 von der Arbeitsmarktsituation handelt.

8 Vgl. Central Statistics Office (2012a): 25.

9 Die Karte stammt aus einer Broschüre der staatlichen Fremdenverkehrsorganisation *GaelSaoire*, die sich auf Tourismus in irischsprachigen Regionen spezialisiert hat. Weitere Informationen unter http://www.gaelsaoire.ie/ [18.01.2013].

2 Irisch in Donegal

In der im äußersten Nordwesten gelegenen Grafschaft Donegal leben derzeit gut 161.000 Einwohner, von denen knapp 59.000 der irischen Sprache mächtig sind.[10] Zur besseren Orientierung der nachfolgend dargelegten Beobachtungen sowie geographischer Begriffe soll die Karte in Abbildung 2 dienen.

Sechs der zehn Städte[11], welche beim Census 2011 den höchsten Anteil an täglichen Irischsprechern aufwiesen, liegen in Donegal. Auf den ersten drei Plätzen rangierten hierbei Mín Lárach, Rann na Feirste und Bun Na Leaca mit jeweils 81%, 70% und 63% Sprechern (in absoluten Zahlen waren das 424, 338 und 416 Personen).[12] Laut Census 2011 leben 23.810 Menschen in den *Gaeltachtaí* Donegals; 17.132 Iren gaben an, Irisch zu beherrschen, wovon wiederum 7.047 die Sprache täglich verwenden.[13] Verglichen mit allen *Gaeltachtaí* Irlands leben gut 30% aller täglichen Irischsprecher im County Donegal.

Seit dem Aussterben der Sprache im County Antrim sowie in weiteren Gebieten Nordirlands in der Mitte des zwanzigsten Jahrhunderts ist Donegal die einzig verbliebene Grafschaft Irlands, in der „Ulster Irish" gesprochen wird (in diesem Zusammenhang wird der Name „Donegal Irish" deshalb immer populärer). Die Sprache Donegals hat Ähnlichkeiten mit dem schottischen Gälisch sowie mit der ebenfalls im zwanzigsten Jahrhundert ausgestorbenen, inzwischen aber wiederbelebten Sprache der Isle of Man.[14]

Auch wenn die obige Karte einen anderen Eindruck vermittelt, handelt es sich bei den irischsprachigen Regionen Donegals keineswegs um einen einheitlichen, sprachlich durchweg verbundenen Raum. Die Bezeichnung „Donegal *Gaeltacht*"

---

10 Vgl. Census 2011, online: http://census.cso.ie/sapmap2011/Results.aspx?Geog_Type=CTY&Geog_Code=33&CTY=33 [18.01.2013]. Während die oben zitierte Publikation die Gesamtergebnisse für Irland aufzeigt, kann man auf der Webseite des CSO detailliertere Resultate (z.B. geordnet nach County) einsehen.

11 Die Definition von Stadt bzw. „town" ist in diesem Zusammenhang nicht mit Ländern wie Deutschland vergleichbar. Die territoriale Gliederung Irlands ist vielschichtig und enthält eine Vielzahl von Begrifflichkeiten wie „Small Areas", „Electoral Divisions", „Urban and Rural Districts", „Legal and Census Towns" u.v.m. Ab 1.500 Einwohnern wird z.B. bereits von „larger towns" gesprochen. Zur genaueren Darstellung vgl. Central Statistics Office 2012b: 151-154.

12 Vgl. Central Statistics Office 2012a: 28.

13 Vgl. Central Statistics Office 2012c: 101.

14 Zu den Besonderheiten von „Ulster Irish" vgl. insbesondere O'Rahilly 1932 sowie Ó Dochartaigh 1987.

ist insofern auch etwas irreführend, da man streng genommen von mehreren verschiedenen *Gaeltachtaí* innerhalb Donegals sprechen müsste. Da Irisch als Erstsprache nur in dialektaler Form tradiert wird und eben kein zusammenhängendes, in permanentem Austausch stehendes Sprachgebiet existiert, findet man in Donegal wiederum eine Vielzahl von Unterdialekten. Zwar wäre es übertrieben, von Verständigungsbarrieren zu sprechen, jedoch gibt es je nach Herkunftsort markante lexikalische und phonologische Eigenheiten.

Die Besonderheiten des Irischen im County Donegal sind im zwanzigsten Jahrhundert eingehender untersucht worden. Hier sind für den nördlichen Teil Donegals insbesondere die Arbeiten von Leslie W. Lucas zu nennen, der sich zum einen allgemein mit der dortigen Morphologie befasst hat (*The Morphology of North Donegal Irish*, 1976), zum anderen eine weitere Untersuchung speziell den Eigenheiten der irischen Sprache auf der Halbinsel Ros Goill widmete (*Grammar of Ros Goill Irish, Co. Donegal*, 1979). Im gleichen Jahrzehnt untersuchte John Noel Hamilton die phonologischen Charakteristika des Irischen auf Toraigh (*A phonetic study of the Irish of Tory Island, Co. Donegal*, 1974). Bereits 1922 publizierte der dänische Keltologe Alf Sommerfelt eine Arbeit über den Dialekt eines einzelnen Dorfes in Nordwest-Donegal (*The dialect of Torr, Co. Donegal*). Edmund Crosby Quiggin setzte sich gar schon 1906 mit der Sprachtypologie einer Gegend nahe der Stadt Glenties auseinander (*A Dialect of Donegal: Being the Speech of Meenawannia in the Parish of Glenties. Phonology and texts*) und untersuchte insbesondere die sprachlichen Veränderungen im Irischen bei heimgekehrten Emigranten, die intergenerationelle Weitergabe von Irisch sowie die Einflüsse des Englischen auf die Sprache. Zu guter letzt sei noch der Schweizer Keltologe Heinrich Wagner erwähnt, der in den 1940er-Jahren Südwest-Donegal bereiste und sich eingehend mit dem Irischen in Teileann (*Gaeilge Theilinn. Foghraidheacht, gramadach, téacsanna*, 1959) befasste.

3 Der Sprache auf der Spur

Da, wie oben erwähnt, ein zusammengehöriges Sprachgebiet für Irisch in Donegal nicht länger existiert und ein Großteil der *Gaeltachtaí* Donegals inzwischen aus Gebieten der Kategorie C besteht, erscheint es zum besseren Verständnis der sprachlichen Situation praktikabel, Donegal geographisch in drei Bereiche zu gliedern: den Norden bzw. Nordwesten Donegals, die Mitte Donegals sowie den Südwesten Donegals. Zur aktuellen Sprachsituation möchte ich neben dem vorliegenden statistischen Material gerne eigene Beobachtungen und Erfahrungen sprechen lassen.

Die folgende Abbildung enthält die Daten des *Scéim Labhairt na Gaeilge* (SLG) der Jahre 2003/04. Das SLG war eine Unterstützungsleistung des irischen Staates für *Gaeltacht*-Eltern, die ihre Kinder auf Irisch erziehen.[15] Um in den Genuss dieser Förderung zu gelangen, musste man sich beim eingangs erwähnten *Gaeltacht*-Ministerium bewerben. Nach einer mündlichen Überprüfung vor Ort – in dieser wurden Gespräche zu verschiedenen Themen mit den jeweiligen Kindern geführt, um zu sehen, ob Irisch tatsächlich ihre Muttersprache ist – wurde die Förderungsleistung dann entweder voll oder halb zuerkannt (bzw. abgelehnt). Die Sinnhaftigkeit dieses Programms soll hier nicht zur Debatte stehen, aber immerhin erlaubt das statistische Material – also wo und in welcher Häufigkeit gefördert wurde – bei aller Kritik Rückschlüsse auf die Verwendung des Irischen im Elternhaus unter Schulkindern.

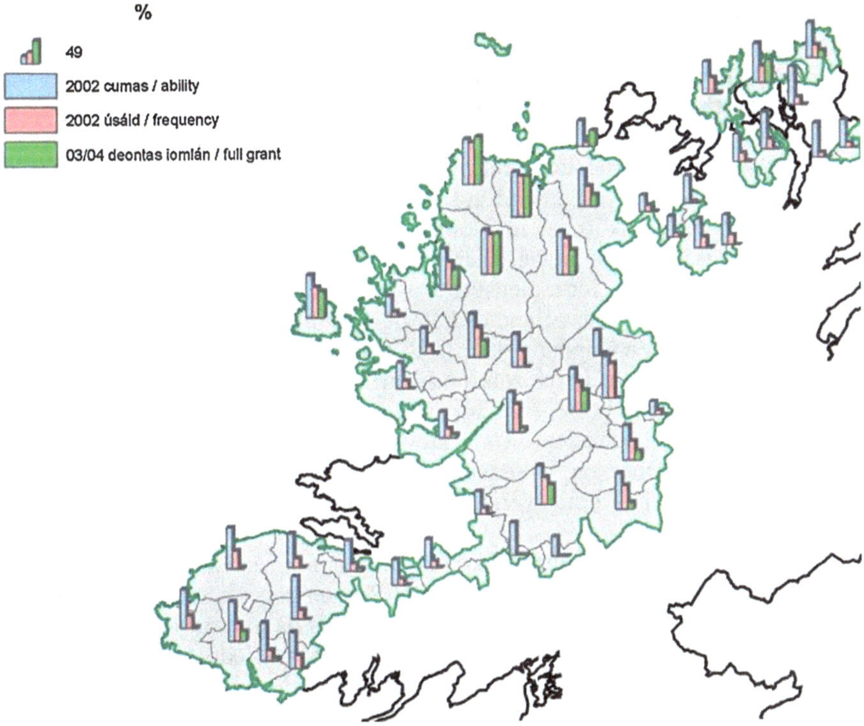

Abbildung 3: Vergleich der Daten des Census 2002 mit SLG 2003/04[16]

15 Derzeit erfährt das Programm eine Überarbeitung und soll auf breiterer Basis und unter neuem Namen erneut eingeführt werden.

16 Ó Giollagáin et al. 2007: 70.

Während der linke und der mittlere Balken in der Abbildung die Fähigkeit Irisch zu sprechen sowie die Häufigkeit der tatsächlichen Sprachnutzung abbildet, zeigt der rechte Balken die Zuerkennung des SLG an. Dabei ist gut zu erkennen, dass Irischkenntnisse in nahezu allen Gaeltachtaí in hohem Maße vorhanden sind, die Sprache mit einigen Ausnahmen gleichwohl nur sehr begrenzt verwendet wird (siehe die folgenden Unterkapitel). Auffällig ist jedoch, dass die Weitergabe der Sprache an die nächste Generation – und die SLG-Daten sind hierfür zumindest Indikatoren – nur noch in wenigen Gebieten im eigenen Elternhaus intensiv betrieben wird.[17] Dieses aus der Statistik ersichtliche Paradoxon, also irischer Muttersprachler zu sein und die Sprache nicht (durchweg) an die eigenen Kinder weiterzugeben, soll unter anderem in den folgenden Unterkapiteln näher beleuchtet werden.

3.1 Nord- und Nordwest-Donegal: Fánaid, Ros Goill, Chloich Cheann Fhaola, Gaoth Dobhair und Na Rosa

Wann immer der Name der drei Regionen Chloich Cheann Fhaola, Gaoth Dobhair und Na Rosa fällt, wird auf die starke Position der irischen Sprache verwiesen. In der Tat ist Irisch im Nordwesten Donegals besonders lebendig und weist die höchste Anzahl an täglichen Sprechern auf. Ganz gleich ob im Supermarkt, im Pub oder im Gottesdienst: Irisch ist allgegenwärtig und wird auch mit einem gewissen Stolz gesprochen. Kulturelle Traditionen wie Theater und Musik gehen dort mit der Verwendung der irischen Sprache einher, der Schulunterricht findet ausschließlich auf Irisch statt und jährlich besuchen tausende Schüler aus dem Rest des Landes die Gegend, um die Sprache zu erlernen. 2004 hat die National University of Ireland (NUI) Galway sogar einen externen Campus in Gaoth Dobhair eröffnet, um universitäre Ausbildung auch in irischer Sprache zu ermöglichen (ohne die Region verlassen zu müssen).

Um Abwanderung und Arbeitslosigkeit zu bekämpfen, waren in den 1980er- und 1990er-Jahren mehrere Unternehmen in der Region angesiedelt worden, die Arbeitsplätze schufen und somit einer Gegend mit bis dahin schwacher Infrastruktur neue Perspektiven boten. Mit den Fabriken kamen jedoch auch Arbeitssuchende aus anderen Teilen Donegals, die sich in Gaoth Dobhair niederließen und die Position des Irischen schwächten; Zweisprachigkeit war in der breiten Bevölkerung bis dato längst durch den besseren Zugang zu Städten wie Letterkenny

[17] Zweierlei sollte dennoch bedacht werden: In nicht jeder Electoral Division leben (viele) Familien mit schulpflichtigen Kindern. Selbst also wenn Irischkenntnisse in einer Gegend in hohem Maße vorhanden waren, konnte es gut möglich sein, dass die SLG-Leistung kaum gewährt wurde. Zudem hat es selbstverständlich immer auch Familien gegeben, die sich den bürokratischen Aufwand der Antragsstellung ersparen wollten und auf das Geld verzichteten.

oder (London-)Derry sowie die Verbreitung des Fernsehens erreicht. Die verbesserte Infrastruktur sowie günstige Preise für Bauland ließen diese malerische Küstenregion zudem immer attraktiver für Ferienhausbesitzer aus dem restlichen Donegal, manchmal gar aus Nordirland werden. Der jährliche Touristenstrom aus aller Welt belebt zwar das Fremdenverkehrsgeschäft, sorgt aber auch dafür, dass insbesondere in den Sommermonaten Englisch die dominierende Sprache ist.

Reg Hindley, der in den 1980er-Jahren sämtliche *Gaeltachtaí* Irlands bereiste und das Sprachverhalten insbesondere von Schulkindern untersuchte, weist zudem darauf hin, dass eine Vielzahl von weiterführenden Schulen außerhalb der Gaeltacht liegen oder selbst innerhalb der Gaeltacht hauptsächlich auf Englisch operieren.[18] Die Schule Gaoth Dobhairs ist in diesem Zusammenhang zwar eine positive Ausnahme, sie wird allerdings längst nicht von allen *Gaeltacht*-Kindern besucht. Dies bedeutet, dass eine Vielzahl der Kinder, die Irisch als Erstsprache haben oder die Sprache annähernd fließend beherrschen, ab dem dreizehnten Lebensjahr in einem nahezu ausschließlich englischsprachigen Umfeld lernen. Englisch ist darüber hinaus die Sprache der Sozialisation im neuen Freundeskreis.

Was Na Rosa (Englisch: The Rosses) betrifft, kann eigentlich nur in deren nördlichsten Gemeinden von einer starken Stellung des Irischen gesprochen werden. Vor allem der Ort Rann na Feirste, nur unweit von Gaoth Dobhair entfernt, ist in ganz Irland wegen seiner Sommerschule (*Coláiste Bhríde*), die seit Jahrzehnten stark frequentiert wird, beliebt. Weiter südlich bzw. südwestlich war Englisch schon zu jener Zeit die dominierende Sprache, als die Einteilung der *Gaeltachtaí* stattfand. Die Stadt Dungloe, die kaum jemand mit ihrem offiziellen Namen An Clochan Liath nennt, ist das Zentrum der Rosses. Hindley weist darauf hin, dass Dungloe schon bei der *Gaeltacht*-Einteilung 1956 diesen Status nur aufgrund politischer Patronage erhalten hatte.[19] Beim Census 2002 – die aktuellen Census-Ergebnisse von 2011 liegen leider nur als Gesamtergebnis, nicht jedoch aufgeschlüsselt in einzelne Städte, Dörfer und Gemeinden vor – gaben deshalb auch nur gut 15% der Befragten an, die Sprache täglich zu verwenden.[20] Zu Beginn des 20. Jahrhunderts war die Stadt durch eine Eisenbahnlinie mit dem Norden und Osten Donegals verbunden; diese zur damaligen Zeit außergewöhnliche Mobilität sowie die leichte Erreichbarkeit sorgten jedoch dafür, dass Englisch sich schnell in der näheren Umgebung ausbreitete. Wer seinen Nutzen aus dieser Mobilität ziehen wollte, für den war Englisch unumgänglich. Etwas positiver scheint die Situation auf der vorgelagerten Insel Árainn Mhór zu sein, wo knapp

18 Vgl. Hindley 1990: 70.

19 Vgl. Hindley 1990: 65.

20 Vgl. Ó Giollagáin et al. 2007: 22.

63% der Bewohner sich 2002 als tägliche Sprecher des Irischen auswiesen.[21] Gleichwohl hat auch dort in weiten Teilen der Insel längst Englisch als Erstsprache der Kinder und Jugendlichen Irisch den Rang abgelaufen. Zudem hat die Insel in den letzen 100 Jahren knapp zwei Drittel ihrer Bevölkerung eingebüßt.

Einen weitaus besseren Status genießt Irisch auf der Insel Toraigh, wo – administrativ mit der Ortschaft Gort an Choirce auf dem Festland zusammengelegt – gut 83% tägliche Irischsprecher zu verzeichnen sind.[22] Während die erwachsene Bevölkerung fast ausschließlich auf Irisch kommuniziert, lebt die jüngere Generation spätestens mit dem Wechsel auf eine weiterführende Schule auf dem Festland oftmals in einer anglisierten Umgebung. Da die Insel zudem nicht allzu viele berufliche Perspektiven bietet und im Winter bei schwerer See manchmal nur aus der Luft mit Nahrungsmitteln versorgt werden kann, sinkt auch dort die Bevölkerungszahl.

Eine relativ schwache Position hat das Irische hingegen auf den beiden Halbinseln Ros Goill und Fánaid. Die acht Electoral Divisions, die *Gaeltacht*-Status haben, liegen in ihren täglichen Sprecherzahlen nur zwischen 10% und 34%.[23] Zahlreiche Ferienwohnungen, eine Campingsiedlung sowie ein im ganzen Norden Irlands beliebter Golfplatz haben dafür gesorgt, dass Irisch längst eine Minderheitensprache geworden ist und Englisch inzwischen fast sämtliche Netzwerke dominiert.

Zwei Anekdoten, welche die Sprachsituation insbesondere von Jugendlichen sehr trefflich charakterisieren, seien abschließend noch erwähnt:

Vor wenigen Jahren traf ich bei einem Abendspaziergang in Na Doirí Beaga – zusammen mit An Bun Beag eine der lebendigsten irischsprachigen Gemeinden ganz Irlands – auf zwei etwa elfjährige Jungen, die miteinander Fußball spielten. Nachdem sie ihr Spiel beendet hatten, fragte ich, ob sie Einheimische seien und, wenn ja, warum sie beim Fußballspielen nur Englisch miteinander sprächen. Sie kamen in der Tat aus dem Ort und erklärten mir, dass Irisch zwar ihre Muttersprache sei, bei einer Sportart wie Fußball aber das notwendige Vokabular nicht vorhanden wäre und sie deshalb lieber gleich auf Englisch miteinander kommunizierten. Außerdem würden sie zuhause regelmäßig die Spiele der englischen Premier League verfolgen und Irisch sei nicht die Sprache, in der sie diese Sportart „erfahren" hätten.

---

21 Vgl. ebd.: 19.

22 Vgl. ebd.: 18.

23 Vgl. Ó Giollagáin et al. 2007: 20-22.

Im selben Dorf schaute ich mir vergangenen Sommer ein Gaelic-Football-Spiel an, eine Sportart, die eine Mischung aus Fußball und Rugby darstellt. Zwei Jugendmannschaften waren gegeneinander angetreten, die eine aus Gaoth Dobhair, die andere aus Na Rosa. Beide Trainer gaben ihre Anweisungen einzig auf Irisch, die Spieler antworteten auf Irisch und verwendeten die Sprache auch untereinander. Gaelic Football, eine der Nationalsportarten Irlands, wird besonders in den *Gaeltachtaí* als Medium betrachtet, Irisch im Lebensbereich der Jugendlichen zu verankern, selbst wenn es nicht deren Erstsprache ist. Von Kindesbeinen an ist also die Erfahrung mit der Sportart mit der Erfahrung der irischen Sprache verknüpft. Die Verwendung der Sprache bei Jugendlichen ist demnach unweigerlich mit den Lebensbereichen verbunden, in welchen sie durch Irisch sozialisiert werden.

3.2 Mittel-Donegal: An Dúchoraidh, Baile na Finne und An Clochán

Wer auf die Landkarte (Abbildung 2) blickt, könnte den Eindruck gewinnen, als stünden die irischsprachigen Gebiete in der Mitte Donegals nicht nur in geographischer Nähe zum Norden, sondern würden zusammen ein einziges, großes Refugium für Irisch bieten. Hindley beschreibt, dass Irisch bereits 1957 nur noch sehr schwach in und um An Dúchoraidh vorhanden war; hinzu kommt ein Bevölkerungsverlust von 37% zwischen 1926 und 1981.[24] Bei meinem letzten Besuch vor Ort im Sommer 2012 konnte ich abgesehen von Straßenschildern keine Spuren der irischen Sprache mehr entdecken. Im Supermarkt, auf der Straße, im Pub und auf dem Spielplatz war Englisch die einzige zu vernehmende Sprache. Die relative Abgeschiedenheit des Ortes – wer von Nordwesten anreist, fährt Dutzende Kilometer durch Landschaft aus Sumpf und Gebirge – konnte die Sprache nicht schützen, sondern zog die Bevölkerung stattdessen gen Westen ins längst anglisierte Dungloe oder in den komplett englischsprachigen Osten. Von den 78 Einwohnern, die 2002 drei Jahre oder älter waren, sprachen 27 täglich Irisch.[25] Die Weitergabe der Sprache an die eigenen Kinder tendierte jedoch gegen Null.

Baile na Finne steht mit 59% Sprechern zwar besser da, dies könnte jedoch auch am verstärkten Engagement von *Údarás na Gaeltachta*[26] im Ort zu tun haben.[27]

---

24 Vgl. Hindley 1990: 75.

25 Vgl. Ó Giollagáin et al. 2007: 20.

26 *Údarás na Gaeltachta* ist eine 1980 per Gesetzesbeschluss gegründete staatliche Organisation, die zur wirtschaftlichen und kulturellen Entwicklung der *Gaeltachtaí* beitragen soll. Sie ist in allen Gaeltachtaí Irlands mit größeren und kleineren Niederlassungen vertreten.

27 Vgl. ebd.: 19.

Zudem bietet der Ort im Sommer ebenfalls Irischkurse an, sodass einheimische Sprecher als Gastfamilien etwas hinzuverdienen können. Seit 1982 gibt es zudem ganz in der Nähe – in Beal an Átha Móir – eine weiterführende Schule, die auf Irisch operiert. Bis diese allerdings tatsächlich einen dauerhaften Lehrbetrieb aufnehmen konnte, verging einige Zeit: Ursprünglich musste ihre Lehrbefugnis jedes Jahr erneuert werden, sodass selbst Eltern, die der irischen Sprache positiv gegenüberstanden, ihre Kinder lieber auf englischsprachige Schulen im Westen oder Osten schickten, um deren schulisches Fortkommen nicht aufs Spiel zu setzen.[28]

3.3 Südwest-Donegal: Gleann Cholm Cille, Teileann, An Charraig und Cill Cartha

Während in den 1930er- und 1940er-Jahren Irisch noch die dominierende Sprache im Südwesten Donegals war, hat es diese Stellung in den vergangenen 50 Jahren stark eingebüßt. Einheimische geben offen zu, dass sie eigentlich nur noch im „artificial *Gaeltacht*" leben, da Irisch als lebendige Sprache lediglich auf einige wenige Netzwerke beschränkt ist und in der Öffentlichkeit nur noch eine sehr marginale Rolle spielt. Folglich hat die Gegend – gemessen an den täglichen Sprecherzahlen – Kategorie-C-Status. Gleann Cholm Cille erreicht mit knapp 38% täglichen Sprechern den Spitzenwert, während er in anderen Electoral Divisions bei teilweise nur noch 13% liegt.

Vorvergangenen Herbst besuchte ich sowohl die *Naíonra* (irischsprachige Vorschule) in Teileann als auch die Grundschule in An Charraig, um mit dem dortigen Lehrpersonal über die Stellung und die Entwicklungen des Irischen bei Kindern und Jugendlichen zu sprechen. Man nahm sich viel Zeit, um all meine Fragen so ausführlich wie möglich zu beantworten, und gab mir Einblick in die Erziehungsmethoden bzw. die Unterrichtsstrukturen der Schule. Die Gespräche möchte ich im Folgenden zusammenfassen:

Das Einzugsgebiet der *Naíonra* umfasst die Dörfer Teileann, An Charraig und Mín an Aoire. Derzeit wird sie von 16 Kindern im Alter von drei bis vier Jahren besucht. Für die meisten Kinder findet dort der erste Kontakt mit der irischen Sprache statt; lediglich einige Kinder aus Teileann, wo Irisch schon immer eine stärkere Stellung verglichen mit den Nachbardörfern innehatte, wachsen annähernd zweisprachig auf. Da der irische Staat den Besuch des ersten Vorschuljahres kostenfrei anbietet, haben praktisch alle Eltern in der Umgebung ihre Kinder dort angemeldet. Weitere Vorschulen, die nach dem gleichen Prinzip operieren, gibt es in Gleann Cholm Cille und Cill Cartha. In einer *Naíonra* sollen Kinder

[28] Vgl. Hindley 1990: 76.

spielerisch mit Irisch in Berührung kommen; selbst diejenigen, die zuvor noch kein Irisch gesprochen haben, sind nach zwei Jahren fähig, Konversationen zu folgen und selbst zu führen (auf einer ihrem Alter angemessenen Ebene). Insbesondere der Wortschatz vergrößert sich in dieser Zeit merklich. Ein weiterer positiver Effekt, der mir auch von der Schulleitung in An Charraig bestätigt wurde, ist die Tatsache, dass Kinder fortan auch zuhause immer wieder irische Wörter oder ganze Sätze einfließen lassen. Dies führt nicht selten dazu, dass Eltern sich Mühe geben, selbst wieder mehr Irisch zu verwenden.

Auch in Teileann findet jedes Jahr eine Sommerschule für junge Irischlerner statt, welche in vergangener Zeit aber mit stark rückläufigen Teilnehmerzahlen zu kämpfen hatte. Auch die Teilnahmegebühr – 750 € für drei Wochen – schreckt in Zeiten der Wirtschaftskrise viele Eltern ab. Gerade aber die Sommerschule war laut der Leiterin der *Naíonra* stets auch ein Zeichen an alle Einheimischen, dass die Lebendigkeit des Irischen wirtschaftlich nicht unbedeutend ist.

Das Dorf An Charraig besitzt zwei Schulen: eine Grundschule (National oder Primary School) und eine weiterführende Schule (Vocational School). Während in letzterer aufgrund des größeren Einzugsgebietes Englisch Unterrichtssprache ist, wird in der Grundschule fast jedes Fach (mit Ausnahme des Englischunterrichts sowie einiger zweisprachiger Lehreinheiten) auf Irisch unterrichtet. Auch die Lehrer sprechen untereinander ausschließlich Irisch. Schwierigkeiten gibt es insbesondere kurz nach der Einschulung, da neben den Belastungen des Schulalltages viele Kinder noch Probleme mit der Sprache haben. Diese sind aber nach wenigen Monaten behoben. Nach vier Schuljahren sprechen die Kinder meist nahezu fließend Irisch. Die Mehrzahl der Lehrer stammt aus der unmittelbaren Umgebung, jedoch sind nicht alle von ihnen Muttersprachler. Die Tatsache jedoch, dass Irisch Voraussetzung für den Lehrerberuf ist und dass dieser vor allem Arbeitsplatzsicherheit bedeutet, hat inzwischen dazu geführt, dass Heranwachsende aus den *Gaeltachtaí* und mit guten Irischkenntnissen ihre Sprache immer häufiger als Gewinn betrachten. In An Charraig selbst gibt es nur wenige Schüler, die bereits zuhause mit Irisch aufgewachsen sind. Kinder, die tatsächlich Probleme mit der Sprache haben, aus dem Ausland stammen oder beispielsweise von einer Lernschwäche beeinträchtigt sind, erhalten in Nachmittagskursen eine besondere Förderung. Untereinander sprechen die derzeit etwas über 100 Schüler allerdings nur Englisch. Um dem entgegenzuwirken, versucht die Schule durch Musik- und Theaterunterricht weitere Domänen des Freizeitlebens auf Irisch zu gestalten.

Dass die irische Sprache noch nicht völlig aus Südwest-Donegal verschwunden ist, liegt neben den Bemühungen der verschiedenen Schulen auch am Engagement so mancher Sprachaktivisten. In Gleann Cholm Cille bietet das 1984 gegründete Sprach- und Kulturzentrum *Oideas Gael* das ganze Jahr hindurch

Irischkurse an. Nicht nur die ehemalige Präsidentin Irlands, Mary McAleese, war dort regelmäßig zu Gast und verhalf der Region dadurch zu einigem Aufsehen. Inzwischen werden dort sogar Kurse für Eltern angeboten, die ihre Kinder auf Irisch erziehen möchten. Auch *Údarás na Gaeltachta* ist in der Region stark vertreten und lässt beispielsweise ein Wörterbuch erstellen, welches lokale Ausdrücke und Redewendungen enthalten soll. Darüber hinaus ist nach wie vor ein gewisses Bewusstsein für Kultur und Tradition vorhanden, sodass die lokale Musik oder das Geschichtenerzählen eine Domäne der irischen Sprache geblieben ist.

Dass dort Kinder, Jugendliche und junge Erwachsene – im Gegensatz etwa zu Gaoth Dobhair – Irisch untereinander völlig aufgegeben haben, lässt allerdings pessimistisch in die Zukunft blicken. Einst in irischer Sprache operierende Jugendclubs sind aufgrund mangelnder Teilnehmerzahlen wieder geschlossen worden; der in An Charraig vergangenes Jahr neueröffnete Club sieht sich der Förderung des Irischen nicht verpflichtet. Die Kirche, die nach wie vor eine hohe Bindungskraft besitzt, hat für Gleann Cholm Cille keinen Priester finden können, der der Sprache mächtig ist. Der Priester in An Charraig ist zwar leidlich bemüht, hat Irisch aber größtenteils verlernt. Und in der weiterführenden Schule ist Irisch, wie erwähnt, nur noch Nebenfach.

4 Schlussbemerkung

Die Ernennung des Irischen zu einer der offiziellen EU-Amtssprachen im Jahr 2007 war zweifellos ein Sieg für all jene Sprachenthusiasten, die Irisch vor allem im eigenen Land wieder stärker in den Fokus rücken wollten. Dennoch bleibt das Verhältnis der Iren zur ersten Sprache ihrer Verfassung ambivalent. Für nur noch einige Zehntausende Menschen ist es Alltags- und Muttersprache, für eine zunehmend selbstbewusste und wohlhabende Mittel- und Oberschicht immerhin bewahrenswerte Kultursprache (seit einigen Jahren ist es en vogue, die eigenen Kinder in größeren Städten auf sogenannte *Gaelscoileanna* – Schulen, deren Unterricht ausschließlich auf Irisch abgehalten wird – zu schicken), für die breite Masse jedoch ein Überbleibsel aus einer Zeit, die noch immer mit dem Stigma der Rückständigkeit und Armut verbunden ist.

Hindley beschreibt sehr anschaulich, dass die Abgelegenheit der jeweiligen Ortschaften, die (zumindest bis in die 1970er-Jahre) offensichtliche Armut der Bevölkerung und die Perspektivlosigkeit der Menschen immer auch ihren Niederschlag im Verhältnis zur irischen Sprache hatten.[29] Wer seinen Kindern also ein besseres Leben ermöglichen wollte, sorgte dafür, dass sie wenigstens mit Englisch aufwuchsen, um später einmal Arbeit im Osten der Republik, in England

---

[29] Vgl. Hindley 1990: 179.

oder in Übersee zu finden. Aufgrund der heutigen, trotz der Finanzkrise wirtschaftlich stabileren Situation haben diese extremen Armutsängste und deren Verknüpfung mit der irischen Sprache zweifellos nachgelassen. Paradoxerweise liegt nun aber ein weiterer Grund für den Niedergang des Irischen in einst nahezu einsprachigen *Gaeltacht*-Gebieten ausgerechnet in deren wirtschaftlicher Erholung seit dem EU-Beitritt Irlands:

> Successful industrial growth in the 1970s [...] caused major re-immigration by former Gaeltacht emigrants and their 'outsider' families, plus managers and 'key' workers who were primary English speakers. This almost ended emigration and removed the former main cause of Irish decline, replacing it with a much more effective constant presence of non-Irish speakers in the midst of Irish-speaking communities.[30]

Wer also in seine Heimatregion zurückkehrte, tat dies als Englischsprecher, so wie die in anderen Landesteilen gegründete Familie rein englischsprachig war. Nicht selten wurden solche Rückkehrer ein Stück weit bewundert: Sie haben etwas von der Welt gesehen, waren finanziell relativ unabhängig und hatten nichts mehr mit dem ärmlichen Dorfleben in der ersten Hälfte des 20. Jahrhunderts gemein. Der von ihnen gemeisterte soziale Aufstieg war ein Aufstieg, der mithilfe der englischen Sprache stattfand.

Die zunehmende Mobilität ist ein weiterer Grund für die Verdrängung des Irischen. Da es kaum noch Familien gibt, die kein Auto besitzen, ist die Strecke zur nächst größeren Stadt im Gegensatz zu früher keine Tagesreise mehr. So arm und abgelegen die *Gaeltachtaí* einst auch gewesen sein mögen, boten sie doch bis auf einige Ausnahmen all das, was zum täglichen Bedarf vonnöten war. Für alles andere gab es entweder fahrende Händler oder man nahm einmal im Monat eine längere und beschwerliche Reise zum jeweiligen regionalen Zentrum auf sich. Einzig dort waren Englischkenntnisse unabdingbar, für das Leben im jeweiligen Heimatdorf konnte man meist darauf verzichten. Mit dem Auto und inzwischen recht moderner Infrastruktur dauert es heute von keiner der *Gaeltachtaí* länger als eine Stunde, um in eine der größeren Städte zu gelangen. Dort befinden sich nicht nur ökonomische, sondern auch kulturelle Zentren, an deren Leben man gerne teilhaben möchte; die irische Sprache ist dafür eher ein Hindernis.

Diese neue Mobilität zeigt ihre Auswirkungen auch in die andere Richtung: „[...] better transport has not merely brought English-speaking centres into the daily reach of Gaeltacht workers but has also made several attractive Gaeltacht districts desirable dormitories for English-speaking townsfolk."[31] Die ersten zwanzig Kilometer westlich von Galway – um ein treffliches Beispiel aus einer

---

30 Ebd.: 182.

31 Hindley 1990: 183.

anderen Region anzuführen – waren beispielsweise noch bis vor dreißig Jahren fast ausschließlich irischsprachig. Günstige Grundstückspreise und die Möglichkeit, ein Haus am Meer zu besitzen, trafen auf eine wohlhabende städtische Bevölkerung, die es hinaus aufs Land zog und die dort in Scharen Ferienhäuser errichtete. Damit änderte sich der Charakter der Dörfer fast vollständig: Man lebt inzwischen von solchen Städtern, und die Sprache dieser neuen Art von Geschäftsbeziehung ist Englisch. Einzig die staatliche Vorgabe, dass Irisch in den dortigen Schulen alleinige Unterrichtssprache ist, hält die Masse der Stadtbevölkerung (noch) davon ab, sich endgültig im *Gaeltacht* niederzulassen.

Nicht zuletzt sind es neben all den ökonomischen Faktoren jedoch soziale Kriterien, die zum Niedergang der irischen Sprache beitragen. Zwar werden Kinder zum Teil auch heute noch einsprachig erzogen, spätestens nach den ersten Schuljahren, eher schon früher, beherrschen sie aber auch Englisch fließend. Mit dem Besuch weiterführender Schulen, die bis auf ganz wenige Ausnahmen in rein englischsprachigen Gebieten liegen, treffen sie mit Gleichaltrigen zusammen, die in der großen Mehrheit ausschließlich anglophon sind. Es ist dann nicht verwunderlich, wenn diese Kinder das unnütze Irisch gegen das nützliche und immer zu gebrauchende Englisch eintauschen. Wie mir die Schulleiterin in An Charraig erzählte, kann man diese Entwicklung den Kindern kaum zum Vorwurf machen – Fernsehen, Musik, Internet, Zeitschriften, kurz: die ganze Popkultur, wird ausschließlich „englisch" erfahren.[32] Niemand käme beispielsweise auf die Idee, beliebte amerikanische Vorabendserien auf Irisch zu synchronisieren, weil dafür schlichtweg keine Zielgruppe vorhanden wäre.

Des Weiteren ist es heute schwierig, Irisch in ausreichender Zahl an die nächste Generation zu vermitteln. Aufgrund der oben angesprochenen Mobilität finden sich immer weniger Menschen zu Familien zusammen, in denen beide Elternteile irischsprachig sind. Niemand ist bei der Partnersuche mehr darauf angewiesen, sich auf das eigene Dorf oder die nähere Umgebung zu beschränken, was zur Folge hat, dass nun fast immer Englisch die Muttersprache eines Elternteils ist. Im Idealfall wachsen die Kinder der Familie zweisprachig auf, häufig – und vor allem dann, wenn irischsprachige Elternteile die *Gaeltachtaí* verlassen – wird das Irische jedoch aufgegeben. Zudem sind die Zeiten, in denen ausschließlich irischsprachige Großeltern unter dem gleichen Dach mit der restlichen Familie lebten, längst vorüber; damit ist auch der Zwang vorüber, tatsächlich Irisch in den eigenen vier Wänden sprechen zu müssen, um nicht andere Mitglieder vom Familienleben auszuschließen.[33]

---

[32] Zur weiterführenden Literatur in diesem Zusammenhang siehe insbesondere Crystal 2002 und 2012 sowie Phillipson 1992.

[33] Vgl. Hindley 1990: 216.

Der Vorsitzende von *Údarás na Gaeltachta* erläuterte mir in einem langen Gespräch im Oktober 2011, was zur Bewahrung des Irischen speziell in Donegal getan werden müsste. Es wäre selbstverständlich illusionär zu glauben, mit einem einfachen staatlichen Programm ließen sich die Menschen in der Wahl ihrer Alltagssprache beeinflussen. Aber selbst in einem inzwischen sehr schwachen *Gaeltacht* wie Südwest-Donegal gebe es zumindest Mittel und Wege, eine effektive und lebendige Zweisprachigkeit zu etablieren. Dazu allerdings müsste die irische Sprache auf verschiedenen tragfähigen Säulen ruhen. Vor- und Grundschulen legen zumindest den Grundstein, dass Sprachkenntnisse bewahrt bleiben. Ähnlich wie mit der weiterführenden Schule in Beal an Átha Móir, welche zumindest die Verwendung des Irischen im Schulalltag von Jugendlichen sichert und damit einen sprachlich konsistenten Weg von der *Naíonra* bis zur Abschlussprüfung herstellt, müssten dann aber auch konsequent weiterführende irischsprachige Schulen in allen *Gaeltachtaí* errichtet werden. Andernfalls haben Schüler – so sie die Sprache nicht tatsächlich noch im familiären Umfeld oder bei einem bestimmten Hobby verwenden – ab dem dreizehnten Lebensjahr praktisch keine Verwendung mehr für Irisch. Und dies würde wiederum das Elternhaus, dem sowieso die entscheidende Rolle bei der Weitergabe der Sprache zukommt, entmutigen. Ein kompletter irischer Bildungsweg jedoch könnte in der Tat zu einem Umdenken führen, da es fortan von großem Vorteil für die jeweiligen Kinder wäre, so früh wie möglich und auf dem bestmöglichen Niveau mit der Sprache in Kontakt zu kommen. Wenn dann neben dem Elternhaus und den Schulen als dritte Säule zumindest noch ein Teil des eigenen Freizeitlebens in irischer Sprache erlebt wird – Gaelic Football ist ein Beispiel, wie es funktionieren kann –, wäre der Erhaltung der Sprache wahrscheinlich ein größerer Gefallen getan als durch alljährliche Lippenbekenntnisse an politisch-historischen Jahrestagen.

Literaturverzeichnis

Department of Art, Heritage and the Gaeltacht (An Roinn Ealaíon, Oidhreachta agus Gaeltachta), online: http://www.ahg.gov.ie/en/ [18.01.2013].

Central Statistics Office, online: http://www.cso.ie/en/census/ [18.01.2013].

Central Statistics Office: Results County Donegal 2011, online: http://census.cso.ie/sapmap2011/Results.aspx?Geog_Type=CTY&Geog_Code=33&CTY=33 [18.01.2013].

Central Statistics Office (2012a): *Profile 9. What we full know*. Dublin: The Stationary Office.

Central Statistics Office (2012b): *Population Classified by Area*. Dublin: The Stationary Office.

Central Statistics Office (2012c): *This is Ireland. Highlights from Census 2011, Part 1*. Dublin: The Stationary Office.

Constitution of Ireland (*Bunrecht na hÉireann*), online: https://www.constitution.ie/Documents/Bhunreacht_na_hEireann_web.pdf [18.01.2013].

Crystal, David (2002): *Language Death*. Cambridge: University Press.

Crystal, David ([2]2012): *English as a Global Language*. Cambridge: University Press.

GaelSaoire, online: http://www.gaelsaoire.ie/ [18.01.2013].

Hamilton, John Noel (1974): *A phonetic study of the Irish of Tory Island, Co. Donegal*. Belfast: Institute of Irish Studies.

Hindley, Reg (1990): *The Death of the Irish Language*. London/New York: Routledge.

Lucas, Leslie W. (1976): *Grammar of Ros Goill Irish, Co. Donegal*. Belfast: Institute of Irish Studies.

Lucas, Leslie W. (1979): *The morphology of North Donegal Irish*. Belfast: Institute of Irish Studies.

Ó'Dochartaigh, Cathair (1987): *Dialects of Ulster Irish*. Belfast: Institute of Irish Studies.

Ó Giollagáin, Conchúr et al. (2007): *Comprehensive Linguistic Study of the Use of Irish in the Gaeltacht: Principal Findings and Recommendations: a research report*. Dublin: The Stationary Office.

O'Rahilly, Thomas F. (1932): *Irish dialects past and present: with chapters on Scottish and Manx*. Dublin: Browne & Nolan.

Quiggin, Edmund Crosby (1906): *A Dialect of Donegal: Being the Speech of Meenawannia in the Parish of Glenties. Phonology and texts*. Cambridge: University Press.

Phillipson, Robert (1992): *Linguistic Imperialism.* Oxford: University Press.

Somerfelt, Alf (1922): *The Dialect of Torr, Co. Donegal*. Christiania: Dybwad.

Wagner, Heinrich (1959): *Gaeilge Theilinn: foghraidheacht, gramadach, teácsanna.* Dublin: Institute for Advanced Studies.

Barbara Ahrens

Prosodie als Gegenstand dolmetschwissenschaftlicher Forschung: Eine szientometrische Momentaufnahme

1 Einleitung

Beim Dolmetschen als einer sprecherischen Tätigkeit kommt den prosodischen Elementen besondere Bedeutung zu, tragen sie doch in erheblichem Maße zur Bedeutungskonstituierung sowohl des ausgangssprachlichen als auch des zielsprachlichen Textes bei. Dies betont schon Kade in einer sehr frühen Publikation zum Dolmetschen:

> „Es ist zu beachten, daß suprasegmentale Elemente des Ausgangstextes wesentlichen Informationsgehalt haben können (z.B. Ausdruck von Ironie durch entsprechende Intonation). Der Informationsgehalt suprasegmentaler Elemente des Ausgangstextes muß bei der Umsetzung in der Zielsprache ebenfalls durch entsprechende Intonation wiedergegeben werden, sofern es nicht geraten erscheint, ihn mit anderen sprachlichen Mitteln (lexikalisch und grammatikalisch) darzustellen. Die letzte Phase des Dolmetschvorgangs unterstreicht die Bedeutung der angewandten Phonetik und der Sprecherziehung für die Dolmetscherausbildung." (Kade 1963: 19)

Dennoch hat es im Laufe der Entwicklung der Dolmetschforschung lange Zeit nur wenige Arbeiten gegeben, die prosodische Phänomene beim Dolmetschen untersuchten. Das mag zum einen damit zusammenhängen, dass die Sprechweise von Dolmetschern[1] als „ein normaler, spontaner Sprechakt" (Willett 1974: 103) bzw. „wie eine spontane Rede" (Kirchhoff 1976: 67) angesehen wurde und somit kein Forschungsbedarf ersichtlich war, zum anderen auch damit, dass zwar durchaus Auffälligkeiten in der Sprechweise von Dolmetschen festgestellt wurden (vgl. Barik 1975: 294), diese jedoch auf dolmetschprozessinhärente Faktoren zurückgeführt und damit als unvermeidlich eingestuft wurden (vgl. Fiukowski 1986: 186). Auch 35 Jahre nach den Bemerkungen Kades zur Bedeutung der sprecherisch-prosodischen Dimension beim Dolmetschen beklagt Collados Aís noch die fast vollständige Vernachlässigung der Stimme des Dolmetschers sowie der nonverbalen Kommunikationselemente als Untersuchungsgegenstand in der Dolmetschforschung (vgl. Collados Aís 1998: 60), die sich auch 6 Jahre später in der Analyse des Forschungsstandes zur Prosodie beim Simultandolmetschen immer noch widerspiegelte (vgl. Ahrens 2004: 117 ff.).

---

1 Sämtliche Personenbezeichnungen werden hier und im Folgenden aus Gründen der Übersichtlichkeit und Lesbarkeit in inkludierender Form verwendet.

Seit der Publikation von Collados Aís' bahnbrechender Studie (1998) über monotone Intonation beim Dolmetschen und deren Einfluss auf die Qualitätsbewertung der jeweiligen Dolmetschleistung hat es in den vergangenen 12 Jahren eine Veränderung in diesem Forschungsgebiet gegeben, die auf mehreren Faktoren beruht:

- technische Entwicklungen im Hard- und Softwarebereich, die den Umgang mit großen Datenmengen sowie Audio- und Videodateiformaten auf handelsüblichen Rechnern ermöglichen und eine nachträgliche Digitalisierung von analog aufgezeichnetem Datenmaterial unnötig machen.
- weit verbreitete Verwendung der Analysesoftware Praat für phonetische Analysen (vgl. http://www.fon.hum.uva.nl/praat/), sodass in Zukunft durchaus eine Vereinheitlichung der Analyseverfahren und -standards möglich erscheint.
- zunehmende Sensibilisierung dafür, dass stimmlich-prosodische Elemente erheblichen Einfluss auf die Evaluation von Dolmetschleistungen durch die Nutzer derselben haben, sodass hier nicht nur die Bedeutung der sprecherischen Leistung in der Dolmetscherausbildung betont wird, sondern auch eine enge Verbindung zur Qualitätsdebatte in der Dolmetschwissenschaft hergestellt werden konnte, die sich gerade für empirische Studien als besonders fruchtbar erweist.

Der vorliegende Beitrag hat zum Ziel, die Entwicklung der Prosodieforschung in der Dolmetschwissenschaft anhand von Publikationsdaten der Jahre 1950 bis 2010 aufzuzeigen.

2 Szientometrie und Dolmetschwissenschaft

Szientometrische und bibliometrische Methoden finden in der Wissenschaftsforschung Anwendung, um die Entwicklung einer Disziplin anhand quantifizierbarer, „bibliothekarisch nachweisbarer Publikationsergebnisse" (Umstätter 2004: 237) beschreiben zu können.[2] Grundlage dieser empirischen Methode sind Publikations- und Zitationsdaten, wobei die Unvollständigkeit und Zugänglichkeit des Gesamtdatenbestands in Datenbanken, Bibliografien etc. sowie die Frage nach der grundsätzlichen Definition dessen, was eine (wissenschaftliche) Publikation ist, durchaus methodische Probleme darstellen (vgl. Stock 2001: 8 ff.).

---

[2] Szientometrie beschäftigt sich ausschließlich mit wissenschaftlichen Publikationen, während die Bibliometrie in ihren Untersuchungen auch Publikationen nichtwissenschaftlicher Natur berücksichtigt (vgl. Kuhlen/Seeger/Strauch 2004: 13 und 117; Umstätter 2004: 238).

In der Dolmetschwissenschaft werden szientometrische Analysen bereits seit Mitte der 1990er Jahre durchgeführt, wobei die Schwerpunkte nach Dolmetschart (vgl. Pöchhacker 1995; Gile 2000, 2006; Grbić 2007) oder auch geographischer Region (vgl. Grbić 2009; Grbić/Pöllabauer 2008) variieren.

Die vorliegende szientometrische Momentaufnahme umfasst den Zeitraum von 1950 bis 2010 und damit die Entwicklung seit den Ursprüngen der Dolmetschforschung und -wissenschaft. Sie widmet sich einem bestimmten dolmetschwissenschaftlichen Untersuchungsgegenstand – nämlich der Prosodie und ihrer Einzelphänomene –, um dessen zunehmende Berücksichtigung vor allem in der neueren Dolmetschforschung belegen zu können. Es handelt sich hier also um eine thematisch eingegrenzte szientometrische Analyse.

3 Korpus

Für die vorliegende Momentaufnahme wurde in den Monaten Juli und August des Jahres 2011 nach Publikationen recherchiert, die sich mit dem Thema Prosodie und Dolmetschen beschäftigen. Als Erhebungszeitraum wurden die Jahre zwischen 1950 und 2010 definiert, um so frühe Publikationen zum Dolmetschen, die sich eher mit der Berufspraxis beschäftigen (vgl. z.B. Herbert 1952), ebenso erfassen zu können wie aktuelle Publikationen. Da das Jahr 2011 aufgrund des Erhebungsdatums nicht vollständig erfasst werden konnte und im Druck befindliche Publikationen zum fraglichen Themenbereich in der Regel noch nicht verlässlich recherchierbar sind, wurden nur Publikationen bis Ende 2010 berücksichtigt.

Im Gegensatz zu bisher publizierten Übersichten über den Forschungsstand zur Prosodie beim Dolmetschen, die sich in den meisten Fällen entweder nur auf das Konsekutivdolmetschen (vgl. u.a. Mead 2002) oder nur auf das Simultandolmetschen (vgl. u.a. Ahrens 2004) bezogen oder aber für einen aktuellen Überblick zu alt waren (vgl. u.a. Gerver 1976), wurden in der vorliegenden Erhebung beide Dolmetschmodi erfasst, damit ein möglichst umfassendes Bild des aktuellen Forschungsstandes aufgezeigt werden kann.

In einem ersten Schritt wurden die Publikationen von Forschern recherchiert, die ausgewiesene Experten im Bereich Prosodie und Dolmetschen sind (z.B. Ahrens, Collados Aís, Mead, Nafá Waasaf, Pradas Macías), um so eine Grundlage für die Kompilierung weiterer Daten zum Thema der Erhebung zu haben. Ausgehend von den so gewonnenen Beiträgen wurden darüber hinaus die einschlägigen Fachzeitschriften *Interpreting*, *The Interpreters' Newsletter*, *The Translator* und *Translation and Interpreting Studies* sowie die *Benjamins Translation Library* unter Verwendung der folgenden mehrsprachigen Schlagwörter durchsucht: Prosodie, Prosody, suprasegmental, speech rate, stress, accent, intonation, entonación, pause, fluency.

Darüber hinaus wurden die im Internet verfügbaren *CIRIN*[3] *Bulletins* Nr. 29 (Dezember 2004) bis Nr. 42 (Juli 2011) ebenfalls mit den vorstehend genannten Schlagwörtern überprüft (vgl. http://cirinandgile.com), um die Datensätze zu vervollständigen bzw. um teilweise auch Publikationen nicht-europäischer Herkunft (z.B. Japan, China) erfassen zu können.

Bei der Korpuserstellung blieben Diplom-, Master- und Bachelorarbeiten zu der untersuchten Thematik unberücksichtigt, da die bibliografischen Informationen darüber in den recherchierten Datenbeständen unvollständig sind. So werden beispielsweise nur diejenigen Abschlussarbeiten, die von den entsprechenden Betreuern an CIRIN gemeldet werden, dann auch im Bulletin aufgeführt. Es ist anzunehmen, dass es eine ganze Reihe von Abschlussarbeiten gibt, die in keinem Datenbestand geführt werden, sodass hier möglicherweise ein unausgewogenes Bild entstanden wäre.

Dissertationen, die nicht in Buchform oder auf andere Weise (z.B. im Internet) publiziert wurden, fanden nur Eingang in das Korpus, wenn sie in anderen, als zuverlässige Quellen anzusehenden Bibliografien erfasst wurden, so z.B. im Falle des unveröffentlichten *Alpbach Report* (1968) oder der Dissertationen von Gerver (1971) oder Déjean Le Féal (1978).

Das auf diese Weise kompilierte Korpus umfasst 128 Datensätze. Die darin erfassten Beiträge behandeln Prosodie beim Dolmetschen entweder als alleinigen Schwerpunkt oder aber als Teilaspekt einer anderen Fragestellung zum Dolmetschen. Das Korpus erhebt aufgrund seiner methodischen Einschränkungen keinen Anspruch auf Vollständigkeit, sondern stellt eine Momentaufnahme der bis 2010 geleisteten und publizierten Beiträge zum Thema Prosodie und Dolmetschen dar, die jedoch durchaus gewisse Tendenzen und Entwicklungen erkennen lässt.

---

3 *CIRIN* steht für *Conference Interpreting Research Information Network*, das Daniel Gile 1990 mit dem Ziel gegründet hat, Informationen über Forschungsbeiträge zum Konferenzdolmetschen schneller zugänglich zu machen und auszutauschen. Als Medium dient das halbjährlich veröffentlichte, von ihm betreute Bulletin, in dem bibliografische Angaben zu Abschlussarbeiten, Dissertationen, Monographien und Fachartikeln zusammengestellt werden. Das Bulletin wird auch von Forschern aus aller Welt unterstützt, die die entsprechenden Informationen aus ihrem Bereich freiwillig an Daniel Gile weitergeben. Die im Bulletin veröffentlichen Angaben erheben keinen Anspruch auf Vollständigkeit. Das Bulletin ist im Internet unter http://cirinandgile.com frei zugänglich.

4 Ergebnisse

4.1 Quantitative Entwicklung der Beiträge

Das untersuchte Korpus bezieht sich auf einen Zeitraum von 61 Jahren, nämlich 1950 bis 2010, in dem 128 Beiträge nachgewiesen werden konnten. Die Verteilung der Beiträge auf die erfassten Jahrzehnte zeigt, dass bis Ende der 1990er Jahre die Beschäftigung mit dem Thema Prosodie und Dolmetschen eher gering war.[4]

Tabelle 1: Anzahl und relative Häufigkeit[5] der Beiträge pro Jahrzehnt

Zeitraum	Anzahl (absolut)	Relative Häufigkeit (%)
1950-1959	1	0,8
1960-1969	10	7,8
1970-1979	11	8,6
1980-1989	21	16,4
1990-1999	22	17,2
2000-2010	63	49,2
Summe	**128**	**100**

Tabelle 1 zeigt die quantitative Entwicklung der Beiträge in absoluten Zahlen und ihre relative Häufigkeit. Es wird deutlich, dass es zwar in allen Phasen der Entwicklung der Dolmetschforschung und -wissenschaft Beiträge gegeben hat, die das Thema Prosodie und Dolmetschen als einzigen Aspekt oder als Teilaspekt eines anderen Themenschwerpunktes behandelt haben, dass aber der größte Teil der Beiträge – nämlich fast die Hälfte (49,2 %) – in den Jahren 2000 bis 2010 nachgewiesen werden konnte. Abbildung 1 stellt diesen quantitativen Anstieg grafisch dar.

---

4 Das Intervall von 2000 bis 2010 umfasst 11 Jahre, um die Produktion des letzten recherchierten Jahres 2010 berücksichtigen zu können, in dem allerdings nur zwei Beiträge nachweisbar waren. Daher ist eine Verzerrung der Werte für das sechste Jahrzehnt im Vergleich zu den fünf vorangehenden aufgrund der geringen Anzahl der Beiträge im Jahr 2010 auszuschließen.

5 Die Ergebniswerte der relativen Häufigkeiten wurden hier und im Folgenden jeweils auf eine Stelle nach dem Komma gerundet.

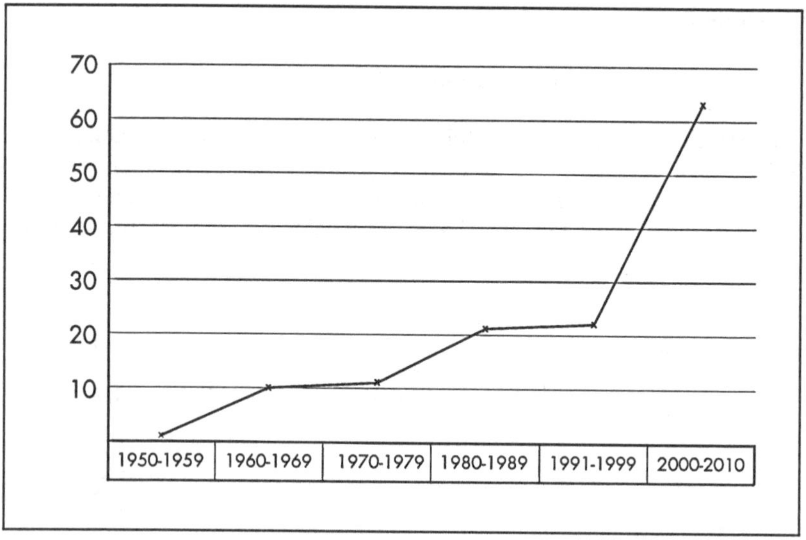

Abbildung 1: Quantitative Entwicklung der Beiträge (in absoluten Zahlen)

Der Anstieg in den letzten 11 Jahren kann auf zwei bereits unter Punkt 1 des vorliegenden Artikels erwähnte Gründe zurückgeführt werden: zum einen die technische Entwicklung und die damit verbundene leichtere Bearbeitung und Analyse von zu untersuchenden Audio-/Video-Daten, zum anderen der in der Forschung eindeutig nachgewiesene Zusammenhang zwischen prosodischen Phänomenen in Dolmetschleistungen und der Bewertung der Qualität derselben (vgl. u.a. Collados Aís 1998; Pradas Macías 2006; Holub 2010; Rennert 2010).

4.2 Arten von Beiträgen

Die Kategorisierung der Einträge nach deren Publikationsart ist in szientometrischen Untersuchungen kein einfaches Thema (vgl. Grbić 2009: 152). Im Rahmen der vorliegenden Momentaufnahme wurden bei der Korpuserstellung alle als Printmedium oder als elektronische Quelle (Internet, CD-Rom) zugänglichen Beiträge berücksichtigt, wobei sich Printmedien neben Büchern und Fachzeitschriften auch auf vom jeweiligen Verfasser selbst erstellte Exemplare von Dissertationen bezieht. Hier ergibt sich im Rahmen der vorliegenden Untersuchung eine Ungenauigkeit, weil aufgrund dieser Vorgehensweise sowohl diese Exemplare als auch die daraus später gegebenenfalls veröffentlichte Monografie in die Analyse eingehen. Da sich jedoch – wie aus Tabelle 2 hervorgeht – der größte Teil der Beiträge in Sammelbänden und Fachzeitschriften findet, kann diese Ungenauigkeit vernachlässigt werden.

Tabelle 2: Arten von Beiträgen

Art der Publikation	Anzahl (absolut)	Relative Häufigkeit (%)
Artikel in Fachzeitschrift	61	47,6
Artikel in Sammelband	48	37,5
Monografie	12	9,4
Dissertation	6	4,7
unveröffentlichtes Manuskript	1	0,8
Summe	**128**	**100**

85,1 % aller erfassten Beiträge sind in Form von Artikeln in Sammelbänden oder Fachzeitschriften erschienen. Wenn man dabei noch berücksichtigt, dass in 90 der 128 Beiträge – also 70,3 % – empirische Untersuchungen vorgestellt werden,[6] die vom Umfang her teilweise mit sehr kurzen Audiodatensequenzen arbeiten und dieses Material auf prosodische Phänomene hin untersuchen (vgl. z.B. Shlesinger 1994), so überrascht die geringe Anzahl von Monografien, die sich ausschließlich auf prosodische Phänomene beziehen und umfangreichere Korpora analysieren (vgl. Mead 2002; Ahrens 2004), nicht weiter. Auch hier kommt wieder der anfangs erwähnte technische Aspekt bei der Analyse von größeren Mengen Audio- und/oder Videodaten zum Tragen.

4.3 Themen der Beiträge

Auch in Bezug auf die in den Beiträgen behandelten Themen unterliegen szientometrische Untersuchungen einem gewissen Maß an Subjektivität, selbst wenn auf Schlagwörter oder Kategorien zurückgegriffen wird, die im Rahmen der Publikation bzw. der bibliografischen Erfassung festgelegt wurden (vgl. Grbić 2009: 156 f.). Dies gilt auch für die vorliegende Momentaufnahme, wobei jedoch die Verfasserin derselben aufgrund ihrer eigenen Forschungsaktivitäten im Bereich Prosodie und Dolmetschen einen Großteil der Beiträge selbst rezipiert hat, was eine Zuordnung zu den behandelten Einzelthemen erleichterte.

6 Der hohe Anteil der Beiträge mit empirischen Studien an der Gesamtproduktion ist darauf zurückzuführen, dass im Korpus viele Autoren mit mehreren Beiträgen vertreten sind, die sich auf unterschiedliche Aspekte ein und derselben Untersuchung größeren Umfangs beziehen (z.B. Ahrens, Collados Aís, Mead, Pradas Macías).

4.3.1 Übergeordnete Themenbereiche

Wie vorstehend bereits festgestellt wurde, wird Prosodie in der Dolmetschwissenschaft selten als alleiniger Untersuchungsgegenstand gewählt.

Sprecherisch-stimmliche Aspekte werden seit Beginn der Etablierung des Berufsstandes der (Konferenz-)Dolmetscher im 20. Jahrhundert und der damit verbundenen Institutionalisierung der Ausbildung an Hochschulen häufig im Zusammenhang mit der Ausbildung erwähnt und immer wieder als generelle Anforderungen an Dolmetscher formuliert (vgl. z.B. Geißner 1971; Fiukowski 1986; Knobloch 2002).

Frühe Studien zum Simultandolmetschprozess gingen davon aus, dass Pausen der Schlüsselfaktor bei der Bewältigung der Aufgabe des simultanen Hörens und Sprechens waren (vgl. z.B. Goldman-Eisler 1968: 88, Barik 1973: 267). Auch der damit verbundene prosodische Parameter Sprechrate stand in vielen frühen Studien zum Dolmetschprozess im Mittelpunkt des Interesses.[7]

Die Bemühungen um die Definition eines allgemein gültigen Qualitätsbegriffs für das Dolmetschen haben in den letzten 12 Jahren eine ganze Reihe von Untersuchungen hervorgebracht, die u.a. prosodische Phänomene als Parameter zur Bewertung der Qualität nachgewiesen haben (vgl. z.B. Collados Aís 1998; Pradas Macías 2006; Holub 2010; Rennert 2010), obwohl Kriterien wie Stimme oder muttersprachlicher Akzent lange Zeit unter Nutzern von Dolmetschleistungen keinen bedeutenden Einfluss auf deren Bewertungen zu haben schienen.[8]

Darüber hinaus ließen sich im untersuchten Korpus weitere übergeordnete Themen feststellen, die in Tabelle 3 und der dazugehörigen Abbildung 2 dargestellt sind.

---

7 Für eine Übersicht über diese frühen Studien vgl. Gerver (1976: 172 ff.).

8 Für eine ausführliche Darstellung früherer Studien zur Frage der Qualitätsbewertung vgl. Collados Aís (1998: 37 ff.).

Tabelle 3: Übergeordnete Themenbereiche

Themenbereiche	Anzahl (absolut)	Relative Häufigkeit (%)
Dolmetschprozess allgemein	38	29,7
Prosodie allgemein	34	26,6
Qualität	27	21,1
Ausbildung	14	10,9
Überblick Forschungsstand allgemein	6	4,7
Methodik	6	4,7
Dolmetschen / Berufspraxis allgemein	3	2,3
Summe	**128**	**100**

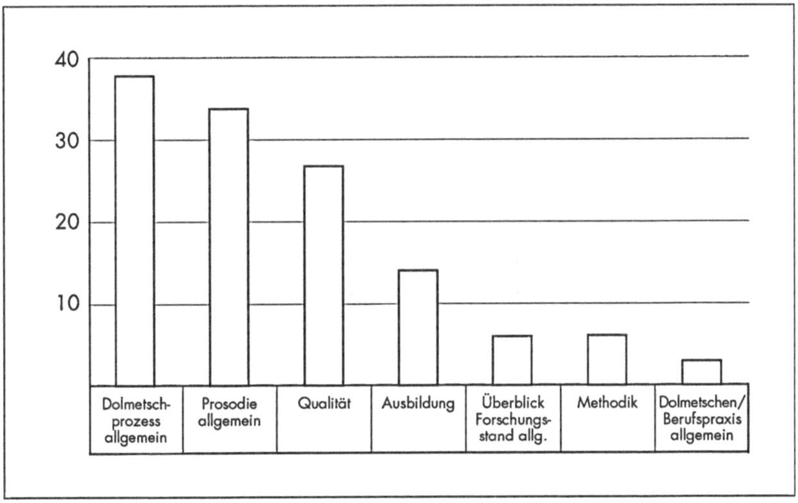

Abbildung 2: Häufigkeit der übergeordneten Themenbereiche (in absoluten Zahlen)

Es bleibt festzustellen, dass sich nur etwa ein Drittel der Beiträge – nämlich 31,3 % – der Prosodie allgemein (also beispielsweise einem isolierten Phänomen wie Betonungen, wie in Williams 1995) sowie einem allgemeinen Überblick über den Stand der Forschung im Bereich Prosodie und Dolmetschen, wie z.B. Ahrens (2009), widmen, die restlichen 68,7 % setzen die Prosodie in Relation zu anderen Themen, die entsprechend den Schwerpunkt des jeweiligen Beitrags bildeten.

4.3.2 Prosodische und sprecherische Einzelphänomene

Auch wenn – wie unter Punkt 4.3.1 des vorliegenden Artikels geschehen – die einzelnen Beiträge mehrheitlich übergeordneten Themenbereichen zugeordnet werden können, ließen sich darüber hinaus in den meisten der 128 Beiträge des Korpus prosodische und sprecherische Einzelphänomene identifizieren, nach denen sie ebenfalls klassifiziert werden können.

Drei Kategorien bedürfen aufgrund ihres allgemeinen Charakters einer kurzen Erläuterung, bevor die quantitativen Ergebnisse in Tabelle 4 vorgestellt werden:

Die Kategorie „Sprechen + Stimme allgemein" umfasst Beiträge, in denen die sprecherischen Fähigkeiten von Dolmetschern im Allgemeinen zur Sprache kommen, wie z.B. in Herbert (1952). Darüber hinaus zählen dazu auch 13 der 14 unter Punkt 4.3.1 des vorliegenden Artikels dem Oberthema „Ausbildung" zugeordneten Beiträge, so z.B. Knobloch (2002).

Der Kategorie „Prosodie (mehrere Phänomene)" wurden Beiträge zugeordnet, die sich mit mehr als einem prosodischen Phänomen befassen, also z.B. Ahrens (2004).

Zur Kategorie „Nonverbale Kommunikation (inkl. spontane Rede)" gehören beispielsweise konzeptuelle Beiträge wie der von Poyatos (1987), der sich mit nonverbaler Kommunikation beim Simultan- und Konsekutivdolmetschen beschäftigt und dabei neben paralinguistischen Phänomenen vor allem auch kinesische Elemente in seine Modellierung mit einfließen lässt.[9]

---

9 Beiträge zur nonverbalen Kommunikation beim Dolmetschen, die sich ausschließlich auf kinesische Phänomene beziehen bzw. stimmliche Aspekte explizit ausklammern, wurden bei der Kompilierung des Korpus nicht berücksichtigt.

Tabelle 4: Untersuchte prosodische und sprecherische Einzelphänomene

Untersuchtes prosodisches Phänomen	**Anzahl (absolut)**	**Relative Häufigkeit (%)**	**Anteil Qualität (absolut)**	**Anteil Ausbildung (absolut)**
Stimme + Sprechen allg.	27	21,1	4	13
Sprechrate	27	21,1	8	1
Prosodie (mehrere Phänomene)	25	19,5	6	-
Pausen	23	17,9	1	-
Intonation	12	9,4	5	-
nonverbale Kommunikation allg. (inkl. spontane Rede)	7	5,5	1	-
nicht-muttersprachl. Akzent	5	3,9	2	-
Betonung + phonol. Interferenzen	2	1,6	-	-
Summe	**128**	**100**	**27** (= 21,1 %)	**14** (= 10,9 %)

Aus den quantitativen Daten geht hervor, dass insbesondere die den durationalen Phänomenen[10] zugeordneten Kategorien „Sprechrate" und „Pausen" einen großen Anteil an der im Korpus widergespiegelten Gesamtproduktion ausmachen: 50 Beiträge (39 %) widmen sich ausschließlich der Untersuchung von Pausen und der Sprechrate. Das ist nicht weiter ungewöhnlich angesichts der vorstehend unter Punkt 4.3.1 erwähnten Überlegungen und Studien zur Bedeutung von Pausen für simultanes Sprechen und Hören sowie zum Einfluss der Sprechrate des ausgangssprachlichen Redners auf den Dolmetschprozess insgesamt. Darüber hinaus waren Pausen und Sprechraten die akustisch auffälligsten Phänomene, die die Sprechweise von Simultandolmetschern als „less smooth than 'natural' speech" (Barik 1975: 294, Hervorhebung im Original) charakterisierten. Und nicht zuletzt zeigen Studien zu Pausen und Sprechraten aus den 1960er und 1970er Jahren, dass diese in der damaligen Zeit apparativ gemessen werden konnten und somit als objektiver Parameter galten. Um die Bedeutung der Erforschung von Pausen und Sprechraten im vorliegenden Korpus vollständig zu beleuchten, müssen zu den 50 Beiträgen aus diesen beiden Kategorien die 25 der

[10] Durationale prosodische Phänomene werden durch ihren zeitlichen Verlauf und somit durch die Änderung der zeitlichen Relationen, die zwischen Segmenten bestehen, bedingt. Zu ihnen zählen Artikulationsdauer, Pausen und Sprechtempo, das u.a. als Sprechrate angegeben wird (vgl. Ahrens 2004: 99 ff.).

Kategorie „Prosodie (mehrere Phänomene)" addiert werden, da diese in der Regel auch Pausen mit untersucht haben (z.B. Ahrens 2004). Daraus ergibt sich eine Anzahl von 75 Einträgen bzw. ein Anteil von 58,5 % am Gesamtkorpus, was die Bedeutung durationaler prosodischer Phänomene als Untersuchungsgegenstand in der Dolmetschforschung unterstreicht. Berücksichtigt man dabei außerdem, dass von den 75 Einträgen 15 einen Bezug zu Untersuchungen der Qualität haben – was 55,6 % der 27 dem übergeordneten Thema „Qualität" unter Punkt 4.3.1 des vorliegenden Artikels entspricht –, so spiegelt sich in diesem Ergebnis der Einfluss, der Pausen und einem (weniger) flüssigen Vortrag in Bezug auf die Qualitätsbewertung von Dolmetschleistungen zuerkannt wird (vgl. z.B. Pradas Macías 2006), klar wider.

In Abbildung 3 wird insbesondere der Anteil der qualitätsbezogenen Untersuchungen an den jeweils analysierten Einzelphänomenen, aber auch im Korpus insgesamt nochmals deutlich.

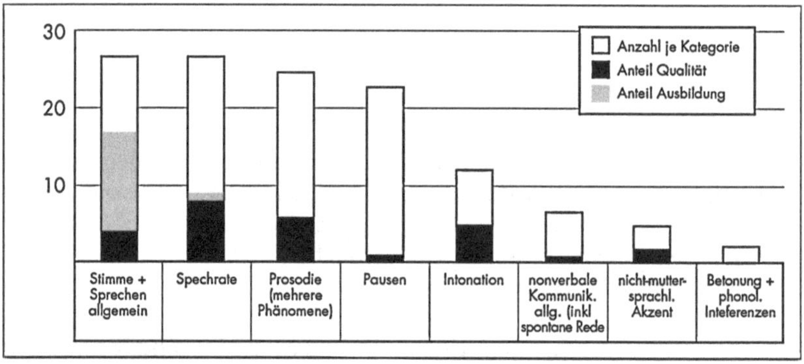

Abbildung 3: Untersuchte prosodische und sprecherische Einzelphänomene mit jeweils anteiligem Qualitäts- und Ausbildungsbezug (in absoluten Zahlen)

5 Schlussbemerkung

Die szientometrische Momentaufnahme der dolmetschwissenschaftlichen Beiträge, in denen die Prosodie beim Dolmetschen einen Haupt- oder Nebenaspekt darstellt, hat gezeigt, dass es erst in den letzten 11 Jahren zu einem vermehrten Forschungsinteresse an diesem Untersuchungsgegenstand gekommen ist, auch wenn die Bedeutung der Prosodie für das Dolmetschen bereits in frühen Beiträgen zum Dolmetschen unterstrichen wurde. Prosodische Elemente spielen sowohl im ausgangssprachlichen Text als auch in der zielsprachlichen Wiedergabe durch den Dolmetscher eine tragende Rolle, was sich in den konkreten Fragestellungen der analysierten Studien zur Prosodie widerspiegelt. Insbesondere die Relevanz der sprecherischen Leistung des Dolmetschers wird in den Beiträgen, die einen Bezug zur Ausbildung von Dolmetschern herstellen, betont.

Die Analyse des Korpus hat ergeben, dass in Studien jüngeren Datums zunehmend die verschiedenen prosodischen Phänomene in Verdolmetschungen als Qualitätsparameter herangezogen werden. Dieser qualitätsbezogene Ansatz ist früheren Studien zu verdanken, in denen prosodische Elemente und die zwischen ihnen bestehenden Interdependenzen den alleinigen Untersuchungsgegenstand darstellen. Mit ihrem häufig deskriptiven Charakter bieten diese rein prosodiefokussierten Untersuchungen in der Regel den Zugang zu dem konzeptuellen Instrumentarium, das überhaupt erst einen Bezug zu anderen relevanten Themen bei der Erforschung des vielschichtigen Phänomens „Dolmetschen" ermöglicht.

Es bleibt zu hoffen, dass die sich aus dieser szientometrischen Momentaufnahme ergebende Tendenz einer vermehrten Beschäftigung mit prosodischen Phänomenen beim Dolmetschen in der Zukunft anhält. Das komplexe und daher forscherisch herausfordernde, aber zugleich auch äußerst spannende Thema „Prosodie und Dolmetschen" hätte es verdient.

Literaturverzeichnis

Ahrens, Barbara (2004): *Prosodie beim Simultandolmetschen*. Frankfurt: Lang.

Ahrens, Barbara (2009): „La Voz del Intérprete como Objeto de Investigación", in: Centro de Investigación en Traducción/Facultad de Lenguas/UNC (Hg.): *II Jornadas Internacionales de Traductología: „Una Mirada Interdisciplinaria de la Traducción", 13, 14 y 15 de agosto de 2009, Facultad de Lenguas de la UNC*. Kongressbeiträge auf CD-Rom. Córdoba, Argentinien: Centro de Investigación en Traducción/Facultad de Lenguas/Universidad Nacional de Córdoba.

Alpbach (1968): *Report on Session „Interpreters and Interpreting"*, Europäisches Forum Alpbach, 19.-24. August 1968, unveröffentlichtes Manuskript.

Barik, Henry C. (1973): „Simultaneous Interpretation: Temporal and Quantitative Data", *Language and Speech* 16.3, 237-270.

Barik, Henry C. (1975): „Simultaneous Interpretation: Qualitative and Linguistic Data“, *Language and Speech* 18.3, 272-297.

CIRIN – Conference Interpreting Research Information Network, in: http://cirinandgile.com [18.8.2011].

Collados Aís, Ángela (1998): *La Evaluación de la Calidad en Interpretación Simultánea. La Importancia de la Comunicación no verbal.* Peligros (Granada): Comares.

Déjean Le Féal, Karla (1978): *Lectures et Improvisations. Incidences de la Forme de l'Enonciation sur la Traduction Simultanée.* Dissertation, Universität Sorbonne, Paris III.

Fiukowski, Heinz (1986): „Zur Sprecherziehung für Konferenzdolmetscher“, *Fremdsprachen* 30.3, 186-191.

Geißner, Hellmut (1971): „Rhetorik für Dolmetscher“, *Revue de Phonétique Appliquée* 19, 31-46.

Gerver, David (1971): *Aspects of Simultaneous Interpretation and Human Information Processing.* Dissertation, Universität Oxford.

Gerver, David (1976): „Empirical Studies of Simultaneous Interpretation: A Review and a Model“, in: Brislin, Richard W. (Hg.): *Translation. Application and Research.* New York: Gardner, 165-207.

Gile, Daniel (2000): „The History of Research into Conference Interpreting: A Scientometric Approach“, *Target* 12.2, 297-321.

Gile, Daniel (2006): „L'Interdisciplinarité en Traductologie: Une Optique Scientométrique“, in: Öztürk Kasar, Sündüz (Hg.): *Interdisciplinarité en Traduction.* Vol. II. Istanbul: Isis, 23-37. Auch in: http://cirinandgile.com/2006interdiscmethodIstanb.doc [4.8.2011].

Goldman-Eisler, Frieda (1968): *Psycholinguistics. Experiments in Spontaneous Speech.* London/New York: Academic Press.

Grbić, Nadja (2007): „Where do we come from? What are we? Where are we going? A Bibliometrical Analysis of Writings and Research on Sign Language Interpreting“, *The Sign Language Translator & Interpreter* 1.1, 15-51.

Grbić, Nadja (2009): „Gebärdensprachdolmetschen im deutschsprachigen Raum. Szientometrische Befunde", in: Ahrens, Barbara/Lothar Černý/Monika Krein-Kühle et al. (Hg.): *Translationswissenschaftliches Kolloquium I. Beiträge zur Übersetzungs- und Dolmetschwissenschaft (Köln/Germersheim)*. Frankfurt: Lang, 145-165.

Grbić, Nadja/Sonja Pöllabauer (2008): „Counting what counts: Research on Community Interpreting in German-speaking Countries – A Scientometric Study", *Target* 20.2, 297-332.

Herbert, Jean (1952): *Manuel de l'Interprète*. Genf: Georg.

Holub, Elisabeth (2010): „Does Intonation matter? The Impact of Monotony on Listener Comprehension", *The Interpreters' Newsletter* 15, 117-128.

Kade, Otto (1963): „Der Dolmetschvorgang und die Notation. Bedeutung und Aufgaben der Notiertechnik und des Notiersystems beim konsekutiven Dolmetschen", *Fremdsprachen* 7.1, 12-20.

Kirchhoff, Helene (1976): „Das Simultandolmetschen: Interdependenzen der Variablen im Dolmetschprozeß, Dolmetschmodelle und Dolmetschstrategien", in: Drescher, Horst W./Signe Scheffzek (Hg.): *Theorie und Praxis des Übersetzens und Dolmetschens*. Frankfurt: Lang, 59-71.

Knobloch, Klaus (2002): „Sprecherziehung und rhetorische Kommunikation – wichtige Bausteine im Dolmetschstudium", in: Best, Joanna/Sylvia Kalina (Hg.): *Übersetzen und Dolmetschen. Eine Orientierungshilfe*. Tübingen/Basel: Francke, 196-208.

Kuhlen, Rainer/Thomas Seeger/Dietmar Strauch (Hg.) (2004): *Grundlagen der praktischen Information und Dokumentation, Band 2: Glossar*. München: Saur.

Mead, Peter (2002): *Évolution des Pauses dans l'Apprentissage de l'Interprétation Consécutive*. 2 Bände. Dissertation, Universität Lumière Lyon 2. Auch in: http://theses.univ-lyon2.fr/documents/lyon2/2002/mead_p/info [18.8.2011].

Nafá Waasaf, Lourdes (2007): „Intonation and the Structural Organization of Texts in Simultaneous Interpreting", *Interpreting* 9.2, 177-198.

Pöchhacker, Franz (1995): „Writings and Research on Interpretation: A Bibliographic Analysis", *The Interpreters' Newsletter* 6, 17-31.

Poyatos, Fernando (1987): „Nonverbal Communication in Simultaneous and Consecutive Interpretation: A Theoretical Model and New Perspectives", *TEXTconTEXT* 2.2, 73-108.

Praat, in: http://www.fon.hum.uva.nl/praat/ [23.8.2011].

Pradas Macías, Macarena (2006): „Probing Quality Criteria in Simultaneous Interpreting: The Role of Silent Pauses in Fluency", *Interpreting* 8.1, 25-43.

Rennert, Sylvi (2010): „The Impact of Fluency on the Subjective Assessment of Interpreting Quality", *The Interpreters' Newsletter* 15, 101-115.

Shlesinger, Miriam (1994): „Intonation in the Production and Perception of Simultaneous Interpretation", in: Lambert, Sylvie/Barbara Moser-Mercer (Hg.): *Bridging the Gap. Empirical Research in Simultaneous Interpretation*. Amsterdam/Phildelphia: Benjamins, 225-236.

Stock, Wolfgang G. (2001): *Publikation und Zitat. Die problematische Basis empirischer Wissenschaftsforschung*. Köln: Fachhochschule Köln. Auch in: http://www.fbi.fh-koeln.de/institut/papers/kabi/volltexte/band029.pdf [19.8.2011].

Umstätter, Walther (2004): „Szientometrische Verfahren", in: Kuhlen, Rainer/Thomas Seeger/Dietmar Strauch (Hg.): *Grundlagen der praktischen Information und Dokumentation*. Band 1. München: Saur, 237-243.

Willett, Ruth (1974): „Die Ausbildung zum Konferenzdolmetscher", in: Kapp, Volker (Hg.): *Übersetzer und Dolmetscher. Theoretische Grundlagen, Ausbildung, Berufspraxis*. Heidelberg: Quelle & Meyer, 87-109.

Williams, Sarah (1995): „Observations on Anomalous Stress in Interpreting", *The Translator* 1.1, 47-64.

Michael Schreiber

Anaphorik als Übersetzungsproblem. Am Beispiel der deutschen Pronominaladverbien

Bereits Malblanc hat in seiner *Stylistique comparée du français et de l'allemand* darauf hingewiesen, dass die deutschen Pronominaladverbien zu Übersetzungsproblemen führen können, wenn in eine Sprache wie das Französische übersetzt wird, in der die entsprechende Wortart nur marginal vertreten ist. Anaphorisch verwendete Pronominaladverbien werden daher nicht selten explizierend im Französischen wiedergegeben, wie im folgenden Beispiel:

> „*Dabei* kam über ihn eine gewisse Behaglichkeit.
> Il prenait *à ces méditations* un certain plaisir." (Malblanc 1968: 262)

In meinem Beitrag möchte ich versuchen, diese Problematik im Rahmen eines germanisch-romanischen Übersetzungsvergleiches etwas systematischer zu beschreiben. Untersucht werden sollen Übersetzungen aus dem Deutschen und ins Deutsche. Als Datenbasis dient das Korpus *Europarl*, das Reden aus dem Europäischen Parlament und deren Übersetzungen in verschiedene Amtssprachen der Europäischen Union enthält. Als Kontrastsprachen zum Deutschen fungieren zwei weitere germanische Sprachen (Englisch, Niederländisch) und drei romanische Sprachen (Französisch, Italienisch, Spanisch).

1 Pronominaladverbien: Inventar und Gebrauch

Im Deutschen wird der Ausdruck *Pronominaladverb* traditionell für Verbindungen der Adverbien *da*, *hier* und *wo* und verschiedenen Präpositionen verwendet. Aus morphologischer Sicht adäquater erscheint der Terminus *Präpositionaladverb* (Zifonun et al. 1997: 54 f.). Ich werde jedoch im Folgenden den traditionellen Ausdruck *Pronominaladverb* beibehalten, da er sich auch in der neueren Linguistik weitgehend durchgesetzt hat. Pronominaladverbien können an die Stelle einer Präpositionalphrase (PP) treten und fungieren daher u.a. als Adverbiale und als Präpositionalobjekte (Dončeva 1980; Krause 1996). Da es in meinem Beitrag um Anaphorik als Übersetzungsproblem geht, werde ich mich auf anaphorische Verwendungsweisen der Pronominaladverbien beschränken (vgl. Schreiber 1999: 240 ff.) und alle nicht-anaphorischen Verwendungen ausschließen, z.B. die Verwendung als Korrelat, wie in „Er freute sich *darüber*, nicht zu spät gekommen zu sein" (Zifonun et al. 1997: 1476), die man als kataphorisch interpretieren kann.

Die Situation im Niederländischen ist der im Deutschen recht ähnlich. Als *voornaamwoordelijke bijwoorden* („pronominale Adverbien") bezeichnet man dort Verbindungen aus einem der Adverbien *daar*, *er*, *hier*, *waar*, *ergens*, *nergens* und *overal* und einer Präposition (Geerts et al. 1984: 382). Im Vergleich zum Deutschen ist die Anzahl der beteiligten Adverbien also größer. Dies liegt zum einen daran, dass es für das polyfunktionale Adverb *er* (das u.a. lokal und partitiv verwendet wird) keine äquivalente Entsprechung im Deutschen gibt (Goedbloed 1986: 82 f.). Zum anderen liegt es daran, dass im Niederländischen auch Verbindungen zu den Pronominaladverbien gerechnet werden, deren deutsche Entsprechungen nicht zu dieser Kategorie gezählt werden, wie z.B. *ergens naartoe* („irgendwohin"). Abgesehen von den Unterschieden im Formeninventar und einigen lexikalisierten Verwendungsweisen, auf die ich an dieser Stelle nicht näher eingehe, ist der Gebrauch der Pronominaladverbien im Niederländischen grundsätzlich „mit dem im Deutschen zu vergleichen" (Goedbloed 1986: 80).

Im Englischen gibt es einige Formen mit *there-*, *here-* oder *where-*, die ähnlich gebildet werden wie die deutschen Pronominaladverbien, wie z.B. *therefore*, *hereby* oder *whereupon*. Gemeinsam mit Formen wie *somehow* oder *somewhere* werden sie als *compound adverbs* klassifiziert. Außer *therefore* beschränken sich die nach Art der Pronominaladverbien gebildeten, anaphorischen Formen auf formelle Register und sind entsprechend selten (Quirk et al. 2010: 438; 1453). Insgesamt handelt es sich bei diesen Formen eher um lexikalisierte Relikte aus einem älteren Sprachstadium als um eine eigenständige, heute noch produktive Kategorie (Halliday/Hasan 1976: 230).

Im Französischen werden die Formen *en* und *y* traditionell als *adverbes pronominaux* (z.B. Sandfeld 1970: 134) bzw. *pronoms adverbiaux* (z.B. Pinchon 1972) bezeichnet. Wie die deutschen Pronominaladverbien können sie die Stelle einer PP einnehmen, wobei *en* meist mit *de* + N und *y* mit à + N (als indirektes Objekt oder in lokaler Funktion) assoziiert wird. Nach Angaben von Pinchon (1972: 111) können beide Formen jedoch auch für PPs mit anderen Präpositionen stehen: *en* für *par* + N und *avec* + N und *y* für *en*, *dans* und *sur* + N. Im Vergleich zu den deutschen Pronominaladverbien ist das Formeninventar im Französischen also deutlich kleiner und semantisch weniger differenziert. Zudem sind die Formen *en* und *y* Klitika und können daher nicht hervorgehoben werden, was ihren Gebrauch als Anaphorika im Vergleich zu den deutschen Pronominaladverbien weiter einschränkt (Schreiber 1999: 486).

Die Verhältnisse im Italienischen ähneln denen im Französischen, da es mit *ne* und *ci* (bzw. der stilistisch gehobeneren Variante *vi*) zwei Formen gibt, die mit *en* und *y* vergleichbar sind. Beide können Präpositionalphrasen ersetzen, wobei *ci* in der Regel für PPs mit *in*, *su* und *a* steht und *ne* für PPs mit *di* oder *da*. Krenn (1996: 261) bezeichnet *ne* und *ci* explizit als „Pronominaladverbien" und weist auf Parallelen zu den deutschen Pronominaladverbien hin. Linguistisch moderner, aber nicht unbedingt kohärenter ist die Beschreibung der betreffenden Formen in der *Grande grammatica italiana di consultazione*. Beide Formen werden aufgrund ihres syntaktischen Verhaltens als *clitici* („Klitika“) bezeichnet, jedoch erfolgt die Behandlung von *ci* im Kapitel zu den Personalapronomina (Cordin / Calabrese 2001: 573 ff.), während dem *clitico „ne“* ein eigenes Kapitel gewidmet ist (Cordin 2001), was auf eine eigenständige Kategorie hindeutet.

Im Spanischen existiert keine eigene Kategorie, die mit den deutschen Pronominaladverbien vergleichbare wäre. Zwar gibt es in der spanischen Grammatikographie den Terminus *adverbios pronominales*, dabei handelt es sich jedoch um einen Oberbegriff für alle Adverbien, die im Unterschied zu den *adverbios léxicos* (wie *bien* oder *mal*) keine kontextunabhängige lexikalische Bedeutung besitzen (Kovacci 1999: 707). Zu den *adverbios pronominales* in diesem Sinne zählen z.B. alle deiktischen Lokal- und Temporaladverbien (wie z.B. *aquí* oder *ahora*). Eine gewisse formale Ähnlichkeit zu den deutschen Pronominaladverbien zeigt sich bei einzelnen Lokaladverbien, für die eine Variante mit der vorangestellten Präposition *a* belegt ist, wie *adonde* (auch *a donde* geschrieben) für *donde*. Es handelt sich jedoch lediglich um eine stilistische Variante. Die Bedeutung ändert sich nicht: Sowohl *donde* als auch *adonde* können „wo“ als auch „wohin“ bedeuten (de Bruyne 1993: 283).

Als Zwischenfazit kann festgehalten werden: Unter den ausgewählten Kontrastsprachen verfügt nur das Niederländisch über ein vergleichbares Inventar an Pronominaladverbien. Im Englischen, Französischen und Italienischen gibt es nur wenige Formen, die mit den deutschen Pronominaladverbien vergleichbar sind, und im Spanischen gibt es überhaupt keine vergleichbare grammatikalisierte Kategorie.

2 Übersetzungsvergleich

Aufgrund der oben beschriebenen Unterschiede zwischen dem Deutschen und den fünf Kontrastsprachen ist zu erwarten, dass sich auch in Übersetzungen in und aus dem Deutschen erhebliche Unterschiede feststellen lassen. Um dieses Phänomen zu untersuchen, habe ich Stichproben aus dem Korpus *Europarl* (mit Plenarreden aus dem Europäischen Parlament und deren Übersetzungen in die Amtssprachen der EU) analysiert. Da es sich um Reden, also für den mündlichen Vortrag konzipierte Texte, handelt, habe ich mich im Deutschen auf Pronominaladverbien mit *da-* beschränkt, da diese Formen in der gesprochenen Sprache wesentlich häufiger sind als die Formen mit *hier-* (Schreiber 1999: 241). Unberücksichtigt bleiben auch die Formen mit *wo-*, da bei diesen die hier interessierende, textlinguistische Funktion nur eine untergeordnete Rolle spielt.

Für die Beispielanalyse habe ich die Formen *dabei*, *dadurch*, *damit* und *davon* ausgewählt. Für jeden dieser vier Ausdrücke wurden aus dem Europarl-Korpus über den Webzugang OPUS (vgl. Literaturverzeichnis) die ersten 100 Belege und deren Entsprechungen im Niederländischen, Englischen, Französischen, Italienischen und Spanischen analysiert, und zwar zunächst unabhängig von der Übersetzungsrichtung, da diese von OPUS nicht angegeben wird. Aus der Untersuchung ausgeschieden wurden alle nicht-anaphorischen Verwendungsweisen, z.B. die Verwendung als Korrelat. Zudem mussten in einigen Fällen auch einzelne Beispiele wegen eines fehlerhaften Alignments von Ausgangs- und Zieltext ausgesondert werden (was besonders beim Englischen und Niederländischen vorkam). Da die absoluten Zahlen der Belege daher schwanken, gebe ich in den folgenden Übersichtstabellen ausschließlich relative Häufigkeiten an, um eine Vergleichbarkeit der Daten zu gewährleisten.

Für das anaphorisch verwendete Pronominaladverb *dabei* ergeben sich in den verschiedenen Sprachen folgende Entsprechungstypen (vgl. das Abkürzungsverzeichnis am Ende des Beitrags):

Tabelle 1: Entsprechungen von *dabei* (in %)

	ø	**Pro-Adv**	**PP/NP**	**Inf/Part/Ger**	**(P+) Pro**	**Adv/Konj**	**Rest**[1]
EN	56,5	-	14,5	11,6	7,2	10,1	-
ES	60,8	-	10,1	5,1	13,9	10,1	-
FR	53,8	6,3	11,3	13,8	5,0	6,3	3,5
IT	56,3	1,3	17,5	13,8	1,3	8,8	-
NL	38,7	38,7	4,8	1,6	1,6	11,3	3,3

Es fällt auf, dass die Nullentsprechung in allen Sprachen sehr häufig ist. Sogar im Niederländischen, wo es ein entsprechendes Pronominaladverb gibt (*daarbij*), ist die Nullentsprechung genauso häufig wie alle verwendeten Pronominaladverbien zusammen (dazu zählen auch Formen wie *hierbij*, *waarbij* oder *erom*). Die französischen und italienischen Pronominaladverbien spielen nur eine geringe Rolle. Nominale Entsprechungen (Präpositionalphrasen oder Nominalphrasen) erreichen in allen Sprachen außer dem Niederländischen mindestens 10 %. Eine weitere explizite Art der Wiedergabe bilden die Formen mit Infinitiv, Partizip oder Gerundium, die als Entsprechung für die temporale Lesart von *dabei* eingesetzt werden können. Die Häufigkeiten schwanken von Sprache zu Sprache recht deutlich. Dies gilt auch für die insgesamt eher seltenen Entsprechungen mit Pronomina (z.T. mit Präposition) sowie für Adverbien bzw. Konjunktionen.

1 Ein rein rechnerischer, rundungsbedingter Rest wird hier nicht aufgeführt.

Anhand von zwei Textbeispielen möchte ich einzelne Verwendungsweisen und Übersetzungsverfahren näher illustrieren. Beim ersten Beispiel handelt es sich um eine Übersetzung aus dem Französischen (die Ausgangssprache wurde anhand der Angaben auf der Website des Parlamentes identifiziert):

(1) FR **Bernié**: Je pense tout spécialement à l'artisanat, pourvoyeur d'emplois, de savoir-faire et d'innovation.
DE Ich denke *dabei* insbesondere an das Handwerk, das Träger von Arbeitsplätzen, Know-how und Innovationen ist.
EN I am thinking in particular of the craft sector, which provides employment, know-how and innovation.
ES Pienso muy especialmente en la artesanía, generadora de empleos, de saber hacer y de innovación.
IT Penso in particolare all'artigianato, portatore di lavoro, di conoscenza e d'innovazione.
NL Ik denk *hierbij* in het bijzonder aan de kleine ambachtelijke bedrijven, die goed zijn voor de werkgelegenheid en een bron vormen von know-how en innovatie.
(Europäisches Parlament: 16.01.2001)[2]

Hier sind in der deutschen und der niederländischen Übersetzung ein Pronominaladverb eingefügt worden. Dadurch wird der anaphorische Verweis auf den vorausgegangenen Kontext (der hier aus Platzgründen nicht mit angegeben ist) expliziter gemacht als im französischen Ausgangstext und den Übersetzungen ins Englische, Italienische und Spanische, die keine entsprechenden Anaphorika enthalten.

Im zweiten Beispiel ist das Deutsche die Ausgangssprache:

(2) DE **Mann**: Bei aller Notwendigkeit, Demokratisierung zu verstärken und möglichst viele Akteure zu beteiligen, darf es nicht zu einer beliebigen Ausweitung auf jede Menge von Akteuren der Zivilgesellschaft kommen, wenn die Gefahr besteht, Frau Kommissarin, dass die nationalen und europäischen Parlamentarier sowie die Sozialpartner *dabei* übergangen werden.
EN Although it is necessary to strengthen democracy and involve as many stakeholders as possible, we must not have it extended haphazardly to any number of players in civil society, because there is a risk, Commissioner, that Members of Parliament, at both national and European level, and the social partners will be sidelined *in the process*.
ES Aunque es necesario reforzar la democracia e implicar al mayor número de grupos de interés posible, no debemos extenderla al azar a cualquier número de actores de la sociedad civil, porque existe el riesgo, señora Comisaria, de que los Miembros del Parlamento, tanto a escala nacional como a escala europea, y los interlocutores sociales se queden al margen *en el proceso*.

---

2 Da bei dem Zugang über OPUS die Ausgangssprache nicht angegeben ist, zitiere ich nach der Homepage des Europäischen Parlamentes.

FR Malgré l'impérieuse nécessité de renforcer la démocratisation et de favoriser la participation du plus grand nombre d'acteurs possible, on ne peut pas en venir à une multiplication sans fin des acteurs de la société civile, car les parlementaires nationaux et européens, de même que les partenaires sociaux, risquent, Madame la Commissaire, de s'*en* trouver escamotés.
IT Pur essendo necessario per rafforzare la democrazia e coinvolgere il maggior numero di parti interessate possibile, non dobbiamo estenderlo indiscriminatamente a qualsiasi componente della società civile, perché si corre il rischio, signora Commissario, che i parlamentari, a livello nazionale ed europeo, e le parti sociali rimangano escluse.
NL Natuurlijk moeten we voor meer democratie zorgen en zo veel mogelijk personen erbij betrekken. We mogen echter niet teveel vertegenwoordigers van de maatschappelijke organisaties uitnodigen wanneer dat het gevaar met zich meebrengt dat de leden van de nationale parlementen en van het Europees Parlement en de sociale partners te kort komen.
(Europäisches Parlament: 24.09.2002)

Hier finden wir außer im deutschen Ausgangstext nur noch im Französischen ein Pronominaladverb, die Form *en*. Im Italienischen und Niederländischen gibt es überhaupt keine explizite Entsprechung für *dabei*, während im Englischen und Spanischen jeweils eine vollständige Präpositionalphrase verwendet wird (vermutlich handelt es sich bei der spanischen Fassung um eine Relais-Übersetzung aus dem Englischen). Das Spektrum reicht also von der Nullentsprechung bis zur explizitesten Form der Wiedergabe.

Kommen wir nun zu unserem zweiten Fallbeispiel, dem Pronominaladverb *dadurch*. In den Übersetzungen bietet sich folgendes Bild:

Tabelle 2: Entsprechungen von *dadurch* (in %)

	ø	**Pro-Adv**	**PP/NP**	**Inf/Part/Ger**	**(P+) Pro**	**Adv/Konj**	**Rest**
EN	25,9	3,4	15,5	6,9	48,3	-	-
ES	53,8	-	13,8	9,2	13,8	4,6	4,8
FR	34,8	7,6	10,6	4,5	34,8	6,1	1,6
IT	47,0	3,0	18,2	3,0	15,1	9,1	4,6
NL	21,2	32,7	17,3	-	19,2	7,7	1,9

Im Vergleich zu den Entsprechungen von *dabei* fällt hier besonders der höhere Anteil der Formen mit Pronomina auf, insbesondere im Englischen, wo sie fast die Hälfte der Belege ausmachen und damit die Nullentsprechung mit Abstand auf Rang zwei verdrängen, aber auch im Französischen, wo die Pronomina mit der Nullentsprechung gleichauf liegen. Auch in den anderen Sprachen ist der Anteil der Nullentsprechung geringer als bei *dabei* und der Anteil der Übersetzungen mit Pronomina relativ hoch. Lexikalische Entsprechungen mit PP bzw. NP sind relativ stabil auf dem dritten Platz (im Italienischen sogar auf Platz zwei), während verbale Entsprechungen sowie Adverbien und Konjunktionen nur eine untergeordnete Rolle spielen.

Zitieren möchte ich zur Illustration wieder zwei Beispiele aus verschiedenen Übersetzungsrichtungen. Im folgenden Beispiel ist das Italienische die Ausgangssprache:

(3) IT **Zappalà**: Com'è stato detto poc'anzi, si apre la via alla concorrenza in questo settore [...].
DE Wie bereits vorhin gesagt wurde, wird *dadurch* der Weg zum Wettbewerb in diesem Sektor freigemacht [...].
EN As was said a short while ago, the route has been opened to competition in this sector [...].
ES Según se ha dicho hace unos momentos, se abre el camino a la competencia en este sector [...].
FR On l'a dit il y a peu, on ouvre la voie à la concurrence dans ce secteur [...].
NL Zoals gezegd, wordt de weg vrijgemaakt voor concurrentie in deze sector [...].
(Europäisches Parlament: 25.10.1999)

In der deutschen Fassung findet sich ein anaphorisches Pronominaladverb, für das es weder im Ausgangstext noch in den anderen Übersetzungen eine explizite Entsprechung gibt – ein Beleg dafür, dass auch bei *dadurch* die Nullentsprechung keineswegs zu vernachlässigen ist.

Ein völlig anderes Bild bietet das folgende Beispiel mit der Ausgangssprache Deutsch:

(4) DE **Verheugen**: Ich bin sehr dankbar für das konstruktive Miteinander, das *dadurch* ermöglicht wurde.
EN I am deeply grateful for the constructive teamwork that *this* made possible.
ES Estoy mu agradecido por la constructiva labor de equipo que ha hecho todo *esto* posible.
FR Je suis très reconnaissant de la collaboration qui *en* a résulté.
IT Sono molto grato per la cooperazione costruttiva che *ne* è sorta.
NL Ik ben erg dankbaar voor de constructieve samenwerking die *daardoor* heeft kunnen plaatsvinden.
(Europäisches Parlament: 09.04.2003)

Hier finden wir in allen Sprachen explizite Entsprechungen für *dadurch*: im Französischen, Italienischen und Niederländischen ein Pronominaladverb und im Englischen und Spanischen ein Demonstrativpronomen. Des Weiteren fällt auf, dass in allen Übersetzungen der Passivsatz in einen Aktivsatz umgeformt wurde, was sich auch auf die Konstruktion der anaphorischen Wiederaufnahme auswirkt.

Bei unserem dritten Fallbeispiel, dem Pronominaladverb *damit*, ergeben sich folgende Entsprechungsverhältnisse für die anaphorischen Verwendungen:

Tabelle 3: Entsprechungen von *damit* (in %)

	ø	Pro-Adv	PP/NP	Inf/Part/Ger	(P+) Pro	Adv/Konj	Rest
EN	28,1	9,4	12,5	-	40,1	9,4	-
ES	38,5	-	15,4	5,1	28,2	12,8	-
FR	23,1	5,1	12,8	10,3	25,6	23,1	-
IT	33,3	-	17,9	2,6	30,1	15,4	-
NL	21,4	35,7	10,7	3,6	10,7	17,9	-

Die Nullentsprechung ist hier etwas weniger häufig als bei den beiden bereits behandelten Pronominaladverbien. In einigen Sprachen ist der Anteil der Pronomina gestiegen, besonders im Italienischen. Noch auffälliger und breiter über die Sprachen gestreut ist die Erhöhung im Bereich von Adverbien bzw. Konjunktionen. Die häufigsten Entsprechungen sind hier die konsekutiven Konnektoren *thus*, *así*, *ainsi*, *quindi* und *(al)dus*. Pronominaladverbien spielen wiederum nur im Niederländischen eine zentrale Rolle. Bei den englischen Formen handelt es sich um Belege von *therefore* und *thereby*.

Ich möchte zunächst ein Beispiel zitieren, das einerseits die Sonderstellung des Deutschen und Niederländischen belegt, andererseits aber auch einen Unterschied zwischen den beiden Sprachen aufzeigt. Ausgangssprache ist hierbei das Niederländische:

(5) NL **Mulder**: Ik denk da we *daar* dit keer flexibel *mee* moeten omgaan.
DE Meines Erachtens sollten wir dieses Mal flexibel *damit* umgehen.
EN Whe should, in my opinion, adopt a flexible stance for once.
ES Deberíamos, en mi opinión, adoptar una postura flexible por una vez.
FR Je pense que nous devons cette fois nous montrer flexibles.
IT Penso che per una volta dovremmo mostrarci flessibili.
(Europäisches Parlament: 22.10.2002)

Die Sonderstellung des Deutschen und Niederländischen zeigt sich darin, dass in beiden Sprachen ein Pronominaladverb verwendet wird und in allen anderen Sprachen eine Nullentsprechung vorliegt. Interessant ist jedoch die Tatsache, dass die Konstituenten des niederländischen Pronominaladverbs *daarmee* diskontinuierlich vorliegen, während in der deutschen Übersetzung auf die prinzipiell mögliche Trennung verzichtet wurde. Der Unterschied liegt hier auf stilistischer Ebene: Zwar kommen die diskontinuierlichen Varianten der Pronominaladverbien sowohl im Niederländischen als auch im Deutschen vor allem in der gesprochenen Umgangssprache vor (Geerts et al. 1984: 390; Schreiber 1999: 241), doch scheut man sich im Niederländischen im Allgemeinen weniger davor, Elemente der Umgangssprache in gehobenen Registern zu verwenden als im Deutschen (vgl. Schreiber 1992: 115 f.).

Im Unterschied zu dem letzten Ausschnitt deckt das folgende Beispiel, ausgehend vom Deutschen, ein breites Spektrum aus den erwähnten Entsprechungsmöglichkeiten ab:

(6) DE **Schnellhardt**: Ich denke, wir haben *damit* den Startschuss gegeben für mehr Lebensmittelsicherheit in der Europäischen Union.
EN I believe that, *with this report*, we have fired the starting signal for the enhancement of food safety in the European Union.
ES Creo que *con ello* hemos dado el pistoletazo de salida para lograr una mayor seguridad en los alimentos en la Unión Europea.
FR Je pense que nous avons *ainsi* donné le coup de départ pour une sécurité des denrées alimentaires accrue au sein de l'Union européenne.
IT Credo che *in tal modo* sia stato dato il segnale di partenza verso una maggiore sicurezza alimentare nell'Unione europea.
NL Naar mijn idee hebben we *daarmee* het startschot gegeven voor meer voedselveiligheid in de Europese Unie.
(Europäisches Parlament: 12.06.2001)

Neben dem deutschen Ausgangstext hat wiederum nur die niederländische Übersetzung ein Pronominaladverb vorzuweisen. In den anderen Versionen sind unterschiedliche Übersetzungsverfahren vertreten: im Englischen und Italienischen eine Präpositionalphrase, im Spanischen eine freie Fügung aus Präposition und Personalpronomen und im Französischen ein anaphorisches Modaladverb. Die englische und die italienische Übersetzung sind übrigens nur oberflächlich ähnlich: Bei der englischen PP handelt es sich um eine freie Fügung, bei der italienischen um eine adverbiale Wendung mit einem modalen Funktionsnomen (*modo*), wie sie häufig als Entsprechung deutscher Adverbien verwendet wird (vgl. Reumuth/Winkelmann 1990: 237).

Damit kommen wir zum letzten Fallbeispiel, dem Pronominaladverb *davon*:

Tabelle 4: Entsprechungen von *davon* (in %)

	ø	Pro-Adv	PP/NP	Inf/Part/Ger	(P+) Pro	Adv/Konj	Rest
EN	27,3	-	9,1	-	57,6	3,0	3,0
ES	24,3	-	9,1	-	54,5	9,1	3,0
FR	17,6	35,3	17,6	-	20,6	8,8	-
IT	29,4	35,3	5,9	-	23,5	5,8	-
NL	23,1	42,3	19,2	-	15,4	-	-

Hier zeigen sich bei den Entsprechungen im Vergleich zu den anderen Pronominaladverbien einige Besonderheiten: Die Nullentsprechung ist in keiner Sprache mehr der häufigste Entsprechungstyp. Bei den Pronominaladverbien liegen Französisch und Italienisch zum ersten Mal nur knapp hinter dem Niederländischen, was sich daraus erklärt, dass die Pronominaladverbien *en* und *ne* als Proformen für eine PP mit *de* bzw. *di/da* dem deutschen *davon* in vielen Fällen entsprechen. Im Englischen und Spanischen werden die fehlenden Pronominaladverbien vor allem durch Übersetzungen mit Pronomina aufgewogen. Nominale Entsprechungen sowie Adverbien und Konjunktionen spielen nur eine untergeordnete Rolle, verbale Entsprechungen gar keine.

Die beiden folgenden Beispiele illustrieren unterschiedliche Entsprechungen von *davon*. Beim ersten Beispiel ist das Französische die Ausgangssprache:

(7) FR **Darras**: Pour s'*en* convaincre, il n'y a qu'à relire les nombreux courriers qui nous ont été adressés lorsqu'il est apparu que la Commission européenne voulait interrompre ce programme!
DE Um sich *davon* zu überzeugen, genügt es, die vielen Briefe zu lesen, die wir erhalten haben, als sich abzeichnete, daß die Europäische Kommission dieses Programm auflaufen lassen wollte!
EN If you need proof *of this*, you only have to read the countless letters which were sent to us when it became known that the European Commission wanted to end this programme!
ES ¡Para convencerse *de ello*, no hay más que releer lo numerosa correspondencia que recibimos cuando salió a la luz che la Comisión Europea quería interrumpir este programa!
IT Per convincerse*ne*, è sufficiente rileggere la cospicua corrispondenza che ci è stata inoltrata allorquando pareva che la Commissione europea volesse interrompere il programma!
NL Leest u noch maar eens de vele brieven die aan ons zijn gericht toen bleek dat die Europese Commissie dit programa wilde beëindigen. Ik denk dat deze brieven u wel kunnen overtuigen.
(Europäisches Parlament: 03.05.2000)

Im französischen Ausgangstext fungiert *en* als indirektes Objekt des Verbs *convaincre* anstelle einer PP mit der Präposition *de*. Analog verhält es sich mit *davon* im Deutschen und *ne* im Italienischen. Mangels eines entsprechenden Pronominaladverbs sind die englische und die spanische Übersetzung auf den Entsprechungstyp „Präposition + Pronomen" ausgewichen, wobei im Englischen ein Demonstrativpronomen und im Spanischen das neutrale Personalpronomen *ello* verwendet wurde, das im Gebrauch einem Demonstrativpronomen nahekommt (De Bruyne 1993: 152 f.); beide Typen von Pronomina können sich auf abstrakte Sachverhalte beziehen. In der niederländischen Übersetzung findet sich eine Nullentsprechung, was sich in diesem Fall aus der Tatsache erklären lässt, dass der Übersetzer den Text in zwei Sätze aufgespaltet und umgestellt hat, wodurch das Verb *overtuigen* an das Ende gerückt und der Kontakt vom vorangehenden Kontext verloren gegangen ist.

Im folgenden und letzten Beispiel ist das Englische die Ausgangssprache:

(8) EN **Titford**: In order to avoid ending up in the European Court of Justice, my government has had to recruit large numbers of EU vets, 300 *of whom* come from Spain.
DE Um ein Verfahren vor dem Europäischen Gerichtshof zu vermeiden, mußte die britische Regierung eine große Anzahl von Tierärzten aus der EU ins Land holen, 300 *davon* aus Spanien.
ES Para no acabar ante el Tribunal Europea de Justicia, mi gobierno ha tenido que reclutar gran número de veterinarios de la UE, 300 *de ellos* procedentes de España.
FR Afin d'éviter de se retrouver devant la Cour de justice européenne, mon gouvernement a dû recruter un grand nombre de vétérinaires de l'Union, *dont* 300 viennent d'Espagne.
IT Per evitare di finire dinanzi alla Corte di giustizia, il governo del mio paese ha dovuto reclutare una schiera di veterinari dell'Unione europea, 300 *dei quali* provengono dalla Spagna.
NL Om te voorkomen dat dit een zaak voor het Europees Hof van Justitie wordt, heeft mijn regering grote aantallen dierenartsen uit de rest von de EU moeten aanwerven. Driehonderd *van hen* komen uit Spanje.
(Europäisches Parlament: 13.03.2000)

Im englischen Ausgangstext verweist eine Kombination aus Präposition und Relativpronomen auf einen Teil einer zuvor erwähnten Gruppe von Personen. Das gleiche Verfahren findet sich in der italienischen Übersetzung. Sehr ähnlich sind auch die Übersetzungen ins Spanische und Niederländische, mit dem einzigen Unterschied, dass statt eines Relativpronomens ein Personalpronomen der 3. Person Plural eingesetzt wird. Im Französischen wird das unveränderliche Relativpronomen *dont* verwendet, das in dieser partitiven Funktion dem deutschen Pronominaladverb *davon* (bzw. *darunter*) entspricht (Reumuth/Winkelmann 1994: 221). Die Form *davon* erscheint dementsprechend auch hier im deutschen Text. Die Besonderheit des Pronominaladverbs besteht in dieser Verwendungsweise darin, dass es sich auf Personen bezieht, was nur unter bestimmten Umständen möglich ist, u.a. beim Verweis auf Kollektiva (zu dieser Problematik vgl. Thun 1985).

Zusammenfassend möchte ich zu den Entsprechungen der behandelten Pronominaladverbien in den berücksichtigten Kontrastsprachen Folgendes festhalten:

1. Die auffälligste Konstante ist der relativ hohe Anteil an Nullentsprechungen, der darauf hindeutet, dass die Übersetzer nicht in allen Fällen eine explizite Entsprechung für notwendig erachten, denn „unübersetzbar" sind die deutschen Pronominaladverbien ja grundsätzlich nicht. Sogar im Niederländischen, wo ein ähnliches Inventar an Pronominaladverbien zur Verfügung steht wie im Deutschen, liegt der Anteil der Nullentsprechung stets bei über 20 %.

2. Ein erwartbarer, lexikalisch bedingter Unterschied liegt darin, dass die französischen und italienischen Pronominaladverbien (hier: *en* und *ne*) nur als Entsprechung von *davon* eine wichtige Rolle spielen.

3. Nominale Entsprechungen durch eine PP oder eine NP sind in allen Sprachen relativ stabil vertreten, aber auf einem konstant niedrigeren Niveau als die Nullentsprechungen (stets unter 20 %).

4. Verbale Entsprechungen mit Infinitiv, Partizip oder Gerundium sind noch seltener, allerdings mit großen Unterschieden zwischen den einzelnen Pronominaladverbien. Hier reicht das Spektrum von *davon* (keine verbalen Entsprechungen) bis *dabei* (verbale Entsprechungen in allen Sprachen, speziell in temporaler Funktion).

5. Adverbien und Konjunktionen spielen in der Regel nur eine untergeordnete Rolle als Entsprechungen der deutschen Pronominaladverbien, mit Ausnahme von *damit*, was insbesondere auf einzelne Konnektoren mit konsekutiver Funktion zurückzuführen ist.

6. Nicht leicht zu interpretieren ist die große Bandbreite der Häufigkeiten bei den Entsprechungen mit Pronomen (z.T. mit Präposition). Zwar ist es nachvollziehbar, dass dieser Entsprechungstyp besonders bei Sprachen wie Englisch und Spanisch, die keine eigenständige Kategorie Pronominaladverb kennen, eine große Rolle spielt, doch der deutliche Frequenzunterschied zwischen beiden Sprachen bei den Entsprechungen von *dadurch* (48,3 % vs. 13,8 %) lässt sich ohne Detailanalyse nicht erklären. Möglicherweise spielen hier auch individualstilistische Vorlieben einzelner Übersetzer eine Rolle.

3 Intralingualer Vergleich

Vor dem Hintergrund der Diskussionen, die in den letzten Jahren im Rahmen der korpusbasierten Translationswissenschaft geführt wurden, z.B. in der Auseinandersetzung mit der so genannten *explicitation hypothesis* (vgl. Blum-Kulka 1986; Klaudy 2009), erscheint es angebracht zu untersuchen, ob sich der Gebrauch von Pronominaladverbien in deutschen Originaltexten und in deutschsprachigen Übersetzungen voneinander unterscheidet.

Da das in der Beispieldiskussion verwendete Korpus (OPUS/Europarl) keine automatisch erfassbaren Angaben zu den Ausgangssprachen hat, habe ich für den intralingualen Vergleich ein anderes Korpus herangezogen: das CroCo-Korpus. Hierbei handelt es sich um ein bilinguales Korpus im Sprachenpaar Englisch-Deutsch, das Ausgangs- und Zieltexte aus verschiedenen Textsorten enthält (vgl. Neumann/Hansen-Schirra 2005). Die Korpusabfrage, die Silvia Hansen-Schirra dankenswerter Weise für mich durchgeführt hat, ergibt für die verschiedenen Teilkorpora folgende Werte (ein Teilkorpus umfasst 31.250 Wörter):

Tabelle 5: CroCo-Korpus: Pronominaladverbien in Originaltexten und Übersetzungen

	PROAV in German Originals	**PROAV in German Translations**
economical texts	220	146
fiction	148	145
instructions	173	137
popular science	233	162
business communication	323	263
political speeches	304	143
tourism brochures	106	85
web texts	171	180
TOTAL	1678	1261

Abgesehen von dem Teilkorpus *web texts* sind die deutschen Pronominaladverbien in allen Teilkorpora in deutschen Originaltexten jeweils häufiger als in deutschen Übersetzungen, wobei der Unterschied in fiktionalen Texten nur gering ist, und in politischen Reden (also der Textsorte, zu der auch das Material unserer Beispielanalyse stammt) besonders groß. Wie sind diese Unterschiede zu interpretieren? Betrachtet man Pronominaladverbien generell als explizite Kohäsionsmittel, könnte man die Daten als Widerlegung der *explicitation hypothesis* interpretieren. Doch so einfach sind die Verhältnisse nicht. Wenn man berücksichtigt, dass die Konstruktionen, die in der oben beschriebenen Beispielanalyse als Entsprechungen deutscher Pronominaladverbien diskutiert wurden, alle auch im Deutschen existieren, ergibt sich für Pronominaladverbien ein mittlerer Explikationsgrad:

Tabelle 6: Explikationsgrad von Pronominaladverbien und deren Entsprechungen[3]

Explikationsgrad	**Konstruktion**	**Beispiel**
minimal	ø	-
	Adv/Konj	*so*
	Pro-Adv	*damit*
	(P +) Pro	*mit ihm*
maximal	PP/NP	*mit diesem Bericht*

Je nachdem, mit welchen anderen Ausdrücken man Pronominaladverbien vergleicht, sind diese also expliziter oder weniger explizit als die konkurrierenden Konstruktionen. Ein unmittelbarer Bezug zur *explicitation hypothesis* lässt sich aus den Daten in Tabelle 5 also nicht herstellen, ohne auf die einzelnen Entsprechungstypen bzw. konkurrierenden Konstruktionen einzugehen.

Ein weiterer Faktor, der bei der Interpretation der Daten berücksichtigt werden muss, ist das Sprachenpaar. Da sich das CroCo-Korpus auf das Sprachenpaar Englisch-Deutsch beschränkt und die Kategorie Pronominaladverb in der englischen Sprache praktisch keine Rolle spielt, überrascht es nicht, dass bei Übersetzungen aus dem Englischen ins Deutsche relativ wenige Pronominaladverbien vertreten sind. Ein Übersetzer, der z.B. in einem englischen Ausgangstext die PP *with this report* liest, wird in vielen Fällen auf die wörtliche Entsprechung *mit diesem Bericht* zurückgreifen, auch wenn eine Übersetzung durch das Pronominaladverb *damit* möglich wäre. Eine mögliche Erklärung für ein solches „träges" Verhalten von Übersetzern bietet die von Tirkkonen-Condit (2004) formulierte *Unique Items Hypothesis*, die von Laviosa folgendermaßen zusammengefasst wird: „[…] target-language-specific elements, which do not have equivalents in the source language, tend to be under-represented in translated texts" (2009: 309). Auf unsere Fragestellung bezogen hieße dies, dass Übersetzungen ins Deutsche weniger Pronominaladverbien enthalten als deutsche Originaltexte, wenn die Kategorie Pronominaladverb in der Ausgangssprache der Übersetzung nicht bzw. nicht in vergleichbarer Form existiert. Für das Sprachenpaar Englisch-Deutsch deuten die Daten aus dem CroCo-Korpus auf ein solches Verhal-

---

[3] Die Darstellung orientiert sich teilweise an der Typologie der *topic continuity* von Givón (1983: 18), in der allerdings keine Pronominaladverbien berücksichtigt sind.

ten hin. Für andere Sprachenpaare müssten noch Vergleichsdaten erhoben werden. Nicht erklären lässt sich mit der *Unique Items Hypothesis* freilich das übersetzerische Verhalten im Sprachenpaar Niederländisch-Deutsch, da im Niederländischen eine vergleichbare Kategorie wie im Deutschen existiert. Es bleiben also noch genügend Fragen offen für weitere Untersuchungen zum übersetzerischen Umgang mit deutschen Pronominaladverbien.

4 Abkürzungen und Symbole

ø:	Nullentsprechung
Adv/Konj:	Adverb oder Konjunktion
(P +) Pro:	(Präposition +) Pronomen
Inf/Part/Ger:	Infinitiv, Partizip oder Gerundium
PP/NP:	Präpositional- oder Nominalphrase
Pro-Adv:	Pronominaladverb

Literaturverzeichnis

Korpora

Europäisches Parlament: http://www.europarl.europa.eu.

Europarl (OPUS): http://opus.lingfil.uu.se/bin/opuscqp.pl?corpus=Europarl3.

Sekundärliteratur

Blum-Kulka, Shoshana (1986): „Shifts of Cohesion and Coherence in Translation“, in: House, Juliane/Shoshana Blum-Kulka (Hg.): *Interlingual and Intercultural Communication*. Tübingen: Narr, 17-35.

Cordin, Patrizia (2001): „Il Clitico ‚ne'“, in: Renzi, Lorenzo/Giampaolo Salvi/Anna Cardinaletti (Hg.): *Grande Grammatica Italiana di Consultazione*. Nuova edizione. Bologna: il Mulino. Bd. 1, 647-655.

Cordin, Patrizia/Andrea Calabrese (2001): „I Pronomi Personali'“, in: Renzi, Lorenzo/Giampaolo Salvi/Anna Cardinaletti (Hg.): *Grande Grammatica Italiana di Consultazione*. Nuova edizione. Bologna: il Mulino. Bd. 1, 549-606.

De Bruyne, Jacques (1993): *Spanische Grammatik*. Übersetzt von Dirko-J. Gütschow. Tübingen: Niemeyer.

Dončeva, Kostadinka (1980): „Zu einigen funktionalen Wesenszügen der rückweisenden d-Pronominaladverbien im System des heutigen Deutsch", *Deutsch als Fremdsprache* 17, 239-244.

Geerts, G./W. Haeseryn/J. De Rooij/M.C. Van den Toorn (1984): *Algemene Nederlandse Spraakkunst*. Groningen: Wolters-Noordhoff.

Givón, Talmy (1983): „Topic Continuity in Discourse: An Introduction", in: Givón, Talmy (Hg.): *Topic Continuity in Discourse*. Amsterdam/Philadelphia: Benjamins, 1-41.

Goedbloed, Judith (1986): *Kompaktgrammatik Niederländisch*. Stuttgart: Klett.

Halliday, Michael A.K. /Ruqaiya Hasan (1976): *Cohesion in English*. London/New York: Longman.

Klaudy, Kinga (2009): „Explicitation", in: Baker, Mona/Gabriela Saldanha (Hg.): *Routledge Encyclopedia of Translation Studies*. Second Edition. London/New York: Routledge, 104-108.

Kovacci, Ofelia (1999): „El Adverbio", in: Bosque, Ignacio/Violeta Demonte (Hg.): *Gramática Descriptiva de la Lengua Española*. Madrid: Espasa Calpe, Bd. 1, 705-786.

Krause, Maxi (1996): „Zur Substituierung von Präpositionalgruppen", in: Pérennec, Marie-Hélène (Hg.): *Pro-Formen des Deutschen*. Tübingen: Stauffenburg, 49-62.

Krenn, Herwig (1996): *Italienische Grammatik*. Ismaning: Hueber.

Laviosa, Sara (2009): „Universals", in: Baker, Mona/Gabriela Saldanha (Hg.): *Routledge Encyclopedia of Translation Studies*. Second Edition. London/New York: Routledge, 306-310.

Malblanc, Alfred ([5]1968): *Stylistique Comparée du Français et de l'Allemand*. Paris: Didier.

Neumann, Stella/Silvia Hansen-Schirra (2005): „The CroCo Project. Cross-linguistic Corpora for the Investigation of Explicitation in Translations", in: *Proceedings of the Corpus Linguistics Conference Series*. Online: http://www.corpus.bham.ac.uk/pclc/cl-134-pap.pdf.

Pinchon, Jacqueline (1972): *Les Pronoms Adverbiaux 'en' et 'y'*. Genève: Droz.

Quirk, Randolph/Sidney Greenbaum/Geoffrey Leech et al. (2010) [1985]: *A Comprehensive Grammar of the English Language*. London: Pearson/New Dehli: Dorling Kindersley.

Reumuth, Wolfgang/Otto Winkelmann ([2]1990): *Praktische Grammatik der italienischen Sprache*. Wilhelmsfeld: Egert.

Reumuth, Wolfgang/Otto Winkelmann (1994): *Praktische Grammatik der französischen Sprache*. Wilhelmsfeld: Egert.

Sandfeld, Kristian (1970): *Syntaxe du Français Contemporain*. Bd. 1: *Les pronoms*. Paris: Champion.

Schreiber, Michael (1992): „Stilistische Probleme der niederländisch-deutschen Übersetzung", *Linguistica Antverpiensia* 26, 103-126.

Schreiber, Michael (1999): *Textgrammatik – Gesprochene Sprache – Sprachvergleich. Proformen im gesprochenen Französischen und Deutschen*. Frankfurt a.M.: Lang.

Thun, Harald (1985): „*damit* für Menschen. Das Pronominaladverb im Hochdeutschen und im westfälischen Regional- und Niederdeutschen", in: Kürschner, Wilfried et al. (Hg.): *Grammatik, Semantik, Textlinguistik*. Tübingen: Niemeyer, 383-400.

Tirkkonen-Condit, Sonja (2004): „Unique Items – Over- or Underrepresented in Translated Language?", in: Mauranen, Anna/Pekka Kujamäki (Hg.): *Translation Universals: Do they Exist?*, Amsterdam/Philadelphia: Benjamins, 177-186.

Zifonun, Gisela/Ludger Hoffmann/Bruno Strecker et al. (1997): *Grammatik der deutschen Sprache*. Berlin/New York: de Gruyter (3 Bände).

Sascha Hofmann

Organisation der Übersetzungswissenschaft Anregungen zur übersichtlicheren Gliederung einer jungen Wissenschaft

1 Ausgangssituation

Der Blick in die Kompendien der Übersetzungswissenschaft[1] zeigt, dass die sich seit nunmehr einem halben Jahrhundert währenden Bestrebungen, eine eigene Wissenschaft zu werden, von einer großen Uneinigkeit über deren Zusammensetzung und Herkunft begleitet ist und es nahezu unmöglich macht, die zugehörigen Teilgebiete exakt zu bestimmen.[2] Die zahlreichen Beiträge zur Namensgebung und die Diskurse zur Positionierung der Wissenschaft zeigen diese erheblichen Dissonanzen zwischen den einzelnen Protagonisten.[3] Herkunftsfragen äußern sich an Kontroversen wie angewandte Sprachwissenschaft versus Kulturwissenschaft, Rollenkonflikte an Diskussionen um Interdisziplinarität und Praxisbezug, um nur einige Felder zu nennen, in denen der schwelende Konflikt um die Fragen, was gehört mit welcher Berechtigung eigentlich zur Übersetzungswissenschaft, nur allzu deutlich wird.[4] Obwohl eine wie bei Schreiber (2011) beschriebene Verwandtschaftsbeziehung zur Sprachwissenschaft kaum von der Hand zu weisen ist, hat sich womöglich aufgrund fehlender Regulierung ein Methodenpluralismus (vgl. Kaindl 1997: 240) etabliert, der letztlich, wie Siever (2010: 14) es beschreibt, Ausdruck einer gewissen Orientierungslosigkeit ist. Hinzu kommt, dass die Orientierung am Paradigmenbegriff mit dem Auftauchen einer neuen stringent erscheinenden Forschungsfrage immer wieder zu grundlegenden disziplinären Diskussionen geführt hat, in deren Folge bestehende Paradigmen[5] oft vollständig verworfen wurden. Beispielhaft kann hier die Ablehnung der deskriptivistischen Ansätze, auf die später noch eigegangen wird, aufgrund ihrer zu engen Bindung an die Literaturwissenschaft, angeführt werden. Diese

---

[1] Aus Gründen der Anwendbarkeit des Modells soll an dieser Stelle nur auf die Übersetzungswissenschaft eingegangen werden. Nicht zuletzt aufgrund der Konsolidierung der Dolmetschwissenschaft in den vergangenen Jahren erscheint eine Einbeziehung an dieser Stelle nicht sinnvoll.

[2] Einen Überblick liefern Snell-Hornby (2006) oder Prunc (2007).

[3] Exemplarisch sei an dieser Stelle der Richtungsstreit zwischen den Vertretern der linguistisch orientierten Übersetzungswissenschaft und den Funktionalisten genannt. Siehe u.a. Reiss (1995), Koller (2001), Schreiber (2006).

[4] Zusammenfassende Darstellungen geben Kaindl (1999) oder Siever (2010).

[5] Dabei wird der Paradigmenbegriff nach Kuhn (1962) zugrunde gelegt.

restriktive Angrenzung gegeneinander steht dabei vollkommen konträr zur oft eingeforderten Interdisziplinarität. Das Verlangen einer jeden Methode nach einem Recht auf selbstständige Existenz und das Ringen um eine eigene Theorie in der Methode hat die wirkliche Entwicklung der Wissenschaft und deren klare Strukturierung eher behindert oder zumindest erheblich verlangsamt. Dadurch ist ein Primat der Theorie, wie es etwa bei Dizdar (2006) entstanden ist, die zwingende theoretische Anwendbarkeit jeglicher übersetzungswissenschaftlicher Arbeit, und der Eindruck alles ist Theorie und muss Theorie sein, lässt sich aus fast jeder Publikation vergangener Jahre herauslesen und hat maßgeblichen Einfluss auf die Diskussion um die Bestandteile des Wissenschaftsgebiets. Dieses zeigt sich auch an einer sicherlich nicht nur am Fachbereich Translations-, Sprach- und Kulturwissenschaft geführten Diskussion um angewandte Forschungsschwerpunkte etwa der Translationstechnologie oder der Terminologieforschung, denen immer wieder gerne lediglich Fachhochschulreife attestiert wird, eine Zulassung als eigenes Feld ist dabei nicht erwünscht. Ein weiteres Indiz für diese Hypothese ist, dass sich ein Großteil der neueren translationswissenschaftlichen Arbeiten einführend immer noch mit den Grundlagen der Translationstheorie befasst, obwohl das jeweils zugrunde liegende Thema eine solch intensive Darstellung der theoretischen Grundlagen nicht immer notwendigerweise erfordert.[6] Wir befinden uns allerdings heute, gut 40 Jahre nach Entstehung der Wissenschaft an einem Punkt, in dem die theoretische Fundierung der Wissenschaft weitestgehend abgeschlossen ist und sich Teildisziplinen etabliert haben, die sich nicht mehr in die bestehenden Übersichten der Übersetzungswissenschaft einordnen lassen. Aus diesem Grund ist nicht nur eine kritische Auseinandersetzung mit bisherigen Gliederungsansätzen erforderlich, sondern auch ein grundlegendes Überdenken übersetzungswissenschaftlicher Kategorisierung überfällig. Demzufolge stellt sich die Frage, ob die Übersetzungswissenschaft in Anbetracht ihres mittlerweile fortgeschrittenen Alters nicht eine strukturierte Gliederung erfahren kann, die sich nicht an einem solchen Primat der Theorie oder Verwandtschaft orientiert, sondern an den Fertigkeiten der in ihr tätigen Forschenden. Ist es nicht an der Zeit, eine Gliederung festzulegen, die es ermöglicht, die Bereiche der Übersetzungswissenschaft in Teildisziplinen zu unterteilen und ähnlich wie in anderen Wissenschaften eine Koexistenz verschiedener Forschungsrichtungen zu ermöglichen?

2 Der geordnete Ist-Zustand

Es lässt sich beim Blick in die übersetzungswissenschaftliche Literatur feststellen, dass die Versuche einer Kartierung vor allen Dingen in den Anfangsjahren

---

6 Siehe z.B. Mertin (2006), deren translationswissenschaftliche Einordnung nahezu ein Viertel der Arbeit in Anspruch nimmt, obwohl der eigentliche Untersuchungsgegenstand die Modellierung eines Qualitätsmanagementansatzes für Übersetzungen darstellt.

der Wissenschaft zu finden sind und diese zugleich eine große Lücke in der Aktualisierung entsprechender Ansätze offenbaren. Ein solcher Vertreter der frühen Übersetzungswissenschaft, der die Notwendigkeit einer Ordnung der Disziplin erkannte, ist Werner Koller (1979), der den Versuch einer Aufteilung der verschiedenen Bereiche der Übersetzungswissenschaft unternimmt, die sich an dem damaligen Forschungsschwerpunkten orientierte. Motiviert durch seine Arbeiten zur Äquivalenz beim Übersetzen unterteilt Koller die Übersetzungswissenschaft in insgesamt neun Bereiche, die sich vor allen Dingen an Forschungsfragen der angewandten Linguistik orientieren. Der Gliederungsansatz von Koller zeichnet sich dadurch aus, dass er den Bereich der Theorie, zu dem neben der Übersetzungstheorie auch die linguistisch-sprachenpaarbezogene und die textbezogene Übersetzungswissenschaft sowie Teile der theorie-, übersetzungs- und rezeptionsgeschichtlichen Komponenten der Übersetzungswissenschaft gezählt werden, gegen den Bereich der angewandten Wissenschaft abgrenzt. Die angewandte Wissenschaft umfasst für ihn hier nicht nur den Bereich der als angewandte Übersetzungswissenschaft bezeichneten anwendungsorientierten Forschungsfelder wie etwa Hilfsmittel, sondern auch Gebiete, die sich mit den Ergebnissen der theoriebildenden Bereiche befassen wie die wissenschaftliche Übersetzungskritik oder die übersetzungsprozessual orientierte Übersetzungswissenschaft. Bereiche wie die Kulturwissenschaft oder auch Themen des interkulturellen Transfers befinden sich zu dieser Zeit noch in der Aufbauphase, sodass sie hier keine weitere Rolle spielten und aus heutiger Sicht letztlich somit eine gewisse Altertümlichkeit der Kategorisierung offenbaren.

Ein weiteres Modell, das die Gliederungsebenen der Übersetzungsswissenschaft[7] definiert, entstand im Zuge der *Descriptive Translation Studies (DTS)* durch James Holmes, der bereits 1972 ein organisatorisches Modell der Disziplin Übersetzungswissenschaft entwickelte, also wesentlich früher als Koller, publiziert und einer breiteren Öffentlichkeit zugänglich gemacht wurde das Modell allerdings erst im Jahr 1988[8], weswegen es im wissenschaftlichen Diskurs nach Kollers Modell zu ordnen ist. Es stellt zum ersten Mal eine organisatorische Gliederung der Translation vor, bei dem der zieltextorientierte Ansatz die interdisziplinäre Aufteilung der Übersetzungswissenschaft voraussetzt. Nach Holmes (1988) ergibt sich eine Aufteilung in theoretische und deskriptive Bereiche und diese in diesem Sinn der Legitimation der deskriptivistischen Arbeit, die sich vor allen Dingen mit Fragen der Literaturübersetzung befasst. Diese im Nebenprodukt

---

7 Es ist davon auszugehen, dass unter dem Begriff der Translation Studies hier die Übersetzungswissenschaft verstanden wurde, da das Dolmetschen nicht in der Theorie reflektiert wird.

8 Erstmals publiziert wurde das Modell als Abstract im Rahmen des 3. Weltkongresses für angewandte Linguistik AILA. Die Ausführungen beziehen sich auf die Publikation von Holmes (1988).

entstandene Gliederung soll nach Holmes die bis dato unüberbrückbaren Differenzen zwischen den unterschiedlichen Einzeldisziplinen, die sich ursprünglich mit dem Übersetzen befassen, überwinden und die Suche nach einer allgemeinen Übersetzungstheorie überflüssig machen (vgl. Stolze 2005: 167). Mit den Arbeiten von Toury (1980, 1995), Even-Zohar (1981) und Hermans (1985) wurde das Feld der DTS weiter ergänzt, wesentlicher Kern ist die Aufteilung (*division*) in die Bereiche *Pure Translation Studies* und *Applied Translation Studies* und das Einfügen der bereits aus den Paradigmen der angewandten Linguistik vorbestimmten Kategorien übersetzungstheoretischer Arbeit. Hinzu kommt die von Holmes angeregte Weiterführung der Gedanken um eine universalistische Übersetzungstheorie (vgl. Toury 1995), die durch eine Vermischung der Perspektiven und Einzelaspekte zu einer klaren Strukturierung der Disziplin führt (vgl. Stolze 2005: 155). Die erstmals vorgeschlagene Trennung zwischen der Theorie und den angewandten Feldern der Translationswissenschaft macht die Einzigartigkeit des Modells aus. Die Übersetzung soll hierbei als eigenständige Disziplin verstanden werden, die sich in verschiedene Teildisziplinen aufgliedern lässt. Die vollumfängliche wissenschaftliche Anerkennung ihres Modells blieb den Deskriptivisten jedoch letztendlich aufgrund der sehr engen Bindung an literaturwissenschaftliche Phänomene verwehrt (vgl. Siever 2010: 236 ff.). Die Wahrnehmung der DTS als eine nur in der Literaturübersetzung anwendbare Theorie, die zudem noch den Feldtheorien zuzuordnen sei, führte, im Zuge einer sich in den 80er und 90er Jahren schnell entwickelnden funktional orientierten Übersetzungstheorie, zu der eingangs bereits erwähnten oft ablehnenden Haltung[9], wenngleich zumindest der Ordnungsrahmen nicht gänzlich unbeachtet blieb. Ausgehend von der Trennung des Übersetzens in zwei große Bereiche, das literarische Übersetzen und das Fachübersetzen (vgl. Snell-Hornby 1986: 11), entstanden innerhalb der funktionalen Übersetzungswissenschaft Bestrebungen, den Bereich des „Fachübersetzens“ noch weiter zu gliedern, um die einzelnen Bereiche innerhalb dieser „interdisziplinären, multiperspektivischen Einheit“ (Snell-Hornby 1986: 12) im Sinne einer wissenschaftlichen Erforschung darstellen zu können. Das Modell der Deskriptivisten, und vor allen Dingen deren Theorie, die allein eine Anwendbarkeit in der Literaturübersetzung fand, wurde dabei berücksichtigt und von Reiß (1995: 14) aufgegriffen. Sie bereinigte das Modell um die Ebene der „Pure Studies“ und ordnet damit die deskriptive und die theoretische Übersetzungswissenschaft[10] gleichwertig direkt neben der angewandten Wissenschaft ein. Aus dieser Neuordnung ergibt sich die Bündelung der Felder auf drei Kernbereiche, der deskriptiven, theoretischen und angewandten Übersetzungs-

---

9 Etwa Skopos bei Reiß, Vermeer (1984) oder translatorisches Handeln bei Holz-Mänttäri (1984).

10 Reiss (1995: 14) verwendet an dieser Stelle den Begriff Übersetzungswissenschaft für Translation Studies.

wissenschaft, innerhalb derer sie die von den Deskriptivisten eingeführten Teildisziplinen weitestgehend übernimmt.

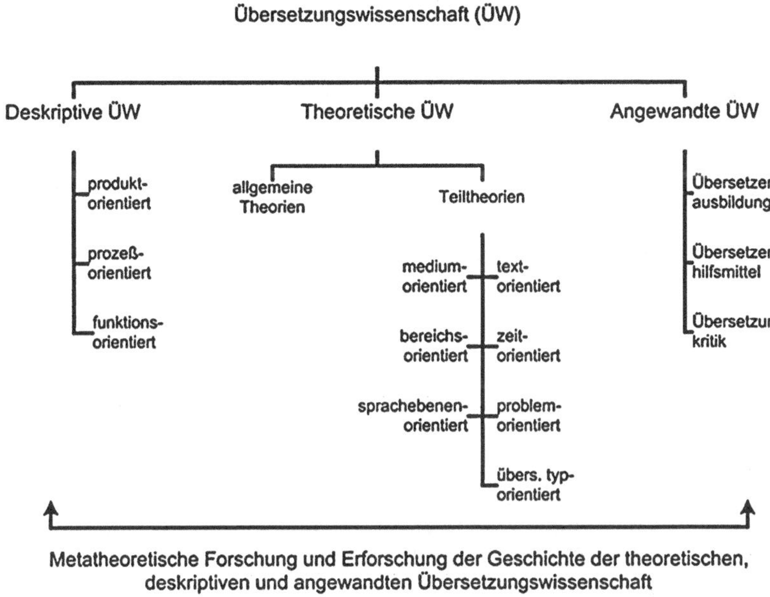

Abbildung 1: Gliederung der Übersetzungswissenschaft nach Reiss.
Quelle: Reiss (1995: 14).

Der Ansatz von Reiß verdeutlicht ein in der Übersetzungswissenschaft von Anfang an herrschendes Problem. Allein der Fokus auf die Art des Übersetzungsproblems als jeweils theoretisches Einzelparadigma, dargestellt in Form der Teiltheorien, hat eine dauerhafte Inkompatibilität der Bereiche zueinander geschaffen, die eine Gliederung mit jedem neuen Paradigma automatisch erweitert. Unter Umständen auch aus diesen Gründen, lassen sich zumindest im deutschsprachigen Raum außer einer Ergänzung des Reiß'schen Modells um die Dolmetschwissenschaft durch Salevsky (2002) keine weiteren Versuche, einer Gliederung in Form einer Karte, ermitteln. Auch deskriptiv angelegte Arbeiten wie jene von Stolze (2005) oder Siever (2010) vermeiden eine Neugliederung, sondern beschreiben die koexistenten Ansätze und fügen wie Siever dann noch ein eigenes Paradigma hinzu. Somit ist auch der Ansatz nach Snell-Hornby, den Bereich des Fachübersetzens weiter zu gliedern, unerreicht, weil bei diesen Gliederungsansätzen nicht die Theoriebildung in der Fachübersetzung im Mittelpunkt des Interesses stand, sondern die Überprüfung auf Anwendbarkeit und ggf. die vorzunehmende Abgrenzung der bereits bestehenden Theorien.

3 Optimierungspotentiale

Die Analyse der bisherigen Diskussion des Aufbaus der Übersetzungswissenschaft und ihrer Paradigmen wirft daher die Frage auf, ob nicht ein grundsätzlicherer Ordnungsrahmen denkbar wäre, der die komplexen Fragen der Zuordnung losgelöst vom Paradigmenbegriff unternehmen kann, und sich somit einer Feldorientierung zuwendet und die bisherige Methodenorientierung somit überwindet. Durch die in zahllosen Publikationen beschriebene Genese, Entwicklung und Berechtigung der Übersetzungswissenschaft kann davon ausgegangen werden, dass sich bestimmte Ansätze herausgebildet haben, die heute die Entwicklungslinien der Übersetzungswissenschaft bilden und mittlerweile als Grundlage dieser Wissenschaft vorausgesetzt werden können. Somit bedarf es dieser Kartierung, um visualisieren zu können, welche Teildisziplinen eine 40-jährige Evolution geschaffen hat. Ein solcher Ansatz stünde somit zum einen in der Tradition der deskriptivistischen Gliederung, würde zum anderen aber auch die Möglichkeit schaffen, die bei Schreiber (2011) erklärten Verwandtschaftsbeziehungen sowie auch allen Interdisziplinen einen Raum im weiten Feld der Übersetzungswissenschaft zuzuweisen. Neben dem Reiz Übersicht zu bieten, würden auch Räume und Orientierungspunkte für interdisziplinäre Bindungen zu anderen Wissenschaften geschaffen, die nicht dem bisher bekannten Kanon entsprechen. Kritiker einer solchen Ordnung argumentieren zwar, dass diese drastische Kategorisierung und Abgrenzung der Wissenschaft nicht den Realitäten entspricht, da insbesondere die interdisziplinäre Ausrichtung der Translationswissenschaft eine zu scharfe Abgrenzung der Disziplinen zueinander zur Folge hätte. So führt Dizdar (2006: 231) an, dass eine wissenschaftliche Zusammenarbeit so deutlich erschwert wird und themenverwandte Forschungsbereiche nicht zusammenfinden würden, aber vielleicht hat sich die Übersetzungswissenschaft gerade durch ihre Vielfalt nicht nur diversifiziert, sondern spezialisiert, sodass sich die Vielzahl an verschiedenen Forschungsansätzen und interdisziplinären Einflüssen nicht mehr nur in loser Verbindung zusammenhalten lassen. Denn gerade die Warnungen Kollers (1979), die Translationswissenschaft werde zu einer unübersichtlichen Disziplin, wird in Anbetracht der immer neu entstehenden Seitenstränge unter Umständen ohne grundlegende Gliederung wieder aktuell. Des Weiteren steht die Forderung nach Ordnung in Einklang mit den grundlegenden Erkenntnissen der Wissenschaftstheorie, wie etwa den Arbeiten von Kuhn (1962) zum Paradigmenbegriff[11], oder den Beiträgen zur Systemtheorie, etwa bei Luh-

[11] Kuhn (1962) beschreibt das Paradigma als Gegenstand, der die Entitäten der in der Natur und deren Verhältnis zueinander beschreibt. Dieses führt zu einer Karte der Wissen-

mann (2000) oder Baecker (2002), und Organisationstheorie, wie z.B. in Picot, Dietl, Franck (2012) oder Kieser, Ebers (2006), die eine grundsätzliche Ordnung der Wissenschaft in Disziplinen und Teildisziplinen für deren Weiterentwicklung voraussetzen.

Hierzu kann unter Umständen ein struktureller Vergleich mit anderen Wissenschaften hilfreich sein, der sich dabei zunächst an wissenschaftstheoretisch etablierten Ordnungsrahmen orientiert. Mit dem Blick auf andere Disziplinen ließen sich an dieser Stelle sicherlich unzählige Wissenschaftsbereiche untersuchen und deren Gliederung und Ordnungsrahmen auf eine Übertragbarkeit hin zur Übersetzungswissenschaft überprüfen. Berücksichtigen wir allerdings zwei wesentliche Punkte – zum einen die bisher verwendeten Begrifflichkeiten wie theoretisch, angewandt und praktisch und zum anderen die Nähe der Disziplinen zueinander –, so ergibt die Suche vor allen Dingen in Wissenschaften mit ähnlichen Bedingungen wohl den meisten Sinn. Die wissenschaftliche Disziplin, in der nach diesen Kriterien die Suche begonnen werden kann, ist die schon von Schreiber (2011) im Sinne der Verwandtschaft suggerierte angewandte Linguistik. Definitionsgemäß wird der angewandten Sprachwissenschaft das Prädikat der erklärenden Wissenschaft für die sprachwissenschaftlichen Theorien zugeschrieben, die sie zur reziproken Wissenschaft machte (Knapp et al. 2004). Auch wenn Knapp (2004: XVIII) darauf hinweist, dass diese Definition als nicht mehr zeitgemäß anzusehen ist, sondern die angewandte Sprachwissenschaft vielmehr eine Disziplin sei, die sich mit „der Beschreibung, Erklärung und Lösung von lebens- und gesellschaftspraktischen Problemen in den Bereichen von Sprache und Kommunikation befasst" (Knapp et. al. 2004), werden ihr alle praxisbezogenen und interdisziplinären Verbindungen zugeschrieben, die sich im weitesten Sinne mit Sprache befassen. Womit sie sich nicht nur sehr unübersichtlich darstellt[12], sondern die Theoriekategorien fehlen. Viele übersetzungswissenschaftliche Arbeiten nehmen ihren Anfang in klassischen Paradigmen der angewandten Sprachwissenschaft, die Verwandtschaft ist also zweifelsohne nicht von der Hand zu weisen, aber es besteht wohl kaum ein Zweifel mehr daran, dass es innerhalb der Übersetzungswissenschaft zu einer eigenen Theoriebildung gekommen ist, die zuvor geführte Diskussion um die Entwicklung der Deskriptivisten hat dieses deutlich gemacht. Somit müsste die Sprachwissenschaft im Ganzen zum strukturellen Vergleich herangezogen werden. In Anbetracht der selbst dort vorherrschenden Gliederungsprobleme scheint ein Übertrag eher hinderlich und muss deshalb als ungeeignet verworfen werden.

---

schaft, die dann ständig weiterentwickelt werden kann und somit neue Paradigmen hervorbringt (1962: 121 ff.).

12 Diese Unübersichtlichkeit begründet auch die oft als künstlich empfundene Gliederung der Sprachwissenschaft (vgl. Geier 1998).

Mit den Bedingungen, die zuvor an die Übertragbarkeit gestellt wurden, muss die Suche im Nahbereich der Übersetzungswissenschaft also fortgesetzt werden. Ein weiterer Wissenschaftsbereich, der die gestellten Bedingungen erfüllt, ist die Informatik, die auch in der Übersetzungswissenschaft keine unbekannte Disziplin ist. Insbesondere die Bereiche der computergestützten und maschinellen Übersetzung, aber auch das Qualitätsmanagement sind durch sie nachhaltig beeinflusst worden und haben sie zu einem elementaren Bestandteil translationswissenschaftlicher Forschung werden lassen. Hinzu kommt die grundsätzliche Verbundenheit beider Wissenschaften im Bereich der Logik und des Formalismus. Auch die Wissenschaft der Informatik ist in mehrere Felder unterteilt, von denen auch hier die wichtigsten mit den Gattungsbegriffen theoretisch und angewandt versehen sind, womit diese Bedingung erfüllt wäre. Hinzu kommen die praktische und technische Informatik, die die Gliederungsebenen der Informatik vervollständigen (vgl. Rechenberg2000: 20 ff. oder Sommer, Gumm 2006: 1 ff.).

Die theoretische Informatik schafft dabei Methoden, Modelle, formale Sprachen, Strukturen und Gesetze, die der Informatik das theoretische Fundament liefern und die Regeln der Wissenschaft definieren (vgl. Rechenberg 2000: 21 oder Sommer/Gumm 2009: 2). Mit dem Begriff der angewandten Informatik werden die Bereiche bezeichnet, in denen die Mittel der Informatik zweckbestimmt eingesetzt werden können, also die Informatik zur Lösung konkreter praktischer Probleme eingesetzt wird. In den Bereich der angewandten Informatik fallen aus diesem Grund auch weitestgehend alle Interdisziplinen mit Informatikanteil, die sich mittlerweile auch als eigene Fächer etabliert haben, wie etwa die Wirtschaftsinformatik oder auch die medizinische Informatik (vgl. Rechenberg 2000: 21 oder Horn/Kerner/Forbrig 2003: 25). Die technische Informatik befasst sich mit den einzusetzenden Geräten, also der Hardware (vgl. Rechenberg 2000: 20 oder Sommer, Gumm 2006: 1). In der praktischen Informatik schließlich werden alle Methoden zusammengefasst, diese Geräte zu betreiben und die Erkenntnisse der theoretischen und auch angewandten Informatik in die Praxis umgesetzt (vgl. Rechenberg 2000: 20 oder Sommer, Gumm 2006: 2). Allen Disziplinen der Informatik ist dabei gemein, dass sie neben der Werdung zur Interdisziplin als Teil einer Disziplin im Bereich der angewandten Informatik über einen gemeinsamen interdisziplinären Anteil verfügen, da auch die Informatik eine Wissenschaft ist, die aus anderen naturwissenschaftlichen Disziplinen wie der Mathematik und Physik hervorgegangen ist und die im Gegensatz zur Translationswissenschaft in Gliederungen nicht mehr übernommen werden. Für eine Weiterentwicklung der Translationswissenschaft bedeutet dieses im Umkehrschluss, dass nach einer soliden Etablierung der Gliederungsebenen auch ihre beiden Grundlagenwissenschaften, die Sprach- und Kulturwissenschaft, als selbstverständlicher Teil der Wissenschaft wahrgenommen werden und nicht mehr einer expliziten Erwähnung bedürfen sollten. In Bezug zur Übersetzungswissenschaft erweist sich die Informatik im Gegensatz zur Sprachwissenschaft als interessantes Vergleichsobjekt, weil sie über eine relativ klare Gliederung verfügt, in der zudem die Differenzen zwischen Theorie und Praxis weitestgehend ausgeräumt zu sein scheinen. Des Weiteren zeugt die Definition einer praktischen Informatik von einer beständigen Integration von Praxisphänomenen und der gemeinsame interdisziplinäre Anteil verdeutlicht die Offenheit des Forschungsfeldes. Lediglich die technische Informatik scheint zumindest zu diesem Zeitpunkt nicht anwendbar, da zwar der Einsatz technischer Geräte in der Übersetzungswissenschaft vermehrt zu beobachten ist, im Sinne der Informatik jedoch nicht stattfindet.

4 Ein Vorschlag zur Restrukturierung

Eine Einbeziehung dieser neu entdeckten Gliederungsebenen sowie der Diskussionen um die Defizite der translatorischen Gliederung ermöglicht die Ableitung wesentlicher Ergebnisse in Bezug auf eine Einführung revidierter Gliederungsebenen der Übersetzungswissenschaft. Zunächst erfordert die Definition des übersetzungswissenschaftlichen Wissenschaftsbereichs zwingend eine Ergänzung in Form eines klaren Bezugs zur angewandten und praktischen Arbeit, somit ist neben der Trennung in die Bereiche der theoretischen und angewandten Wissenschaft auch der praktische Anteil translationswissenschaftlicher Forschung zu definieren, wenn die Synthese von Theorie und Praxis konsequent umgesetzt wird. Hinzu kommt, dass eine solche Aufteilung der Wissenschaftsbereiche in die unterschiedlichen neuen Disziplinen nur unter Berücksichtigung des Verständnisses als ein interdisziplinäres Fach erfolgen kann, wenngleich anzuerkennen ist, dass dieses, wie im Falle der angewandten Sprachwissenschaft, im ungünstigsten Fall dadurch sehr unübersichtlich werden kann. Begünstigend für die Translationswissenschaft kommt allerdings hinzu, dass es durch das klare Bekenntnis und die Integration der Interdisziplinen in diesem Fall nicht zu einer Überfrachtung eines für alle disziplinären Einflüsse zuständigen Bereichs kommen muss, womit gegenüber der angewandten Sprachwissenschaft und der Informatik wiederum eine fortschrittlichere Gliederung erreicht werden kann. Dass dieses bereits im heutigen Zustand der Übersetzungswissenschaft, wenngleich oft auch unbewusst, praktiziert wird, haben die Ausführungen zur Gliederungshistorie der Übersetzungswissenschaft nachhaltig bewiesen. Als definitorische Basis liegt auch hier erneut das Modell von Holmes (1988) mit seinen Korrekturen durch Reiß (1995: 14) zugrunde.[13] Ergänzt um die Rasterung der Informatik ergibt sich so eine Unterteilung in wesentliche Großkategorien, für die eine grundlegende Definition die Zuordnung regelt.

---

[13] Vgl. Kap. 2.2.3 und 2.2.4.

Abbildung 2: Gliederung der Übersetzungswissenschaft.
Quelle: Eigene Zusammenstellung

Die theoretische Übersetzungswissenschaft bezeichnet hier jene Bereiche, die sich mit den theoretischen Voraussetzungen, Methoden, Modellen und Zielen der Translation befassen und die Regeln für diesen Bereich der Translationswissenschaft definieren.[14] Diese aus anderen Wissenschaften abgeleitete[15] und eng an die Wissenschaftstheorie gebundene Definition soll die fundamentale Bedeutung der theoretischen Übersetzungswissenschaft unterstreichen und sie als elementare Grundlage sämtlicher translationswissenschaftlicher Arbeiten bestimmen und ihr weiterhin eine durchaus interdisziplinäre Offenheit garantieren. Somit kann auch der Konflikt um die Fragen, was gehört zur Theorie, mit dieser Definition beantwortet werden und etwa die Arbeiten zur deskriptivistischen Theoriebildung ganz klar in dieser Kategorie begründet werden. Auch anderen Paradigmen translationstheoretischer Forschung wie die kulturorientierte Übersetzungstheorie lassen sich mit dieser grundlagenbasierten Definition zuordnen. Sogar Bereiche wie die Erforschung von Translationsprozessen, etwa bei Krings (1986) oder Göpferich (2008), sind ohne weiteres als methodisch basierte Forschung zuzuweisen. Dem Begriff der theoretischen Übersetzungswissenschaft folgt die angewandte Übersetzungswissenschaft, unter der alle Bereiche zu verstehen sind, die die zweckbestimmte, interdisziplinäre und realitätsnahe Verwendung von Translation zur Lösung konkreter praktischer Probleme beschreiben und im Zuge dessen anwendbare Modelle erarbeiten.[16] Diese sind dabei vor allen Dingen unter

14 Zur Ausgestaltung der theoretischen Translationswissenschaft sei an dieser Stelle das Gliederungsmodell von Salevsky (2002) erneut erwähnt, das dem Bereich der theoretischen Translationswissenschaft die allgemeine Translationstheorie zuordnet, die ähnlich wie die allgemeine Sprachwissenschaft in Zukunft die wissenschaftstheoretischen Grundlagen erarbeiten kann.

15 So kann hier die theoretische Informatik angeführt werden, die im Allgemeinen Methoden, Modelle, formale Sprachen, Strukturen und Gesetze umfasst, die der Informatik das theoretische Fundament liefert und die Regeln der Wissenschaft definiert.

16 Auch an dieser Stelle kann ein Vergleich zur bereits zuvor zitierten Informatik gezogen werden, in deren Rahmen die Definition der angewandten Informatik alle Bereiche bezeichnet, in denen die Mittel der Informatik zweckbestimmt eingesetzt werden können,

den Gesichtspunkten der unmittelbaren praktischen Anwendbarkeit zu verstehen, woraus sich auch der Kanon der verwendbaren Disziplinen ableitet. Hier sind in Anlehnung an die schon unter den Deskriptivisten getroffene Kategorisierung des angewandten Bereichs die Felder Qualitätsforschung, Translationstechnologien und Organisationsformen des Übersetzens anzusiedeln. Als Folge der Definition der angewandten Übersetzungswissenschaft ergibt sich weiterhin und unmittelbar die Notwendigkeit, auch die rein praktischen Anteile der Translation in einer eigenen Definition auszudrücken. Im Gegensatz zur angewandten Übersetzungswissenschaft soll sich die praktische Übersetzungswissenschaft mit den konkreten praxisbezogenen Aspekten der theoretischen und angewandten translatorischen Modelle auseinandersetzen und diese zur Anwendung bringen. Felder, die in die praktische Übersetzungswissenschaft fallen, sind somit die Translationsdidaktik oder auch der gesamte Komplex translatorischer Anwendungen im Bereich Multimedia-Übersetzung. Insbesondere dieser Bereich ist in Anbetracht der jüngsten Entwicklungen derzeit großen Bewegungen ausgesetzt.

5 Fazit

Zusammenfassend lässt sich feststellen, dass der strukturelle Vergleich mit der Informatik durchaus zu einer ordnenden Regulierung der Übersetzungswissenschaft beitragen kann. Mit der Schaffung der Kategorien theoretische, angewandte und praktische Übersetzungswissenschaft könnte nicht nur die eingangs skizzierte Orientierungslosigkeit Navigationshilfe erfahren, auch eine Überwindung des Konfliktes zwischen theoretischer, angewandter und praktischer Arbeit kann gelingen, zumal die von Dizdar (2006: 231) aufgeworfenen Fragen nach dem Primat der Theorie und der Frage, wie viel Praxis die Theorie verträgt, sich in einer solchen Gliederung nicht mehr stellen würde, da sie gleichberechtigt koexistieren. Somit wird die Übersetzungstheorie für angewandte und praktische Wissenschaft zur Grundlage des Arbeitens und gleichzeitig zum Vehikel, das es ermöglicht, den zuvor beschriebenen Zwang der Theoretisierung allen translationswissenschaftlichen Handelns zu überwinden. Als Aufgabe für die Zukunft bleibt, nach der Akzeptanz eines solchen Modells die sach- bzw. feldorientierte Füllung der einzelnen Kategorien, sofern eine radikale Neudefinition der Übersetzungswissenschaft gewünscht ist. Insbesondere der Bereich der angewandten Übersetzungswissenschaft und auch der neu zu bestückende Bereich der praktischen Übersetzungswissenschaft haben hier aufgrund der gut 30 Jahre versäumten Evolution unter diesen Gesichtspunkten einen gewissen Nachholbedarf.

---

also die Informatik zur Lösung konkreter praktischer Probleme eingesetzt wird. Darüber hinaus kann aber auch auf die Definition der angewandten Sprachwissenschaft hingewiesen werden, die sich nach Knapp mit der „Beschreibung, Erklärung und Lösung von lebens- und gesellschaftspraktischen Problemen in den Bereichen von Sprache und Kommunikation" widmet. Vgl. Knapp (2004: XVIII).

Nicht zu vernachlässigen ist unter Gliederungsaspekten allerdings auch der wiederaufzunehmende Diskurs um die Unterscheidung der Übersetzungs- von der Dolmetschwissenschaft unter dem Dach der Translationswissenschaft, der an dieser Stelle aufgrund der angestrebten Übersichtlichkeit zunächst nicht ausgeführt werden konnte.

Literaturverzeichnis

Baecker, Dirk (2002): *Wozu Systeme?* Berlin: Kulturverlag Kadmos.

Dizdar, Dilek (2006): *Translation. Um- und Irrwege. Ost-West-Express. Bd. 1.* Berlin: Frank & Timme.

Even-Zohar, Itamar (1981): „Translation Theory Today: A Call for Transfer Theory". *Poetics Today* 2 (4): 1-7.

Geier, Manfred (1998): *Orientierung Linguistik. Was sie kann, was sie will. Rororo Rowohlts Enzyklopädie. Band 55602.* Reinbek bei Hamburg: Rowohlt-Taschenbuch-Verl., Orig.-Ausg.

Göpferich, Susanne (2008): *Translationsprozessforschung. Stand – Methoden – Perspektiven.* Translationswissenschaft. Band 4. Tübingen: Narr, 1. Aufl.

Hermans, Theo (Hg.) (1985): *The Manipulation of Literature. Studies in Literary Translation.* New York: St. Martin's Press.

Holmes, James S. (1988): *Translated! Papers on Literary Translation and Translation Studies. Approaches to Translation Studies. Band 7.* Amsterdam: Rodopi, 2. ed.

Holz-Mänttäri, Justa (1984): *Translatorisches Handeln. Theorie und Methode. Suomalaisen Tiedeakatemian toimituksia. Sarja B. Band 226.* Helsinki: Tiedeakat.

Horn, Christian/Immo O. Kerner/Peter Fobrig (Hg.) (2003): *Lehr- und Übungsbuch Informatik 1. Grundlagen und Überblick.* München: Hanser, 1. vollst. überarb. Aufl.

Kaindl, Klaus (1999): „Interdisziplinarität in der Translationswissenschaft", in: Gil, Alberto et al. (Hg.): *Modelle der Translation. Grundlagen für Methodik, Bewertung, Computermodellierung, Saarbrücker Beiträge zur Sprach- und Translationswissenschaft. Band 1*, 137-155. Frankfurt am Main: Lang.

Kaindl, Klaus (2004): *Übersetzungswissenschaft im interdisziplinären Dialog. Am Beispiel der Comicübersetzung. Studien zur Translation. Band 16.* Tübingen: Stauffenburg.

Kieser, Alfred/Mark Ebers (2006): *Organisationstheorien.* Stuttgart: Kohlhammer, 6., erw. Aufl.

Knapp, Karlfried/Gerd Antos (Hg.) (2004): *Angewandte Linguistik. Ein Lehrbuch. UTB für WissenschaftSprachwissenschaften. Band 8275.* Tübingen: Francke.

Koller, Werner (1979): *Einführung in die Übersetzungswissenschaft. Uni-Taschenbücher. Band 819.* Heidelberg: Quelle & Meyer.

Koller, Werner (2001): *Einführung in die Übersetzungswissenschaft. UTB für Wissenschaft. Band 819.* Wiesbaden: Quelle & Meyer, 6., durchges. und aktualisierte Aufl.

Krings, Hans P. (1986): *Was in den Köpfen von Übersetzern vorgeht. Eine empirische Untersuchung zur Struktur des Übersetzungsprozesses an fortgeschrittenen Französischlernern.* Univ., Diss./1985, Bochum. Tübinger Beiträge zur Linguistik. Band 291. Tübingen: Narr.

Kuhn, Thomas S. (1962): *The Structure of Scientific Revolutions.* Chicago, Ill.: Univ. of Chicago Press.

Luhmann, Niklas (2000): *Organisation und Entscheidung.* Opladen: Westdt. Verl.

Mertin, Elvira (2006): *Prozessorientiertes Qualitätsmanagement im Dienstleistungsbereich Übersetzen. Leipziger Studien zur angewandten Linguistik und Translatologie. Band 8.* Frankfurt am Main: Lang.

Picot, Arnold/Helmut Dietl/Egon Franck (2012): *Organisation. Eine ökonomische Perspektive.* Stuttgart: Schäffer-Poeschel, 6., überarb. und erw. Aufl.

Prunc, Erich (2007): *Entwicklungslinien der Translationswissenschaft. Von den Asymmetrien der Sprachen zu den Asymmetrien der Macht. TransÜD. Band 14.* Berlin: Frank & Timme.

Rechenberg, Peter (2000): *Was ist Informatik? Eine allgemeinverständliche Einführung.* München: Hanser, 3., aktualisierte und erw. Aufl.

Reiß, Katharina (1995): *Grundfragen der Übersetzungswissenschaft. Wiener Vorlesungen. WUV-Studienbücher Geisteswissenschaften. Bd. 1.* Wien: WUV-Univ.-Verl.

Reiß, Katharina/Hans J. Vermeer (1984): *Grundlegung einer allgemeinen Translationstheorie. Linguistische Arbeiten. Band 147.* Tübingen: Niemeyer.

Salevsky, Heidemarie (2002): *Translationswissenschaft. Ein Kompendium.* Frankfurt am Main/New York: Lang.

Schreiber, Michael (2006): *Grundlagen der Übersetzungswissenschaft. Französisch, Italienisch, Spanisch. Romanistische Arbeitshefte. Band 49.* Tübingen: Niemeyer.

Schreiber, Michael (2011): „Die Übersetzungswissenschaft: Tochter, Schwester oder Cousine der Angewandten Linguistik?“, in: Dahmen, Wolfgang/Günter Holtus/Johannes Kramer (Hg.): *Romanistik und Angewandte Linguistik. Romanistisches Kolloquium XXIII.* Tübingen: Narr, 35-49.

Siever, Holger (2010): *Übersetzen und Interpretation. Die Herausbildung der Übersetzungswissenschaft als eigenständige wissenschaftliche Disziplin im deutschen Sprachraum von 1990-2007. Leipziger Studien zur angewandten Linguistik und Translatologie. Band 8.* Frankfurt am Main: Lang.

Snell-Hornby, Mary (1986): *Übersetzungswissenschaft – Eine Neuorientierung. Zur Integrierung von Theorie und Praxis. UTB für Wissenschaft. Uni-Taschenbücher. Band 1415.* Tübingen: Francke.

Snell-Hornby, Mary/Hans G. Hönig/Paul Kußmaul/Peter A. Schmidt (Hg.) (2006): *Handbuch Translation. Stauffenburg Handbücher.* Tübingen: Stauffenburg Verl., 2., verb. Aufl., unveränd. Nachdr.

Sommer, Manfred/Heinz-Peter Gumm (Hg.) (2006): *Einführung in die Informatik.* München: Oldenbourg, 7., vollst. überarb. Aufl.

Stolze, Radegundis (2005): *Übersetzungstheorien. Eine Einführung. Narr-Studienbücher.* Tübingen: Narr, 4., überarb. und erw. Aufl.

Toury, Gideon (1980): *In Search of a Theory of Translation. Targum. Band 2.* Tel Aviv: Univ. Porter Inst. for Poetics and Semiotics.

Toury, Gideon (1995): *Descriptive Translation Studies and Beyond. Benjamins Translation Library. Band 4.* Amsterdam: Benjamins.

Rainer Kohlmayer

Sprache, Satire, Erotik bei Wilde und Wedekind

Der Ausdruck „Streifzüge“ im Titel dieser Festschrift gestattet mir, essayistischer zu schreiben, als es in der Sprachwissenschaft üblich ist, mich also auf Gedankengänge zu begeben, die eher ins Offene führen und womöglich in irgendeinem Gestrüpp enden. Dabei war mein ursprünglicher Plan für diesen Festschriftbeitrag völlig traditionell und solide. Ich wollte Beispiele aufzählen und analysieren, wie in Wildes und Wedekinds Werken die Sprecher unterschiedlicher Sprachen charakterisiert und karikiert werden. Da sowohl Wilde als auch Wedekind eine satirisch-humoristische Ader hatten, wären da viele amüsante Fälle zu behandeln, wobei der irische Dichter Oscar Fingall O'Flaherty Wills Wilde (1854-1900) es vor allem auf die Engländer, Deutschen, Franzosen, Amerikaner und Australier abgesehen hatte, während der Emigrantensohn Benjamin Franklin Wedekind (1864-1918) eher die Deutschen, Franzosen, Schweizer und Russen karikierte. Und ich möchte tatsächlich auch mit einigen Ergebnissen dieser Spurensuche beginnen, bevor ich mich im zweiten Teil meines kleinen Essays in das linguo-erotische Dickicht wage, wohin Wildes SALOME und Wedekinds LULU einladen.

1 Sprache und Satire

In Wildes satirisch-humoristischem Universum gilt die deutsche Sprache meistens als Inbegriff der Seriosität, Solidität und Langeweile. Bezeichnend ist eine Passage zu Beginn von THE IMPORTANCE OF BEING EARNEST (ich zitiere hier aus der ursprünglichen und ausführlicheren vieraktigen Fassung von 1894), wo Miss Prism ihre Privatschülerin Cecily dazu auffordert, ihr Tagebuch beiseite zu legen und ihren WILHELM TELL zu übersetzen:

> „MISS PRISM: [...] Pray open your Schiller at once.
> CECILY (*coming over very slowly*): But I don't like German. It isn't at all a becoming language. I know perfectly well that I look quite plain after my German lesson.
> MISS PRISM: Child, you know how anxious your guardian is that you should improve yourself in every way. He laid particular stress on your German, as he was leaving for town yesterday. Indeed, he always lays stress on your German when he is leaving for town.“ (Wilde 1987: 339 f.)

Während also Cecilys Vormund Jack in London seinem Vergnügen nachgeht, soll sein lebens- und liebeshungriges Mündel durch deutsche Grammatik und Schillerlektüre quasi ruhiggestellt, sediert werden. Für Cecily ergibt sich daraus

– wenn auch in etwas sprunghafter Logik – ein fataler Zusammenhang zwischen der globalen Menge an Lustunterdrückung und der Übervölkerung Deutschlands.

> „CECILY: [...] There is a great deal too much punishment in the world. German is a punishment, certainly, and there is far too much German. You told me yourself yesterday that Germany was over-populated." (Wilde 1987: 340)

Lady Bracknell dagegen, die überlebensgroße Karikatur viktorianischer Wohlanständigkeit in dieser satirischen Komödie, vertraut bei ihren Abendgesellschaften auf die heilsame moralische Wirkung der deutschen Sprache.

> „LADY BRACKNELL: [...] French songs I cannot possibly allow. People always seem to think that they are improper, and either look shocked, which is vulgar, or laugh, which is worse. But German sounds a thoroughly respectable language, and indeed, I believe is so." (Wilde 1987: 329)

Es gibt in Wildes Werk noch eine Reihe von ähnlichen scherzhaften Seitenhieben auf die deutsche Philosophie, Musik und Kultur. Dabei darf man aber davon ausgehen, dass Wilde durch seine Mutter, die ja selbst als Literatin und Übersetzerin aus dem Deutschen bekannt war, ebenso wie durch verschiedene seiner Oxforder Lehrer, die ihn mit der deutschen Philosophie des Idealismus bekannt machten, ein rundweg positives Bild von der deutschen Kultur hatte. Dass Wildes milde satirische Anspielungen auf die deutsche Sprache von den deutschen Übersetzern oft weggelassen oder durch Anspielungen auf das Lateinische ersetzt wurden, ist nicht gerade ein Beweis für Humorkompetenz.

In Wildes humoristischer Krimi-Story LORD ARTHUR SAVILE'S CRIME (1891) taucht eine weitere amüsante Spielart ‚deutscher' Komik auf, nämlich ein international tätiger Anarchist und Lieferant von Zeitbomben für Attentate aller Art, ein gewisser „Herr Winckelkopf, as he was called in England" (Wilde 1987: 185). Dieser „genial little German", der vom guten Essen und Trinken schwärmt, liefert Lord Savile gerne die als französische Kaminuhr getarnte Bombe, allerdings unter der Bedingung, dass das Gerät auf keinen Fall gegen englische Polizisten eingesetzt werden dürfe, denn die Dummheit der Scotland Yard detectives sei für Terroristen ein Geschenk des Himmels:

> „The English detectives are really our best friends, and I have always found that by relying on their stupidity, we can do exactly what we like. I could not spare one of them." (Wilde 1987: 186)

Der Bombenbastler Herr Winckelkopf versteht sich als freischaffender Künstler; daher lässt er sich von seinem aristokratischen Auftraggeber nur die Unkosten ersetzen und verlangt keinen Penny für seine eigene Arbeit:

> „'I do not work for money; I live entirely for my art.'
>
> Lord Arthur laid down Ł4 2s. 6d. on the table, thanked the little German for his kindness, and, having succeeded in declining an invitation to meet some Anarchists at a meat-tea on the following Saturday, left the house and went off to the Park." (Wilde 1987: 187)

Die Bombe explodiert allerdings nicht, und Lord Arthur Savile, ziemlich enttäuscht über Winckelkopf, dessen Adresse er immerhin Count Rouvanoff persönlich verdankte, „a young Russian of very revolutionary tendencies", verzichtet auf das noch großzügigere zweite Angebot des netten deutschen Anarchisten, „to supply him with another clock free of charge, or with a case of nitro-glycerine bombs at cost price." (Wilde 1987: 187)

Übrigens richtet sich die Winckelkopf-Satire natürlich eher gegen die Ineffizienz und Dummheit der Londoner Polizei, die von Wilde auch anderswo verspottet wird. Aber wie man weiß, bekam diese schon bald eine Gelegenheit, sich für solche Respektlosigkeiten zu rächen. Als es 1895 zu Wildes Homosexualitätsprozess kam, waren die Ermittlungen der detectives prozessentscheidend. Und doch scheint Wildes Polizistenverhöhnung auch noch bei Agatha Christie nachzuwirken; denn sowohl der scharfsinnige Belgier Hercule Poirot als auch die energische Hobbydetektivin Miss Marple haben es immer mit reichlich naivem Scotland-Yard-Personal zu tun.

Wilde greift selten zum Mittel fremdsprachlicher oder dialektaler Akzente, um eine Figur zu charakterisieren. Seine Figuren sprechen unterschiedslos ein gepflegtes *Society English*; die Individualisierung und Charakterisierung ist rein rhetorisch programmiert. Der Gärtner Moulton, der in der ursprünglichen vieraktigen Version von THE IMPORTANCE OF BEING EARNEST noch mit einem breiten ländlichen Hertfordshire-Akzent sprechen durfte: „I don't hold with them furrin tongues, miss" (Wilde 1987: 339), verschwand in der dreiaktigen Endfassung von 1895. Der französische Botschafter Vicomte de Nanjac in AN IDEAL HUSBAND (1894) ist ein glühender Anglophile, wird aber durch einige wenige Fehler in englischen Redewendungen zu einer lächerlichen Figur: „Ah! You flatter me. You butter me, as they say here." (Wilde 1987: 485) Über Wildes Verspottung der Amerikaner und Australier wären ebenfalls einige amüsante Beispiele aufzuzählen, worauf ich hier aber verzichte, um mich bei dem deutschen Dichter Wedekind, der in vielerlei Hinsicht sowohl eine Spiegel- als auch eine Kontrastfigur zu Wilde ist, auf die Suche zu begeben.

Der in Hannover geborene und in der Schweiz aufgewachsene Frank Wedekind hatte ein feines Ohr für deutsche Dialekte und Akzente. Seine Eltern hatten sich schließlich in Kalifornien kennengelernt, sie waren „naturalisierte Amerikaner deutscher Abstammung" (Kieser 1990: 27) und wurden nach ihrer Rückkehr nach Deutschland weder in Hannover noch in der Schweiz jemals richtig heimisch. Sie gaben ihren zuletzt geborenen Söhnen englische Vornamen; Franks Vorname Benjamin Franklin war eine Hommage an das freie Amerika und gleichzeitig ein Appell an Franks geistige Autonomie. Und Frank Wedekind übernahm die Rolle des Freiheitskämpfers und Bürgerschrecks mit missionarischer Kompromisslosigkeit.

In der Kindertragödie FRÜHLINGS ERWACHEN (geschrieben vom Herbst 1890 bis Ostern 1891) karikiert Wedekind die Verknöcherung der militaristisch-repressiven deutschen Gegenwartsgesellschaft. Die Schule wird zum Symbol der Unterdrückung. Schon die Namen des Personals – angefangen vom Pedell *Habebald* über die Gymnasialprofessoren *Hungergurt, Knochenbruch, Affenschmalz, Knüppeldick, Zungenschlag, Fliegentod* bis zum Rektor *Sonnenstich* – sind poetische Wutausbrüche, die nichts von der harmlosen Gemütlichkeit der eskapistischen FEUERZANGENBOWLE von 1944 haben. Sprachlich stecken diese Lehrer in grotesken Zwangsjacken, die von Wedekind rhetorisch unterschiedlich geschneidert sind. Hier soll nur ein einziger bezeichnender Satz von Rektor *Sonnenstich* zitiert werden, der Deutsch gewissermaßen als Fremdsprache spricht, weil in seiner monologischen und monomanen Rhetorik die lateinische Syntax und der sklerotische Wortschatz einer ausgeleierten Bildungstradition eine autoritäre Phrasendresch-Allianz eingegangen sind. Sonnenstich erklärt dem Kollegium der Gymnasialprofessoren, aus welchen Gründen man nicht darauf verzichten könne, beim Kultusministerium die Relegation des problematischen Schülers zu beantragen:

> „Wir können es – und der, meine Herren, möchte der schwerwiegendste sein – aus dem jeden Einwand niederschlagenden Grunde nicht, weil wir unsere Anstalt vor den Verheerungen einer Selbstmordepidemie zu schützen haben, wie sie bereits an verschiedenen Gymnasien zum Ausbruch gelangt und bis heute allen Mitteln, den Gymnasiasten an seine durch seine Heranbildung zum Gebildeten gebildeten Existenzbedingungen zu fesseln, gespottet hat." (Wedekind 1954: 284)

Die starre Sprachmaske verrät die Lebensfeindlichkeit der Institution Schule. Es handelt sich um die Methode der parodistischen Entlarvung, wie sie später von Wedekinds Freund Karl Kraus zum sprach- und kulturkritischen Analyseinstrument schlechthin perfektioniert wurde.

In dem Einakter DER KAMMERSÄNGER von 1897 lässt Wedekind eine 16jährige ‚herzige' Engländerin auftreten, die den sprechenden Namen „Miss Coeurne" trägt, was nicht gerade von großen Englischkenntnissen Wedekinds zeugt. Miss Coeurne spricht nach der Regieangabe „mit englischem Akzent", aber syntaktisch und lexikalisch sind die meisten ihrer Sätze ziemlich idiomatisches Deutsch, angefangen von „Ich bitte, schicken Sie mich nicht fort." (Wedekind 1954: 549) bis zu „Ich habe gesagt, daß ich noch sehr dumm bin, weil man das hier in Deutschland bei einem jungen Mädchen hochschätzt" (Wedekind 1954: 550). Seltsamer klingt ihr Deutsch zum ersten Mal in folgender Passage: „Ich habe an einen Herrn noch nie gedacht, so alt ich bin, bis ich Sie gestern auf der Bühne als Tannhäuser gesehen habe" (Wedekind 1954: 551). Seltsam klingt auch, wenn sie später sagt: „Ich kann es mir gar nicht denken, daß ein anderes Mädchen so würde getan haben wie ich" (Wedekind 1954: 553). Nun, der englische Akzent dürfte die Authentizität hinreichend beglaubigen, kaum aber das syntaktische Substrat, das man hinter Miss Coeurnes Sätzen erkennen kann. Wedekinds Englisch war (siehe unten) geradezu katastrophal, womöglich ein ödipaler Protest gegen den zutiefst gehassten Vater, der zeitlebens seine amerikanische Nationalität beibehielt. Wedekinds Französischkenntnisse waren dagegen nahezu muttersprachlich.

Frank Wedekind war ein Meister im Nachahmen und in der peniblen phonetischen Schreibung von Dialekten. Sein Dr. Hilti in DIE BÜCHSE DER PANDORA (1894), ein Basler „Prifot-Tozänt" („iach läsä Philosoffie ahn där Unifärsität") aus einer sittenstrengen „Bodriziär-Fomiliä", ist eine glänzende sprachliche Kabarettnummer. Der erotische Analphabet Dr. Hilti geht in London mit dem abgetakelten Freudenmädchen Lulu nach Hause, um möglichst schnell und vor allem möglichst billig seine Sexualerziehung nachzuholen.

> „DR. HILTI: […] iach ärhielt als Studänt nur zwoi Frankchen Toschängält, und tas kchontä iach bessär anwänden als füar Mädachän.
>
> LULU: Deshalb warst du nie bei einer Frau?
>
> DR. HILTI: Äbän ja! Äbän! Abär iach brouchä äs itzt; iach habä miach heutä obänd värsprochän miet oinär Basler Bodriziärsdochtär. Sie ischt hiär Kchindärmädchön.
>
> LULU: Ist deine Braut hübsch?
>
> DR. HILTI: Ja, sie hat zwoi Millionän. – Iach bien sähr gespahnt, wia äs miach dunkchän wird." (Wedekind 1954: 534 f.)

In dem Stück DER MARQUIS VON KEITH (1900) wird der Hochstapler und – modern gesprochen – Event-Manager Keith am Schluss um Geliebte und Geschäftsidee gebracht. Der aus dem Hintergrund agierende Kapitalist Kasimir hat längst seine Beziehungen zum Münchner Großbürgertum, zum Beispiel zum „Bierbrauereibesitzer Ostermeier", spielen lassen – und Keith kann froh sein, dass der Konsul und Großkaufmann imstande ist, den lynchwilligen Mob mit authentischem Bairisch in Schach zu halten. Wedekind weiß anscheinend, dass für einen süddeutschen Lokalpolitiker die Zweisprachigkeit – Dialekt plus Hochdeutsch – unerlässlich ist.

„DER KONSUL KASIMIR (*zu den Leuten*): Jetzt schaut's aber, das weiter kummt, sunst lernt's mi anders kenna! […] Marsch, sag' i! – da hat der Zimmermann ‚s Loch g'macht! (*Seinen Sohn, der sich mit der Menge entfernen will, am Arm nach vorn ziehend*) Halt, Freunderl! Du nimmst auf deine Londoner Reise noch eine schöne Lehre mit! (*zu v. Keith*) Ich wollte Sie auffordern, München binnen vierundzwanzig Stunden zu verlassen; jetzt glaube ich aber, es ist wirklich am besten für Sie, wenn Sie mit dem nächsten Zug reisen." (Wedekind 1954: 663 f.)

So viel zu den amüsanten Stellen, die immerhin zu beweisen scheinen, dass die kulturellen Quereinsteiger (der Ire Wilde in England, der Emigrantensohn Wedekind in der deutschen Provinz) das Spektrum der literarischen Kulturkritik um neue Perspektiven bereicherten.

2 Sprache und Erotik

Und damit komme ich zu dem linguo-erotischen Streifzug, zu dem ich mich vor allem durch das Nebeneinander von SALOME und LULU verlocken ließ. Ich werde im Folgenden nicht unbedingt zuverlässige faktische Informationen liefern können, hoffentlich aber einige interessante Dinge ansprechen. Jedenfalls stieß ich beim Nachdenken über die Gemeinsamkeiten von Wilde und Wedekind auf Fragen, die ich eigentlich nur weiterreichen möchte.

Oscar Wilde und Frank Wedekind sind meines Wissens noch nie biographisch und literarisch verglichen worden, was auf den ersten Blick einleuchtet. Wilde ist schließlich der berühmteste Homosexuelle der Weltliteratur, wenn er sich auch niemals in seinen Werken als solcher outete; Wedekind dagegen ist der Dramatiker der sexuellen Befreiung schlechthin, wobei er in seinem Werk am Rande auch für die Befreiung minoritärer Sexualbeziehungen eintrat. Zum Beispiel stellt er in FRÜHLINGS ERWACHEN auch jugendliche Homosexualität dar, und im LULU-Drama kontrapunktiert er Lulus Tragödie durch die der unglücklichen Lesbe Geschwitz, die von Lulu erbarmungslos ausgebeutet und schließlich von Jack the Ripper nur so nebenbei ermordet wird. Auf den zweiten Blick lassen sich aber sprachliche und erotische Gemeinsamkeiten zwischen den beiden Dramatikern erkennen, über die es sich intensiver nachzudenken lohnt.

So waren die Arztsöhne Oscar Wilde und Frank Wedekind (die beide ihren Vater verabscheuten und ihre Mutter tief verehrten) im Dezember 1891 zufällig gleichzeitig in Paris, wo sie beide die Anregung erhielten für ihre auffälligsten und modernsten Werke. Der 37jährige Wilde suchte die Nähe zur französischen Avantgarde, um in der „Hauptstadt des 19. Jahrhunderts" (Walter Benjamin) den Durchbruch zu internationaler Anerkennung zu finden; der 27jährige Wedekind war Ende 1891 nach Paris gezogen, um dort die erotische Freiheit zu genießen und literarisch auszubeuten, übrigens auch, um sein väterliches Erbe zu verjubeln. Auf den Champs-Elysées kam Wedekind im Juni 1892 der Gedanke, eine „Monstretragödie" zu schreiben, eben die LULU-Tragödie (Wedekind 1990: 222). Und Wilde schrieb ein halbes Jahr vorher, Anfang Dezember 1891, vielleicht nach einem Theaterbesuch, seine SALOME, wobei er einen Stoff aufgriff, der in den französischen Künstlerkreisen in Paris bereits mehrfach künstlerisch behandelt worden war. (Ellmann 1987: 320-326)

Das Thema von SALOME und LULU ist ähnlich: der spektakuläre Untergang einer Frau, die in der Exposition zum Symbol überzeitlicher weiblicher Erotik stilisiert wurde. Die schöne Kindfrau SALOME geht am körperfeindlichen Fanatismus des Propheten Iokanaan zugrunde; sie wird am Schluss auf Befehl des Herodes brutal erschlagen, wobei Herodes das Urteil vollstrecken lässt, das der religiöse Fundamentalist Iokanaan zuvor gefordert hatte. Wedekinds Lulu wird am Schluss ihres katastrophalen erotischen Lebenswegs von Jack the Ripper abgeschlachtet.

Salome wird von Wilde ebenso wie Lulu von Wedekind als eine Art Heilige des Eros dargestellt. Beide sind (cum grano salis) Märtyrerinnen, jene ist Opfer eines fundamentalistischen Hasspredigers (Wildes Iokanaan), diese ist Opfer eines bestialischen Lustmörders jenseits aller Moral (Jack), wobei aber Jack the Ripper nur die brutalste Verkörperung jener ‚männlichen' Kräfte ist, die Lulu vernichten. Das Leben beider Frauen war in einem sehr materiellen Sinn die körperliche Liebe, beide müssen einen brutalen Liebestod sterben. Beide Stücke gingen über die Grenzen des damals auf der Bühne Erlaubten hinaus, beide Stücke scheiterten an der Zensur (jeweils in England und in Deutschland) und mussten lange auf eine Aufführung warten. Beide Stücke sind von bedeutenden Komponisten vertont worden, SALOME von dem Münchner Richard Strauß (1905), LULU von dem Wiener Alban Berg (1928/35). Beide Frauenfiguren sind bis heute Ikonen extremer weiblicher Erotik, beide Stücke leben im Sprechtheater wie in der Oper weiter.

Die Übereinstimmungen gehen aber noch darüber hinaus. Der irische Dichter Wilde schrieb seine SALOME 1891 in der Fremdsprache Französisch. Der deutsche Dichter mit dem amerikanischen Vornamen Benjamin Franklin Wedekind ließ in der ersten Fassung des Stückes von 1894 seine Lulu im ersten Akt, der in Berlin spielt, Deutsch sprechen; im in Paris spielenden 2. Akt wird meist Französisch gesprochen; und im 3. Akt, der in London spielt, spricht Lulu mit ihren Kunden, auch mit ihrem Mörder, Englisch. Lulu ist in London zu einer ‚globalen' Figur geworden, wie man etwa an der Art erkennt, wie sie mit dem bereits zitierten Dr. Hilti ins Gespräch und ins Geschäft kommt.

„LULU: [...] But you are not English?

DR. HILTI: No. - I am only here the last two weeks. - Are you borne in London?

LULU: No Sir. - I am French...

DR: HILTI: Ah, vous êtes Française?

LULU: Oui monsieur, je suis Parisienne. [...]

DR. HILTI: I am coming from Paris, where I was staiing for eight days. [...] I am from Zurich in Switzerland. [...]

LULU: Alors vous parlez l'Allemand?

DR. HILTI: Sprachän Sie töütsch?

LULU: Un petit peu seulement, parce que mon ancien amant était Allemand. - Il était de Berlin, je crois.

DR. HILTI: Tonnärwättär - wia miach thas fröüt, thas Sie töütsch spreachän!

LULU [...]: Komm, Süßer, komm. - Du bleibst bei mir die Nacht." (Wedekind 1990: 123)

Wie man sieht, ist Wedekinds Englisch orthographisch und grammatisch höchst unzulänglich, und das, obwohl er Anfang 1894 eigens für mehrere Monate nach England gefahren war, um seine „Monstretragödie" am Ort des Geschehens zu Ende zu schreiben. (Wedekind 1990: 223)

Der Punkt, auf den es mir bei SALOME und LULU ankommt, ist folgender: es handelte sich bei diesen Dramen um eine *doppelte Entgrenzung*; einmal verletzten beide Dichter die Normen der damals erlaubten Sexualitätsdarstellungen auf der Bühne, was zum Aufführungsverbot führte; zum andern setzten sich beide durch den vollständigen oder ausgiebigen Einsatz von Fremdsprachen über die Normen ihrer Muttersprache und theatralen Zielkultur hinweg. Sie muteten ihrem Publikum das Eintauchen in fremde Sprachwelten zu.

Wedekind dachte, als er seine mehrsprachige Monstertragödie schrieb, tatsächlich an ein polyglottes Publikum; ihm schwebte offensichtlich eine neue Art von ‚Weltliteratur' vor; allerdings dachte er bei seiner LULU-Tragödie, die zunächst in Paris erscheinen sollte, an einen „engbegrenzten Leserkreis", wie er seinem Tagebuch anvertraute:

„Shakespeare hat seinem Heinrich V. bereits einige Scenen in französischer Sprache eingefügt. Wir leben drei Jahrhunderte nach Shakespeare und wir sind Deutsche. Wir sind die gebildetste Nation der Welt. Das ist freilich kein Grund, unsere Literatur in eine babylonische Sprachverwirrung zu verwandeln.“ (Wedekind 1990: 210)

Die von Wilde geplante Aufführung seines französischen Dramas SALOME mit der französischen Starschauspielerin Sarah Bernhardt in London scheiterte am Verbot des Zensors: biblische Stoffe durften nicht auf der Theaterbühne gespielt werden. Wir wissen daher nicht, wie das Londoner Publikum auf das französische Stück Wildes reagiert hätte. SALOME wurde erst durch die großartige deutsche Übersetzung von Hedwig Lachmann zu einem Welterfolg; es war gleichzeitig das erste Mal, dass ein Komponist einen Übersetzungstext direkt vertonte (Kohlmayer 1996 und 1997). Wedekind war gezwungen, den Fremdsprachengebrauch und die erotischen Szenen in seinem Stück erheblich einzuschränken, um es auf die deutsche Bühne zu bringen. Erst 70 Jahre nach seinem Tod wurde die Urfassung der „Monstretragödie“, aus der ich oben zitierte, gedruckt und uraufgeführt.

Ich möchte jetzt – und das ist endlich der Kern des essayistischen Problems, das mich zu diesem Streifzug verführte – die Frage stellen, *ob die bei Wilde und Wedekind festzustellende Entgrenzung der sprachlichen Identität irgendwie mit der Entgrenzung der Sexualität zusammenhängt*. Ob also die ungewöhnliche Rolle der Fremdsprachen und die außergewöhnliche Rolle der Erotik von SALOME und LULU etwas miteinander zu tun haben. Auf diese Frage brachte mich ein Essay des bekannten Evolutionsbiologen Hubert Markl.

In dem besagten Essay weist Markl nachdrücklich auf eine Verbindung von Sexualität und Sprache hin. Zwischen der ‚Erfindung‘ der Sexualität und der ‚Erfindung‘ der symbolischen Begriffssprache bestehe ein evolutionärer Zusammenhang. Sexualität und Sprache seien evolutionäre Innovationen, die gleichzeitig Grenzen überschritten und Grenzen etablierten:

„Hier [= in der symbolischen Begriffssprache, R.K.] scheint ein ferner Anklang an die gigantische Innovation auf, die weit mehr als eine Milliarde Jahre früher durch die sexuelle Rekombination von Bedeutungsträgern in die Welt gekommen war. Aber was sind selbst einige zehntausend Gene gegen viele hunderttausend Wortbegriffe? Vor allem, wo in der Sexualität gerade zwei kopulieren, das heißt sich zu vereinigen vermögen, da gibt es in der sprachlichen Vereinigung, der Kommunikation – auch der Linguist spricht ja von der Kopula der Begriffe! – für die Beteiligung und die Vermischung *keine* Grenzen. Aber so wie die sexuelle Fortpflanzung die Angehörigen einer genetischen Gemeinschaft zur Spezies zusammenschweißt, verbindet die sprachliche Kommunikation die Mitglieder einer Sprachgemeinschaft zu einer zusammenhängenden Kultur mit einem gemeinsam genutzten Bestand sprachlich ausdrückbarer Kenntnisse, Vorstellungen, Begriffe, Regeln und Mythen, in denen der Kernbestand der *Welterfahrungen* einer Kulturgemeinschaft aus all ihrer Geschichte zu einer *Weltanschauung* verdichtet und so zusammengefaßt wird, daß das Vehikel der Tradition das ganze Bündel unbeschädigt über den seichten oder tiefen Graben bringt, der immer noch die Generationen trennt. Daß somit *Sprache die Sexualität der Kul-*

> *tur* im gleichen Sinne ist wie *Sexualität die Sprache der Natur* genannt werden könnte, faßt knapp, wenn auch ein wenig paradox zusammen, was sich hier entspricht." (Markl 1986: 461)

Faszinierend ist sicher die kühne Metapher von der Sprache als „Sexualität" der Kultur, so wie die Sexualität die „Sprache" der Natur genannt wird. Aber im Detail scheint mir der Evolutionsbiologe in seinem Gedankengang hinter den Konsequenzen seiner Hypothese zurückzubleiben, zumal wenn man an Wildes SALOME und an Wedekinds LULU denkt.

Einmal scheint Markl mit der Aussage, dass „in der Sexualität gerade zwei kopulieren, das heißt sich zu vereinigen vermögen", jene sexuelle Promiskuität, die vor allem in Wedekinds LULU, aber zum Teil auch in SALOME zu finden ist, zu ignorieren. Zum andern betont Markl bei der Erfindung der Sprache, die ja angeblich „keine Grenzen" der Kommunikation kennt, paradoxerweise genau die sich nach außen abgrenzende „Sprachgemeinschaft", die durch die gemeinsame Sprache zu einer Kultur- und Generationengemeinschaft, und dadurch auch zu einer Gen-Gemeinschaft wird. (Hier wäre wohl auch eine Auseinandersetzung mit Richard Dawkins' Theorie der *Gene* und *Meme* naheliegend, was ich hier aber ausklammern möchte.)

Markl ignoriert also zwei Konsequenzen:

a) die Möglichkeit der sexuellen Promiskuität als Entgrenzung des Gen-Pools, und

b) die Möglichkeit der Mehrsprachigkeit als Entgrenzung der sprachlich-kulturell-genetischen Gemeinschaften.

Markls evolutionäres Modell der ‚natürlichen' und ‚linguistischen' Sexualität (im jeweils realen und metaphorischen Sinn) scheint nicht mit der Globalisierung, also der zunehmenden Entgrenzung und Vernetzung der Kulturgemeinschaften, zu rechnen oder Schritt zu halten.

Wenn wir Markls zweifellos fruchtbaren evolutionären Gedanken aktualisieren wollen, müssen wir für das längst angebrochene Zeitalter der Globalisierung sein oben zitiertes Zweistufen-Modell erweitern, und zwar um eine dritte evolutionäre Innovation (nach der Erfindung der natürlichen Sexualität und der Erfindung der Sprache), nämlich um *die Sexualität der Fremdsprachen*, ob man damit nun das Übersetzen meint oder auch die Mehrsprachigkeit innerhalb der Kulturen. Die „Kopulation" – um in Markls allegorischem Bild zu bleiben – der *Kulturen* im Sinne einer evolutionären Weiterentwicklung wird erst möglich, wenn die dritte Stufe der metaphorischen Sexualität, die Polyglossie, sich auszuwirken beginnt.

Durch die Mehrsprachigkeit werden die Möglichkeiten der ersten Stufe – die natürliche Sexualität – erweitert, aber auf Kosten der intrakulturellen Identität der Muttersprache und Ausgangskultur. Denn wer fremde Sprachen spricht, hat offensichtlich *mehr* Möglichkeiten, die einzelsprachlichen und intrakulturellen Grenzen hinter sich zu lassen. Und er wird geradezu zwangsläufig der Ausgangskultur (der ‚Heimat' und ‚Muttersprache') gegenüber weniger verbunden und loyal sein.

Die Sexualitäts-Metapher wäre also folgendermaßen zu aktualisieren:

a) Wenn Sexualität die Sprache der Natur ist (Innovation A),

b) dann ist Sprache im Singular die Sexualität der Kultur (Innovation B),

c) und dann ist Fremdsprachen-Potenz die Sexualität der Globalisierung (Innovation C).

Ich meine, dass hier der Punkt ist, wo die Dramatiker Wilde und Wedekind dem Evolutionsbiologen Markl vorausgeeilt sind: Salome und Lulu sind Figuren, die einmal die Macht der kultursprengenden Sexualität verkörpern, und die eben deshalb auch die identitätsbegrenzende Kommunikation der Sprachgemeinschaft entgrenzen. Sexualität und Erotik sind bei Wilde und Wedekind keine Phänomene einer zentripetalen, introvertierten Sprach- oder Kultur-Gemeinschaft, sondern kulturüberschreitende, zentrifugale Kräfte. Lulu hat keine sprachliche oder kulturelle Identität; und sie hat keine fixierte sexuelle Identität. Ebenso wenig lässt sich Salome, deren Schicksal von Wilde nicht umsonst an einer historisch-geographischen Zeiten- und Kulturüberlappung angesiedelt ist, auf eine spezifisch griechisch-römische oder jüdische oder christliche Sexualität und Kultur reduzieren. In SALOME wie in der LULU-Tragödie ist der Mythos einer Sexualität gestaltet, die alle sprachlichen und kulturellen Grenzen sprengt. Dafür ist vor allem *eine* symbolische Kommunikationsform bezeichnend: Salome und Lulu *tanzen*, um zu verführen: es handelt sich um eine Rückkehr aus der Welt der Sprachen und der Sprache in die Kommunikation des erotisierten und erotisierenden Körpers.

In einer globalisierten Welt wäre – um diesen Gedanken zu radikalisieren – die wahre Entgrenzung von Sexualität und Kommunikation erst erreicht, wenn der genetische und der linguistische ‚Austausch' von allen Fesseln befreit wäre. SALOME und LULU sind poetische Utopien, die beide in Schönheit beginnen, aber die beide katastrophal enden. Salome wird zum Opfer der Angst des Herodes vor Iokanaans puritanischem, körperfeindlichen Gott. Lulu wird zum Opfer eines anonymen Triebtäters, der in Wedekinds Regieanweisungen mit allen Merkmalen eines Getriebenen, eines Triebopfers ausgestattet ist. Der grenzenlose Liebestrieb Lulus wird mit einer gewissen darwinistischen Dialektik durch Jacks anonymen Mordtrieb ausgelöscht.

In der globalisierten Welt werden die sprachlichen und kulturellen Grenzen übersprungen, aber die damit gewonnene sprachliche Polyglossie und sexuelle Promiskuität führt weder bei Wilde noch bei Wedekind zu einer positiven Utopie der Befreiung. Wedekind plädiert für die Befreiung von allen kulturellen und konventionellen Bindungen, bleibt aber ein zutiefst tragischer Dichter, der nicht davor zurückscheut, in die brutalen Abgründe des Lebens zu blicken. Wilde hat nicht nur poetisch in SALOME, sondern auch in seinem biographischen Absturz in den Abgrund des Lebens geschaut.

Damit ist mein Gedankenspaziergang offensichtlich im Gestrüpp angelangt, wo anscheinend weder Wilde noch Wedekind (noch, needless to say, R.K.) weiter weiß. Die Poeten treiben den Gedanken vom Untergang des Schönen auf die tragische Spitze, wo der Konflikt zwischen Begehren und Verlust zum unlösbaren Rätsel wird. Das Publikum klatscht Beifall und atmet auf, weil alles nur ein Spiel war, ermöglicht durch die poetische Macht der Sprache, die den Teufel an die Wand malen kann. Aber wir wissen alle, dass die Sprache zum Glück auch über andere, alltagstauglichere Funktionen verfügt, zum Beispiel die mitmenschlich-phatische Funktion, die es uns ermöglicht, elastische Sicherheitsnetze zu knüpfen, ohne die wir den grandiosen und unberechenbaren Kräften von Eros und Thanatos sprachlos ausgeliefert wären.

Literaturverzeichnis

Ellmann, Richard (1987): *Oscar Wilde*. London: Hamilton.

Kieser, Rolf (1990): *Benjamin Franklin Wedekind. Biographie einer Jugend*. Zürich: Arche.

Kohlmayer, Rainer (1967): *Der Außenseiter und die bürgerliche Gesellschaft im Drama Frank Wedekinds*. Unveröffentlichte Staatsexamensarbeit. Universität Mainz.

Kohlmayer, Rainer (1996): „Oscar Wildes Einakter *Salomé* und die deutsche Rezeption", in: Herget, Winfried/Brigitte Schultze (Hg.): *Kurzformen des Dramas. Gattungspoetische, epochenspezifische und funktionale Horizonte*, Tübingen: Francke, 159-186.

Kohlmayer, Rainer (1997): „From Saint to Sinner: The Demonization of Oscar Wilde's Salomé in Hedwig Lachmann's Translation and in Richard Strauß' Opera", in: Snell-Hornby, Mary et al. (Hg.): *Translation as Intercultural Communication.* Amsterdam: Benjamins, 111-122.

Kohlmayer, Rainer (2000): „Frank Wedekind's Sex Tragedy *LULU* in English and French Versions. The Case for an Inividualistic View of Literary Translation", in: Chesterman, Andrew et al. (Hg.): *Translation in Context.* Amsterdam: Benjamins, 293-304.

Markl, Hubert (1986): „Evolution und Freiheit – Das schöpferische Leben", in: Maier-Leibnitz, Heinz (Hg.): *Zeugen des Wissens.* Mainz: Hase und Koehler, 433-466.

Wedekind, Frank (o. J. [1954]): *Prosa, Dramen, Verse.* Stuttgart: Europäischer Buchklub.

Wedekind, Frank (1990): *Die Büchse der Pandora. Eine Monstretragödie. Historisch-kritische Ausgabe der Urfassung von 1894.* Herausgegeben, kommentiert und mit einem Essay von Hartmut Vinçon. Darmstadt: Häusser.

Wilde, Oscar (1987): *The Complete Works of Oscar Wilde. With an Introduction by Vyvyan Holland.* London: Collins.

Klaus Peter Müller

Stories Told about British Cultures and Languages in Current TV Documentaries: The Noughties, Kidults, Chavs, MCs, and the Breaking Up of Britain

Documentaries provide information about the particular topic dealt with, "factual information about the world outside the film"[1]. They are "commonly *seen as* particularly truthful, as being a kind of trace of reality, dealing with the factual or unconstructed as far as possible."[2] The genre came under closer scrutiny in the wake of postmodernism, especially in connection with the intriguing questions of representation, reality vs. fiction, truth etc., which have also been extensively discussed in relation to the new digital media.[3] But documentaries are still widely regarded as providing non-fictional insights into reality, and this article will describe how documentaries shown on British television present contemporary Britain and to what extent and in which way specific information on culture and language is offered. Of the huge number of possible choices, two documentaries from different channels have been selected because they are both typical examples of the genre and unique in their use of and emphasis on language.

'History of Now: the Story of the Noughties'

In what at first sight seems to be a rather straightforward history programme about the first decade of our century, the three episodes of BBC 2's **History of Now: the Story of the Noughties**, shown in January 2010, highlight language in remarkable and unexpected ways.[4] The programme's intention is clearly expressed in its title, which also indicates the by now well-known connection between history and story-telling.[5] The producers do claim, though, that they give spectators *the* story of the noughties, not just one or rather several stories, as one might assume, especially because they show many different people, commonly regarded as 'experts' in specific fields, who express their opinions, evaluations,

1 Bordwell/Thompson (2004: 128).

2 Branston/Stafford (2007: 456).

3 Cf. Creeber (2008), Lanier (2011), Renner (2005), Rosenthal / Corner (2005).

4 Produced by Sebastian Barfield, Rachel Jardine, and David Olusoga. The programme was also shown on BBC 1 in February 2010. Its three one-hour episodes were called "Growing Young", "All Together Now?", and "Hello World". Cf. http://www.bbc.co.uk. This and all other websites retrieved on 20-8-11.

5 Collingwood (1961) and White (1987) still are the best sources describing this connection.

and experiences of the decade surveyed.[6] A telling description of this programme is given by the comment on the second instalment in the *Radio Times* on 7 January 2010:

> BBC2's dizzying retrospective on the past decade continues. Again it sums up sweeps of social history in slick bundles of clips and quotes. It's the sort of thing we've seen done lazily a hundred times; here it's done lovingly, with such deft editing and talking heads so buzzing with insights that it leaves your head pleasantly spinning. The theme tonight is conspicuous consumption and the way it became commonplace in the noughties. "We created a utopia in which luxury was available to all," purrs the voiceover, as we learn about "bagonomics" (British women spent £350 million a year on handbags), the "chavocracy" and how Big Brother signalled the death of restraint.

'Dizzying' does not mean that the programme leaves spectators confused and uncertain about what the decade was really like, but refers to the speed in which clips were shown, different people expressed their opinions etc. The programme thus has a style that one generally assumes people are familiar with today, after many years of MTV, YouTube etc. It is indeed 'slickly' made, fast paced, entertaining as well as informative. It sometimes uses a voiceover, which is well-known from documentaries and history programmes, but people, the experts, speaking directly to the spectators are predominant and convey the impression that one is presented not just with personal experiences but with reliable information and opinions of people who know what the decade was really like. Among the host of leading experts and commentators are Andrew Marr, Tanya Byron, and Will Self.[7]

The *Radio Times* comment ends with and highlights a key element in this programme, its usage and exploration of important words and expressions that describe significant characteristics of the decade. They serve several functions: a) the audience is directly reminded of something they must have heard in their own life, they thus can immediately respond to these words and connect them with their own experiences. Spectator agreement is instantly elicited in this way, as is an immediate emotional response: the words often sound funny and usually require some kind of elucidation. One expects to get more information on them,

---

6 This is in stark contrast to what one of Britain's best-known historians did, Simon Schama (2003), who deliberately called his history of Britain (also shown on the BBC and published as a book) *A History*.

7 This is an arbitrary choice of names used in descriptions of the programme. Marr is one of the best-known BBC journalists with his own show "Andrew Marr on Sunday". Prof. Byron is a British psychologist, now the Chancellor of Edgehill University, who has worked as a child therapist on TV shows, and together with Jennifer Saunders created the BBC 2 sitcom "The Life and Times of Vivienne Vyle". Self is a novelist and commentator on contemporary British life.

and indeed one does. b) Key words are also used, in order to structure the programme. They are usually not only spoken but even printed on the screen and serve as titles or headlines for specific subsections of the programme. Spectators thus hear and see quite clearly when a new topic is being addressed.

c) Words are key elements for characterizing the decade. For a linguist, this is banal. It is, however, something people need to be reminded of today, as we live in a world that emphasizes the importance of the new media. This BBC programme has quite literally, visually, and acoustically shown again that the by far most important medium today still is the oldest one, language.

'Kidults' and 'Middle Youth'

The first episode in the **History of Now** is called **Growing Young** and addresses the phenomenon that people try to be, or at least look, young as long as possible. Is this simply paradoxical or already schizophrenic? People live longer now than at any time before in history, but in the west many people do not want to be old. A key term for the decade thus is 'kidult', which is dealt with in a subsection entitled **'The Coming of the Kidult'**. It begins with Nick Joslin, the inventor of the micro scooter, who says, adults evidently also need toys, and more typical words expressing this mentality are shown on the screen: 'Adultescence', 'Ladult', 'Wii-it is', 'Youth Quake', 'Middle Youth'.[8] Will Self reminds people of how in the past one became a grownup by putting on a suit or going into a pit. This is now replaced by the desire to remain a child, to stay in kidulthood. Professor Sarah Harper of the Oxford Institute of Ageing and Professor Danny Dorling, Human Geographer, University of Sheffield, are experts confirming that more toys are bought by and for adults than for children. There is a special kind of toys today, though: "This was a decade of must-have gadgetry"[9], and David Cameron is shown in his kitchen using his webcam to record himself, boasting about the play list on his iPod. Footage of the then ruling prime minister, Gordon Brown is presented with him saying that he likes the Arctic Monkeys. Will Self expresses a poignant evaluation of these politicians' behaviour: "It is not the calendric age of these people, it is the willingness to join in with this dominance of the kidults."[10]

---

8 Words like these as well as the titles of sections or subsections in the programme are highlighted by being shown in print on the screen. On Joslin and the scooter, cf. http://www.independent.co.uk/news/uk/home-news/how-two-wheels-took-over-the-world-622400.html; http://www.time.com/time/world/article/0,8599,2050896,00.html.

9 Words of the voiceover are presented in quotations marks in this text.

10 Tony Blair is also made fun of, he is called "the chief of kidulthood", and his public announcement, "I want Britain to be a young country again, young", is presented as the

"Kidults were usually male. Women wanted to have fun, too, but they went onto a different guise." Sam Baker, Editor-in-Chief, *Red*,[11] expresses what that means: "I am in my middle youth." The voiceover explains that 'middle youth' was coined in the 1990s by members of *Red* magazine. Botax is shown with the text 'How germ warfare changed the face of Middle Youth'. Baker explains that a middle youth woman is easily recognisable in the streets: she refuses to dress like a grownup. "Along with 'yummy mummy', 'middle youth' was marketing speech for noughties' women." Baker: "On her mind is most probably aging or not aging, her biological clock, ticking or not ticking, work, all the things that are pressing in a thirty-something mind set." Fashion(able) women are shown, and then there is a cut to middle-aged Suzanne Moore, journalist, who says that women have always had a strong weapon against all kinds of pressures, their looks. Botox is presented as a great helper. Professor Laurence Kirwan, Plastic Surgeon, speaks about 'Botox parties', "another expression added to our language", which were very popular in the 1990s. After he says how much fun they actually were, the voiceover comes in: "What many did not know was that this new weapon actually was a weapon" and then speaks about the American germ warfare as a result of German germs developed in WWII, Botax first created in 1946, detected as reducing wrinkles, and coming to Britain in this function in the 1980s. "Now it's considered fairly normal", says Suzanne Moore. After some celebrity faces treated with Botox, Sam Baker distinguishes three kinds of people: those who are old and look their age, the young ones, and the third kind who look neither old nor young, but "rather worked on and – kind of weird. Alien."

'Grandboomers', 'Hoodies', the 'Techquake', and Ultimate Responsibility

The programme thus is full of irony, witty remarks, and clever editing. Other young ones in the computer and banking worlds are discussed, and new topics dealt with, such as the property market with enormous gains made by the babyboomers. The new topic is introduced with a headline that characterizes the language used as catchy, caustic, common, employing alliteration, and mimicking tabloids: **'How Property Porn Split the Nation'**. Michael Bywater, Author of *Big Babies* (2007), a book about the noughties' adults, says that the babyboomers win through the effortless increase of the worth of their properties and spend "their money all on cack." "These so-called 'Grandboomers' simply had to determine what they wanted to spend their money on", and clips are shown with elderly people having a good time, indulging in all sorts of normal as well as unusual leisure activities, parties, etc., with the song 'Crazy' suggesting what

hallmark of this mentality. Blair actually said this at the 1994 Labour Party conference (cf. Blair 1997).

11 Information on the experts speaking is given on the screen in this way and repeated here.

one should think of all this.[12] Music is, in fact, an important ingredient of this programme, used effectively, ironically, satirically, or just to create a mood for a topic or scene, or invite spectators' responses. The BBC websites mentioned give detailed information about the music used in each episode.

The voiceover provides impressive figures about how by 2007, "within two decades some 1.3 trillion Pounds had effectively been passed from the young to the old via the property market, roughly the equivalent to the entire British economy." Then Bywater presents his evaluation: "The decade of the baby-boomers was really, I suppose, about the flight from maturity. Let's for all time be young, and everyone else can go to hell." There is a cut to a road sign indicating Gatwick Airport and an elderly couple speaking about their next flights to China, Singapore, Portugal, South Africa, "and we'll be spending all our children's money to do this." Their laughing faces are shown, but then there is another fast cut, different music and the voiceover: "Older people were off having the time of their lives. [...] Unfortunately, their children were left to pick up the tab." Elvis' 'In the Ghetto' is sung, and Larry Elliott, Economics Editor, *The Guardian*, explains why such a statement is seen as correct: it became much more expensive for younger people "to get their foot on the housing ladder". But was this really the fault of the older generation in general, or only of those actually responsible? This question of precise responsibility is never raised in the entire programme, which simply expands on the young-old opposition. Elliott's reasoning continues: students have paid much for their university education, but now the job market is more competitive than ever before, and it is totally uncertain whether they will get a decent job. "It is actually surprising that young people are not really much angrier than they are." The question remains, however, who is to blame, and who could change all this? The politicians, the system? The voiceover: "They didn't have time to be angry. There were deposits to save for, student loans to pay off. And it was working women who found themselves particularly effected when the baby-boomers hit the jackpot."

In the section **'A Night Out in the Noughties'** the enormous increase in the availability and consumption of alcohol is explained as being due to the strategy of both the corresponding industry and the government. The voiceover reminds spectators of the rave parties in earlier times which had been extremely popular with young people, who flocked there, but did not drink alcohol. So the drinks

12 "Crazy" was a hit by Gnarls Barkley in 2006 and the first UK number 1 that could at that time be obtained only via the web. The key passages of the lyrics with immediate links to the TV programme's topic are: "I hope that you are / Having the time of your life / But think twice / That's my only advice. [...] You really think you're in control? Well, I think you're crazy / I think you're crazy / I think you're crazy / Just like me." (Lyrics at http://www.elyrics.net/read/g/gnarls-barkley-lyrics/crazy-lyrics.html.)

industry was concerned and invented alco-pops in the 1990s which had many different things added to them, explained Dr. Phil Hadfield, the author of *Bar Wars* (2006), a powerful critique of the existing licencing system. "By the noughties, the young were safely back on the booze. The drinks industry had succeeded in making alcohol cool again. The government also did its bit: key licensing restrictions were dropped. The idea was that this would bring people into the centres and create a European atmosphere there." But what is normal for Spaniards and Italians does not work with British people, who combine every glass of wine with tankards of beer and simply get plastered. Unpleasant street scenes show the results of this, the well-known phenomenon of binge drinking. Phillip Blond, Author, *Red Tory* (2010) criticizes the Labour and Tory governments for blaming the young people for this rather than the enormous availability of alcohol. According to Blond, both *the Left and the Right Have Broken Britain*.

Clinical Psychologist and Broadcaster Professor Tanya Byron agrees and says that the public has a far too negative view of young people who are called 'feral'. "They are young people who are extremely dysfunctional and dangerous. They represent a minority. If you read the papers, you think young people are responsible for the breakdown of society. It's ridiculous, and it's wrong, and it leads to this culture of extreme paranoia about youth, which I would say is discriminatory practice." Blaming minorities and outsiders is a normal way for politicians to avoid addressing essential problems in society, and it is discussed again in the next documentary, also in connection with the breakdown of society. Both programmes reject such simplistic manoeuvrers.

The 'History of Now' points out the new vocabulary that emerged and reflects the behaviour of young people beyond drinking, words like 'hoodie', 'Cyberbullying' and 'Acceptable Behaviour Contract'. "These words told their own story: 'Happyslapping', 'Asbomania', 'Feral Youth'". Voices are heard and sentences written onto the screen expressing public opinion of this behaviour and various demands for social responses, ranging from harsh punishment to better education. "By now the media had a label for these feral young who seemed to be taking command over the streets: […] 'Hoodie'". The term was coined in 2005 "in a shopping mall in Bluewater […]. This was the day when they banned anyone with a garment with a hooded top." Sociologist Dr Jack Fawbert, University of Bedfordshire, confirms this and says that "within a week [the word 'hoodie' was] in the headlines of every newspaper."

How creative young people also are is shown in the next subsection called **'Prepare For The Techquake'**: "the young were wired up to each other, reinventing youth culture. Earlier generations were known for their youthquakes" (pictures of the Beatles etc. are shown). "The noughties were different: it was easier to make music and to get it out. A creative explosion took place." Young people can set trends themselves. "Alongside stars who came fully prepared from cyberspace [...] were some obscure music genres", 'Wonky Pop', 'Bassline', 'Grindie', 'Dubstep', 'Donk'. Krissi, a journalist of the *New Musical Express* says: "This decade is really the age of the amateur."[13] The techquake is much, much stronger than any earlier youth quake.

What, however, really creates the techquake and all the other developments and changes the programme describes? Is there still progress and improvement in human history? Brought about by whom? The system? What system? There is no indication that any specific system theory is used, nor that society as a whole, the government, industries, age groups etc. are looked upon as specific systems.[14] Are, therefore, anonymous forces at work? Clearly, in this programme, it is not the government that determines the directions of history. Nor are changes brought about by individual people. Individuals are shown only as either the observers of the system (such as all experts) or more or less accidental profiteers of the society they live in (as, e.g., the inventor of the micro scooter). The programme does not at all try to detect human causes for the events in the history it describes. That can be seen as a weakness. It perhaps also helps to make the programme rather light. It does not seem to follow any particular ideology. If there is one, it is a vague kind of post-modernism, assuming that one cannot really say who is responsible, what precisely is the cause of a particular effect etc. This almost complete lack of a political position (apart from a general scorn for politicians) in the programme is quite remarkable. But it is also indicative of the contemporary weakness of the BBC as an institution dominated by the same forces that govern private TV stations, too, namely ratings and simple spectator figures used for the evaluation of a programme's qualities and values. The BBC must be very careful not to lose the main justifications of its existence. It should clearly put more emphasis on quality (of various kinds) and on expressing well-founded opinions (not necessarily those of the spectators or even the majority). On the other hand, one can fairly easily detect this lack of a political stance in the programme and still enjoy it very much, as it is wittily compiled, it eventually still invites spectators to think for themselves, it raises important issues, and presents an intriguing history of the first decade in the new millennium.

"Tramp stamp on the muffin top of a chav": No Linguistic Problems or Surprises

The explicit and extensive use of language in this programme is not really connected with a profound knowledge of how language actually works, what its

13 Cf. Keen (2008) on *The Cult of the Amateur*.

14 Luhmann (1990) and (1997) offers an influential system theory.

characteristics precisely are, and how it has developed. This becomes particularly evident in one passage of episode two, which as a whole is called **All Together Now?** and deals with the various splits in contemporary British society brought about by conspicuous consumption, the loss of inhibitions manifested in 'Big Brother', but even more disastrously in the credit crunch and the crash of the financial market in 2008. The voiceover sums up what the episode has shown and significantly speaks about language again: "In the last decade, politicians wanted us to come together. They didn't want us to talk about class. In the noughties' politics, going to Eton or being a millionaire ceased to matter." At a time when people admired the lifestyle of millionaires, one did not need a language of social division. "Even the effects of the credit crunch couldn't bring it back. The labels of the decade appeared to spell out a new reality: we were what we consumed." 57 04[15] Other people contradict this opinion and remind people that "all of this also has a dark side. I think the noughties is about blinding ourselves to realities to a certain extent." The voiceover continues: "In the noughties, we didn't come together, and we didn't become more equal. But we didn't seem to care. The fantasy was so much more compelling." Andrew Marr is heard over scenes from the X-Factor, the international entertainment show looking for new singing talent[16]: "It is an illusion that by going to the right show, meeting the right people, your whole life will be transformed in a sort of classic, Hollywood filmic way. [...] The illusion was sold, and I think it was a cruel illusion that actually this was the way forward for everybody." 58 11 These are the final words in this episode dealing with fantasies and their destructive effects in people's real lives.[17]

Marr is definitely right here, and the brief hint at what language was meant to deal with in the noughties as well as not to express, such as divisions in society, different classes and a lack of opportunities (in wealth, jobs, or education), is clearly important, though not developed any further. But Marr is also involved in the subsection of this episode that reveals how little he and the makers of this programme really know about language, even though it is very explicitly and often intelligently used. This part is called **'The Rise of Chav'** 8 39, and journalist Suzanne Moore calls 'chav' the defining word of the decade. The voiceover gives the word's history as having circulated in Kent for several years, when it left its obscurity by storming the web: the chavscum website was launched in

---

15 Here, as in subsequent cases, the running time of the programme is given.

16 It is shown on ITV in Britain, RTL in Germany, but also broadcast in the US and Australia. Cf. http://xfactor.itv.com/, http://www.thexfactorusa.com/ and Stevenson (2010).

17 A key problem of our age is only briefly hinted at here. Cf. Hedges (2010), Twenge/Campbell (2010) and Tylor/Bennett (2010) for more pertinent thoughts on this.

2003 and "turned chav baiting into a national pastime."[18] 9 07 Lucie Cave, the editor of *Heat* magazine, says that one had hardly noticed these young people, but "now that one had this derogatory label, suddenly there seemed to be so many of them." "When we first heard the word, a chav was a white working-class man. He spent his money on heavily logoed sportswear, gold chains, and sovereign rings. His girlfriend, a chavette, had huge earrings and a bit of an attitude." Author Toby Young calls 'chav' a rather clever word, as there is something funny about it. "Their taste, their hairstyle seems almost grotesquely vulgar." 10 03 Cultural Historian Andrew Hussey says that chavs are not aspirational, they do not try to become middle class. Broadcaster Andrew Marr: "They were full of themselves; they were quite into bling [word highlighted], they were white, and they were tattooed. Classically what we now call the tramp stamp, which is the small of the back on the muffin top. Tramp stamp on the muffin top of a chav. That tells you a lot about English as it has developed in the last ten years." 10 40

It is not really a problem to explain this sentence, and there is actually no reason at all for Marr to make a fuss about it. Similar things have happened in the history of English (and all other languages), and his sentence simply consists of some relatively new words expressing things everybody has seen: a 'tramp stamp' is a tattoo placed on (usually) a woman's lower back so that it is visible when she wears a short top and low-rise pants. On 13 October 2007, it was the "urban word of the day".[19] The 'muffin top' is the expression for the flab spilling out over the waistband when people wear tight-fitting trousers. It is in the *Oxford English Dictionary*, as is 'chav' (but not 'tramp stamp', nor 'ass antlers', its alternative).[20] Translated into German, Marr's sentence is simply "Arschgeweih auf dem Bauchspeckröllchen eines Prolls." It says as much about the development of German as of English, as it is a plain example of a common usage of relatively new colloquial words. Such words are in the focus of this programme, but they offer no problems or surprises for anybody familiar with language.

---

18 Cf. www.chavscum.co.uk, which does not seem to work at the moment, though. Bennett (2004) asks whether "chavspotting is just harmless fun or a sinister new form of snobbery." The article ends with a test helping readers to find out whether they are "a 24-carat ned" or not. It thus provides key characteristics of 'neds' or 'scallies', other words for 'chavs'. http://www.theregister.co.uk/2004/10/06/chavscum/ offers even more names for chavs. The *Urban Dictionary* (http://www.urbandictionary.com/define .php?term=ChavScum) deals with 'chav' as well as 'chavscum', 'chavette' etc. and also provides images.

19 http://www.urbandictionary.com/define.php?term=Tramp%20Stamp

20 Cf. http://www.oed.com/view/Entry/291848?redirectedFrom=muffin%20top#eid) and (http://www.oed.com/view/Entry/264253?redirectedFrom=chav#eid.

By 2004, the media used the word 'chav' for all people and things "that were – a bit common", and the expression 'absolutely chavulous' is shown in connection with media excerpts on this phenomenon. One started looking for celebrities who were chavs and in this way created a 'Chavocracy', "the kind of aristocracy for the underclass" (Will Self). 11 10 The celebrities had much more money than ordinary chavs, "but they shared an attitude: they weren't going to blend in, and they weren't going to defer to anyone."[21]

Key Characteristics of 'History of Now'

The main characteristics of this programme are now clearly visible: traditional use of a voiceover is connected with the equally common statements of so-called experts. There is computer generated imagery, excerpts from news reels, but also fairy tale elements, i.e. a very conscious mixture of genres as well as of fact and fiction and various media, and an intelligent script that combines all of these components for the description and representation of the past decade. The programme is fast paced, witty, funny, sometimes ironic, full of information, and it uses language in highly prominent and visible ways, especially key words which are employed for both structuring the entire programme and for highlighting basic characteristics of the period under scrutiny. Common everyday spoken language is used, with only regional differences among the experts, but also class differences as well as different registers when people from various areas, age and social groups are presented as experts, witnesses or typical examples of certain attitudes, opinions, life styles, etc. Language is quite explicitly employed throughout the programme as the best means and medium for giving meaning to a complex and confusing reality. As the voiceover already says only 30 seconds into the first episode: "Bewildering new words and phrases sprang up, trying to make sense of it all."

So this is clearly a well-made programme passing on much information about the various topics it deals with, and it is particularly remarkable because of its extensive use of language. Its shortcoming, however, its lack of a specific focus or inspirational, critical, challenging statements is again disappointingly noticeable in the way the programme ends. Episode 3 is called **'Hello World'** and deals with immigration into Britain and Britain's international connections, where the noughties saw intriguing changes to former times. The voiceover presents his conclusion: "What Britain learned in the noughties was that while globalization opened up the world, it also left us no sanctuary from its more dangerous horses: the wars, the excess, and ultimately the devastating economic crash. At the end of the decade, these are now the events it is tempting to define the noughties with

---

21 Tylor/Bennett (2010) offer a good discussion of 'Celebrity Chav'.

[the screen shows the New York towers on 9/11 and the pulling down of Hussein's statue in Bagdad], but in spite of all this, there are other ways of making sense of the ten past years." Andrew Marr repeats this by also rejecting the idea that the decade was simply a time of "delusion and folly. But I do think it was also a time when a lot of people enjoyed life more, for a lot of people they will be remembered as the best ten years of their lives. I think it is very arrogant in a way when it went wrong to say, oh, it was all rubbish. It wasn't all rubbish. It was ten years of life." 58 30 One could not have ended the programme with more banal sentences. The producers should really have noticed how farcically weak this is. Two people with very different evaluations would have done the job, but also any good sociologist, cultural critic, or an excellent linguist. But linguists were not really employed for the 'History of Now', which, nevertheless, reveals the importance of language significantly and often uses it intelligently, even though rather unconsciously.

'Life of Rhyme': The Language(s) of British MC Culture(s)

The second programme already hints at the importance of language in its title, 'Life of Rhyme', broadcast on Channel 4 on 14 August 2011 late at night, directed by Yemi Bamiro. It was announced in the *Radio Times* of that week and the Channel 4 websites as exploring

> British MC culture and its unique contribution to spoken word and poetry, be it via rap, jungle, drum and bass, garage or grime. Presented by rap and hip hop artist Akala, the documentary celebrates the incredible flourishing of lyricism and poetry amongst British youth, as evidenced by the success and popularity of artists from Roots Manuva, Wiley and Dizzee Rascal to Tinie Tempah, Wretch 32 and Devlin. Featuring a mixture of performance, interview and actuality, the film explores the history of how this scene has developed, evolved and exploded into the mainstream; and the power of words to motivate and inspire. 'Life of Rhyme' illustrates that at heart and at its best, the art of UK MC culture is a poetic representation of modern British life, and not a pale home-grown imitation of an American import.[22]

---

[22] Quotations from http://www.channel4.com/programmes/life-of-rhyme/episode-guide/series-1/episode-1, the best website on the programme, but also cf._http://www.channel4.com/search/?q=Rhyme for further comments and links. 'Grime' is defined in one contribution to the *Urban Dictionary* as not garage, not jungle, not hip-hop, and not reggae, but rather "a mix between all of these with strong, hard hitting lyrics. It's the inner city music scene of London. And it's also a lot to do with representing the place you live or have grown up in." (http://www.urbandictionary.com/define.php?term=grime) http://www.grimepedia.co.uk/wiki/Grime says it began in 2005 and is "popular mainly among urban teenagers and those in their mix twenties." Cf. also http://www.grimeforum.com/ and Wheatley (2010).

Such a description suggests that the programme gives some insight into a part of British culture every spectator will have heard of but may not know much about. The names mentioned, on the other hand, will in particular appeal to those who already know them and are intrigued to find out how these performers are presented here. The "power of words" is the strongest indication of the importance of language in all descriptions of documentaries investigated, and it will be interesting to see how it is represented.

At the beginning of the programme, the camera shows the flat roof of a house with a young man walking away from the camera. Then the camera position changes, the man walks towards the spectators and addresses them directly:

> What do you see when you think of us? Tower blocks and broken dreams? Shattered glass and pissy stairs, pregnant teens and corrupted schemes? Britain is broken. Was it us that did the cracking? The same youth that you've come to refer to as 'a can of jack-in'? What are you thinking? This is ancient time for one with wisdom. Brought to you via jazz and blues and now the sound system. But you don't hear us, don't even wanna be near us, though you fear us, but whatever, take a look at our spirit and see the way we arrange our syllables, lyrical, it's a miracle. But all you see is criminals, cause so many don't finish school. Do you ever stop to think? Maybe your classrooms clip our wings more than they help us fly. Yes, the cage-bird does sing, and I know why. The tune ain't always sweet, neither is how we live. Did Shakespeare always write about flowers? I don't think he did. But ask your kids, the power that we have around this globe from stage shows to street corners cause the stories that are told. So next time we grab a mic and we utter this speech, know who we are, we are the MC. 1 06[23]

The first song / poem / rap (the programme uses these words almost synonymously) thus introduces key elements of the entire programme, provides an insight into how the singer / poet / rapper, i.e. the MC sees himself, the world he lives in, and presents the message meant to be conveyed: there is complete ignorance of rappers among the majority of Britons who often even refuse to get to know them better; rappers are blamed for the problems Britain faces, which they are, however, not responsible for; and their music expresses a wisdom that is based on both a long tradition and contemporary street knowledge. It is thus grounded in concrete experience producing significant stories about contemporary life. Akala presents these elements in this song and his entire programme, which provides the general public with information about a component of British culture that deserves more attention than it has received so far and should be

---

23 http://www.tumblr.com/tagged/life+of+rhyme has this text and the video from YouTube, http://www.youtube.com/watch?v=QUIB5uf7nVs&feature=player_embedded. The text above is slightly different from the one on the web and is derived (as are the following ones) from my understanding of the TV programme. Here, again, the running time of the programme is given; ad breaks are not counted so that of the one-hour programme 45 minutes remain.

taken out of the marginalised position many people put it in. The programme thus fits in perfectly with the Channel 4 commitment to "appeal to the tastes and interests of a culturally diverse society", to "produce programmes of educative value", and to reflect "a climate of accelerating social and cultural change, with new attitudes to national identity, family life, public services, sex, and money."[24]

Relevant Cultural Contexts of 'Life of Rhyme' and MC Culture

The cultural contexts hinted at in this song and addressed in the entire programme are manifold and encompass a) the enormous **diversity of British culture**, and its corresponding problem of b) defining one's **identity**. Akala's 'Find No Enemy' expresses this problem directly: "Apparently I'm second generation black Caribbean and half white Scottish, whatever that means, see, lately I feel confused with the boxes, cause to me all they do is breed conflict." Indeed, boxes, i.e. categories defining people's identities can be dangerous, but it is also evident that human beings need them for an understanding of and coming to terms with reality, especially with a multi-faceted reality or an enormous variety of realities.[25] c) **Understanding** and d) **representing reality** thus are further significant cultural contexts of hip hop, expressed in this song ("What do you see?", and the invitation to listeners to think about everything, especially causes and effects) as well as in the programme as a whole. Understanding, "wisdom", or knowledge and their representation have in fact traditionally been key elements of hip hop and the MC culture, often in connection with concerns about e) **media** and f) **politics**.[26]

Alim mentions knowledge as one of several other ingredients of the hip hop culture, and he offers a useful distinction between 'hip hop' and 'rap', which, typically, the programme itself does not make. Its focus is more on MC culture, rhyme, language, and emotional responses to them, not on such relevant basic definitions and clear concepts:

---

24 The last quotation is from Harvey (2001: 105), the earlier ones from the official Channel 4 website with the latest version of its public remit http://www.channel4.com/info/corporate/about/channel-4s-remit.

25 The song is at http://www.youtube.com/watch?v=0r01LUHG5Zo. Cf. findings of the cognitive sciences, as in Eysenck (2006), Kolak et al. (2006), Lycan/Prinz (2008), Rupert (2009). In Forman/Neal (2010: 57 ff.), the entire second part deals with "the Authenticity Debates".

26 The knowledge and wisdom expressed in hip hop is discussed in Asanti (2009), Chang (2007), Forman/Neal (2010), Potter (1995), and in a particularly intriguing way in Stoute (2011). Representation is emphasized by Forman (2010). Cf. also understanding as described by Maturana/Varela (2008).

> *Hip Hop* is used by practitioners to refer to a vast array of cultural practices including MCing (rappin), DJing (spinnin), writing (graffiti art), breakdancing (and other forms of street dance), and cultural domains such as fashion, language, style, knowledge, and politics, all of which give us 'Hip Hop Culture'. 'Rap' then, or 'rappin', is constructed as one practice within 'the whole culture of the movement'.[27]

The programme's focus is thus clearly defined by the first of these four basic 'cultural practices' that define hip hop, and while DJs are presented, graffiti and breakdancing are of no importance. Highlighted in connection with MC culture are also the evident cultural contexts of g) **music**, h) **youth**, i) **urban** and j) **popular culture**, as well as the fact that MCs have very specific opinions and evaluations of the society they live in. They quite explicitly often yearn to express k) the **truth** as they see it and as this programme tries to reveal it about MC culture to the spectators.[28] MCs thus do not favour postmodern arbitrariness. They claim that rappers are a specific part of contemporary culture, with idiosyncratic characteristics, but also significant links to the entire community. This is a big step beyond the concept of l) **hybridity** as it was defined 30 years ago. Hybridity is now taken for granted, but categories such as Britain, England, Scotland, are controversially discussed and hard to define. There is an evident need for new definitions of traditional identities, and the MC culture presented in this programme claims that it is an important part of the many voices that need to be heard today in this context. Local definitions are possible and offered, while bigger units are still relevant, but evidently changing, and many things are possible, especially with regard to Great Britain, Europe, and the global world.[29]

One other cultural context of this programme is connected with the attitude of seeing oneself as m) an **outsider** or even a **victim** of society. This was predominant among black British people in the 1980s and 90s and has been significantly less the case with Asian immigrants, who have, therefore, been much more successful economically than people from the Caribbean or Africa.[30] Such an attitude has quite noticeably been decreasing among black British people, too, especially since the new millennium, but there are some residues of this old mentality in the programme. What is pointed out much more, though, is n) the **creative power** of the MC culture which produces o) the **stories that count**, because they give insight into and express understanding of contemporary society. **Storytel-**

---

27 Alim (2009: 3). Knowles (2006) uses the same four practices and offers a common synonym for breakdancing, B-boying.

28 This yearning and the corresponding desire to hear the truth is evident on many websites, cf. http://www.lyriczz.com/songs/t-83.html and Dels' 'capsize' below.

29 Cf. Bhabha (1994) and recent discussions of the 'death of multi-culturalism', as in Alibhai-Brown (2001), Bagguley (2008), Kundnani (2002).

30 Cf. Abercrombie/Warde (2006: 226-263).

ling thus is an important element of this programme, often explicitly addressed when, e.g., Akala points out the importance of the stories expressed in rap music reflecting actual reality, but also indirectly when he presents a brief history of the MC culture or emphasises the importance of the contents of MC poetry, where contents provides specific kinds of story. p) **Poetry** is the word he prefers, he speaks of the MCs' "lyrical renaissance" and puts it in a long tradition beginning in Africa and using q) the **language** of the street today.

Poetry, Definitions of MCs, and the 16 Bar Verse

"The job of poetry is to represent our lives with verse. And if you want to know about our lives now, these are your poets:" cut to "wiley vs kano lord of the mics (2003)"[31], then to three black teenagers and Akala's voice: "Today's inner city youth, the same people dismissed as the lost generation, with no respect, no ambition, and no education, have created their own lyrical renaissance. And the people who represent it, the modern day troubadours, are these people, the MCs." 1 50 Wiley explains that "the MC is the Master of Ceremony." Other MCs give their own characterisations of an MC: for Blak Twang "the role of the MC is to challenge your thoughts", for MS Dynamite it is "to express yourself, your ideas, your thoughts, your feelings through lyrics." Farma G & Chesta P say that "a generation has missed great poetry because it comes under the label of hip hop." The title of the programme appears and shows that the introductory part is over (at 2 42).

Many important and highly vital topics are thus addressed by this programme. 27-year-old MC Akala, who presents himself professionally at the beginning, speaks with people of his own age and background and thus indicates for whom the programme has been made in the first place.[32] It is, however, also relevant for other age groups interested in contemporary British society. "I'm a poet and I hear verses all around me. Not what you may think of as traditional poetry, but young people spitting bars. A 16 bar verse is our form of poetic structure, a street

31 Quotations like this one refer to the written information given on screen about the person singing or speaking.

32 Information on Akala is provided at http://www.grimepedia.co.uk/wiki/Akala, his official site http://www.akalamusic.com/, and by Channel 4, http://www.channel4.com/programmes/life-of-rhyme/articles/akala-profile. For his 'Shakespeare Hip Hop Company', a music theatre and education company aimed at exploring the cultural, social, and linguistic parallels between the works of William Shakespeare and modern day rappers, cf. http://www.hiphopshakespeare.com/site/, YouTube and vimeo (http://www.youtube.com/watch?v=nYQvyZCuCzU; http://vimeo.com/hhshakespeare), where Akala is shown on ITV explaining the community's responsibility for education, a key point in his philosophy.

stanza. And if you listen, you'll hear poetry all around you." 3 47 No information on the 16 bar verse is given, only examples throughout the programme.[33] With "linton kwesi johnson poet & musician" Akala speaks about the long tradition of using street language for poetry, and Johnson is shown singing a few lines of his famous 1980 song 'Inglan Is a Bitch'.[34] 5 11 Akala asks him what 'lyricism' means to him, and Johnson says it "means poetry that sings." It was a communal oral experience that became personal only with the technology of print. "The very structure of the verse itself was musical. I wanted to write poetry that sounded like a bass line, like a reggae bass line, you know?"

Johnson is used in the programme to point out the tradition of the African diaspora as well as the Caribbean background of reggae. There are thus historical purposes for having him in the programme, and he may indeed be unknown to younger spectators. Nevertheless, to define 'lyricism' by 'poetry that sings' is at best a tautology, not an appropriate definition nor really helpful.[35] This, however, is taken up by Akala: "If lyricism is poetry that sings, then we rappers and MCs are poets. Our poetry is communal and lyrical. A musical take on the world around us, delivered in the dialect of young Britain. This tradition can be traced all the way back to black Africa via jazz, blues, and reggae. Their first presence here in Britain came via the sound systems in the seventies and eighties that carried these traditions over to heavy dub rhythms." 7 08 The historical part is continued with a 1985 song by Tippa Irie, 'It's Good to Have the Feeling You're the Best', and Akala's information that "in sound system culture, MCs were called toasters. [...] Across Britain, from Brixton to Brighton and Birmingham, toasters gave us their rhythmic poetry in Jamaican street slang. But one record changed everything": "smiley culture cockney translation (1985)" signals the "beginning of how UK rhyme culture began to find its own voice", epitomizing that mixture of Jamaican and Cockney influences. Rapper Ty says Smiley Culture was one of the first MCs "to chat with an English accent." "The fusion of everyday English

---

33 Information on the 16 bar verse and on "spitting bars", i.e. rapping this verse, is given on these sites: http://www.youtube.com/watch?v=HbRBtlr2x-I; http://www.thestateofhiphop.com/article-05-writing-16-bar-verse.html; http://www.ehow.com/how_2364093_spit-16-bars.html. A useful short definition is this one: "Bars are simply the number of lines that rhyme in a verse...the typical verse is usually 16 bars, but can be anything." (http://www.thestateofhiphop.com/article-03-visitor-02.html) More in Bradley (2009) and Edwards/Raps (2010).

34 Video at YouTube (http://www.youtube.com/watch?v=Zq9OpJYck7Y), the lyrics and information on Johnson, "the Father of 'Dub' Poetry", at http://www.thenewblackmagazine.com/view.aspx?index=1190 and http://www.blackpast.org/?q=gah/johnson-linton-kwesi-1952.

35 Cf. Abrams (1993).

speech with influences from all over the world gave us the rich foundation upon which we would build our poetry renaissance."[36] 8 54

16 Bar Verse Language

Before the ad break, i.e. as a kind of conclusion and climax, Malik presents his 16 bar verse 'I bare my soul':

> My grandmother came here in the fifties. i'm Malik, one of her grand pigmies. They say i'm the son of a migrant, i'll turn out council housed and violent that will never stay silent. Guilty of the bad that i did to you, more guilty of the good that i didn't do. I'll give you my views and plenty more, brother broadcasting chaos news 24. i'm a journalist, an artist at the same time, so all the titles to my tracks are the headlines. But they lie and perceive us as monsters. So i don't subscribe to what they sponsor. All that is left is my pride and my conscience. Yet still i feel divided and conquered. i sit and wonder about my dead brothers. i'm never gonna erase their numbers, infact i still send them texts, your families are doing good, we miss you, hope you get this message. 09 54

Parts of the lyrics are shown on the screen, and the 'I' is always spelt 'i', 'infact' is also different from common usage, whereas the rest is basically Standard English without the common characteristics of Black English.[37] The reason for this close affinity with Standard English and variations connected mostly just with spelling (i instead of I, e.g.) or redefinitions of expressions or words is that the people in this programme and MC culture as a whole were born in England. They speak English dialects, but not something that could be called Black English in the traditional sense any more. The programme pays no attention at all to dialects, however, the differences between MCs from London, Manchester, or Liverpool, e.g., but presents all MCs as belonging to one culture, where local linguistic differences deserve no particular notice. In reality, such differences do exist, of course, but not here. In a typical MC battle shown for almost four minutes (36-40), one opponent is white and from Liverpool, the other has an Asian background and comes from London. They are presented as being involved in

---

36 There are many videos of 'Cockney Translation' on YouTube, cf. http://www.youtube.com. On Smiley's life and death in March 2011, cf. http://archive.voice-online.co.uk/content.php?show=19141; http://www.guardian.co.uk/commentisfree/2011/mar/15/smiley-culture-reggae-star-died; http://www.thisislondon.co.uk/standard/article-23932356-reggae-star-smiley-culture-dies-during-police-drugs-raid-on-surrey-home.do; http://www.nme.com/news/various-artists/55524.

37 Cf. Sutcliffe (1982) and Sutcliffe/Wong (1986) on Black English, also Britain (2007). The tenses, pronouns, and sentence structures are clearly Standard English. These websites give information on Black English and dialects: http://www.ling.lancs.ac.uk/staff/mark/resource/creole.htm; http://www.teachit.co.uk/armoore/lang/britishisles.htm; http://www.slideshare.net/ekremizmirli/cfakepathblack-british-english-presentation.

the same enterprise, described as a proof of "how alive and vibrant our lyrical culture is. It doesn't just live in text-books, it's the soundtrack of our everyday life. It's gone from being an underground movement to being a mainstream entertainment." 41[38]

Malik's 16 bar verse is linguistically remarkable in these respects, and its oral qualities are also important. It repeats some common stereotypes, which are denounced as lies and typical of chaos news broadcasting, blowing up reality into a marketable product. Like many others in this programme, Malik's text claims that it is the result of both journalism and art, it thus is a reflection of reality, it confronts lies, speaks the truth, and it is the product of artful creativity and imagination. The speaker feels "divided and conquered", far from being at ease. This is one of the hints of the victim mentality. But stronger is the desire to send out a message and the 'Double Think' that characterizes hybrid cultures.[39] "hope you get this message" is evidently not meant for the "dead brothers" only, but also for the listeners of this poem and the spectators of this presentation. There are rhymes here, but even more important is the rhythm of the text, its flow and melody, which are also underlined by the movements and gestures of the performer.

Flow, Style, and Content: The Poet's Voice, Road Rap, Politics and Power

Flow is one of the three key elements of MC culture Akala now addresses: "Britain's inner cities have given birth to a new poetry renaissance. This lyricism speaks about what it is to be young and alive in our nation today. Any artistic discipline has rules. The lyricists of our generation are judged by their mastery of style, flow and content." 11 25 These are the topics of the rest of the programme, and MCs explain what is meant by 'flow', namely "your method of delivery" (Sway), "to make a rhythm with your own voice" (P Money), "and it's not always the words, sometimes it's the space, sometimes it's the breath, sometimes it's what they haven't said" (farma g & chester p). "kano p's and q's" 11 52 and other examples of different kinds of flow are briefly presented: the smooth, monotone flow (like "gigs look what the cat dragged in"), an animated flow (as

---

38 Eminem's "8 Mile" (US 2002) is mentioned as a film everybody knows and proof of hip hop in the mainstream. Eminem has clearly succeeded financially and been voted "King of Hip Hop" (Molanphy) in 2011.

39 Cf. Gilroy (1993). 'Double Think' is also the title of Akala's 2010 album (cf. http://www.akalamusic.com/).

in Dizzy Rascal or “lethal bizzle feat. ghetts pow! 2011” 12 16), or a “skippy flow”.[40]

“To find out more about the linguistic structures MCs use”, Akala meets classical composer and musician Paul Gladstone Reid.[41] Reid compares the European iambic pentameter and its four-beat rhythm with African language, which, he says, has a trickier rhythm. “To have this rhythm grafted on to an English speech” creates the kind of language people have come to connect with black immigrants. Language is also played with in such contexts, “and we hear that in the rappers, in the way they do their flow.” 16 38 The result is: “In our world of poetry, flow is the thing.” This is, unfortunately, a typical example of the intellectual quality of the programme. Expecting information on “the linguistic structures MCs use”, one gets totally unacceptable generalisations about “African language” and “English speech”. The programme is not good with theory nor with passing on specific and clearly structured information. Akala will later say that the really essential thing is actually content. The examples presented are intriguing, though, and would have deserved more attention.

Teacher Richard Robinson who uses rap music in his year 9 class in Folkstone is also not helpful, even though he compares the poem ‘Community Outcast’ by Devlin, a young grime MC from Dagenham (Greater London), with William Butler Yeats’ ‘Song of the Old Mother’, written in 1899. No linguistic problems are discussed, the result is simply that both poets take up important contemporary issues and speak “for all those people who have no voice.” 20[42] This is actu-

---

40 MCs like to use popular expressions like ‘mind your p’s and q’s’, which is a phrase known since the early 19th century, meaning to pay attention and behave properly. It derives from printing, where the piece of type for ‘p’ looks like a ‘q’ (cf. Gascoigne 1993: 422). Here are some lines from Kano showing how the expression is played with and that specific words define the quality of this language: ”So boy dont think ya can move to me, and think I’ll be asleep boy, / Coz Im on ma P’s and Q’s, thats guna make more P’s than U’s, / Even when Im in 3’s and 2’s, Slip there aint no reason to, / Slipping, If there aint a blitz between the clique thats slippin, / no whip out the manner linking chicks thas slipping / thats slipping.” (http://www.lyriczz.com/lyrics/kano/111063-p%27s-and-q%27s/)

41 Reid is a British-Jamaican, cf.

http://www.creativecaribbeannetwork.com/person/5404/en;
http://www.soundjunction.org/allaboutpaulgladstonereid.aspa;
http://www.artsworks.uk.com/people/paul_gladstone-reid.htm.

42 Devlin ‘Community Outcast’ lyrics at http://www.lyriczz.com/lyrics/devlin/154673-community-outcast/, where he says he represents the homeless, the people, single mums, “the old folk, that live alone”. The text thus expresses a typical perspective in this kind of music, namely that of the outsiders and losers, who often see themselves as rebels, too.

ally already a question of content, which, however, is explicitly addressed only five minutes later when Dot Rotten's understanding of contents is presented: "Rap is about what is relevant to me at a precise moment or what is relevant to the world. It is a kind of news report, in a sense." The most controversial content is found "in the genre which has been labelled 'road rap'. […] Violent rap lyrics have been denounced by politicians and the media as the main cause of the violence on our streets. […] In America they have had gangsta rap. In the UK they've come up with road rap."

For Giggs, a representative of road rap, the expressions 'gangsta rap' or 'road rap' mean nothing at all, "it's just rap, ain't it?" Giggs sees himself as "a perfect example of rehabilitation", but the music industry he is dealing with has not responded favourably to this, he says. The message they are sending out to him is, "go back to crime", as this is an image that sells better. Akala's final comment on road rap is: "Giggs speaks about the world as he sees it. And surely that's the right of any artist, whatever you may think of him." The programme does not give any sound information on road rap. It expects spectators to know who Giggs is, and does not say much about the specifics of road rap contents nor of its language.[43]

Having dealt with road rap, Akala now speaks about "artists who strive for a political message [and who] also struggle to receive support." "Lowkey is a rapper who uses his talent to talk about global issues." "People call you a 'conscious MC', what do you make of this?" "I do not like it. […] What is an unconscious MC?" That seems to be an evident retort, sounds convincing and funny. It is not, however, when one knows what is implied in the question, namely everything connected with the topic dealt with, the vital cultural content of rap: politics. Dyson's *Reflections on Hip Hop* deal with this issue in a chapter of its own, and Wheatley says that rap music has degenerated from an originally 'conscious' base to one in which the 'gangsta' strain that emerged in the late 1980s to the early 1990s is now dominant.[44] Akala and Lowkey dismiss this vital issue with a shallow joke.

---

43 Information can be found here: http://www.youtube.com/watch?v=_1wLOzfH40s; www.mediamassacre.net; http://forums.ukhh.com/viewtopic.php?f=3&t=60268&sid=12c87a77d8d84614fb1854dcb31bfd21&start=15; http://www.ukrapmusic.com/editorial/577-the-term-road-rap. Cf. also the 'Giggs Interview with Guardian Journalist Paul Morley' (http://www.youtube.com/watch?v=nu9R-mjIjnk&feature=related), but much more is in Jeffries (2011), Rose (2008), Wheatley (2010).

44 Cf. Dyson (2007: 57 ff.): "Track 3 It's Trendy To Be The Conscious MC", and Wheatley (2010).

When they talk about the power structure in hip-hop and the music scene, about people trying to tell others what they should listen to and what not, Lowkey has an important message for the spectators: "You don't need other people's definitions of you to exist. You can define yourself." What he means is that he has two videos on YouTube that have been watched more than a million times, but never been shown on MTV or similar stations. "More people go on YouTube than watch the BBC or MTV." This, he thinks, makes him independent and acknowledged enough. As a political message, though, this is extremely shallow and probably meant as an appeal to the freedom of the general public. There is, however, no information on, nor even a hint of the real power structures in either the music industry or society at large, and a political message saying 'we've got YouTube to define ourselves and preserve our freedom' is pretty naïve, in spite of the theoretical possibilities of virtual reality.[45] Lowkey and Akala have a similarly shallow explanation for the reason why people refuse to call rap poetry: for them it is simply because people refuse to listen. 32 15[46]

Politics thus does not get the treatment it deserves and should receive in any programme on rap and the MC culture. 'The Life of Rhyme' is not an explicitly political programme, even though Lethal Bizzle's 'Pow!' is now briefly shown and discussed. It came out in 2004 as 'Pow (Forward)', was hugely successful, but also banned by some mainstream radio stations. It gained "even more notoriety when it was adopted as the unofficial anthem of the student protests in 2010." Akala says it showed that content is the main element in rap music, and the experiences connected with 'Pow!' made Bizzle feel the power he, his music, and the general public really have. He refers to David Cameron as pointing the finger at rap and calling it dangerous and says this is an extremely naïve attitude, which will not solve the problem, as it does not even address it. "16 bars Dels 'capsize'" is shown, speaks about kicking in parliament doors for the truth, and ends this passage of the programme with an explicit focus on politics before the next break. 35 33[47]

---

45 Intriguingly described by Cline (2005). On YouTube as an important medium in our culture, cf. Beißwenger (2010), Snickars / Vonderau (2009), Strangelove (2011).

46 Excellent information on the music industry is found in Charnas (2010). Chang (2007) and http://www.thestateofhiphop.com/rap-industry.html deal with the topic, too. A good example of Lowkey's political position is provided by the 'Million Men March (with lyrics)' (http://www.youtube.com/watch?v=TQ9tb4tMric&feature=related). Info on his life: http://www.grimepedia.co.uk/wiki/Lowkey.

47 The original 'Pow' 2004 video is here http://www.youtube.com/watch?v=3iU 3jcjdE5E&feature=related. 'Pow 2011 (official version)' http://www.youtube.com/watch ?v=FzU5Q4uI3iw&feature=related gets this comment (and more favourable ones): "dude, this song's retarded. The rhymes are duo-syllabic at the most (any retard can look

It is pretty evident that hip hop uses various media, a topic briefly dealt with at the end, but again in a superficial way: "The crossover of our lyrical culture is so complete, it has even generated its own medium. […] jamal edwards sbtv […] is an online TV station watched by millions."[48] It requires "no labels, just passion", which is very often expressed by poetry. The programme, appropriately enough, ends with a strong emphasis on feelings, expressed by the only female MC shown:

> I live a life of rhyme, a life of music, a life of grime, a life of moments, a life of time. So open your mind to this life of mine… and let the whole of the UK go through, not just me. I write lyrics so feel them, I wanna inspire all of the children, cause I write lyrics with meaning, with heart felt feeling. 16 bars Lady Leshurr 'feelings through sound' 44 59[49]

But Akala has the last words and ends the programme with his final message, which is also a reminder of his first song: "Our poetry is powerful, and whether you acknowledge it or not, it's here to stay. So the next time you see a group of young people on the corner, don't dismiss them as 'hoodies' or write them off. They have something important to tell us."

Concluding Remarks

Documentaries are a genre that still serves extremely useful purposes in contemporary society. They pass on information and express what is believed by the producers to be the truth of the topic dealt with or what they think the public should be told. The ones discussed here are good examples of what is created and presented today. The BBC and Channel 4 are fairly reliable sources for valid

---

up two rhyming words in a rhyming dictionary), no use [of] expansive vocabulary, no use of metaphors or puns, and no depth in meaning. And this applies to most of grime anyway! If you want creative rap then listen to underground hip hop." Its lyrics http://www.lyriczz.com/lyrics/lethal-bizzle/16370-pow/. Information on Lethal Bizzle is provided at http://www.grimepedia.co.uk/wiki/Lethal_Bizzle; and an interview with him at http://www.britishhiphop.co.uk/features/interviews/lethal_b.html. There is an interesting blog on Cameron's 'Broken Britain' statement and the 'Rhyme' programme, http://brownswood.5.forumer.com/index.php?s=882e38208be79d5e1cb82441c6f123ed&showtopic=34955&st=0&#entry425473, as well as a direct reference to politics in a comment made on 15 August 2011: "Despite this being filmed prior to/before the riots took place it's so relevant. Listen and learn. Need more documentaries like this on T.V., well done Akala and all those involved." (http://www.channel4.com/programmes/life-of-rhyme/episode-guide/series-1/episode-1). See also 'David Cameron vs UK Rap Artist Akala' (http://www.youtube.com/watch?v=Sy1e6mb_88g&feature=related).

48 Cf. http://www.youtube.com/watch?hl=en&v=JCBrIn0KtKM&gl=US.

49 Info on Lady Leshurr http://www.mtv.co.uk/music/urban/202659-wrap-up-and-watch-out-lady-leshurr.

information of this kind, and officially bound by their charters to fulfil this public duty.[50] As far as British television is concerned, they offer standard quality. The emphasis on language in the two examples is quite extraordinary and for that reason alone illuminating. Research on language in the modern media is an intriguing field that deserves much more attention and detailed analyses, as its significance is evident.[51]

Extensive analyses cannot really be expected of TV documentaries, as that would require much more time than TV stations can afford. At best, spectators get hints at where to go and what to do, in order to found out more themselves. Websites are such places for additional information, used by both programmes. Books, however, are still the sources needed for detailed information, and the BBC programme is well aware of this and refers to books explicitly, as well as using authors to express criticism, irony etc.[52] 'Rhyme' is also clearly situated in larger contexts, but they are not as openly made visible as in the 'History of Now'. Akala is too keen to present MC culture as a coherent entity, in his programme it is one culture using only one language, and there are no significant differences between, e.g., London and Manchester MC cultures, thus no specific details. Even though historical references are made, there is no hint at all at the long tradition of everything Akala presents. The life of rhyme seems to be a completely new phenomenon, which, of course, is not the case.[53]

Like their genre, the two documentaries reflect the culture they are made in and present. Akala's theoretical weakness can in part be attributed to his age, and he evidently tried to be not more political than necessary. As 'The History of Now' has correctly shown, our's is not an openly political age. Broadcasters try to avoid politics and problems generally, their first objective is to entertain, and discussions about class, social equality etc. are often looked down upon as being outdated, old-fashioned and not relevant. Our culture, however, precisely because it is radically changing, will have to deal with all key problems of modern society again and must be careful that the traditional class and power structures of the past do not survive in new guises and digital forms.[54] There will definitely be more discussions about responsibility of the kind regrettably avoided in 'The History of Now', as there will be documentaries addressing key issues in society.

---

50 See the Department for Culture, Media and Sport (2006) for the latest BBC charter.

51 Cf. Burger (2005), Crystal (2006), Hofmann (2010), Pethö (2008), Schmitz (2004).

52 Two good ones not mentioned are Footman (2009) and Power (2010).

53 Nelson (1991) and Potter (1995) are proof of this, as is the tradition of dub poetry (Habekost 1987) etc.

54 Curran/Seaton (2009) and Tylor/Bennett (2010) are excellent reflections on this.

The genre is clearly alive, but needs the careful attention of public broadcasters and all spectators, in order to get even better than the two examples presented here and to provide the public with information urgently needed in bewildering times. Britain may be breaking up, but its various cultures and languages are evidently alive and kicking.

References

Abercrombie, Nicholas/Alan Warde (2006): *Contemporary British Society*. London: Polity.

Abrams, M. H. (1993): *A Glossary of Literary Terms*. Fort Worth: Harcourt Brace.

Alibhai-Brown, Yasmin (2001): *Who Do We Think We Are?* London: Penguin.

Alim, H. Samy (2009): "Straight Outta Compton Strait aus München", in: Alim/Ibrahim/Pennycook (2009), 1-23.

Alim, H. Samy et al. (ed.) (2009): *Global Linguistic Flows*. New York: Routledge.

Asanti, Molefi K. (2009): *It's Bigger Than Hip Hop*. New York: Griffin.

Bagguley, Paul (2008): *Riotous Citizens*. Aldershot: Ashgate.

Beißwenger, Achim (ed.) (2010): *YouTube und seine Kinder*. Baden-Baden: Nomos.

Bennett, Oliver (2004): "Sneer Nation", in: *The Independent* http://www.independent.co.uk/news/uk/this-britain/sneer-nation-574618.html [28.01.2004]

Bhabha, Homi K. (1994): *The Location of Culture*. London: Routledge.

Blair, Tony (1997): *New Britain: My Vision of a Young Country*. New York: Basic.

Blond, Phillip (2010): *Red Tory: How the Left and Right Have Broken Britain and How We Can Fix It*. London: Faber & Faber.

Bradley, Adam (2009): *Book of Rhymes: The Poetics of Hip Hop*. New York: Civitas.

Britain, David (2007): *Language in the British Isles*. Cambridge: Cup.

Burger, Harald (2005): *Mediensprache*. Berlin: de Gruyter.

Bywater, Michael (2007): *Big Babies, Or: Why Can't We Just Grow Up?* London: Granta.

Chang, Jeff (2007): *Can't Stop Won't Stop*. New York: Ebury.

Charnas, Dan (2010): *The Big Payback*. New York: New American Library.

Collingwood, R. G. (1961): *Idea of History. With Lectures 1926-1928*. Oxford: Oup.

Creeber, Glen (ed.) (2008): *The Television Genre Book*. London: Palgrave.

Crystal, David (2006): *Language and the Internet*. Cambridge: Cup.

Curran, James/Jean Seaton (2009): *Power Without Responsibility*. London: Routledge.

Department for Culture, Media and Sport (2006): *Broadcasting. Copy of Royal Charter for the Continuance of the British Broadcasting Corporation*. London: Stationary Office Books.

Dyson, Michael Eric (2007): *Know What I Mean? Reflections on Hip Hop*. New York: Perseus Basic.

Edwards, Paul/Kool G. Rap (2010): *How to Rap*. Chicago: Chicago Review Press.

Eysenck, Michael W. (2006): *Fundamentals of Cognition*. Hove: Psychology Press.

Footman, Tim (2009): *The Noughties 2000-2009*. Richmond: Crimson.

Forman, Murray (2010): "Represent: Race, Space and Place in Rap Music", in: Forman/Neal (2010), 201-222.

Forman, Murray/Mark Anthony Neal (ed.) (2010): *The Hip-Hop Studies Reader*. London: Routledge.

Gascoigne, Bamber (1993): *Encyclopedia of Britain*. New York: Macmillan.

Gavin, Neil T. (2007): *Press and Television in British Politics*. London: Palgrave.

Gilroy, Paul (1993): *The Black Atlantic*. London: Verso.

Habekost, Christian (1987): *Dub Poetry*. Neustadt: Schwinn.

Hadfield, Philip Mason (2006): *Bar Wars*. Oxford: Oxford Univ. Press.

Harvey, Sylvia (2001): "Channel Four Television: From Annan to Grade", in: Buscombe, Edward (ed.): *British Television. A Reader*. Oxford: Clarendon, 92-117.

Hedges, Chris (2010): *The Empire of Illusion*. New York: Nation Books.

Hofmann, Sabine (2010): *Sprache im Massenmedium Fernsehen*. Tübingen: Narr.

Jeffries, Michael (2011): *Thug Life*. Chicago: Univ. of Chicago Press.

Keen, Andrew (2008): *The Cult of the Amateur*. New York: Doubleday.

Knowles, Yvonne Bynoe (2006): *Encyclopedia of Rap and Hip Hop Culture*. Westport: Greenwood.

Kolak, Daniel et al. (2006): *Cognitive Science*. New York: Routledge.

Kundnani, Arun (2002): "The Death of Multiculturalism", in: http://www.irr.org.uk/ 2002/april/ak000001.html [01.04.2002]

Lanier, Jaron (2011): *You Are Not a Gadget: A Manifesto*. London: Penguin.

Luhmann, Niklas (1990): *Die Wissenschaft der Gesellschaft*. Frankfurt: Suhrkamp.

Luhmann, Niklas (1997): *Die Gesellschaft der Gesellschaft*. Frankfurt: Suhrkamp.

Lycan, William G./Jesse J. Prinz (ed.) (2008): *Mind and Cognition. An Anthology*. Oxford: Blackwell.

Maturana, Humberto R./Jesse J. Varela (1998): *The Tree of Knowledge*. Boston: Shambhala.

Molanphy, Chris (2011): "Introducing the King of Hip Hop", in: *Rolling Stone* http://ww w.rollingstone.com/music/news/introducing-the-king-of-hip-hop-20110815 [15.08.2011]

Nelson, Havelock (1991): *A Guide to Rap Music and Hip-Hop Culture*. Three Rivers Press.

Pethö, Agnes (ed.) (2008): *Words and Images on the Screen.* Newcastle: Cambridge Scholarly Press.

Potter, Russell A. (1995): *Spectacular Vernacular*. New York: State Univ. of NY Press.

Power, Brenda (2010): *The Noughties. From Glitz to Gloom*. London: Collins.

Renner, Karl N. (2005): „Der Dokumentarfilm", in: Schleicher, Harald/Alexander Urban (ed.), *Filmemachen im digitalen Zeitalter.* Frankfurt: Zweitausendeins, 333-371.

Rose, Tricia (2008): *The Hip-Hop Wars*. New York: Basic.

Rosenthal, Ala/John Corner, (ed.) (2005): *New Challenges for Documentary.* Manchester: Mup.

Rupert, Robert D. (2009): *Cognitive Systems and the Extended Mind.* Oxford: Oup.

Schama, Simon (2003): *A History of Britain*. London: BBC.

Schmitz, Ulrich (2004): *Sprache in modernen Medien.* Berlin: Schmidt.

Snickars, Pelle/Patrick Vonderau (ed.) (2009): *The YouTube Reader*. London: Wallflower.

Stevenson, Nick (2010): "Education, Neoliberalism and Cultural Citizenship", in: *European Journal of Cultural Studies* 13/3, 341-358.

Stoute, Steve (2011): *The Tanning of America*. New York: Gotham.

Strangelove, Michael (2011): *Watching YouTube.* Toronto: Univ. of Toronto Press.

Sutcliffe, David (1982): *British Black English*. Oxford: Blackwell.

Sutcliffe, David/Ansel Wong (ed.) (1986): *The Language of the Black Experience.* Oxford: Blackwell.

Twenge, Jean M./W. Keith Campbell (2010): *The Narcissism Epidemic*. New York: Free Press.

Tylor, Imogen/Bruce Bennett (2010): "Celebrity Chav: Fame, Femininity and Social Class", in: *European Journal of Cultural Studies* 13/3, 375-393.

Wheatley, Simon (2010): *Don't Call Me Urban!* Newcastle: Northumbria University Press.

White, Hayden (1987): *The Content of the Form*. Baltimore: Johns Hopkins University Press.

Jutta Ernst

De/marcations. Border discourse in Jane Urquhart's *The underpainter*

The 49th parallel of latitude, which constitutes the political boundary between Canada and the U.S., is, for a long stretch, a relatively arbitrary demarcation. As John Herd Thompson points out, "[s]o identical is the landscape on either side that historians who reprint photographs of boundary surveyors at work must take care not to reverse the negatives" (Thompson 2006: xi).[1] However, it is a border fraught with "ideological meaning" (xi), especially when it comes to Canadian self-perceptions. Russell Brown convincingly argues that

> [t]he Canadian-American border figures in English-Canadian discourse in a way that is greater than its physical and political existence would seem to justify. When Canada is talked about, defined, or contemplated, this border is often referred to [...] as essential to the definition of the country as a whole (Brown 1991: 1).[2]

Not surprisingly, a contrastive approach that pits Canada against the U.S. has developed into one of the most commonly used methodologies for studying Canada and its culture.

In his *Borderlands. How we talk about Canada* (1998), W.H. New acknowledges the relevance of border rhetoric for Canadian Studies, but asks for a more appropriate use of it. For one, he deems it necessary to take into account not just the 49th parallel, but all of Canada's state borders (New 1998: 6). In addition, he points to the fact that national and other boundaries serve not merely as descriptions of given limits and dividing lines but as "metaphors of relationship and organization" (ibid.: 5). As such, borders are central to our conceptualization and to our construction of the world, contributing to the delineation of such abstract notions and their interrelations, as, for instance, similarity and difference, approachability and hierarchy (ibid.: 4, 36). Borders are not necessarily clear-cut, however. They are susceptible to shifting depending on the conceptualizer, the time frame, or other criteria. A border may be blurred, designating a dynamic contact zone rather than a line of separation, or, to use Russell Brown's termi-

---

1 As Victor Konrad and Heather N. Nicol explain, "Canada's boundaries are largely the product of cadastral traditions of both the founding cultures of French and English superimposed on the natural and ethnographic boundaries of indigenous cultures" (Konrad/Nicol 2008: 25).

2 See also Johnson and Graybill (2010: 10-16).

nology, a "borderland" instead of a "borderline" (Brown 1990: 39, 44). As Lauren McKinsey and Victor Konrad make clear, the reverse procedures of setting or ascertaining a boundary and of erasing or ignoring it often interact, all the more so when different conceptual domains, for instance political and topographical ones, are at stake. Ultimately, it is this interplay of opposites which produces and marks the borderland: "The primary features of a borderlands are revealed in the dialectic between 'boundary' as a political demarcation, and 'region' as a geographic entity which may be resistant to an artificial division imposed by a political border" (McKinsey/Konrad 1989: 2). James Loucky and Donald Alper come to a similar, albeit more generally phrased conclusion:

> [B]orders are simultaneously sites of nexus and convergence as well as lines of delineation and disjuncture. They are alternately flexible and fixed, open and closed, zones of transition as much as institutional settings. As places where people meet, exchange, and change, the areas adjoining borders are as prone to hybridization as they are to separation and polarization. (qtd. in Evans 2006: xviii)

The term 'de/marcations' used in the title of this essay tries to capture this twofold tendency, highlighting the arbitrariness of boundaries and their discursive origin.[3]

While Canada's borders have only recently attracted the attention of border studies scholars (Konrad/Nicol 2008: 45-46), Canadianists have long regarded them as crucial since, from its very beginning, Canadian culture has teemed with boundary-related discourse. Russell Brown offers the following plausible explanation for the abundance of border rhetoric in Canadian texts: "Writers about Canada have themselves been border crossers, recording and explaining in their works the meaning of moving into new nations and cultures" (Brown 1981: 155). As prominent examples he mentions Frances Brooke with her novel *The history of Emily Montague* and Frederick Philip Grove's accounts in *A search for America* and *Fruits of the earth* (ibid.: 155). However, personal experiences as a border crosser are not a necessary prerequisite for the use of border discourse, as the case of Canadian-born fiction-writer Jane Urquhart shows. Starting with her first novel, *The whirlpool* (1986), set in Niagara Falls and thus at a natural boundary which is at the same time a state border, Urquhart has repeatedly addressed de/marcations.

---

3 The etymology of the word ‚demarcation' is of importance in this context: The term, stemming from Spanish ‚demarcacion,' was "[f]irst used of the *linea de demarcacion* [...] laid down by the Pope in dividing the New World between the Spanish and Portuguese" (OED).

In this historical novel, the double function of the border as both borderline and borderland is illustrated through the observations and experiences of several characters, among them military historian Major David McDougal, his wife Fleda, and the poet and clerk Patrick. When Fleda approaches the whirlpool adjacent to Niagara Falls, the landscape she sees through the window of the streetcar strikes her as full of contrasts:

> The car had passed the city limits and was moving steadily down River Road into a rougher geography. If you avoided looking at the factories on the American side, you could almost believe you were in the wilderness. The tough old rocks of the escarpment were in evidence everywhere, varying in size from the jagged edges along the road to the cliffs that dropped down to the river. They poked, at times, through small patches of sumac or reared unexpectedly from clumps of long grass. The hill country of England, as Fleda imagined it, or gentle undulations of the Tuscan countryside, had nothing to do with this, nothing to do with this river side of the road. If she turned and looked through the windows on the opposite side of the car, however, she would see nothing but acres of rigidly planned, severely trimmed orchards. It was a geography of fierce opposites. Order on one side and, nearer the water, sublime geological chaos. (Urquhart 1997b: 31)

Whereas Fleda has an eye for geographical formations and tries to assess in how far they do or do not conform to European landscapes and to Old World aesthetic categories like the sublime, her husband David configures the border region from a national point of view remarking vis-à-vis Patrick: "The whirlpool is all ours, you know, the only part of the river that is entirely Canadian. Don't tell the Yankees, though, they'll probably try to conquer it" (ibid.: 86). Patrick, on the other hand, provides one of the strongest examples for a crossing and ultimate dismantling of borders, when he envisions swimming across Niagara River:

> He stepped towards the river. The sound it made was like a woman's breath near his shoulder, incredibly gentle and quiet and calling. And then this fear of any action concerning the river, as if it were a woman. He who had been such a swimmer. The approach was so smooth, so lacking in hazards you could scarcely tell where the earth ended and the water began.
>
> Looking across the distance of the river to the foreign country on the other side, Patrick considered how there was always a point where one set of circumstances ended and another began. Boundaries, borderlines, territories. This swim would be a journey into another country, a journey he would choose to make in full knowledge that he had no maps, that he hardly spoke the language. Then he realized that the river belonged to no country and that fact made the whole space alien to him.
>
> Still, he wanted to swim. (ibid.: 221)

In this passage, a variety of boundaries such as the border between earth and water or the national border between Canada and the U.S. lose their importance and give way to transitional zones and to the idea of a no man's land. When Patrick finally overcomes his fear and dives into the water, he indeed reaches a foreign territory, which is not the U.S., but the realm of death (ibid.: 231). This highly metaphorical scene, which we find in the last pages of *The whirlpool*, prepares us for an even fuller treatment of borders and borderlands in some of Urquhart's later works. Here and elsewhere, the importance she attaches to the topic of boundaries is apparent from the fact that she depicts the effects of de/marcations on her characters all the while applying linguistic and narrative practices that tend to establish and dismantle borders. Taking as an example her Governor General's Award-winning novel *The underpainter* (1997), I will illustrate how border discourse has been turned into a basic structuring principle that governs the text on various levels.

Jane Urquhart's *The underpainter* tells the life story of American painter Austin Fraser. The novel is narrated in the first person singular, from the perspective of Austin himself, who, as an eighty-three year old, is trying to come to terms with his life, to understand how it developed and why it developed the way it did. His reminiscences are triggered by a letter that reaches him in Rochester, New York, and informs him that he inherited a small property in Silver Islet Landing, Ontario (Urquhart 1997a: 11, 65). The novel shifts back and forth between the past and the moment of narration covering the time between the 1890s and 1977. Austin's past is not revealed chronologically, but is dependent on the course of his memory, with some events alluded to more than once. As the reader eventually realizes, *The underpainter* starts with a crucial moment in Austin's life, a time when he could have given it another direction (ibid.: 1-5).

Urquhart has drawn upon documentary material for her novel. Part of the story is inspired by a collection of letters written during World War I that Urquhart's cousin found at a garage sale (Slopen 1997: 48). In addition, some of her characters stem from real life, among them the painters Robert Henri (1865-1929), Rockwell Kent (1882-1971), and Abbott Thayer (1849-1921), even if they are employed "in a purely fictional manner" (Urquhart 1997a: 278). Ultimately, fact and fiction, history and story intertwine, creating a hybrid text in which the genre borders are blurred, whether we designate it as 'fictional autobiography' or 'historiographic metafiction'. Besides, the narrator is a painter who repeatedly refers to his métier and whose renderings of persons and landscapes resemble the art critic's descriptions, which allows us to consider *The underpainter* in the framework of intermediality. Interrelations between the verbal and the visual arts have interested Urquhart from the beginning of her career. In a 1985 interview she stated, "Almost any painting is a combination of memory, fantasy and actuality in varying degrees. Exactly the same thing is true of writing" (Hancock 1986: 30). In contrast to these narrative strategies that tend to obliterate boundaries, Jane Urquhart made sure to adopt a narrative voice that was clearly identifiable as American, thus acknowledging linguistic borders. As she herself explained, "I had to restrain myself in terms of language. I was able to use a visual intensity, but I couldn't become overly lyrical. I was writing in the voice of an American" (qtd. in Slopen 1997: 49). Moreover, she saw to it that the words of narrator Austin Fraser sounded male and did not betray the female author (Merber 1997), once again clearly distinguishing between linguistic variants and positioning herself languagewise.

However, border rhetoric may not only be used with reference to the narrative discourse of the novel; it also helps to structure the fictional world and is perceived and used as such by the characters. Moving from literal borders, those that mark off space or define a territory, to more complex, metaphorical examples, I will address de/marcations as a way of capturing the intricate relations between spatial entities and characters, among characters as well as between life and art. The places depicted in *The underpainter* are situated in Canada, the U.S., and France, the most important ones being Silver Islet Landing, Davenport, Rochester, New York City, and Étaples. What these places have in common is that they are all located along natural borders like the shores of Lake Superior, Lake Ontario or the Atlantic, that at the same time serve as national borders. In the case of Silver Islet Landing, a former mining town on the north shore of Lake Superior, the border location limits the accessibility of the place. It can only be reached by steamer or by ski from Port Arthur, a city that cannot be seen from Silver Islet Landing because a huge peninsula of rock blocks the view. Whereas nature thus contributes to the isolation of a place, it is also responsible for the blurring of boundaries and an enlarged vista: during the winter, when Thunder Bay is frozen and covered by snow, the shoreline separating the lake from the land is no longer visible (Urquhart 1997a: 1-4). This sign of the harmony and balance that reigns in Silver Islet Landing is extended to include more than the here and now. The large granite rock obstructing the view has the shape of a human being and bears the name "The Sleeping Giant". Its origin is explained by an Ojibway legend, according to which the warrior Nanibijou "was turned to stone as punishment for revealing the secret location of silver to white men [...]" (ibid.: 2). Past and present, reality and myth intermingle. At the same time, a utilitarian view of nature is introduced, which, for Silver Islet Landing, marked a crucial moment in its history; the opening of the offshore silver mine around 1860 led to the foundation of the town. The ensuing struggle between nature and civilization was won by nature: Eventually, the mine was flooded by the lake, which, true to its name, appeared as Lake Superior, erasing the boundary between nature and man-made structures (ibid.: 1, 213, 260).

The clash between nature and technology, an "example of the series of opposites which animates the novel" (Condé 2005: 62), dominated Silver Islet Landing only during a short phase of its existence. This pattern is much more characteristic of Rochester, which is introduced as a city of opposites, combining wild nature with civilization and industry epitomized by photography and its commercialization:

> […] a city of ravines and canals, rivers and waterfalls, inventors and industrialists, […]; a city so chock-full of the turmoil connected to rampaging waters and vicious cycles of weather that the Gods sought revenge by making it, ultimately, famous for giving almost everyone the ability to create fixed images, the ability to stop action in its tracks. George Eastman had already opened his State Street factory by the time I entered the world, and, by 1900, he was distributing his Kodak Brownie camera from coast to coast […]. (Urquhart 1997a: 15)

The setting that forms the largest contrast with Silver Islet Landing, the most western locale in the novel, is New York City, on the Eastern border of the North American continent. While Rochester and, to a somewhat lesser degree, Davenport, combine nature and city life, New York City serves as an example of the metropolis, which never comes to rest, not even at night (ibid.: 57). Étaples, France, stands somewhat apart; it represents a location under the influence of war, a setting where familiar notions and concepts no longer apply.

In Urquhart's *The underpainter*, characters are associated with specific places that leave their marks on a figure's identity thus illustrating the principle of geographical determinism. Austin's parents, for instance, are linked to Rochester and incarnate one of its ambiguous qualities, respectively. Austin's mother, born in nearby Hilton, is attracted by natural formations, especially when they come in the form of the sublime (ibid.: 16-17). Fantasy and imagination are dear to her; she is fond of stories and lives in "the alternative worlds connected to childhood" (ibid.: 21). Austin's father, who comes from Baton Rouge, Louisiana, works as a clerk in Eastman's Kodak factory (ibid.: 18, 21) and is connected to the industrial side of Rochester. These opposite tendencies also inform the character of Austin. His dual heritage is captured in the blurring of place and name. Although he was born in Rochester, in the northern part of the U.S., he bears a name that is reminiscent of the South, the state capital of Texas (ibid.: 15, 18, 21, 24).

Austin, who through his name is more closely associated with a place than any other character in the novel, is ironically a very mobile one. He stands in contrast to those characters who see a closely circumscribed space as home and who barely take notice of developments elsewhere. A statement made by Austin's mother clearly illustrates that the interest of Urquhart's characters is often limited to their immediate surroundings. She declares to her son that they "live as far north as possible" (ibid.: 22). That Canada is only 40 miles away, on the north shore of Lake Ontario, does not seem to occur to her. The national border falls in with a psychological one and limits her view. In this neglect of Canada,

Austin's mother is unanimous with many of Rochester's inhabitants. Despite the relative proximity of Canada, this country does not seem to exist in the minds of the American neighbours on the southern shore of the lake; the national border is perceived as the end of the world:

> All the water in this city runs urgently towards the north, hurries towards the Great Lake with the name of a Canadian province. The city itself, however, looks east and west from the two sides of the Genesee River, as if its citizens had one day decided to curl inward rather than admit to the existence of another land, an opposite shore with rivers and farms and cities of its own.
>
> The country across the lake never really takes shape in the collective imagination here. Cold, distant, separated by enough water that the curve of the earth makes it invisible, the far shore disappears swiftly from the memory – despite excursions, or even complete summer vacations there – as quickly as a trip to an amusement park might, after daily life is resumed. (ibid.: 31)

A different reaction to Canada is shown by Austin's father, who sees the country from an investor's perspective. After the death of his wife, he puts money into Canadian mining stocks and gains a fortune, which allows him to quit work for good. His style of living changes dramatically and includes the purchase of a summer residence in Davenport on the north shore of Lake Ontario (ibid.: 31-33, 37). Later, having suffered financially in trying to reopen Silver Islet Mine, he loses interest in Canada and sells his house in Davenport (ibid.: 120).

Austin's own connection to Canada is established rather passively through his accompanying his father. When Austin first sees Davenport, the Canadian city, whose lakeside property is owned by Americans, strikes him as British. Different conceptual units intermingle here, marking Davenport as part of a borderlands:

> How to describe the colonial world that flourished in streets leading away from manicured American lawns? Union Jacks heaved in the wind from the lake, the Queen and King streets intersected in the centre of town, Victoria Hall and Albert Street celebrating the intersection. The British Hotel looked imposing and prosperous. The first bank I saw was called The United Empire, and the moving-picture theatre went by the name of The King George. (ibid.: 38)

This passage may be read as an affirmation of the dominant view in Rochester, namely the non-existence of Canada as a country with a distinct identity. With World War I hovering on the horizon, the trip to Davenport becomes, for Austin, even more clearly an approach to Europe. Everything in Davenport indicates the prospect of war and Canada's probable engagement in it (ibid.: 71-73). Austin's difficulty in recognizing something specifically Canadian in Davenport is ironically contrasted with a collection of chinaware that he sees in a shop. It shows landscapes from the different Canadian provinces or their typical flora and fauna (ibid.: 62). Only later in life does Austin realize that the Canadian motifs on the porcelain do not necessarily refer to reality but to an imagined Canada, to constructions of what Canada might be like, thus serving as a visual representation of his own false notions and expectations of the country to the north (ibid.: 274).

In the case of Canada, the obliteration of national and cultural borders, the blurring with Great Britain, certainly has negative overtones, as it denies Canada its identity. In the European context, however, a similar blurring appears as something positive, as it helps to weaken the devastating hostility connected with World War I. The father of George Kearns, whom Austin met in Davenport, has no scruples about giving his son a German travel guide to Paris when the latter leaves for Europe with his troops (ibid.: 154). Neither does George himself experience a feeling of anger towards the Germans. When in hindsight he speaks of his time in Europe, he hardly mentions combats and bloodshed. Rather, he focuses on art and culture, stressing the common nexus and pointing to the negative effects of the war on the entire western world:

> 'It was curious,' he explained, 'but as time passed I couldn't dispel the idea that we were all in it together, that we were just vandals, really, bent on destroying western culture. Finally it seemed to me that Europe was one vast museum whose treasures were being smashed by hired thugs. We weren't making history, we were destroying it... eliminating it.' (ibid.: 153-154)

A similar stance is displayed by the artist Rockwell Kent, who, despite the war, continues to sing German songs and even paints a German eagle on the door of his Newfoundland studio, "as a sign of respect for the northern Europeans whose culture he so loved" (ibid.: 204). Comparable strategies, here the negation of national and cultural boundaries, may have different effects, depending on the framework in which they are being used. Undoubtedly, this ambivalence of de/marcations seves as the hallmark of Urquhart's border rhetoric.

While the frequency with which Urquhart has recourse to borderlines and borderlands already points to their centrality as a means of structuring the fictitious world of *The underpainter*, their wide range of applications markedly enhances their significance. As has become apparent, realms as diverse as nature, civilization, bodies politic, and culture have been conceptualized with the help of border discourse. But Urquhart does not stop at these more literal uses of boundary rhetoric. Border-related discourse is also employed in metaphorical ways, for instance, to capture the passing between different states of consciousness or between life and death. It entails the creation of complex spheres in which reality and imagination, history and fiction, present and past, Canada and the U.S., as well as Canada and Europe interact and occasionally merge.[4] Of even greater importance, because directly related to the development of the story line, are metaphoric barriers erected or eliminated between characters, on which I will concentrate in the following.

A major change in Austin's childhood occurs when his mother suddenly dies of scarlet fever (ibid.: 25). The boy is thrown back on himself because he and his mother inhabited a world of their own, from which Austin's father was excluded (ibid.: 21). Father and son respect each other, but do not succeed in developing an emotional relationship (Condé 2005: 59). They stick to their daily routine, which is disrupted a few years later by the father's financial success. When the father purchases the summer house in Davenport, he hopes that Austin will enter the social world of the wealthy Americans living there. But Austin, having grown up in his mother's orbit, is not willing to change his alliances after her death. He has started to draw, picturing the sublime aspects of nature that his mother cherished (Urquhart 1997a: 36-37). Hence, it is only reluctantly that he accompanies his father to Canada. Walking through the streets of Davenport, Austin meets George Kearns, who is about his age and also a painter. The relationship that evolves between Austin and George is characterized by inequality in matters of social status and art. George works in a shop, where he sells porcelain and paints on china while he is waiting for customers; Austin has entered Rochester Art Institute and financially relies on his father. The dissimilarity between the two is amplified by Austin's feeling superior and his trying to instruct George. But the boy from Davenport feels at home in his world and does not seem to envy Austin's life. He accepts Austin's role and thus paves the way for their hierarchical friendship (ibid.: 41-43).

A year later, in 1913, Austin moves to New York City, where he enters the Art Students' League. Although he is fascinated by the city, he does not become part of it, preferring to observe it from a distance in a voyeur-like manner (ibid.: 57). Quite obviously, Austin does not relate to places as easily as other characters do. Whereas George has defined for himself a locale that he regards as home, Austin is adrift in the world, spending the winters in New York City, and the summers in Canada (ibid.: 38-39). The superficiality that characterizes his relationship to places is repeated in his relationship to people. The only close ties he develops in New York City are those to Rockwell Kent, who becomes half friend, half mentor for Austin, despite the fact that the difference between their stance towards life could not be more striking. Whereas Austin shuns the expression of emotion and sticks to his individualism (ibid.: 246), Kent is full of passion and lives with

---

4 Cf. Augusta Moffat's tonsillectomy (Uqhart 1997a: 124-134, 248), Augusta's shell shock (ibid.: 243-245) or the death of Austin's mother (ibid.: 26).

his family (ibid.: 199). Of particular interest is Kent's fascination with the North, which, to Austin, might have sounded familiar and attracted his attention. This fascination aligns Kent not only with his fellow painter Abbot Thayer (ibid.: 206), but also with Austin's mother, who, like Kent, saw the North as a place of spirituality (ibid.: 17, 23, 118).

The life of solitude Austin has led after the death of his mother is depicted as something positive by his art teacher Robert Henri.[5] Henri's aesthetic theories ban the expression of emotion in life for art's sake. According to him, an artist should reveal almost nothing of himself, but try to gain as much knowledge of his subject as possible (ibid.: 57-58, 147). Pleading for an unequal relationship and a boundary of knowledge, Henri reinforces Austin's individualism and influences his future life in a negative way. In the summer of 1920, Austin accompanies his father to Silver Islet Landing, where he meets Sara Pengelly, the daughter of a former miner. Sara is depicted as an innocent human being who lives in harmony with nature and adapts her life to the surroundings and the seasons (ibid.: 118, 144-145, 181). Austin and Sara become lovers, but their relationship is not emotional. The reader can hardly resist thinking that Austin started this relationship merely because he wanted Sara to pose for him (ibid.: 80). This is all the more likely as in painting Sara in northern landscapes, Austin is following Rockwell Kent's instructions. Kent recommended the North to Austin, told him to pay attention to women, and heralded socialist ideas that made "class" an important aspect to consider in art (ibid.: 119). While it is Kent's advice that brings Sara to the attention of Austin, it is Henri's theory that governs their relationship. Austin is interested only in those aspects of Sara's life that he feels might contribute to his art work (ibid.: 89). Austin resists being drawn into Sara's daily routine; he keeps aloof from her and views the partnership predominantly from an artistic angle (Federici 2006: 160). In line with this, he separates his summer life in Canada from his winter life in the U.S. For 15 years he would leave at the end of the summer, not even allowing Sara to come to the dock to say good-bye to him, and then write her a card in the following June in order to announce his arrival, and resume their unusual relationship (Urquhart 1997a: 66, 79, 137). During the winter months in New York, he would complete the portraits of Sara he had started in Silver Islet Landing, but he would never think of her during this yearly period of absence, as if she had vanished from his life for good (ibid.: 180):

> When I was in New York, Sara became a series of forms on a flat surface, her body a composition adapting to a rectangle, her skin and hair gradients of tone. She became my work, and then, when the work was finished, I lost sight of her completely, turned towards ambition. (ibid.: 80)

---

5 For a thorough account of Henri's life and artistic development see Perlman 1991.

There is, however, one rare moment of harmony between Sara and Austin, a moment between sleeping and waking, in which the emotional boundary that usually separates them is erased.[6] Their exceptional union is effectively underlined by nature imagery, which not only mirrors this fusion with the mingling of sun and water, but which also has Sara appear as if she were a part of nature, a geographical formation. Urquhart here blends the various types of borders she employs in her novel, combining metaphorical barriers between characters with natural and political borders, granting that the two protagonists synecdochically represent Canada and the U.S.:

> She laughed and rolled towards me, hugging me with her arms and legs. The uproar had passed and sunlight from the water was trembling on her ceiling, her walls. [...] And now, late in the morning, the watery sunlight ran down and across the geography of her body as if she were lying in a bright, shallow river. Me swimming there beside her. I was not fully awake. [...] Finally, the room, my own body, my own language disappeared, and all I was able to do was say her name. (ibid.: 68)

Yet, Austin cannot cherish this moment. Once he realizes the change in his behaviour, he is thrown off balance and leaves the house under the pretence of wishing to draw the shoreline. The landscape he wants to sketch becomes a symbol, indicating Austin's need for boundaries, and, more specifically, the use of his art to reestablish the borderline between their two lives.

Sara, on the other hand, unhappy with her relation to Austin, tries to cross the boundary and to enter his world. But her attempt to talk with him about his parents fails just as does her attempt to discuss his feelings (ibid.: 143, 160-161). In what for her, who never journeyed far from Silver Islet Landing, must have been an enormous effort, Sara surprises Austin in New York City. Austin panics immediately, not even considering what might have been the reasons for her visit, and does his utmost to show her that he prefers keeping the different spheres in his life separate. Without ever mentioning Sara's visit to New York City, Austin returns to Canada during the next summer, resuming his old routine, as if the woman who had come to see him had been an entirely different person (ibid.: 81-82).

In the early 1930s, Austin is suddenly dissatisfied with his portraits of Sara, realizing that they are too serene and harmonious, that they lack "a darker edge"

---

6 Even when Austin makes love to Sara, their relationship is one of hierarchy and domination: "After I had entered her, I clamped her legs shut with my knees, making sure every inch of her body was covered with my own, making sure she was immobile. [...] I couldn't see her at all" (Urquhart 1997a: 139).

(ibid.: 166). He does not question his style of painting but starts to blame the model instead:

> [...] it was her calm, the model's calm, that needed to be shattered. She was, in the pictures and in actuality, like an animal at rest in a perfect habitat, a deer in an unthreatening forest. None of the energy caused by, say, entrapment, was present in her face, her body. I did not want my paintings to be mere reproductions of states of grace. (ibid.: 166)

As a result of this new opinion, Austin's treatment of Sara degenerates. He tries to humiliate her, to cause her pain, in order to be able to add that emotion to his paintings (ibid.: 166-167). Austin's dissatisfaction with his portraits of Sara is increased by Rockwell Kent, who remarks to Austin that the paintings are "as cold as ice" (ibid.: 214-215).[7] Kent's criticism was uttered with the intention to open Austin's eyes, but Austin cannot cope with this, shows Kent the door and permanently ends their relationship (ibid.: 216). In the following summer, while reconsidering Kent's disapproval, Austin falls back on a familiar pattern: instead of blaming himself, he blames Sara, the model. He decides never to return to Silver Islet Landing and explains to Sara, whom he had known for 15 years by then, that the reason is entirely aesthetic (ibid.: 218, 263).

Individualism and solitude are for Austin cosmic principles: "We believe that the whole planet rotates at once, but, in fact, it seems to me each entity in it turns on its own private axis, independent of the larger dawns and sunsets" (ibid.: 40). In this respect, Canada could have led Austin to a different or an alternative life as he clearly perceives community as a major characteristic of Canada (ibid.: 67). But in true U.S. American fashion, as the novel leads us to understand, Austin sticks to his individualism and sees Canada and its inhabitants merely from a utilitarian perspective. Although Austin and his father appear as rather different characters, their relationships to Canada and its inhabitants show a certain similarity: both are interested in personal benefit and use the neighbour to the north to this end. While Austin's father is trying to reopen Silver Islet Mine regardless of what that means to the natural surroundings,[8] Austin is using Sara and the Canadian landscape as model and inspiration without showing any respect for them. This parallelism is enhanced by one of Robert Henri's theoretical statements in which mining and painting are explicitly compared: "Robert H. taught us, taught me, that unless it could be turned into art, absolutely nothing was worth my time. 'Art is a kind of mining,' he said. 'The artist a variety of prospector searching for the sparkling silver of meaning in the earth'" (ibid.: 70). In hindsight, Austin

7 Emotion, the expression of which Robert Henri wanted to reserve for art, has, in Austin's case, neither entered his life nor his paintings (Urquhart 1997a: 181).

8 See also Rockwell Kent's critical remarks regarding Austin's father: "Exploits miners, ruins pristine northern landscapes, slaughters virgin forests" (Urquhart 1997a: 205).

himself realizes the similarity to his father: "My father and I both had exploited this landscape – differently, it's true – but we had exploited it nevertheless" (ibid.: 266).[9] Marlene Goldman has drawn attention to the fact that Austin's demeanour "recalls Northrop Frye's observation that, after the Northwest Passage failed to materialize, Canada became a 'colony in the mercantilist sense, treated by others less like a society than as a place to look for things'" (Goldman 1999: 246). This exploiter's view which Austin and his father as otherwise completely different characters share is essential for the borderland quality – here to be taken metaphorically – that arises from conflicting demarcations.

After the break with Kent and Sara, Austin's social ties are reduced to a minimum. He travels to Davenport during the next summer, where, in his inconsiderateness for other people's needs, not only separates the tender bond which, during and after the war, had developed between George and Augusta Moffat (Urquhart 1997a: 171, 175), but ultimately destroys their lives. Interestingly, he does so by reestablishing connections between figures who, since the war, had lived in separate spheres: He brings Vivian Lacey to Davenport, a woman George used to be very much attracted to and whom, as Austin now learns, his friend had clandestinely married in the winter of 1914 (ibid.: 230-231). Augusta overhears part of the conversation between George and Austin, thus also learning of the marriage George had kept a secret (ibid.: 232). It dawns on Austin that he had promoted the hapless meeting (ibid.: 238-239), but he does not comprehend the full extent of the catastrophe, believing that the incident will be forgotten in a week (ibid.: 247). How wrong Austin is in this assumption becomes apparent the next morning: George and Augusta are upstairs in the China Hall, while Austin is preparing to leave. When he hears George's cry and the sound of breaking porcelain, Austin decides to stay somewhat longer to be able to talk with George, but otherwise remains passive. When more than an hour later George has not returned and does not answer Austin's call, Austin finally goes upstairs. It is only then that he realizes that both Augusta and George are dead (ibid.: 254). The broken china on the floor, Austin quite rightly understands, was meant as a sign for the instigator of the catastrophe, who, according to George's will, was to inherit his cherished collection (ibid.: 73):

> At the time, I remained staring stupidly at the mess on the floor, this reprimand spelled out in shards, which told me that George believed that I had never understood, that I was responsible, that the scene that greeted me in this boyhood room had been created by me as surely as if it were a painting I had completed with my own hand. It told me he was convinced that what had transpired was a deliberate act of cruelty on my part.

---

9 This similarity is also commented upon by Gordon (Gordon 2003: 63).

> But it was much worse than that. It was an act of carelessness. (ibid.: 255-256)[10]

Austin, who finally grasps what the fragile world of china meant to George, picks up the shards, takes them home with him, and starts to glue them together again (ibid.: 256). With this highly symbolic act Austin is still busy at the time of narration, forty years later (ibid.: 273-274).

The catastrophe in Davenport opened Austin's eyes and reminded him of the one person who remained loyal to him during all those years, despite his own disrespectful treatment of her (ibid.: 256). He sends Sara a telegram, the one he pictures her receiving at the very beginning of the novel (ibid.: 1-5), asking her to meet him in Port Arthur. While he is waiting for Sara's arrival, Austin is on the brink of a new life, an alternative life that might be filled with emotion and characterized by consideration for others. He could possibly surmount his individualism and selfishness and adopt some of the qualities that in the course of the novel have come to be identified as typically Canadian:

> She [Sara] would come today and I would come to love her. My atonement would be in that love. Augusta, George, would be vindicated. Every broken piece of porcelain would be mended, the China Hall swept clean. [...] She, her clarity and lightness, would be a kind of childhood, would allow the atmosphere of childhood, at least, to enter my rock heart. In that wild, uncultivated place she would be like a bush garden. (ibid.: 268-269)

Austin's attempt at crossing boundaries, at breaking free from the protective shell he had established around himself, is underlined by the nature imagery he uses to illustrate his emotional state. In the decisive moment, however, when Sara is already in sight, approaching the hotel across the bay, Austin falters at the idea of love and happiness. His courage fails him and he leaves Port Arthur before Sara's arrival (ibid.: 271-272).

Having caused major damage to the lives of those who were closest to him at a time when he was on the brink of entering and understanding their world, Austin is not left unaffected. As he himself remarks, "After what occurred on a winter night in 1937, controlling things, ordering them, became untenable. I removed my dangerous self from the innocent traffic of humanity, began to look inward. I have taken nothing from the world since" (ibid.: 177). The change in Austin, his development of a sensibility unobstructed by theoretical considerations, which shows itself, for instance, in his regard for animals (ibid.: 275), is accompanied

---

10 Austin's negative role as the destroyer of George's and Augusta's lives is foreshadowed in the novel through an incident which takes place in the summer of 1914. George is just painting a woman on a china object, when Austin knocks at the door and breaks George's concentration. The porcelain falls to the floor and shatters (Urquhart 1997a: 60).

by a change in his style of painting. He no longer adheres to realism (ibid.: 10, 138-139), no longer practices what critic Vona Groarke has called "parasitic art" (Groarke 1997: 22). Building on Abbott Thayer's idea of camouflage (Urquhart 1997a: 202, 208), Austin inverts the method of underpainting used by Renaissance artists (Slopen 1997: 48) in order to create his so-called *Erasures* series. He first applies a colorful layer of paint on the canvas which shows scenes from his life and those that once were his closest friends. It is revealing that these scenes include various border crossings, as he combines reality with fantasies and dreams or paints people that merge with their natural surroundings. In a second step, he conceals the underpainting under layers of white, so that only certain portions of the scene are visible (Urquhart 1997a: 40-41, 89, 125, 133, 149). There is no doubt that Austin's new style is closely related to his state of mind, to his trying to cope with his past. His art suddenly has a very concrete function for himself: it serves as "catharsis, anesthetic" (152).[11] The relation between life and art has thus been inverted: whereas, in the beginning, art theory determined Austin's life, it is his life now that determines his art. The novel ends with Austin's plan for a new canvas that will be entitled *The underpainter*. It will be a self-portrait that comprises the various influences that affected his life, including the alternatives connected to Canada that he did not dare to try:

> I will paint Sara's skin glowing in the yellow light emanating from a thousand autumn birch leaves. Then I will paint myself with the love I could not accept coming towards me, despite my cloak of fear, the implacable rock man, the miles and miles of ice.
>
> It will be full of beautiful dark shorelines, this painting, full of all the possibilities that we believe exist in alternative landscapes, alternative homelands. (ibid.: 277)

Finally Austin seems to have reached a point where concealment is no longer necessary, for he adds: "And when it is finished, I will want to keep it close to me so that I may look at the images from time to time" (ibid.: 277). *The underpainter* will be the first canvas in which authentic representations of reality will be visibly combined with imaginative versions of it, thus highlighting a creative method that, albeit in a different medium, Urquhart herself adopted. It is an approach that dismantles artistic borders and which "operates successfully and effectively because of its propensity to absorb differences," as Konrad and Nicol have said of "[c]ross-border culture" (Konrad/Nicol 2008: 310).

Jane Urquhart's *The underpainter*, it has become apparent, makes extensive use of border discourse, thereby exceeding the most common employment of it,

[11] Cf. "Each day in the studio I play with colours, build up textures, experiment with white, distort the subject matter underneath, while the ghosts press their faces, their lives against the doors and windows, trying to make me stop" (Urquhart 1997a: 29).

namely as a means of defining and constructing Canada in opposition to the U.S. Borderlines and borderlands are also used here in the extended metaphorical sense summoned by W.H. New. They contribute to the outlining of relations between various entities, including those between characters, between characters and places, between life and art. De/marcations, as Urquhart's readers eventually realize, may be externally given or internally produced; they may be constricting borderlines or liberating borderlands, not only for the novel's protagonists but also for the author herself whose linguistic and narrative strategies identify her as a multiple border crosser.

References

Brown, Russell (1990): *Borderlines and borderlands in English Canada. The written line*. Bound with Clark Blaise: *The border as fiction* as Borderlands Monograph Series 4. N.p.: Borderlands Project, 13-70.

Brown, Russell (1981): "Crossing borders", *Essays on Canadian Writing* 22, 154-168.

Brown, Russell (1991): "The written line", in: Lecker, Robert (Hg.): *Borderlands. Essays in Canadian-American relations*. Toronto: ECW Press, 1-27.

Condé, Mary (2005): "As cold as ice. *The underpainter*", in: Ferri, Laura (Hg.): *Jane Urquhart. Essays on her works*. Toronto: Guernica, 57-64.

Evans, Sterling (Hg.) (2006): *The borderlands of the American and Canadian wests. Essays on regional history of the forty-ninth parallel*. Lincoln: University of Nebraska Press.

Federici, Eleonora (2006): "An inner landscape of obsessions. Jane Urquhart's *The whirlpool*, *Changing heaven* and *The underpainter*", in: Russell, Elizabeth (Hg.): *Loving against the odds. Women's writing in English in a European context.* Oxford: Lang, 153-162.

Goldman, Marlene (1999): "The ice-white eye", Rev. of *The underpainter*, by Jane Urquhart, *Canadian Literature* 161-162, 245-247.

Gordon, Neta (2003): "The artist and the witness. Jane Urquharts's *The underpainter* and *The stone carvers*", *Studies in Canadian Literature* 28.2, 59-73.

Groarke, Vona (1997): "People who tell tales", Rev. of *The underpainter*, by Jane Urquhart, *The Times Literary Supplement* 4939, 22.

Hancock, Geoff (1986): "An interview with Jane Urquhart", *Canadian Fiction Magazine* 55, 23-40.

Johnson, Benjamin H./Andrew R. Graybill (Hg.) (2010): *Bridging national borders in North America. Transnational and comparative histories*. Durham: Duke University Press.

Konrad, Victor/Heather N. Nicol (2008): *Beyond walls. Re-inventing the Canada-United States borderlands*. Burlington, VT: Ashgate.

McKinsey, Lauren/Victor Konrad (1989): *Borderlands reflections. The United States and Canada*. Borderlands Monograph Series 1. N.p.: Borderlands Project.

Merber, Jess (1997): "Jane Urquhart. A Portrait of Success", in: http://www.varsity.utoronto.ca/archives/118/dec10/review/Jane.htm [10.12.2001].

New, W.H. (1998): *Borderlands. How we talk about Canada*. Vancouver: UBC Press.

Oxford English Dictionary. www.oed.com.

Perlman, Bennard B. (1991): *Robert Henri. His life and art*. New York: Dover.

Slopen, Beverley (1997): "Jane Urquhart. Writing for art's sake", *Publishers Weekly* (Nov. 24), 48-49.

Thompson, John Herd (2006): "Foreword", in: Evans, Sterling (Hg.): *The borderlands of the American and Canadian wests. Essays on regional history of the forty-ninth parallel*. Lincoln: University of Nebraska Press, xi-xiv.

Urquhart, Jane (1997a): *The underpainter*. London: Bloomsbury.

Urquhart, Jane (1997b): *The whirlpool*. Toronto: McClelland & Stewart.

Dora Warth

XLIFF – Eine Einführung in das Dateiformat für Übersetzungen

1 Vorteile eines speziellen Dateiformates für Übersetzungen

Übersetzer[1] übertragen Texte in eine andere Sprache – und diese Texte können in den verschiedensten Dateiformaten vorliegen. Übersetzungsbüros werben damit, dass sie 25 bis 100 verschiedene Dateiformate bearbeiten können.[2] Manche dieser Dateiformate sind kompliziert aufgebaut und erfordern umfassende Fachkenntnisse. Einige lassen sich nur mit spezieller Software öffnen. Häufig handelt es sich dabei um Desktop-Publishing Programme, die mehrere hundert Euro teuer sind. Zwar können Translation Memories[3] die wichtigsten Dateiformate einlesen und ermöglichen so die Übersetzung ohne Originalsoftware. Doch Konvertierungen sind fehleranfällig und zumindest die Endkontrolle des Layouts ist nicht möglich, ohne dass die jeweilige Software angeschafft wird. Hohe Investitionskosten und hohe Anforderungen an das informationstechnische Know-How der Übersetzer sind also die Folge der gegenwärtigen Datei-Vielfalt.

Naheliegend ist vor diesem Hintergrund die Idee, ein einheitliches Austauschformat für Übersetzungen zu schaffen, ein einziges Dateiformat speziell für die Belange der Übersetzungsbranche. In dieser schönen neuen Übersetzungswelt bekommen Übersetzer ihre Aufträge immer im gleichen Format zugeschickt. Genaue Kenntnisse dieses einen Formates und eine einzige Software reichen aus, um die verschiedensten Übersetzungsaufträge zu bearbeiten. Und nicht nur das: Auszüge aus der Terminologie- oder Translation-Memory-Datenbank des Auftraggebers, Glossare und Hinweise zur Übersetzung werden ebenfalls direkt in der einen Datei in immer gleicher Form gespeichert.

Natürlich ist diese Übersetzungswelt (noch) eine Utopie – schließlich müssten die Auftraggeber ihre Aufträge in diesem Format bereitstellen und die Software-

---

1 Gemeint ist immer auch die Übersetzerin.

2 So z.B. http://www.transline.de/technische-uebersetzungen/technische-uebersetzung/dateiformate.html und http://www.techni-translate.de/uebersetzungen/format.html und http://www.translated.net/de/faqs [19.4.2011]

3 Translation-Memory-Programme sind die gängige Arbeitsumgebung für Übersetzer, sie erstellen während des Übersetzungsvorgangs Datenbanken von Übersetzungseinheiten, die beim wiederholten Auftreten automatisch angezeigt und gegebenenfalls übernommen werden.

hersteller das Format zunächst einheitlich implementieren. Den Alltag der Übersetzer bestimmt nach wie vor die Vielfalt der softwarespezifischen Dateiformate.

Aber das Format, das dieser Idee zugrunde liegt, existiert schon. Es heißt XLIFF – *EXtensible Markup Language **L**ocalization **I**nterchange **F**ile **F**ormat*. Und es wird durchaus schon verwendet, insbesondere dort, wo die Inhalte ohnehin mit einer kompatiblen Technologie erstellt werden (d.h. bei xml-basierten Content-Management-Systemen[4], bei der Software-Entwicklung usw.). Auch in Translation Memories kann das xliff-Format bereits eingelesen werden, neuere Translation Memories arbeiten sogar xliff-basiert.

Ein Dateiformat für Übersetzer, das speziell für ihre Branche und ihre Belange entwickelt wurde, das in ihrer Software verstärkt auftaucht und von Auftraggebern nachgefragt werden kann, sollten Übersetzer in ihrer Ausbildung kennen lernen. Das wichtigste Dokument zu XLIFF ist die von der OASIS[5] veröffentlichte offizielle Spezifikation (OASIS 2008). Dort werden auf ca. 70 Seiten alle Einzelheiten von XLIFF detailliert beschrieben. Für Übersetzer ist es allerdings nicht notwendig, sich in sämtliche Details einzuarbeiten. Dies ist nur wichtig für Programmierer, die xliff-basierte Software entwickeln. Für Übersetzer genügt ein grundlegendes Verständnis der wichtigsten Konzepte. Diese werden im folgenden Artikel herausgegriffen und erklärt.

2 Grundprinzipien und Workflow mit XLIFF

In xliff-Dateien können alle Daten gespeichert werden, die mit einer Übersetzung im Zusammenhang stehen: Ausgangstext, Übersetzungshilfen und Zieltext. Angaben, die im Ausgangsdokument vorhanden, aber für die Übersetzung irrelevant sind, können ausgelagert werden. Die ausgelagerten Informationen nennt

---

4 Content-Management-Systeme sind Datenbanken für Redaktionszwecke. In der Datenbank sind die verschiedenen Komponenten von Publikationen (Texte, Bilder, Tabellen, Videos etc.) gespeichert. Es wird durch Zugriffsrechte geregelt, wer welche Inhalte bearbeiten bzw. publizieren kann. Die aus den verschiedenen Komponenten erstellten Artikel können je nach Bedarf in verschiedenen Dateiformaten ausgegeben werden, z.B. in einem Druck- oder einem Online-Format. Da als internes Format häufig XML verwendet wird und es ohnehin einen Mechanismus für die Verwaltung verschiedener Sprachen geben muss, ist die Nutzung des (ebenfalls xml-basierten) xliff-Formates ein naheliegender Schritt.

5 „**OASIS** (**O**rganization for the **A**dvancement of **S**tructured **I**nformation **S**tandards) is a not-for-profit consortium that drives the development, convergence and adoption of open standards for the global information society.“ (OASIS 2011). Die Arbeitsgruppe der Firmen IBM, Novell, Berlitz und Oracle, die XLIFF ursprünglich entwickelt hatte, trat im Jahr 2001 der OASIS bei. Dadurch wurde sichergestellt, dass XLIFF öffentlich ist und keine Lizenzgebühren für die Verwendung von XLIFF anfallen.

man *Skeleton*. Dies können zum Beispiel Formatierungsangaben sein. Ausgelagert wird entweder in eine eigene Datei oder in einen eigenen Abschnitt der xliff-Datei. Im Skeleton werden Platzhalter für die zu übersetzenden Elemente eingesetzt. Am Ende des Übersetzungsprozesses werden die Informationen aus dem Skeleton und dem übersetzten Dokument wieder zusammengefügt.

Idealerweise steht der Ausgangstext direkt als xliff-Datei zur Verfügung. Dies ist derzeit aber nur realistisch für wenige Programmiersprachen (z.B. Flash) und als Ausgabeformat von Content-Management-Systemen. In anderen Fällen muss die Ausgangsdatei zunächst in XLIFF umgewandelt werden. Software, die für diese Umwandlung zuständig ist, nennt man *Filter*. Es gibt sie als eigenständige kleine Programme oder als Bestandteil von xliff-Editoren (s.u.).

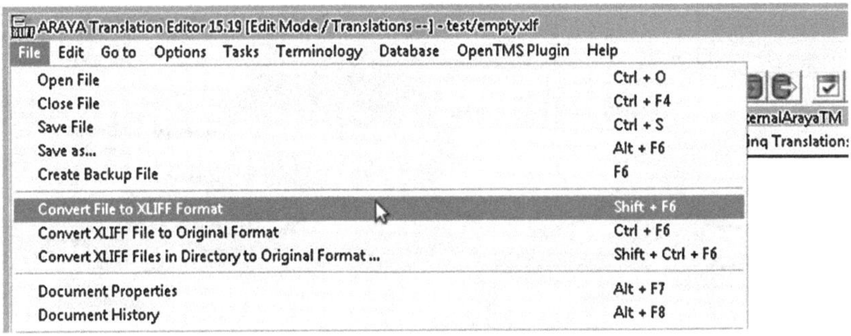

Abbildung 1: In den Editor Araya integrierter XLIFF-Filter

Für den Übersetzer selbst macht es eigentlich wenig Sinn, Ausgangsdokumente in XLIFF umzuwandeln, es sei denn, er möchte einen guten xliff-Editor mit Translation Memory-Funktion für *alle* Übersetzungsaufträge verwenden. Idealerweise würde der Auftraggeber selbst solche Filter einsetzen, um xliff-Dateien für den Auftrag zu erstellen. Er könnte dann auch relevante Auszüge aus seinen eigenen Translation Memories direkt in die xliff-Datei einfügen lassen, Anmerkungen oder Glossare hinzufügen usw. Dieses Dokument wird dem Übersetzer zugeschickt. Der Übersetzer verwendet zur Übersetzung eine Software, die mit xliff-Dateien umgehen kann. Dies trifft auf einige der kommerziellen Translation-Memory-Produkte zu (z.B. Trados, MemoQ, Transit) und auf die beiden OpenSource-Translation-Memories OmegaT und Virtaal.[6] Es gibt aber auch

6 http://www.sdl.com/de/language-technology/products/translation-memory/sdl-trados-studio-2009/
http://kilgray.com/de/produkte/memoq

Software, die speziell für das Arbeiten mit XLIFF entwickelt wurde und die XLIFF als internes Format zum Speichern von Übersetzungsprojekten verwendet (z.B. Heartsome Translation Studio, Araya, OpenTMS, Swordfish, XLIFF Translator, CafeTran, Benten[7]). Theoretisch kann auch ein beliebiger Texteditor verwendet werden, doch dort fehlen eine übersichtliche Darstellung und übersetzungsunterstützende Funktionen.

Nach der Übersetzung werden die xliff-Dateien wieder in das Ausgangsformat zurück konvertiert.

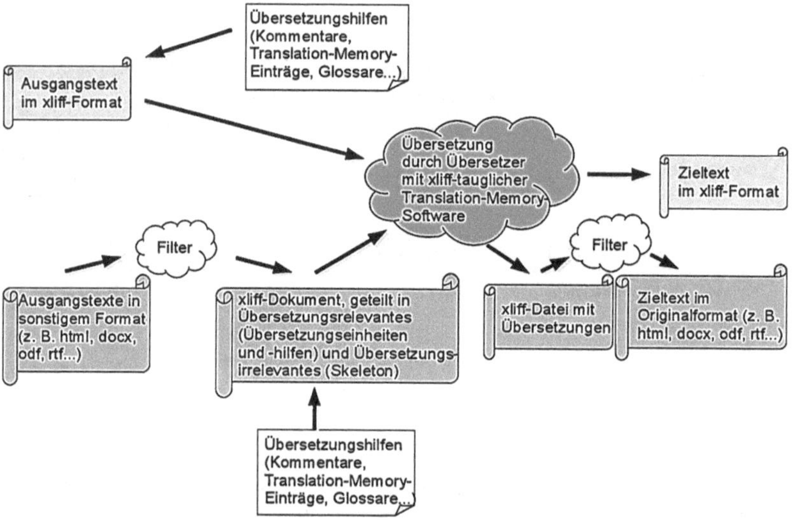

Abbildung 2: Workflow mit XLIFF

---

http://www.star-group.net/DEU/transit-nxt/transit.html
http://www.omegat.org/de/omegat.html
http://translate.sourceforge.net/wiki/virtaal/index [10.5.2011]

7 http://www.heartsome.net/EN/home.html
http://www.heartsome.de/de/araya.php
http://www.opentms.de/
http://www.maxprograms.com/products/swordfish.html
http://felix-cat.com/tools/xliff-translator/
http://www.cafetran.republika.pl/
http://sourceforge.jp/projects/benten/wiki/FrontPage_en [4.5.2011]

3 Der Aufbau von xliff-Dateien

3.1 Die XML-Syntax

In xliff-Dateien werden die Informationen im Klartext gespeichert. Das heißt, sie sind nicht auf beliebige Weise binär codiert, so dass eine Spezialsoftware notwendig wäre, um sie zu entschlüsseln und menschenlesbar darzustellen. Stattdessen werden für alle Dateibestandteile normale Schriftzeichen verwendet, so dass ein beliebiger Texteditor für die Anzeige genügt. Es gibt zwar Software-Tools, die xliff-Dateien besonders übersichtlich darstellen und eine bequeme Bearbeitung ermöglichen. Aber der entscheidende Punkt ist, dass diese Tools nicht zwingend notwendig sind. Allerdings sind xliff-Dateien – obwohl sie nur aus Schriftzeichen bestehen – *mehr* als ein einfacher Fließtext. Um diesen Mehrwert in Dateien unterzubringen, die technisch gesehen nur ein Text sind, müssen die Dateien nach einer bestimmten Methode mit Gliederungsinformationen angereichert und besonders strukturiert werden. Eine solche Methode musste nicht extra für XLIFF entwickelt werden, sondern es konnte auf die bewährte Auszeichnungssprache XML (W3C 2006) zurückgegriffen werden.

XML steht für *Extensible **M**arkup **L**anguage.* Es handelt sich um eine Metasprache, also um eine Sprache, die dazu dient, weitere formale Sprachen zu definieren. Sehr viele formale Sprachen basieren heute auf XML, und alle diese Sprachen verwenden dieselben Syntaxregeln, die in der xml-Spezifikation festgelegt werden. Es gibt xml-basierte formale Sprachen für mathematische Formeln (MathML), für die Musiknotation (MusicXML), für die Textverarbeitung (ODF), für Multimedia (SMIL), für geographische Daten (GML, OSM), für Vektorgrafiken (SVG), für Webseiten (XHTML), für vieles mehr und eben auch für Übersetzungsdaten (XLIFF). Allen xml-Dokumenten ist gemeinsam, dass sie Informationen enthalten, denen durch die xml-Regeln eine Struktur gegeben wird. XML ermöglicht, die Informationen in Einheiten einzuteilen und den verschiedenen Einheiten jeweils eine bestimmte Bedeutung zu geben. Welche Bedeutungen möglich sind, regelt XML *nicht.* Dafür gibt es spezielle Regeln bei den einzelnen Sprachen. XML regelt *nur*, wie die Informationseinheiten voneinander getrennt werden und mit welcher Notation man ihnen eine Bedeutung geben kann. Es handelt sich dabei um das sogenannte *Markup.* Die wichtigste Form von Markup sind die sogenannten *Tags*, die Anfang, Ende und Bedeutung der Informationseinheiten anzeigen. Sie werden durch spitze Klammern gekennzeichnet (z.B. <artikel>). Start-Tags haben *nur* spitze Klammern, während End-Tags zusätzlich einen Schrägstrich haben (z.B. <artikel>Hier steht der Text.</artikel>). Zu jedem Start-Tag muss es auch ein gleichlautendes End-Tag geben. Eine Ausnahme hiervon sind nur die leeren Elemente, bei denen Start- und Endtags folgendermaßen zusammengefasst werden können: <tag/> . Der zwischen Start- und End-Tag eingeschlossene Text wird Inhalt (*content)* genannt. Start-Tag, Inhalt und End-Tag ergeben zusammen ein *Element*. Elemente sind die wichtigsten Informationseinheiten in xml-Dokumenten. Neben den Elementen gibt es noch Kommentare, Anweisungen, wie die Daten durch Software zu verarbeiten sind, Deklarationen zur verwendeten xml-Version und zum Dokumenttyp. Den weitaus größten Teil des Dokumentes machen aber die Elemente aus. Interessant ist nun, dass die Elemente nicht einfach nur aufeinander folgen, sondern dass sie hierarchisch verschachtelt sind. Das heißt, innerhalb eines Elementes kann ein anderes, untergeordnetes Element vorkommen, und dieses untergeordnete Element kann wiederum untergeordnete Elemente enthalten. So entsteht eine Baumstruktur mit mehreren Ebenen. An der Spitze steht das sogenannte Wurzelelement, das alle anderen Elemente einschließt. Es charakterisiert das gesamte Dokument an sich, z.B. <buch>, <wetterbericht>, <partitur> oder auch <xliff>, <smil> usw. Jedes xml-Dokument hat genau ein Wurzel-Element. Unterhalb des Wurzel-Elementes gibt es weitere Elemente mit wieder weiteren Unterelementen. Hier dürfen mehrere Elemente auf einer Ebene vorkommen.

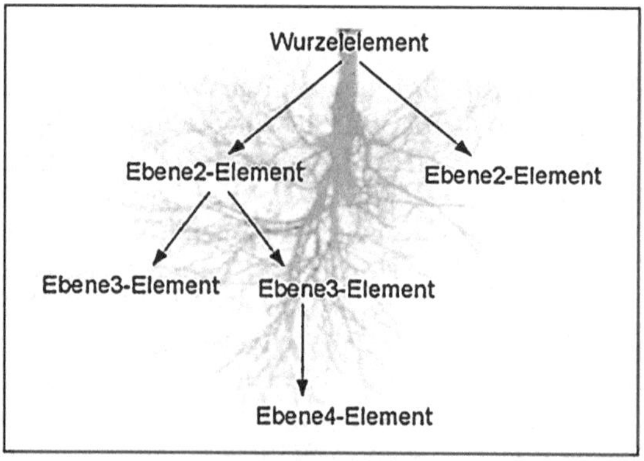

Abbildung 3: Baumstruktur von xml-Dokumenten

Im Layout werden die Elemente oft – zur Verdeutlichung der Struktur – entsprechend der Ebene eingerückt:

```
<wurzelelement>
     <ebene2element>
          <ebene3element>
          </ebene3element>
          <ebene3element>
               <ebene4element>
               </ebene4element>
          </ebene3element>
     </ebene2element>
     <ebene2element>
     </ebene2element>
</wurzelelement>
```

Abbildung 4: Einrückungen in der xml-Darstellung

Elemente können mit zusätzlichen Informationen angereichert werden. Dies geschieht in Form von Attributen, die folgendermaßen notiert werden: <element attributname="attributwert">. Attribute sind im Prinzip nicht notwendig, weil Zusatzinformationen auch als Unterelemente eingebracht werden können, aber sie machen xml-Dokumente übersichtlicher.

4 XLIFF-Semantik

4.1 DTD oder Schema

Wie bereits erwähnt, gibt XML nur syntaktische Regeln vor. Es legt fest, dass Tags in spitze Klammern gesetzt werden, dass Elemente aus Start-Tags, Inhalt und End-Tags bestehen, dass sie Attribute erhalten können, dass es genau ein Wurzelelement geben muss, dass es Unterelemente geben kann usw. Nun muss noch geregelt werden, welche Tags und Attribute verwendet werden können. Das syntaktische xml-Gerüst muss noch ein semantisches Leben bekommen. Aus der Metasprache XML entstehen spezialisierte formale Sprachen für bestimmte Verwendungszwecke. Hierfür gibt es inzwischen sogar mehrere Mechanismen. Ursprünglich wurde die *Document Type Definition* (DTD) verwendet. Heute ist das sogenannte *Schema* sehr beliebt, da es für die Regelungen auch wieder eine xml-Syntax verwendet. Dies erleichtert die Einarbeitung für die Programmierer und auch die Verarbeitung durch Software. Außerdem werden mehr Datentypen unterstützt, so dass XML nicht mehr nur überwiegend für Textdokumente benutzt wird, sondern auch für Datensammlungen verschiedenster Art. Schemata sind zudem mächtiger als DTDs und können ohne Probleme kombiniert werden.

Wenn ein XML-Dokument auf einer DTD oder einem Schema basiert, wird darauf ganz am Anfang des Dokumentes hingewiesen. Der Hinweis auf eine DTD erfolgt direkt im Prolog, der dem eigentlichen Dokument vorausgeht und mit der

Angabe der xml-Version beginnt. Die DTD kann an dieser Stelle direkt in das xml-Dokument eingebettet sein oder als externe Datei vorliegen. In der xliff-Version 1.0 wird eine DTD verwendet. Daher beginnen xliff-1.0-Dateien mit folgenden Zeilen (vgl. OASIS 2002):

```
<?xml version="1.0" encoding="iso-8859-1" ?>
<!DOCTYPE xliff PUBLIC "-//XLIFF//DTD XLIFF//EN"
"http://www.oasis-
open.org/committees/xliff/documents/xliff.dtd" >
```

Abbildung 5: Hinweis auf xliff-DTD (in Version 1.0)

Ab Version 1.1 verwendet auch XLIFF ein Schema. Der Hinweis auf das Schema erfolgt nicht im Prolog, sondern als Attribut des Wurzelelementes. Daher beginnen die in diesem Artikel betrachteten xliff-1.2-Dateien mit folgenden Zeilen:

```
<?xml version="1.0"?>
<xliff version='1.2'
xmlns='urn:oasis:names:tc:xliff:document:1.2'>
```

Abbildung 6: Hinweis auf xliff-Schema (in Version 1.2)

4.2 Die erste xliff-Ebene

Das Wurzel-Element bildet die erste Ebene jedes xliff-Dokumentes. Es ist obligatorisch, darf nur einmal vorkommen und wird ganz am Ende des xliff-Dokumentes mit dem Tag </xliff> wieder geschlossen. Ein rudimentäres xliff-Dokument mit nur einer Ebene wäre also:

```
<?xml version="1.0"?>
<xliff version='1.2'
xmlns='urn:oasis:names:tc:xliff:document:1.2'>




</xliff>
```

Abbildung 7: Wurzel-Element mit DTD-Hinweis auf der ersten xliff-Ebene

4.3 Die zweite xliff-Ebene

Auf der zweiten Ebene eines xliff-Dokumentes geschieht etwas sehr Interessantes: Es wird ermöglicht, mehrere Dateien eines Übersetzungsauftrages in eine einzige xliff-Datei zu integrieren. Insbesondere wenn ein Übersetzungsauftrag aus sehr vielen kleinen Dateien besteht, kann es den Arbeitsablauf erleichtern, wenn alles zu einer Datei zusammengefasst wird. Zu diesem Zweck gibt es in XLIFF die Tags <file> und </file>, welche die einzelnen Dateien einrahmen. Als weitere Informationen werden zu jeder Datei mindestens die Ausgangssprache sowie das Dateiformat und der Dateiname angegeben. Werden also beispielsweise drei Dateien zu einem xliff-Dokument zusammengefasst, erhält man folgendes Gerüst:

```
<?xml version="1.0"?>
<xliff version='1.2'
xmlns='urn:oasis:names:tc:xliff:document:1.2'>

     <file source-language="EN" datatype="plaintext"
     original="file.txt">
     </file>

     <file source-language="EN" datatype="plaintext"
     original="anotherfile.txt">
     </file>

     <file source-language="EN" datatype="plaintext"
     original="thirdfile.txt">
     </file>

</xliff>
```

Abbildung 8: Integration mehrerer Dateien auf der zweiten xliff-Ebene

4.3.1 Die dritte xliff-Ebene

Auf der dritten Ebene folgen zu jeder enthaltenen Datei die Elemente <header> und <body>.[8] Der <header> enthält Metainformationen zur Datei, beschreibt

8 Webdesigner kennen diese Einteilung von der Seitenbeschreibungssprache HTML (**Hy**pertext **M**arkup **L**anguage). Allerdings ist ein kleiner Unterschied zu beachten: in HTML wird <head> verwendet und in XLIFF <header>. HTML basiert auf einem „Vorfahr“ von XML, der wesentlich komplexeren Metasprache SGML (Standard Generalized Markup Language). XML ist eine Untermenge von SGML, optimiert für den Gebrauch im Internet und stark vereinfacht. HTML ist älter als XML und basiert daher direkt auf

dementsprechend die Datei näher. Er ist optional, kann also auch wegfallen. Im <body> folgt der eigentliche Inhalt der Datei, d.h. die Übersetzungseinheiten. Ein <body> muss zu jeder Datei vorhanden sein.

Die ersten drei Ebenen eines xliff-Dokumentes sind also:

```
<?xml version="1.0"?>
<xliff version='1.2'
xmlns='urn:oasis:names:tc:xliff:document:1.2'>

     <file source-language="EN" datatype="plaintext"
     original="file.txt">
          <header>
          </header>
          <body>
          </body>
     </file>

     <file source-language="EN" datatype="plaintext"
     original="anotherfile.txt">
          <header>
          </header>
          <body>
          </body>
     </file>

     <file source-language="EN" datatype="plaintext"
     original="thirdfile.txt">
          <header>
          </header>
          <body>
          </body>
     </file>

</xliff>
```

Abbildung 9: Unterscheidung von <header> und <body> auf der dritten xliff-Ebene

4.3.2 Die vierte xliff-Ebene

Das Beispiel beginnt komplex zu werden, daher wird es ab sofort vereinfacht beschrieben, indem nur noch die Unterelemente zu einer der drei Dateien aufge-

SGML. Es wurde aber die Variante XHTML eingeführt, die HTML so verändert, dass es auch XML-kompatibel ist.

führt werden. Denn auf der vierten xliff-Ebene sind sehr viele Elemente möglich. Man könnte diese Ebene als die Hauptebene von XLIFF bezeichnen. Im <header> sind auf dieser Ebene die Informationen zu den Dateien angesiedelt, im <body> sind es die Übersetzungseinheiten.

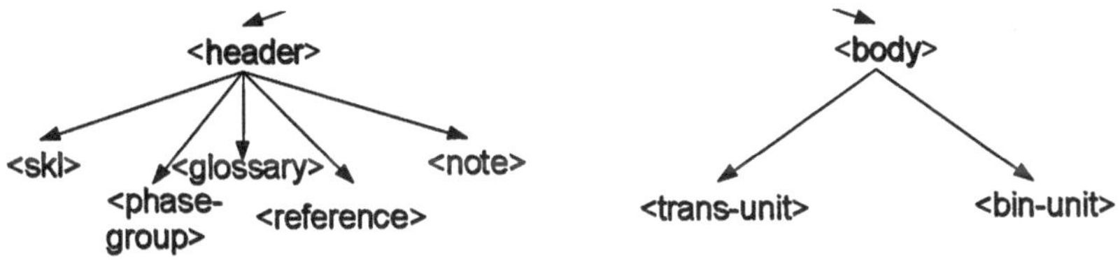

Abbildung 10: Baumdarstellung der dritten und vierten xliff-Ebene

Die Elemente des <header> sind alle optional. Am Anfang steht meistens das Skeleton <skl> mit den Bestandteilen der Originaldatei, die nicht übersetzungsrelevant sind. Darauf folgt das Element <phase-group>, mit dem festgelegt wird, welche Möglichkeiten es für die Angabe des Bearbeitungsstatus im Übersetzungsprozess geben soll. Zuletzt werden die Übersetzungshilfen angegeben. Dazu gehören insbesondere das Glossar <glossary>, das Referenzmaterial <reference> und der Kommentar <note>. Für den Kommentar legt die xliff-Spezifikation fest:

> „The <note> element is used to add localization-related comments to the XLIFF document. The content of <note> may be instructions from developers about how to handle the <source>, comments from the translator about the translation, or any comment from anyone involved in processing the XLIFF file." (OASIS 2008: 16)

Der <body> des xliff-Dokumentes enthält die Übersetzungseinheiten[9]. In der Regel handelt es sich dabei um Texteinheiten, die durch das Element <trans-

9 In der Übersetzungswissenschaft wird diskutiert, was unter einer *Übersetzungseinheit* zu verstehen ist bzw. wie ein Text idealerweise in Übersetzungseinheiten eingeteilt wird. Es gilt, jeweils die kleinste Einheit zu finden, für die es Sinn macht, nach einer zielsprachlichen Entsprechung zu suchen – sehr oft ein Satz, manchmal aber auch nur einzelne Stichworte, Wortgruppen oder auch mehrere zusammengehörige Sätze. Das Festlegen geeigneter Übersetzungseinheiten gehört zur Kunst der Übersetzung und ist Aufgabe der Übersetzer. Im Bereich der computerunterstützten Übersetzung spricht man hingegen in diesem Zusammenhang von der *Segmentierung* eines Textes durch Software, in der Regel einfach anhand von Satzzeichen und einigen Ausnahmen. Das ausgangssprachliche und das zielsprachliche Segment bilden zusammen eine *Übersetzungseinheit*. Es handelt sich hier also um einen etwas anderen Sprachgebrauch. Im Fall von XLIFF ist der Auftraggeber bzw. dessen Software für das Einteilen in *Übersetzungseinheiten* zuständig.

unit> eingerahmt werden. Zahlreiche optionale Attribute beschreiben die Übersetzungseinheiten näher. Insbesondere ermöglichen sie, für den Fall der Software-Lokalisierung Menüstrukturen festzulegen oder Dialogfenster zu gestalten.

Es können neben Text auch Grafiken oder andere binäre Objekte in einer xliff-Datei vorkommen. Diese werden dann mithilfe des Elementes <bin-unit> besonders behandelt. Um welche Art binäres Objekt es sich handelt, wird durch das Attribut *mime-type* angegeben, das insbesondere die Werte *image*, *audio*, *video* und *application* annehmen kann (noch genauere Angaben folgen dann auf einen Schrägstrich, z.B. mime-type="image/jpeg").

Binäre Objekte wie Grafiken können in der Übersetzung teilweise beibehalten werden, teilweise sind sie kulturspezifisch oder enthalten Text und müssen dann ersetzt werden. Beides ist innerhalb des <bin-unit>-Elementes möglich, und es gibt sogar ein Attribut *translate*, mit dem der Auftraggeber angeben kann, ob eine Ersetzung gewünscht ist oder nicht.

Die Übersetzungseinheiten – unabhängig davon, ob es sich um Text oder binäre Objekte handelt – erhalten innerhalb einer Datei des xliff-Dokumentes eine eindeutige Nummer, die als *id*-Attribut zu den <trans-unit> oder <bin-unit>-Elementen angegeben wird.

Dies ist eigentlich nicht ideal, weil die Festlegung der Übersetzungseinheiten die Kunst des Übersetzers ist und nur er über das notwendige Know-How hierfür verfügt. Was der Auftraggeber mit seiner Software leisten kann, ist eigentlich nur eine Segmentierung (so wird der Vorgang in der xliff-Terminologie aber nicht genannt). Als Ausgleich für dieses Manko bietet XLIFF für die Übersetzerseite verschiedene Möglichkeiten, Defizite bei der Einteilung in Übersetzungseinheiten wieder auszugleichen: das Zusammenfassen von Übersetzungseinheiten mit dem <group merged-trans="yes">-Element oder das weitere Unterteilen von Übersetzungseinheiten mit dem <seg-source>-Element (s. u.). Für diese weitere Unterteilung durch den Übersetzer bzw. dessen Software ist in der xliff-Terminologie die Bezeichnung *Segment* reserviert.

Damit sieht ein xliff-Dokument bis zur vierten Ebene folgendermaßen aus:

```
<?xml version="1.0"?>
<xliff version='1.2'
xmlns='urn:oasis:names:tc:xliff:document:1.2'>
     <file source-language="EN" datatype="plaintext"
     original="file.txt">
          <header>
               <skl>
               </skl>
               <phase-group>
               </phase-group>
               <glossary>
               </glossary>
               <reference>
               </reference>
               <note>
               </note>
          </header>
          <body>
               <trans-unit id=”1”>
               </trans-unit>
               <trans-unit id=”2”>
               </trans-unit>
               <bin-unit id=”3” mime-type=”image/jpeg”>
               </bin-unit>
          </body>
     </file>
</xliff>
```

Abbildung 11: Metainformationen und Übersetzungseinheiten auf der vierten xliff-Ebene

4.3.3 Die fünfte und sechste xliff-Ebene

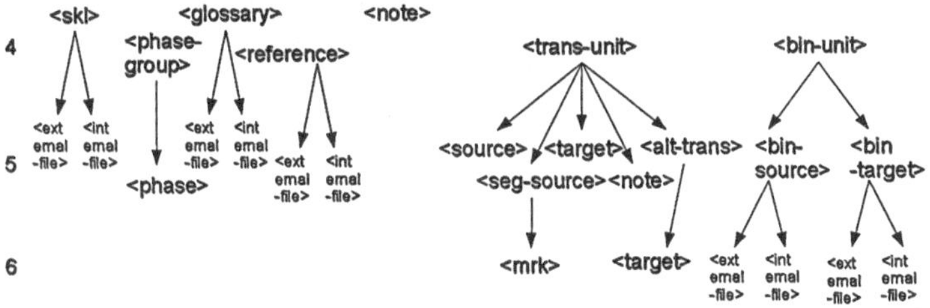

Abbildung 12: Baumdarstellung der vierten bis sechsten xliff-Ebene

Nachdem nun auf der vierten xliff-Ebene alle wichtigen Elemente eingeführt wurden, folgen noch zwei Ebenen für die Ausgestaltung der Elemente. Wie werden also nähere Informationen zum Skeleton, zu Bearbeitungsphasen, Glossaren, Referenzmaterial, Kommentaren und zu den Übersetzungseinheiten in xliff angegeben?

Skeleton, Glossare, Referenzmaterial und binäre Objekte werden entweder direkt in das xliff-Dokument eingebettet, oder es handelt sich um einen Verweis auf eine eigene Datei. Im ersten Fall zeigt das <internal-file>-Element den Beginn und das Ende des Skeletons, Glossares oder Referenzmateriales an. Im Fall der Verwendung einer eigenen Datei kommt das <external-file>-Element mit dem Attribut *href* zum Einsatz. Href steht für Hypertext-Reference. Ein Hypertext ist ein Text, bei dem Textbausteine in eigenen Dateien gespeichert und durch Verweise (*references*) miteinander verbunden werden. Solche Verweise kennt heutzutage jeder von der Adresszeile des Webbrowsers. Liegt die referenzierte Datei auf einem fremden Webserver, so lautet der Verweis http://host/pfad. Handelt es sich um eine Datei auf der eigenen Festplatte, wird file://host/pfad oder – ohne Angabe des Computernamens, aber dennoch mit drei Schrägstrichen – file:///pfad verwendet (z.B. file:///C:\verzeichnis\datei.txt). Ein Verweis auf ein externes Skeleton könnte also wie folgt aussehen:

```
<skl>
     <external-file
     href="file:///C:\\MyFolder\MyProject\MySkeleton.txt">
     </external-file>
</skl>
```

Abbildung 13: Verweis auf ein externes Skeleton

Das Element <phase-group>, das festlegt, welche Möglichkeiten es für die Angabe des Bearbeitungsstatus im Übersetzungsprozess geben soll, erhält das Unterelement <phase>. Jedes <phase>-Element definiert einen möglichen Bearbeitungsstatus. Etwas verwirrend ist dabei, dass für jeden Status zwei Bezeichnungen festgelegt werden müssen: einmal mit dem Attribut *phase-name* und einmal mit dem Attribut *process-name*. Der phase-name dient dazu, den Bearbeitungsstatus bei den einzelnen Übersetzungseinheiten in der Datei anzugeben. Um die Datei übersichtlich zu halten, wird er möglichst kurz und prägnant angegeben, manchmal sogar einfach als laufende Nummer. Der process-name hingegen soll verdeutlichen, was mit dem jeweiligen Bearbeitungsstatus genau gemeint ist. Daher ist dieser Name aussagekräftiger und länger. Es gibt noch weitere mögliche Attribute, die zum Beispiel angeben, welche Firma jeweils zuständig ist (*company-name*) oder welche Software verwendet wird (*tool*). Ansonsten hat das

<phase>-Element meistens keinen weiteren Inhalt, und ist somit ein leeres Element, oder es enthält nur einen Kommentar <note>. Bei leeren Elementen werden Start- und End-Tag zusammengefasst und durch einen Schrägstrich vor der abschließenden spitzen Klammer gekennzeichnet:

```
<phase group>
     <phase phase-name="1prep" process-name="Vorbereitung"/>
     <phase phase-name="2trans" process-name="Uebersetzung"/>
     <phase phase-name="3proof" process-name="Korrekturles"/>
</phase-group>
```
Abbildung 14: Festlegungen für die Angabe des Bearbeitungsstatus im Übersetzungsprozess

Kommentare können an verschiedenen Stellen eines xliff-Dokumentes vorkommen. Das hierfür verwendete <note>-Element, das bereits im Zusammenhang mit dem <header> vorgestellt wurde, ist ein sehr einfaches Element: es enthält nur Text und keine weiteren Unterelemente. Die Übersetzungseinheiten hingegen sind detailliert ausgestaltet. Sie können bis zu fünf Unterelemente enthalten:

- das obligatorische <source>-Element mit der Ausgangssprache,
- das Element <seg-source>, wenn eine weitere Segmentierung erforderlich ist,
- das <target>-Element für die Übersetzung in die Zielsprache,
- das <note>-Element und
- das <alt-trans>-Element, um einen Übersetzungsvorschlag oder eine Alternative anzugeben

In der xliff-Spezifikation sind die Elemente genau definiert:

> „The <source> element is used to delimit a unit of text that could be a paragraph, a title, a menu item, a caption, etc. The content of the <source> is generally the translatable text [..] The <target> element contains the translation of the content of the sibling <source> element. […] The <alt-trans> element contains possible translations in <target> elements along with optional context, notes, etc. […] The <seg-source> element is used to maintain a working copy of the <source> element, where markup such as segmentation can be introduced without affecting the actual <source> element content." (OASIS 2008: 22 ff.)

Während das <source>-Element außer einer optionalen Sprachangabe (xml:lang) keine weiteren Attribute hat, gibt es viele Möglichkeiten, das <target>-Element weiter auszugestalten. Hier wird z.B. mit dem Attribut *phase-name* auf den im <header> festgelegten Übersetzungsstatus verwiesen oder auch ein xliff-eigener Bearbeitungsstatus angegeben, für den in der Spezifikation eine Tabelle mit möglichen Werten zur Verfügung steht (z.B. *state="needs-translation", state="translated"*). Es besteht die Möglichkeit, die Übersetzung mit dem *font*-Attribut zu formatieren oder mit dem *coord*-Attribut die Textposition festzulegen. Außerdem kann mit dem *equiv-trans*-Attribut angegeben werden, ob die Übersetzung eine genaue Entsprechung des Textes im zugehörigen <source>-Element ist (*equiv-trans="yes"*). Manchmal muss der Übersetzer aus sprachlichen Gründen mehrere Übersetzungseinheiten zusammenfassen oder kann nur einen Teil der ausgangssprachlichen Übersetzungseinheit auf einmal bearbeiten. In diesem Fall drücken <source>- und <target>-Element verschiedene Dinge aus, so dass der Inhalt dieser Elemente nicht in ein Translation Memory aufgenommen werden darf oder auch nicht als Satzpaar für den Sprachunterricht verwendbar ist. Dann ist es sinnvoll, das target-Element durch das Attribut *equiv-trans="no"* zu kennzeichnen.

Das Element <seg-source> bezieht sich, wie der Name schon sagt, auf die Segmentierung, also die Einteilung in Übersetzungseinheiten. Beim Workflow mit XLIFF besteht ja in dieser Hinsicht eine besondere Situation, weil sowohl der Auftraggeber als auch der Übersetzer selbst in die Vorbereitung des Ausgangstextes für die Übersetzung involviert sind. Schon der Auftraggeber führt mit seiner Software eine Einteilung des Ausgangsdokumentes in Übersetzungseinheiten durch. Der Übersetzer selbst bevorzugt vielleicht aus fachlichen Gründen eine andere Einteilung oder sein Übersetzungstool benötigt aus technischen Gründen eine andere Einteilung. Damit in diesen Fällen die <source>-Elemente nicht modifiziert werden müssen, gibt es für die Übersetzerseite die Möglichkeit, die einzelnen <source>-Elemente zu wiederholen und in die Wiederholung eine detailliertere Einteilung einzufügen. Die wiederholten Elemente werden als <seg-source> gekennzeichnet, die detailliertere Einteilung geschieht mit dem <mrk mtype="seg">-Element[10].

Im folgenden Beispiel hat sich der Auftraggeber für eine Übersetzungseinheit aus drei Sätzen entschieden, der Übersetzer benötigt aber jeden Satz als eigenes Segment:

---

[10] Mit anderen Attributwerten kann das <mrk>-Element auch verwendet werden, um sonstige linguistische Einheiten wie Abkürzungen, Kollokationen, Synonyme, Formeln, Transliterationen usw. zu kennzeichnen.

```
<source> Am Donnerstag wird das Wetter überwiegend freund-
lich.
        Am Nachmittag sind im Süden auch Wärmegewitter
        möglich. Die Höchsttemperaturen liegen bei 25°C.
</source>
<seg-source>
     <mrk mtype="seg">Am Donnerstag wird das Wetter freund-
     lich.
     </mrk>
     <mrk mtype="seg">Am Nachmittag sind Wärmegewitter mög-
     lich.
     </mrk>
     <mrk mtype="seg">Die Höchsttemperaturen liegen bei 25 °C.
     </mrk>
</seg-source>
```

Abbildung 15: Zusätzliche Segmentierung auf Übersetzerseite

Falls der Übersetzer größere Übersetzungseinheiten wünscht oder benötigt als der Auftraggeber festgelegt hat, kann er mehrere Übersetzungseinheiten mit dem <group merged-trans="yes">-Element zusammenfassen.[11]

Ein sehr wichtiges Element zur Ausgestaltung von Übersetzungseinheiten ist schließlich das <alt-trans>-Element. Es bietet insbesondere die Möglichkeit, Übersetzungsvorschläge aus der Translation-Memory-Datenbank des Auftraggebers in die xliff-Datei einzubetten. Dies ermöglicht dem Auftraggeber, die Konsistenz seiner Texte zu fördern, da seine *eigene* Datenbank verwendet wird. Er muss dazu aber nicht seine *gesamte* Datenbank zur Verfügung stellen, die ja in mühevoller Arbeit entstanden ist und einen Teil seines Kapitals bildet.[12] Nur die

11 Das <group>-Element kann generell zur Gruppierung von Übersetzungseinheiten und Kommentaren verwendet werden – nicht nur im Zusammenhang mit der Segmentierung, sondern zum Beispiel auch, um Software-Menüs zu beschreiben (dann mit dem Attribut *restype="menu"*). Es kann sich selbst als Unterelement enthalten, so dass eine hierarchische Gruppierung mit mehreren Ebenen möglich ist. Das <group>-Element hat einige Attribute mit dem <trans-unit>-Element gemeinsam (*datatype, xml:space, ts, restype, resname, extradata, help-id, menu, menu-option, menu-name, coord, font, css-style, style, exstyle, extype, maxbytes, minbytes, size-unit, maxheight, minheight, maxwidth, minwidth, charclass*). In diesem Fall gilt, dass die Attributwerte des <group>-Elementes für alle in der Gruppe enthaltenen Übersetzungseinheiten ebenfalls gelten, außer es ist für eine Übersetzungseinheit explizit ein anderer Wert festgelegt. In diesem Artikel wurde das <group>-Element in den Beispielen und Übersichten weggelassen, da mit diesem Element beliebig viele Unterebenen eingefügt werden können und dadurch die Darstellung unübersichtlich geworden wäre.

12 Ein Auftraggeber, der über eine eigene Translation-Memory-Datenbank verfügt, ist zum Beispiel selbst ein Sprachdienstleister, der einen Teil seiner Arbeit an einen freiberufli-

Einträge, die für den aktuellen Text relevant sind, werden in das xliff-Dokument eingefügt. Der Übersetzer, der das xliff-Dokument erhält, findet die Translation-Memory-Einträge direkt an der richtigen Stelle vor. Er muss sie seiner Software nicht extra durch einen Importvorgang zugänglich machen.

Das <alt-trans>-Element enthält als obligatorisches Unterelement ein weiteres <target>-Element. In diesem <target>-Element ist der Übersetzungsvorschlag enthalten. Somit hat eine Übersetzungseinheit verwirrenderweise an zwei Stellen ein <target>: einmal auf der fünften Ebene für die endgültige Übersetzung und einmal auf der sechsten Ebene – als Unterelement von <alt-trans> – für den Übersetzungsvorschlag:

```
<trans-unit id="2">
     <source>The weather is fine.</source>
     <target>Das Wetter ist schön.</target>
     <alt-trans>
          <target>Das Wetter ist fein.
          </target>
     </alt-trans>
</trans-unit>
```

Abbildung 16: Übersetzungsvorschlag als zusätzliches <target>-Element auf untergeordneter xliff-Ebene

In diesem Fall lautet der nicht so gelungene Übersetzungsvorschlag „Das Wetter ist fein“. Der Übersetzer hat sich für die Übersetzung „Das Wetter ist schön“ entschieden.

Wenn im Translation Memory nicht derselbe, sondern nur ein ähnlicher Ausgangssatz gespeichert wurde, kann noch ein <source>-Element hinzukommen.

Erhält das <alt-trans>-Element kein Attribut *alttranstype*, wird davon ausgegangen, dass es sich um einen Übersetzungsvorschlag handelt. Meistens stammt der Vorschlag aus einem Translation Memory. Welches Produkt verwendet wurde, kann mit dem *tool*-Attribut angegeben werden. Sogar für den in Translation Memories üblichen Prozentwert der Übereinstimmung steht ein Attribut *match-quality* zur Verfügung.

chen Übersetzer auslagert. Er möchte nicht unbedingt seine Ressourcen einem Konkurrenten zugänglich machen, ist aber an der Konsistenz seiner Texte interessiert.

Das <alt-trans>-Element kann außer für Übersetzungsvorschläge auch für frühere Versionen, abgelehnte Versionen, Referenzen usw. verwendet werden. Das Attribut *alttranstype* gibt dann den jeweiligen Verwendungszweck an.

Nun sind alle wichtigen xliff-Elemente erläutert, so dass die Baumdarstellung und das Beispiel vervollständigt werden können:

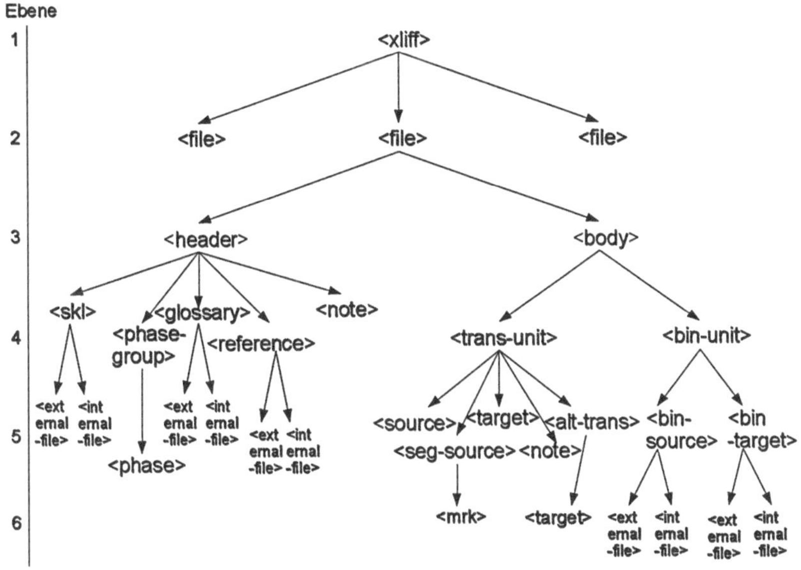

Abbildung 17: Zusammenfassende Baumdarstellung wichtiger xliff-Elemente der Ebenen eins bis sechs

```
<?xml version="1.0"?>
<xliff version='1.2' xmlns='urn:oasis:names:tc:xliff:document:1.2'>
      <file source-language="EN" datatype="plaintext"
      original="file.txt">
            <header>
                  <skl>
                        <external-file href="file:///C:\\MySkeleton.txt">
                        </external-file>
                  </skl>
                  <phase-group>
                        <phase phase-name="1prep" process-
                        name="Vorbereitung"/>
                        <phase phase-name="2trans" process-
                        name="Uebersetzung"/>
                        <phase phase-name="3proof" process-
                        name="Korrektur"/>
                  </phase-group>
                  <glossary>
                        <external-file href="file:///C:\\MyGlossary.txt">
                        </external-file>
                  </glossary>
                  <reference>
                        <external-file href="file:///C:\\MyReferenc.txt">
                        </external-file>
                  </reference>
                  <note>Bitte die Zielgruppe beachten.
                  </note>
            </header>
            <body>
                  <bin-unit id="1" mime-type="image/jpeg">
                        <bin-source>
                              <external-file href="file:///C:\\MyIm.jpg">
                              </external-file>
                        </bin-source>
                  </bin-unit>
                  <trans-unit id="2">
                        <source>The weather is fine. The sun is shining.
                        </source>
                        <seg-source>
                              <mrk mtype="seg">The weather is fine.
                              </mrk>
                              <mrk mtype="seg">The sun is shining.
                              </mrk>
                        </seg-source>
                        <target>Das Wetter ist schön. Die Sonne scheint.
                        </target>
                        <note>Dies bezieht sich auf Europa.
                        </note>
                        <alt-trans>
                              <target>Das Wetter ist fein. Sonnenschein.
                              </target>
                        </alt-trans>
                  </trans-unit>
            </body>
      </file>
</xliff>
```

Abbildung 18: Zusammenfassende Notation des vorgestellten xliff-Beispiels

4.4 Erweiterbarkeit, Probleme und Ausblick

Damit XLIFF möglichst flexibel einsetzbar ist, wurde die Möglichkeit geschaffen, XLIFF beliebig zu erweitern. Dazu wird im Header auf ein zusätzliches xml-Schema verwiesen und ein Name dafür festgelegt. Vor jedem Elementnamen und jedem Attribut, das zur Erweiterung gehört, wird dieser Name und ein Doppelpunkt eingefügt. Auch zusätzliche Attributwerte können selbst festgelegt werden. Diese werden dann durch ein „x-" gekennzeichnet.

Schon in der xliff-Spezifikation wird allerdings vor den Erweiterungen gewarnt:

> „Although XLIFF offers this extensibility mechanism, in order to avoid a nimiety [Überschuss, Redundanz; Anmerkung des Verfassers] of information and increase interoperability between tools, it is strongly recommended to use XLIFF capabilities whenever possible, rather than to create non-standard user-defined elements or attributes." (OASIS 2008: 7)

Genützt hat diese Warnung nicht viel – die Erweiterungen wurden von den verschiedenen Software-Herstellern so exzessiv verwendet, dass sie aktuell das größte Problem für XLIFF darstellen. Es sind regelrecht herstellerspezifische Varianten von XLIFF entstanden. Je nach Hersteller wird eine unterschiedliche Teilmenge der vorhandenen xliff-Elemente unterstützt, und es werden in vielen Fällen Erweiterungen eingesetzt, obwohl auch reguläre xliff-Elemente verwendet werden könnten (vgl. Vackier 2010). Dies führt dazu, dass xliff-Dokumente, die von einem bestimmten Tool erzeugt wurden, nicht unbedingt mit einem anderen Tool adäquat weiterbearbeitet werden können – ein sehr unglücklicher Umstand, da dies gerade die Grundidee von XLIFF pervertiert. Das Ziel, die Übersetzer mit einem allseits kompatiblen Dateiformat zu beglücken, ist trotz existierender Spezifikation in der Praxis nicht leicht zu verwirklichen.

Eine ernüchternde Kompatibilitätstabelle wurde auf dem 1. Internationalen XLIFF-Symposium vorgestellt (Bly 2010a). Der Autor resümiert: „Full interoperability is a dream, not a reality." (Bly 2010b: 18) Er bleibt aber optimistisch, dass mit XLIFF dennoch der richtige Weg beschritten wird:

> „XLIFF is the best (only) hope for interoperability. Even with its warts, XLIFF is better than completely proprietary formats (.itd, .ttx, etc.) At minimum, basic text data is available to any tool. [It a]llows custom tools to access translation files as part of [the] workflow. Momentum is forcing tools developers to provide at least basic support. XLIFF has [a] chance to realize it's [sic] full potential." (Bly 2010b: 23)

Auch andere Experten teilen diesen Optimismus. „For all that, XLIFF 1.x is still a huge success! Although the interoperabitilty is not plug&play it is still there." (Filip 2011: 18) Es wird aber darauf hingewiesen, dass Verbesserungen notwendig sind, damit XLIFF seine Funktion erfüllen kann: „We love XLIFF! ..[sic]but we'd like to see the promises fulfilled." (Frimannsson/Lieske 2010: 9)

Die Hoffnungen ruhen jetzt auf der kommenden Version 2.0, dem sogenannten *Next Generation XLIFF*. Um mit dieser Version deutliche Verbesserungen tatsächlich erreichen zu können, werden Rückmeldungen der xliff-Benutzer systematisch ausgewertet. Die Software-Hersteller waren bereit, ihre Erweiterungen hierfür zu dokumentieren. Außerdem wird eine Liste erstellt, aus der hervorgehen soll, welche Elemente der Spezifikation von den verschiedenen Herstellern tatsächlich implementiert wurden. Dadurch sollen Schwachpunkte sichtbar werden, die mit der neuen Version korrigiert werden können. Die Zielrichtung der Änderungen ist klar: „Simplify - Clarify - and Extend" (Frimannsson/Lieske 2010), so dass XLIFF „minimal" und „modular" wird (Frimannsson/Pries/Wolff 2010). Inwieweit die Ziele erreicht werden können und wie sich die Neuerungen auf die Verbreitung von XLIFF auswirken, wird interessant zu verfolgen sein. Die Entwicklung bleibt auf jeden Fall spannend.

Literaturverzeichnis

Bly, Micah (2010a): „XLIFF Compatibility Chart. XLIFF Symposium", in: http://www.localisation.ie/xliff/resources/presentations/xliff_tools_matrix_20100922.numbers.pdf [27.6.2011]

Bly, Micah (2010b): „XLIFF: Theory and Reality. Lessons Learned by Medtronic in 4 Years of Everyday XLIFF Use. XLIFF Symposium, Limerick", in: http://www.localisation.ie/xliff/resources/presentations/xliff_symposium_micahbly_20100922_clean.pdf [27.6.2011]

Filip, David (2011): „XLIFF 2.0. Multilingual Web Workshop, Pisa", in: http://www.w3.org/International/multilingualweb/pisa/slides/filip.pdf [29.6.2011]

Frimannsson, Asgeir/Christian Lieske (2010): „Next Generation XLIFF. Simplify - Clarify - and Extend. 1st XLIFF Symposium, Limerick", in: http://www.localisation.ie/xliff/resources/presentations/2010-10-04-next-generation-xliff-frimannsson.pdf [29.6.2011]

Frimannsson, Asgeir/Pries, Stefan/Wolff, Friedel (2010): „Panel *Minimal and Modular XLIFF*. 1st XLIFF International Symposium, Limerick", in: http://www.localisation.ie/xliff/resources/presentations/2010-09-28_panel-minimal-and-modular-xliff.pdf [29.6.2011]

OASIS - Organization for the Advancement of Structured Information Standards (2008): „XLIFF Version 1.2. OASIS Standard. 1 February 2008", in: http://docs.oasis-open.org/xliff/v1.2/os/xliff-core.pdf [19.4.2011]

OASIS - Organization for the Advancement of Structured Information Standards (2011): „ About us", in: http://www.oasis-open.org/org [27.4.2011]

OASIS - Organization for the Advancement of Structured Information Standards (2002): „ XLIFF Version 1.0. Committee Specification. 15 Apr 2002", in: http://www.oasis-open.org/committees/xliff/documents/xliff-20020415.htm [5.7.2011]

Vackier, Thomas (2010): „THE DOUBLE-EDGED SWORD OF EXTENSIBILITY IN XLIFF. The problem of extensibility in XLIFF 1.2", in: http://www.localisation.ie/xliff/resources/presentations/xliff-vackier.pdf [27.6.2011]

W3C - World Wide Web Consortium (2006): „Extensible Markup Language (XML) 1.1 (Second Edition). W3C Recommendation 16 August 2006, edited in place 29 September 2006", in: http://www.w3.org/TR/xml11/ [12.5.2011]

Christoph Rösener

Intelligente Satzanalyse für CALL/ICALL-Applikationen im E-Learning Varianzabdeckung mit Hilfe von Synphrasen – Ein praxisnahes Projekt

1 Einleitung

Internet-Lehr- und Lernmodule für die Sprach- und Übersetzerausbildung beschränken sich bisher auf Übungen, die meist durch die technischen Möglichkeiten der verschiedenen Lernplattformen vorgegeben sind. Im CALL/ICALL-Bereich[1] sind dabei Übungen zu unterscheiden, die eine automatische Bewertung/Korrektur durch das System erlauben bzw. Übungen, bei denen dies durch Tutoren erfolgt. Handelt es sich um Aufgaben, die automatisch durch eine Maschine bewertet werden können, so sind dies neben ‚multiple choice'-Aufgaben bzw. Auswahlfragen meist Übungen zum Spracherwerb bzw. Übersetzungsübungen, bei denen Musterlösungen vorgegeben sind und nur diese durch die Lernsoftware erkannt werden können. Übungstypen, die den Studierenden erlauben ganze Sätze einzugeben, die daraufhin von der Maschine linguistisch intelligent automatisch verarbeitet werden können, existieren nur prototypisch.[2] Neben der allgemeinen Problematik der vollständigen und fehlerfreien linguistischen Analyse frei eingegebener Sätze stellt sich bei solchen Prototypen auch immer die Frage, inwieweit die vielfältigen sprachlichen Varianten eines möglichen Eingabesatzes so im System hinterlegt werden können, dass eine maximale Abdeckung aller richtigen Eingaben gegeben ist.

Im vorliegenden Beitrag wird ein prototypisches System vorgestellt, das mit Hilfe von computerlinguistischen Methoden eine automatische Bewertung/Korrektur von frei eingegebenen Texten im Hinblick auf hinterlegte Muster- bzw. Fehlerstrukturen ermöglicht. Mit Hilfe computerlinguistischer Analyseprogramme werden dabei sowohl von Studierenden eingegebene Texte sowie von Tutoren hinterlegte Fehlerstrukturen und Musterlösungen morphosyntaktisch und semantisch analysiert. Danach findet ein Vergleich zwischen den eingegebenen Texten und den hinterlegten Fehlerstrukturen/Musterlösungen statt. Aufgrund

---

1 Die Akronyme CALL/ICALL stehen für (Intelligent) Computer Assisted Language Learning – also für (intelligentes) computergestütztes Sprachenlernen.

2 Verschiedene Ansätze wie z.B. NIST (Nist 2005), BLEU (Papineni et. al. 2002) oder Levenshtein (Levenshtein 1966) basieren ausschließlich auf dem mathematischen Vergleich von Zeichenketten. Diese Verfahren sind für die Ermittlung von Sprachqualität nur marginal geeignet. Deshalb wird an dieser Stelle nicht näher darauf eingegangen.

der vielfältigen zusätzlichen morphosyntaktischen bzw. semantischen Informationen können dabei sehr differenziert Mängel bzw. Fehler der eingegebenen Übersetzungen aufgespürt werden. Darüber hinaus stand bei der Entwicklung des vorgestellten Systems besonders im Vordergrund, die Methodik der Hinterlegungsstrukturen für die Muster- bzw. Fehlerlösungen so zu optimieren, dass eine größtmögliche Abdeckung möglicher Satzvarianten mit möglichst wenig Redundanz bei den hinterlegten Strukturen gegeben ist.

Neben der Studierendenschnittstelle ist das System deshalb mit einer einfach zu bedienenden Tutorenschnittstelle ausgestattet, die es Dozierenden erlaubt, selbsttätig Übungen für die Sprachausbildung zu erstellen. Damit kann die Software als „Baukasten-System" für die Erstellung von speziellen Internet-Lehr-Lernmodulen für die Sprachausbildung dienen, ohne dass die Tutoren über spezielle Programmierkenntnisse verfügen müssen. Dies zeigt den sehr starken Praxisbezug des Vorhabens: Im Gegensatz zu Forschungsprojekten, die ausschließlich die allgemeine Machbarkeit untersuchen, wird im vorliegenden Projekt versucht, ein robustes Werkzeug zu entwickeln, welches problemlos in der Sprach- und Übersetzerausbildung an Hochschulen eingesetzt werden kann.

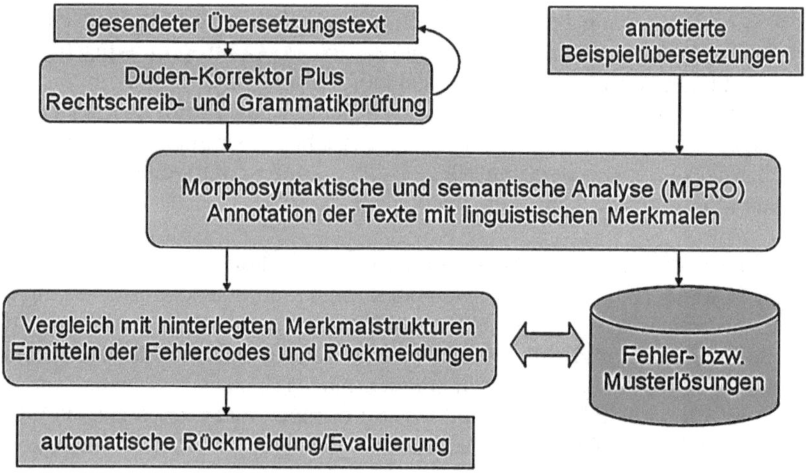

Abbildung 1: Prozessschema des ILLU-Projekts

2 Beschreibung des Systems

Im Rahmen des Förderprogramms „Anreizorientierung E-Learning 2.0" der Universität des Saarlandes wurde erstmals 2007 ein Projektantrag mit dem Titel „Internet-Lehr-Lernmodule für die Übersetzer- und Dolmetscherausbildung (ILLU)" gestellt und bewilligt.[3] Ziel des Projekts war die Implementierung eines linguistisch intelligenten Softwaresystems, welches in der Lage ist, einen eingegebenen Übersetzungstext automatisch zu evaluieren. Den implementierten detaillierten Prozessablauf des Systems zeigt Abbildung 1.

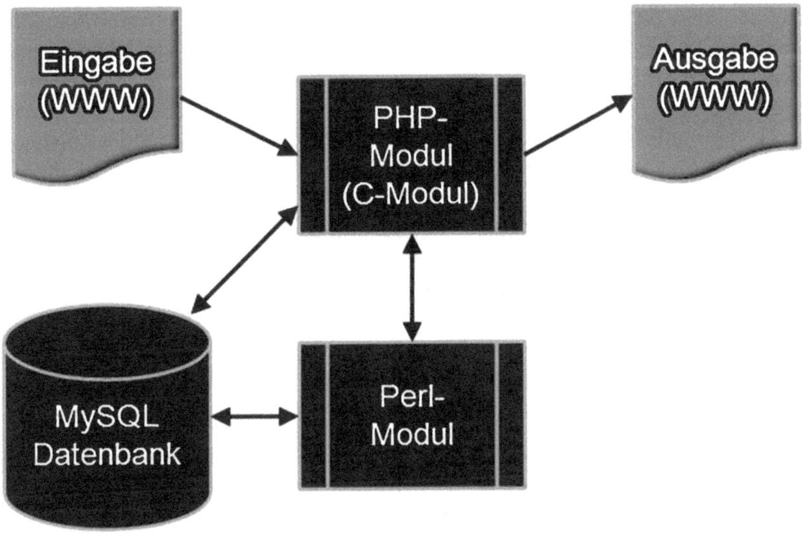

Abbildung 2: Technische Architektur des ILLU-Systems

Für die Rechtschreib- und Grammatikprüfung innerhalb des ILLU-Projekts werden grundsätzlich bereits existierende linguistische Programmmodule verwendet. Da das System z.Z. ausschließlich für die Sprachrichtung „Sprache XY -> Deutsch" implementiert ist, wurde in der aktuellen Version der „Duden-Korrektor Plus" der Fa. Bibliographisches Institut AG, Dudenverlag, in Mannheim eingesetzt.

Nach der Eingabe eines Textes durch die Studierenden überprüft die Software diesen auf Rechtschreib- und Grammatikfehler, liefert detaillierte Rückmeldungen zu diesen und gibt den Studierenden die Möglichkeit, den Text sofort zu kor-

3 Nach der Förderphase 2007/2008 folgte ein Folgeantrag „ILLU II", der ebenfalls positiv beschieden wurde. Diese zweite Förderphase endete im September 2009 (vgl. Rösener 2007).

rigieren. Das Ergebnis dieses Prozessschrittes ist, dass der von den Studierenden eingegebene Text in Bezug auf die deutsche Rechtschreibung und Grammatik korrekt ist.[4]

Auch für die morphosyntaktische bzw. semantische Analyse im ILLU-System werden bereits existierende Programmmodule eingesetzt. In dem bisher implementierten System kommt das Programm MPRO zum Einsatz, das vom Institut der Gesellschaft zur Förderung der Angewandten Informationsforschung e.V. an der Universität des Saarlandes (IAI) entwickelt wurde. Das Programmpaket zur linguistischen Analyse von Texten weist jeder in einem Text als zusammengehörig erkannten Zeichenfolge ein Paket von linguistischen Informationen zu. Zusätzlich werden die vor allem im Deutschen häufig auftretenden Komposita in ihre Bestandteile zerlegt. Dazu ermittelt das Programm zunächst Satz- und Wortgrenzen unter Berücksichtigung von Leer- und Interpunktionszeichen. Anschließend wird jedem Wort ein Merkmalbündel annotiert. Neben den obligatorischen Verwaltungsinformationen (z.B. Wortnummer, Satznummer etc.) werden für „normale"[5] Wörter in der Regel die Grundform (Zitatform) und die Wortklasse (Substantiv, Verb, Adjektiv usw.) erzeugt.

Tabelle 1: Beispielanalyse MPRO

MPRO-Analyse: wnra=3, wnrr=3, snr=1, gra=cap, ehead= {g=m, nb=sg, case= nom, infl=strong}, ori=**Regierungsbericht**, c=noun, endung= 0, s=text, cs=n#n, ds=regieren~ung#berichten~ IRREG, ls=regieren#berichten, ss= massnahme#text, lng=germ, gs=f#m, w=2, lu=regierungsbericht, ts=regierungs#bericht, t=regierung# bericht, zf=Regierungsbericht, dsb= regieren, dsd=ung #berichten~IRREG, state=ok, cat=noun, case=nom, nb=sg, g=m}

4 An dieser Stelle ist anzumerken, dass die Qualität der automatischen Rechtschreib- und Grammatikprüfung selbstverständlich abhängig ist von der Güte der zugrunde liegenden Software. Eine 100 %-ige Garantie, dass wirklich alle Rechtschreib- und Grammatikfehler erkannt werden, kann es bei dem derzeitigen Entwicklungsstand der Software nicht geben. Es wird immer einen gewissen Prozentsatz von Fehlern geben, die durch eine solche automatische Prüfung nicht erkannt werden können.

5 Unter „normalen" Wörtern werden im MPRO-Kontext Zeichenfolgen, die (mindestens in ihrer Grundform) in einem Lexikon der deutschen Sprache zu finden sind bzw. adhoc-Zeichenfolgen, die als Akronyme, Firmennamen, Email-Adressen etc. erkannt werden und Zeichenfolgen, die das Programm als möglicherweise falsch geschriebene „normale" Wörter analysiert und ihnen die Grundform eines „normalen" Wortes zuweist, verstanden.

Abhängig von der Wortart liefert MPRO darüber hinaus Flexionsinformationen (Kasus, Numerus, Genus, Tempus, Person) sowie die Wortstruktur. Bei sog. Bedeutungswörtern (Nomen, Adjektive, Verben, Adverbien) wird zudem immer eine semantische Klassifikation annotiert (als ‚s‘ bzw. ‚ss‘-Merkmal). Tabelle 1 zeigt die beispielhafte Analyse des Kompositums „Regierungsbericht“.

Die zugeordneten Informationen bilden formal eine Menge von Attribut-Wert-Paaren (engl.: feature bundles). MPRO benutzt bei der Analyse eines Wortes ein Morphemlexikon. Das Lexikon für Deutsch enthält z.Z. etwa 90.000 Einträge. Hierbei handelt es sich um verschiedene Formen von Morphemen, um Allomorphe. Den 90.000 Allomorphen im Deutschen entsprechen rund 78.000 Morpheme (vgl. Maas 1998).

Tabelle 2: In der Vergleichskomponente berücksichtigte MPRO-Merkmale

ori = lesbares Originalwort
lu = lexical unit, lexikalische Einheit
ls = lexical structure, lexikalische Struktur
c = category, syntaktische Kategorie
sc = subcategory
tns = tense, Tempus
nb = number, Numerus
ncase = case, Kasus
g = gender, Genus
per = person, Person
spec = specificity, Bestimmtheit von Artikeln
deg = degree, Steigerungsform des Adjektivs

Aufgrund der morphosyntaktischen bzw. semantischen Analysekomponente des Systems stehen für die Vergleichsoperation zwischen eingegebener Übersetzung und hinterlegter Fehler- bzw. Musterlösung neben den eigentlichen Zeichenketten sehr viele zusätzliche Informationen in Form von Merkmalen zur Verfügung, die zum Vergleich herangezogen werden können. Die wichtigsten auf Wortebene sind: Originalwort bzw. Grundform, Kasus, Numerus, Genus, Tempus und Wortklasse. Im aktuellen prototypischen System werden nur bestimmte MPRO Merkmale in der Vergleichskomponente berücksichtigt (s. Tabelle 2).

MPRO stellt auf Satzebene noch weitere Merkmale wie z.B. Wortvorkommen, Wortreihenfolge, Phrasen- und Satzmarkierungen bereit. Da das prototypische System z.Z. jedoch nur auf Einzelsatzbasis arbeitet, werden diese Merkmale im jetzigen System noch nicht berücksichtigt. Entsprechende Weiterentwicklungen des Systems hin zu einer Verarbeitung von mehreren Sätzen können zukünftig auf diese Merkmale zurückgreifen.

Tabelle 3: Prozessschritte innerhalb des Vergleichsmoduls

Vergleich der Originalwörter Kontextberücksichtigung
Vergleich der Grundformen Berücksichtigung Lesarten
Fehlerermittlung aufgrund zusätzlicher Merkmale z.B. je nach Wortart die Merkmale Kategorie, Numerus, Kasus, Genus, Tempus, Person etc.
Berechnung der gefundenen Fehler Abweichung von/Entsprechung mit hinterlegten Fehlerstrukturen bzw. Musterlösungen
Codierung der Fehlercodes z.B. Code 304 – „Das Tempus des Verbs ist fehlerhaft.“
Ausgabe der Fehlercodes mit Phrasen- bzw. Wortmarkierung Form (vereinfacht): „Wortnummer/ Fehlercode“

Für den anschließenden Vergleichsmechanismus sind noch weitere Voraussetzungen notwendig. Neben einer genau festgelegten Datenstruktur müssen die Vergleichsmerkmale und die -strategie definiert und ein Verfahren zur Fehlerbestimmung vorhanden sein. Im aktuellen System wurde ein Vergleichsmechanismus implementiert, der insgesamt sechs Prozessschritte enthält (s. Tabelle 3).

Eine differenzierte Definition von möglichen Fehlertypen und deren Einordnung in ein festgelegtes System von Fehlercodes ist eine der Grundvoraussetzungen des implementierten Systems. Je detaillierter der Fehlercode, umso leistungsfähiger das System. Für die Entwicklung der Fehlercodes und Rückmeldungen wurde für das aktuelle ILLU-System ebenfalls auf schon bestehendes bzw. erarbeitetes Material zurückgegriffen (u.a. die Korrekturrichtlinien der Universität Heidelberg (Universität Heidelberg 1996)).

Des Weiteren wurden aufgrund der aus der morphosyntaktischen bzw. semantischen Analyse zur Verfügung stehenden zusätzlichen Vergleichsmerkmale systemspezifische Fehlercodes individuell implementiert. Schließlich wurden zum Teil auch spezifische Codes für Übersetzungsfehler aus dem MeLLANGE-Projekt übernommen (vgl. MeLLANGE 2008). Einen Ausschnitt aus dem im prototypischen ILLU-System verwendeten Fehlercode zeigt Tabelle 4.

Tabelle 4: Beispiele für Fehlercodes und Rückmeldungen (Auszug)

SUBSTANTIVE 101 = „Die Kategorie des Nomens stimmt nicht." 102 = „Der Numerus des Nomens stimmt nicht."
ADJEKTIVE 204 = „Das Genus des Adjektivs stimmt nicht." 205 = „Das Adjektiv hat die falsche Steigerungsform."
VERBEN 303 = „Das Verb steht in der falschen Person." 304 = „Das Tempus des Verbs ist fehlerhaft."
ARTIKEL 401 = „Der Artikel ist falsch determiniert." 402 = „Der Numerus des Artikels stimmt nicht."
PRONOMEN 501 = „Das Pronomen steht in der falschen Person." 502 = „Der Numerus des Pronomens stimmt nicht."
AUSLASSUNGEN 800 = „In dieser Phrase ist ein Wort nicht übersetzt." (⇒ wenn nichts Spezifischeres zutrifft) 801 = „In dieser Phrase ist ein Wort nicht übersetzt (es fehlt ein Verb)."
ALLGEMEIN 902 = „Das Wort ist fehlerhaft übersetzt." (⇒ nicht in DB hinterlegt) 905 = „Eine oder mehrere Phrasen sind hier überflüssig." 906 = „In dieser Phrase stimmt die Reihenfolge nicht." 999 = „Das Wort bzw. die Phrase ist fehlerhaft übersetzt!"

Das so implementierte System gibt zunächst Rückmeldungen zu Rechtschreib- und Grammatikfehlern aufgrund der Duden-Korrektor-Plus-Komponente aus. Darüber hinaus gibt das System Rückmeldungen zu morphologischen und syntaktischen Fehlern in Bezug auf die hinterlegten Fehler- bzw. Musterlösungen (z.B. in Bezug auf Tempus, Genus bzw. Relativpronomen, Wortklasse etc.).

Schließlich meldet das System auch übersetzungsspezifische Fehler (z.B. in Bezug auf Wortvorkommen, Phrasen etc.). Dabei generiert jeder Fehlercode eine spezielle Rückmeldung.

Insgesamt werden die Rückmeldungen in zwei Phasen ausgegeben. Zuerst erfolgt die Rückmeldung aufgrund der Rechtschreib- und Grammatikkontrolle. Dadurch wird sichergestellt, dass keine Rechtschreib- und Grammatikfehler in den Vergleichsprozess gelangen. Anschließend erfolgt, nach dem Vergleichsprozess, die zweite Phase der Rückmeldungen. Diese betrifft die Fehler in Bezug auf die hinterlegten Muster- bzw. Fehlerstrukturen.

Das prototypische System gestattet schließlich auch die Ausgabe noch weiterer Informationen. Über die Dozentenschnittstelle können beispielsweise Beschreibungen spezifischer Übersetzungsprobleme für eine Übungseinheit bereitgestellt werden. Darüber hinaus gestattet die Schnittstelle pro Übungssatz das Hinterlegen von Lösungshinweisen und Musterlösungen, die von den Studierenden individuell gesondert abgerufen werden können. Mit diesen zusätzlichen Möglichkeiten können die Tutoren vollständige maßgeschneiderte Trainingseinheiten für spezifische Problemkomplexe erstellen.

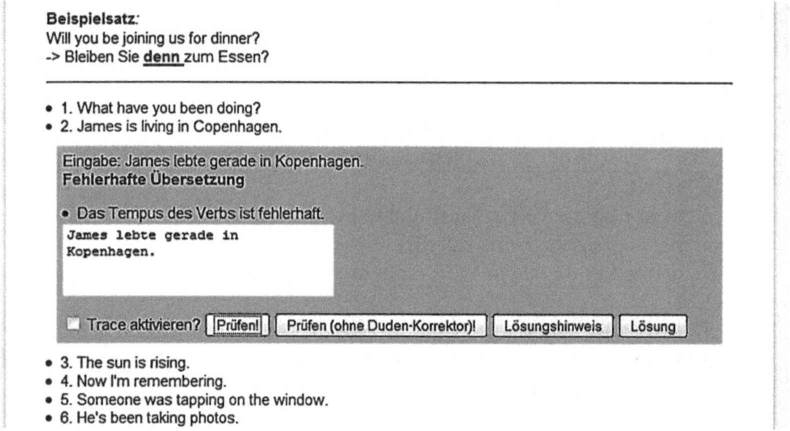

Abbildung 3: Ergebnisausgabe Studierendenschnittstelle (Tempusfehler im Eingabesatz)

Aus programmiertechnischer Sicht besteht das ILLU-System aus einem PHP/C bzw. C++-Modul, einem Perl-Modul und einer MySQL-Datenbank sowie den Ein- und Ausgabe-Schnittstellen. Dabei übernimmt das PHP-Modul die Handhabung aller Prozesse einschließlich der Ein- und Ausgabefunktionen. Die Rechtschreib- und Grammatikprüfung erfolgt ebenfalls dort und wird mit Hilfe eines darunter liegenden C/C++-Moduls durchgeführt, welches für die morphosyntaktische bzw. semantische Analyse zuständig ist.

Nach der Analyse des eingegebenen Textes (PHP- bzw. C/C++-Moduls) und evtl. direkten Rückmeldungen durch die Rechtschreib- bzw. Grammatikkontrolle verarbeitet das Vergleichsmodul (Perl-Modul) die übergebenen Merkmalsstrukturen im Rahmen des Vergleichsprozesses. Nach der Verarbeitung werden die ermittelten Ergebnisse wieder an das PHP-Modul zurückgegeben. Die systemtechnische Architektur ist in Abbildung 2 dargestellt.

Die grundsätzliche Strategie des Systems besteht dabei zunächst aus der Identifizierung sowohl von Fehlern als auch von richtigen Lösungen. Falls die gegebene Lösung nicht mit den hinterlegten Strukturen übereinstimmt, gibt das System eine Rückmeldung zur Überprüfung. Findet das System keinen Fehler mehr, akzeptiert es die eingegebene Lösung. Gleichzeitig kann durch den Studierenden zusätzlich eine Musterlösung für das Problem abgerufen werden. Darüber hinaus ist eine Beurteilung der eingegebenen Übersetzung natürlich jederzeit auch durch einen Tutor innerhalb des Präsenzunterrichts bzw. per E-Mail möglich. Abbildung 3 zeigt die Studierendenschnittstelle des Systems. Bei dem Beispiel handelt es sich um ein Übungsmodul zur Verlaufsform des Englischen und deren Übersetzung ins Deutsche. Weiterführende Informationen über den implementierten Prototypen vgl. Rösener (2009).

3 Varianzabdeckung durch ‚Synphrasen'

Bei der Gestaltung der Tutorenschnittstelle des Systems (s. Abbildung 4) wurde besonders darauf geachtet, ein effizientes Werkzeug bereitzustellen, das mit möglichst wenig Redundanz das Hinterlegen von Satzinformation erlaubt, die sehr viele mögliche Satzvarianten, sowohl der Fehler- als auch der Musterlösungen, abdeckt. Hierfür wurde eine sehr differenzierte Tutorenschnittstelle implementiert, die die Eingabe von Phrasen und sog. ‚Synphrasen' durch die Tutoren erlaubt.

Synphrasen sind dabei als Einheiten zu verstehen, die sich an die grammatikalische Teilstruktur des jeweiligen Satzes anlehnen (Nominalphrasen, Verbalphrasen etc.) und die beliebig austauschbar sind. Für alle Elemente – Phrasen und Synphrasen – gilt, dass sie jeweils nur einmal innerhalb des einzugebenden Übungssatzes vorkommen dürfen. Mit Hilfe der Unterteilung der gespeicherten Sätze in Phrasen und Synphrasen können so mehrere Varianten eines Satzes sehr effizient und ohne viel Redundanz in dem System hinterlegt werden. Im Folgenden soll ein Beispiel für die Sprachrichtung En -> De die der Methodik zugrunde liegenden Überlegungen verdeutlichen. Für den englischen Satz *„He went to France to learn French."* sollen im System verschiedene mögliche Übersetzungsvarianten hinterlegt werden (s. Tabelle 5).

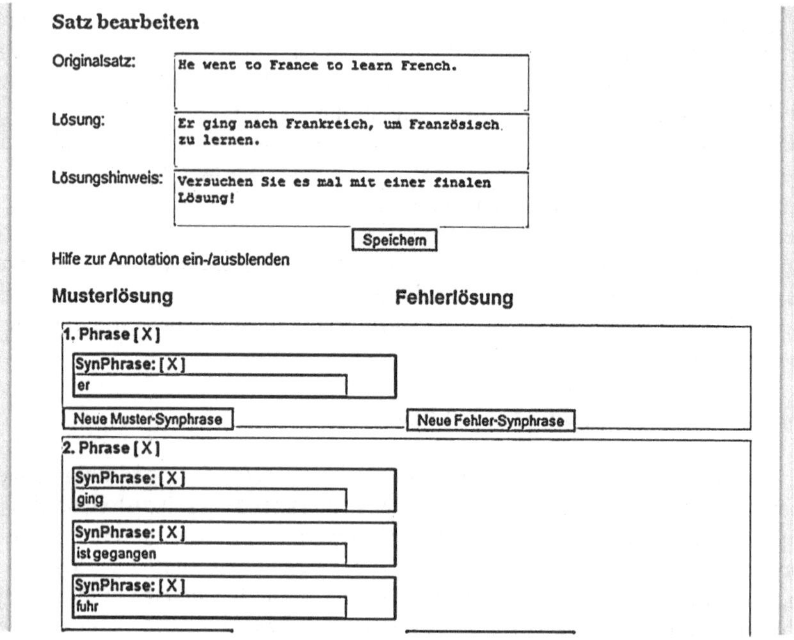

Abbildung 4: Tutorenschnittstelle des ILLU-Systems

Aufgrund der o.g. linguistisch-intelligenten Komponenten des Systems ist es nicht notwendig, alle möglichen Übersetzungen vollständig als ganze Sätze im System zu hinterlegen. Der Einsatz der morphosyntaktischen Analysekomponenten ermöglicht eine wesentlich effizientere Art und Weise der Hinterlegung. Mit Hilfe der implementierten Schnittstelle werden für die Hinterlegung der in Tabelle 4 genannten Übersetzungsvarianten nur insgesamt vier Phrasen mit wiederum vier Synphrasen benötigt (s. Tabelle 6).

Das System analysiert die hinterlegten Phrasen und Synphrasen und lässt pro eingegebenem Satz jeweils nur eine Variante der Phrase bzw. Synphrase zu.

Tabelle 5: Ausgangssatz und Übersetzungsbeispiele

Zu übersetzender Satz: *„He went to France to learn French."*
Mögliche richtige Übersetzungen: *„Er ging nach Frankreich, um Französisch zu lernen."* *„Er ist nach Frankreich gegangen, um Französisch zu lernen."* *„Um Französisch zu lernen, ging er nach Frankreich."* *„Um Französisch zu lernen, fuhr er nach Frankreich."* *„Er ist nach Frankreich gefahren, um Französisch zu lernen."* *„Er fuhr nach Frankreich, um Französisch zu lernen."* etc...

Zur weiteren Steigerung der Effizienz können Synphrasen darüber hinaus mit zusätzlichen Informationen angereichert werden. Die Eingabe von **Disjunktionen („*ein {schöner;guter} Tag*")** ist gleichbedeutend mit den zwei separaten Synphrasen: *„ein schöner Tag"* bzw. *„ein guter Tag"*.

Des Weiteren erlaubt das System auch optionale Einträge in Synphrasen. **Der Eintrag „*ein [sehr] schöner Tag*"** markiert das Wort „*sehr*" als optional. Somit muss es nicht unbedingt in der Benutzereingabe vorkommen.

Tabelle 6: Beispiel für die Hinterlegungsstruktur

Phrasen und Synphrasen für den Beispielsatz aus Tabelle 5: - *„er"* - *„ging"/"ist gegangen"/"fuhr"/"ist gefahren"* - *„nach Frankreich"* - *„um Französisch zu lernen"*

Durch die gewählte Methode entstehen bei der Hinterlegung von Fehler- bzw. Musterlösungen im System sehr wenig Redundanzen und die Varianzabdeckung ist sehr groß. Allerdings birgt die Austauschbarkeit bzw. die mögliche Verschiebung der Phrasen und Synphrasen im Satz auch gewisse Risiken.

Der falsch eingegebene Satz „*Er nach Frankreich ging, um Französisch zu lernen.*" wird vom System nicht als falscher Satz erkannt. Dies liegt daran, dass die Reihenfolge der Phrasen bzw. Synphrasen im aktuellen System frei ist. Dies ist sicherlich ein Manko der gegenwärtigen Hinterlegungsstrategie. Dieser Tatsache wurde im bisherigen Projektkontext jedoch keine große Bedeutung beigemessen, da aufgrund der speziellen Zielgruppe – Studierende der Übersetzer- und Dolmetscherstudiengänge – davon ausgegangen werden konnte, dass eine gewisse Grundbeherrschung der Zielsprache gegeben ist. Fokus des prototypischen Systems war somit nicht die Aufdeckung massiver sprachlicher Inkorrektheiten, sondern die Korrektur spezieller Fehler in ansonsten richtigen Lösungen. Nichtsdestotrotz ist eines der nächsten Ziele bei der Weiterentwicklung des vorhandenen Systems, eine erweiterte Schnittstelle für die Hinterlegung der grammatikalisch richtigen Stellung der Satzglieder zu implementieren. Mit Hilfe eines syntaktischen Parsers könnte diese Funktionalität anschließend im Prototyp umgesetzt werden.

4 Fazit und Ausblick

Die innerhalb des ILLU-Projekts entwickelte Methodik zur Varianzabdeckung bei der Hinterlegung von Satzinformationen zeigt, dass eine linguistisch intelligente Satzanalyse in CALL/ICALL-Bereich erheblich zu einer Verbesserung der Eingabeschnittstellen eines solchen Systems beitragen kann. Die große Redundanz bei der Hinterlegung von Satzinformationen in Systemen, die auf einem reinen Vergleich der Zeichenketten operieren, kann mit der dargestellten Methodik signifikant reduziert werden. Im Weiteren müssen nun umfangreiche Testreihen und Evaluierungen zeigen, ob diese Verbesserungen dazu führen, dass die Akzeptanz der Dozierenden gegenüber solchen Systemen durch derart optimierte Schnittstellen weiter wächst.

Kernaufgabe für zukünftige Projekte in diesem Bereich ist die Verbesserung bzw. Erweiterung des bestehenden Systems sowie der Benutzerschnittstellen. Dies betrifft sowohl die kontinuierliche Weiterentwicklung der linguistischen Prozesse (Disambiguierung von Lesarten, Einführung von weiteren Phrasenstrukturen etc.) als auch die Differenziertheit der Rückmeldungen, die von dem System gegeben werden.

Literaturverzeichnis

Levenshtein, Vladimir I. (1966): *Binary Codes capable of correcting Deletions, Insertions, and Reversals*, *Soviet Physics Doklady*, Vol. 10, No. 8., pp. 707-710.

Maas, Heinz-Dieter (1998): „Multilinguale Textverarbeitung mit MPRO“, in: Günther Lobin (Hg.): *Europäische Kommunikationskybernetik heute und morgen.* München: KoPäd.

MeLLANGE (2006): *WP4 – Typologie der Übersetzungsfehler*, in: http://mellange. eila.jussieu.fr/Annotation_Schemes/current_translation_error_tree_de_ 53.jpeg [13.05.2010].

NIST (2005): *Automatic Evaluation of Machine Translation Quality Using N-gram Co-Occurrence Statistics. Automatic Evaluation of MT Quality*, NIST.

Papineni, Kishore/Salim Roukos/Todd Ward/Wei-Jing Zhu (2002): *BLEU: A Method for Automatic Evaluation of Machine Translation*. Proceedings of the 40th Annual Meeting of the Association for Computational Linguistics.

Rösener, Christoph/Renate Erdmann (2007): *Internet-Lehr-Lernmodule für die Übersetzer- und Dolmetscherausbildung (ILLU)*, Projektantrag Anreizorientierung „e-Learning". Universität des Saarlandes.

Rösener, Christoph (2009): „A Linguistic Intelligent System for Technology Enhanced Learning in Vocational Training – The ILLU Project", in: Cress, Ulrike/Vania Dimitrova/Marcus Specht (Hg.): *Learning in the Synergy of Multiple Disciplines.* 4th European Conference on Technology Enhanced Learning, EC-TEL 2009 Nice, France, September 29 – October 2, 2009 Proceedings. Lecture Notes in Computer Science. Programming and Software Engineering, Vol. 5794, 2009, XVIII, 813p., Springer, Berlin.

Universität Heidelberg (1996): *Korrekturrichtlinien*, Seminar für Übersetzen und Dolmetschen, in: http://www.uni-heidelberg.de/imperia/md/content/ fakultaeten/neuphil/iask/sued/studium/korrekturrichtlinien.pdf [13.05.2010].

Paul Schmidt

Maschinelle Übersetzung aus Sicht der Translationstheorie

1 Einführung

Maschinelle Übersetzungssysteme werden überwiegend von Informatikern und Computerlinguisten entworfen und implementiert. Übersetzer sind daran selten beteiligt. Üblicherweise ist die Herangehensweise an die Lösung eines Problems, eine Theorie zu entwickeln (z.B. eine Theorie der Übersetzung oder der Syntax einer Sprache) und dann eine Formalisierung eines Teilbereichs mit einer Implementierung. In der maschinellen Übersetzung benutzen Informatiker und Computerlinguisten Konzepte aus der Syntax, Semantik oder Konzepte aus probabilistischen Theorien und bauen diese zusammen. Die Formalisierung, die einem MÜ-System üblicherweise zugrunde liegt, stellt ein (formalisiertes) Modell der Übersetzung dar, wenn auch möglicherweise ein sehr partielles und defektives, ohne dass daran Übersetzer beteiligt sind und ohne dass eine Theorie der Übersetzung zugrunde gelegt wird.

Im Folgenden soll nun zweierlei untersucht werden: Einmal ist die maschinelle Übersetzung im Lichte der Translationstheorie zu interpretieren und zu zeigen, welche Aspekte der Translationstheorie angesprochen werden und welche nicht. Zum zweiten ist zu zeigen, ob die maschinelle Übersetzung tatsächlich von den Erkenntnissen der Translationstheorie profitieren könnte und welchen Einfluss diese auf die Konzepte der maschinellen Übersetzung haben könnten.

2 Einige zentrale Erkenntnisse der Translationstheorie

In diesem Kapitel soll das Thema ‚Translationstheorie' eingeführt werden, zunächst in einer sehr kondensierten (Literatur)Übersicht, dann in Form einer Reformulierung im Rahmen eines kognitiven Ansatzes, der Relevanztheorie.

2.1 Übersicht

Translationstheorien existieren in einem breiten Spektrum. Wir werden in diesem Kapitel nicht das ganze Spektrum abdecken können, sondern versuchen, in kondensierter Form wesentliche Diskussionspunkte aus verschiedenen Paradigmen der Translationstheorie zu identifizieren und sie dann als Grundlage für eine (Re)Interpretation der maschinellen Übersetzung nehmen.

Man könnte Translationstheorien in drei Klassen einteilen:

- Äquivalenztheorien
- ‚Pragmatisch-orientierte Theorien'
- Kognitive Theorien

Äquivalenztheorien beschreiben Translation als eine Äquivalenzbeziehung zwischen Ausgangstext und zielsprachlichem Text, sei es auf syntaktischer oder semantischer Ebene wie (Catford 1965), (Newmark 1998), sei es auf textueller Ebene, oder sei es auf funktionaler Ebene, Äquivalenz auf der Ebene von ‚Illokution' (oder gar ‚Perlokution').

Handlungsorienterte Theorien beschreiben Translation als ‚zweckorientierte Handlung', eingebettet in ein generelles Netz von Handlungen (Holz-Mänttäri, J. 1984). Handlungen sind ‚intentional'. Im Falle der Translation ist das eine interkulturelle kommunikative Handlung. Ein anderer Vertreter einer pragmatisch orientierten Translationstheorie ist Vermeer mit seiner Skopostheorie (Vermeer 1990). Skopos ist der Übersetzungszweck, eine kommunikative Funktion, realisiert gemäß den Regeln der Zielkultur. Äquivalenz mit der ausgangssprachlichen Kultur ist hierbei weitgehend irrelevant. Im Mittelpunkt steht die Realisierung des Translationsskopos.

Kognitive Theorien beschreiben Translation als kognitive Prozesse, als das, was in den Gehirnen der Übersetzer vorgeht, wenn sie übersetzen. Translation ist eine Instanz menschlicher Kognition. Kognitive Theorien sind empirische Theorien. Sie sind komplementär zu den beiden o.g. Translationstheorien. Vertreter sind u.a. (Shreve et al. 1997) und (Krings 1986). Die populärste Untersuchungsmethode sind Think-aloud-protocols. In neuster Zeit kommen andere Methoden dazu wie Eye-Tracking. (Carl, Jakobsen, Jensen 2008) untersuchen sog. User-Activity Data (UAD). UAD bestehen aus den aufgezeichneten Keystrokes und der Aufzeichnung der Augenbewegungen. Diese Aufzeichnungen erlauben eine retrospektive Betrachtung der Sitzung und die Kommentierung durch die Untersuchungssubjekte. Man beansprucht mit dieser Methode Reproduzierbarkeit und Objektivität. (Carl, Jakobsen, Jensen 2008) stellt die Methode dar.

Andere kognitive Theorien sind Prototypen-Theorie, angewandt auf Translation u.a. von (Kussmaul 1995), Scenes-and-frames Semantics angewandt auf Translation von (Vannerem/Snell-Hornby 1986), kognitive Theorien, auf einem generellen Modell menschlicher Kognition beruhend (Risku 1998). Eine Hauptfrage hierbei, die auch unten noch diskutiert wird: ‚Ist Kognition ein Inferenz-basierter Prozess oder ist Kognition ein holistischer Prozess initiiert und kontrolliert von anderen Mechanismen als logischer Inferenz?' Natürlich stellt sich auch bei der Untersuchung von Translation als einem kognitiven Prozess die Frage, wie der kognitive Apparat aussieht. Ist er ein regelbasierter Apparat oder ist er ein probabilistischer Apparat? (Risku 1998) liefert keine wesentlichen Erkenntnisse zu dieser Frage.

Äquivalenztheorien, so wird kritisiert, liegt ein stark vereinfachter Übersetzungsbegriff zugrunde, der von einem vereinfachten Begriff von Sprache ausgeht und die Diskussion der letzten Jahrzehnte in der ,linguistischen Pragmatik' nicht berücksichtigt. Äquivalenztheorien gehen davon aus, dass Sprachen ,Kodierinstrumente' für Botschaften sind. Die Aufgabe des Übersetzers besteht deshalb darin, die Botschaft, die im ausgangssprachlichen Text/Satz kodiert ist, zu dekodieren und diese Botschaft dann in der Zielsprache zu rekodieren. Dahingehend sind einige Äußerungen zu sehen:

(1) „Die Problematik der Translation resultiert daraus, dass bei der Umschlüsselung, (d.h. beim Vollzug des Kodewechsels) [...] auf der Inhaltsebene ein 1:1 Verhältnis zwischen den AS-Elementen und den ZS-Elementen erreicht werden muss, [...] obwohl im Bereich der Langue die Nichtübereinstimmung [...] die Regel ist". (Koller 1995: 150)

Newmark geht sogar so weit, dass er Äquivalenz bis auf die Wortebene herunterbricht.

(2) "I do think that far more words are context free than most people imagine." (Newmark 1998: 33)"

Typische Übersetzungsprobleme von Wörtern seien: Bedeutungsüberlappung, generische vs. spezifischere Bedeutung, lexikalische Lücken. Kollokationen, feste Syntagmen, idiomatische Wendungen, Neologismen seien die Kernprobleme der Übersetzungstheorie. Diese Probleme müssten auf lexikalischer Ebene gelöst werden, exklusiv, ohne kontextuelle Information. Das sind Probleme der Übersetzungstheorie nach Newmark.

Diese simplifizierenden Äquivalenztheorien sind zudem rein deskriptiv (nicht explanativ), eklektisch, anekdotisch. Konzepte wie ,Bedeutung', ,Transfer der Bedeutung', ,Äquivalenz' (!) werden auf einer intuitiven Ebene angesprochen. Obwohl diese Theorien linguistische Konzepte benutzen (ohne diese Tatsache zu thematisieren), werden aber generell zentrale Erkenntnisse der ,Allgemeinen Linguistik' weitgehend ignoriert.

Auch die Skopostheorie, wie sie von Vermeer formuliert wird, bleibt eklektisch. Sie wird weitgehend ,narrativ' vorgetragen.

2.2 Eine teilweise Reformulierung einer Translationstheorie

Eine Ausarbeitung der Skopostheorie wäre allerdings möglich z.B. über eine kognitive Interpretation.

Ein Ansatz, der dies liefern könnte, ist z.B. die Relevanztheorie. Sie ist eine einflussreiche Theorie menschlicher Kognition, die auf einer These über die Verfasstheit des menschlichen Kognitionsapparats beruht. Vereinfacht ist die These, dass durch die Beschränktheit des menschlichen Geistes in Bezug auf ‚Speicherplatz‘ und ‚Prozessorkapazität' dieser nach ‚optimaler Relevanz‘ strebt. Dies stellt (ansatzweise) eine Erklärung dar für ein Grundproblem inferentieller Theorien, das Steuern von Inferenzen (Sperber & Wilson 1986).[1]

Inferenzen werden benutzt, um Implikaturen zu ermitteln. Implikatur ist das zentrale Konzepte bei der Erklärung von Kommunikation: Implikaturen werden inferiert (genauer deduziert) unter den Gesetzen des Relevanzprinzips. Implikaturen erklären, warum es möglich ist, etwas anderes zu meinen, als man sagt.

(3)
(a) Peter: Was willst Du heute machen?
(b) Maria: Ich habe furchtbare Kopfschmerzen.

Was soll in (3) kommuniziert werden? Maria will nichts tun oder nur wenig. Das ist implizite Kommunikation. Die Implikatur ist:

(4) Maria möchte nichts tun.

Wie kommt nun der Empfänger auf diese Implikatur? Es ist ein inferentieller Prozess: Der Empfänger der Botschaft weiß, dass wenn jemand Kopfweh hat, er eher keine Lust hat, etwas zu tun. Information wird übermittelt, die es mit Hilfe von vorhandenem Wissen erlaubt, neues Wissen zu inferieren. Woher weiß der Empfänger aber, was er schließen soll? Aus (3)(a) + (b) kann auch (völlig unsinnig, aber logisch gültig) geschlossen werden:

---

1 Ein Versuch, Relevanztheorie auf Übersetzung anzuwenden, stellt (Gutt, E. 1991) dar. Allerdings greift dieser Ansatz viel zu kurz. Im Prinzip wird von Gutt eine Äquivalenztheorie formuliert und die kognitionswissenschaftlichen Voraussetzungen dieser Äquivalenztheorie mit der Relevanztheorie begründet. Ein weiterer Versuch siehe Alves 2003.

(5)
(a) Ich habe furchtbare Kopfschmerzen und ich habe keine furchtbaren Kopfschmerzen.
(b) $p \rightarrow (p \vee \neg p)$

(3)(b) sei p. Dann ist (5)(b) ein allgemeingültiges logisches Schema und damit sogar immer wahr, da die Implikation per Definition wahr ist. Implikationen sind immer wahr, wenn das recht Glied wahr ist. Aus (3) kann man aber auch (sinnvoll) schließen:

(6)
(a) Peter darf Maria auf keinen Fall auf den Kopf schlagen.
(b) Maria muss zum Arzt gehen.

Unendlich viele sinnvolle (!) Schlüsse sind möglich. Es muss also erklärt werden, warum Kommunikationspartner genau den richtigen Schluss (4) ziehen. Hier sagt die Relevanztheorie: Der menschliche Geist funktioniert so, dass er ‚möglichst große Relevanz' zu erreichen sucht. Relevanz wird erreicht, indem man die größtmöglichen ‚kontextuellen Effekte' erzielt. Die Inferenz, die den größtmöglichen kontextuellen Effekt erzielt mit dem geringsten Aufwand, ist die Lösung. Also: Die menschliche Inferenzmaschine ist so angelegt, dass sie nach dem größtmöglichen Effekt sucht.

Etwas formaler:

(7) {C} ist die Menge der ‚alten' Annahmen,
{P} sei die Menge der neuen Annahmen,

Dann gilt: {P} impliziert kontextuell eine Annahme {Q} (also: Q ist eine Implikatur) im Kontext {C} falls gilt:

Die Vereinigung von {P} und {C} impliziert nicht-trivial {Q}
{P} impliziert nicht nicht-trivial {Q}
{C} impliziert nicht nicht-trivial {Q}

Triviale Implikation liegt vor z.B. in (6)(b).

Wir haben es also mit drei Größen zu tun.

{P} = neue Annahmen/neues Wissen
{C} = alte Annahmen/altes Wissen (Wissen, das beide Kommunika-tionspartner haben und voneinander annehmen)
{Q} = Implikatur (das, was kommuniziert werden soll)

Also: {P} und {C} ZUSAMMEN implizieren nicht-trivial {Q}. Weder {P} alleine noch {C} alleine implizieren nicht-trivial {Q}.

Ein Beispiel aus (Sperber & Wilson 1986) soll das noch einmal verdeutlichen. An einem Stand der RNLI (Royal National Lifeboat Institution) werden Flaggen verkauft. Üblicherweise ist das so, dass durch den Kauf einer Flagge die Mitgliedschaft erworben wird.

(8) {P} = Neue Information:

Flaggenverkäufer: Would you buy a flag of the RNLI.
Passant: No thanks. I'll spend my holidays with my sister in Birmingham

{C} = Alte Information:

Birmingham is inland.
RNLI saves people in distress at sea.
RNLI is a charity.
Buying a flag is a way to subscribe to a charity.
Someone who spends his holidays inland has no need for the RNLI services.
Someone who has need for that does not subscribe.

{Q} = Implikatur:

Der Passant will nicht Mitglied in der RNLI werden.

Der kritische Punkt ist die Auswahl von {C}. {C} ist das ‚alte' Wissen, das benutzt wird, um die Implikatur abzuleiten. Warum wird genau das ‚alte' Wissen in (8) benutzt und nicht z.B. das {C} in (9)(a), was zu der Implikatur in (9)(b) führen würde?

(9)
(a){C}: Birmingham is close to Manchester.
Manchester has the largest Airport in North England

(b){Q} My sister lives close to the largest airport in Northern England.

Die Version (9) hat keine essentiellen kognitiven Effekte. Der Empfänger kann nicht annehmen, dass dieses {C} zu wählen ist, da keine Veränderung des Wissens stattfindet. Oder anders: Es wird nichts geliefert, was den Punkt mit der Mitgliedschaft betrifft.

Das Ganze auf Übersetzung angewandt mit der Skopostheorie als Grundlage: Bei der Übersetzung findet ein ‚Kulturwechsel' statt. Das heißt: {C} verändert sich. Das Problem wie gesehen ist, dass die Implikaturen Inferenzen auf der Basis von {P} und {C} sind. Was {Q} ist, kann also bei einem ‚Kulturwechsel' völlig anders sein. Der ‚Kulturexperte' muss {C} in der Zielkultur berücksichtigen:

Welche {Q}s aus {C} und {P} folgen, welche {C} dem Kommunikationspartner in den Sinn kommen.

Ein Gedankenexperiment kann das illustrieren: Versetzen des Dialogs in (8) in eine andere Kultur, z.B. 12 jährige deutsche Kinder. Sie wissen z.B. NICHT:

(10){C} =

Dass Birmingham im Binnenland liegt.
Was RNLI ist.
Was RNLI macht.
Was eine gemeinnützige Institution ist.
Dass man mit einem Flaggenkauf Mitglied wird.

Eine skoposadäquate Übersetzung von (8) in diese spezifische deutsche Kultur kann deshalb gut und gerne wie in (11) aussehen.

(11) {P}:

Fähnchenverkäufer: Möchten Sie ein Fähnchen der Königlichen Seerettung kaufen und Mitglied werden?
Passant: Danke. Ich fahre dieses Jahr nach Birmingham zu meiner Schwester. Das liegt mitten in England. Da brauche ich keine Seerettung.

Was ist hier passiert? Im Wesentlichen ist das, was im vorigen Beispiel unter {C} war, nun in {P} gewandert, also, es wurde vieles explizit gemacht. Solche Umformungen und Anpassungen sind genau die Aufgabe des Übersetzers (auf der Basis einer Skopostheorie).

3 Maschinelle Übersetzung

Nun ist die Frage, wenn das Übersetzung ist, wie sollte dann die MÜ vorgehen? Soll sie Skopostheorie modellieren oder zumindest simulieren? Wenn ja, wie sollte/könnte sie das tun? Oder was ist die Alternative?

Wir wollen verschiedene Wege zeigen, wie bestimmte Informationen, die in einer Skopostheorie relevant sind, in den maschinellen Übersetzungsprozess einbezogen werden können.

Die maschinelle Übersetzung kennt zwei Paradigmen: Die regelbasierte MÜ und die korpusbasierte MÜ. Regelbasierte Ansätze beruhen auf linguistisch motivierten Analysen: Phrasenstrukturanalysen, Dependenzrelationen, Wörterbüchern mit linguistischem Wissen, semantischen Analysen, Repräsentationen in einem bestimmten Formalismus etc. Solche Systeme zu bauen ist extrem aufwändig.

Man braucht große, detaillierte Lexika in einem bestimmten Format, die nicht nur morphosyntaktische Information enthalten, sondern auch detaillierte Dependenzanalysen. Man braucht Grammatiken, semantische Analysen, Transferkomponenten, Generierungskomponenten. Deshalb ist man in jüngster Zeit dazu übergegangen ‚korpusbasierte' System zu bauen. Dazu gehören beispielbasierte Systeme und statistische Ansätze. In korpusbasierten Systemen werden keine Regeln vorgegeben, sondern aus den Corpora gelernt. Das ‚Wissen' steckt nicht in Regeln sondern in den Korpora. Diese Systeme benutzen Techniken des maschinellen Lernens.

3.1 Regelbasierte Ansätze

Der Kern regelbasierter Ansätze ist eine linguistische Analyse auf Satzbasis, die Satzbedeutungen ermittelt und in diese Repräsentation übersetzt.

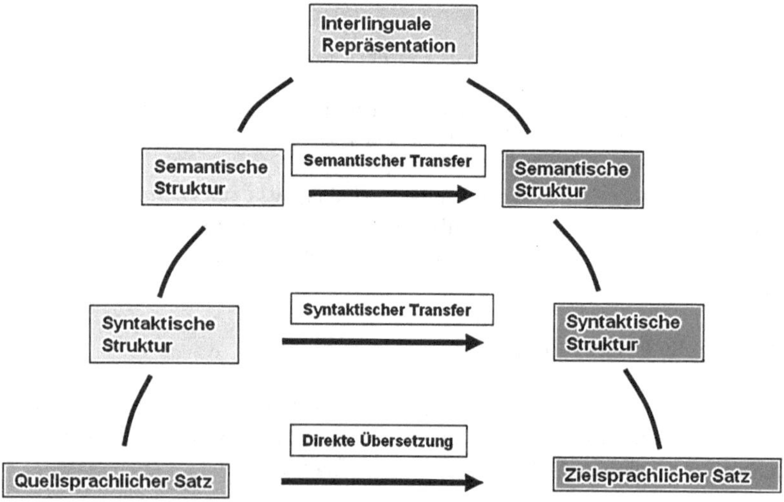

Abbildung 1: (Modifiziertes) Vauquois-Dreieck

Abbildung 1 fasst die Essenz der linguistischen maschinellen Übersetzung zusammen. Sie formuliert einen ‚Trade-off' zwischen der Analysetiefe des ausgangssprachlichen Satzes (also der Ermittlung der Menge/Tiefe der Information aus der Ausgangssprache) und der Komplexität der Übertragung (des Transfers) in die Zielsprache. Je ‚tiefer' (semantischer) analysiert wird, desto einfacher wird der Transfer und umgekehrt gilt, dass je flacher die Analyse ist, desto komplexer der Transfer. Bei der direkten Architektur ist die Analyse im Wesentlichen ein POS-Tagging, die Übersetzung auf der Basis eines bilingualen Wörterbuchs ausschließlich Transfer. Im Falle der Interlingua ist die Übersetzung im Wesentlichen semantische Analyse und ganz wenig (im Idealfall kein) Transfer.

Aber, selbst wenn man ein System bauen würde, das im Vauquois-Dreieck als ‚interlingual' gelten könnte, wäre man noch meilenweit weg von einem System, das in den Beispielen (8) ff. skizziert ist und das wesentliche Aspekte der Translationstheorie berücksichtigt. Man hätte lediglich ein System, das semantisch äquivalente Texte in der Zielsprache produzieren würde, aber noch keine Übersetzungen, die den Skopos berücksichtigen würden oder zielkulturell adäquate Kommunikationsakte realisieren würde.

In der künstlichen Intelligenz (Görz 1995) gab es eine Vielzahl von Versuchen, kognitive Fähigkeiten wie logisches Schließen zu simulieren oder zu modellieren. Diesen Versuchen lag die Überzeugung zu Grunde, dass sich menschliche Intelligenz generell simulieren ließe. In der Hochzeit der KI wurden sog. Mikrotheorien entwickelt, kleine Weltausschnitte, die mit Hilfe von Logikformalismen repräsentiert wurden, in denen Schlüsse gezogen und damit Probleme gelöst werden konnten.

(Hayes 1988) zeigt die Untersuchung von Prozeduren, die Wahrnehmung, Handeln, Schließen erlauben. Der Begriff von Intelligenz, der der KI zugrunde liegt, geht von der Möglichkeit aus, Schlüsse zu ziehen auf der Basis von Wissen über die Welt und es zu ermöglichen, aus Alternativen die beste auszuwählen.

Das ist aber nicht trivial, denn „real world is full of detail". Deshalb betrachtet die Wissenschaft künstlich vereinfachte Modelle der komplexen realen Welt. Das macht auch die KI in einer ihrer Versionen, in der Modellierung von Mikrowelten (Hayes 1988). Die Grundidee war, mit kleinen, einfachen Modellen zu starten und dann durch die Einführung von immer größerer Komplexität letztendlich das komplexe Verhalten von intelligenten Menschen zu erreichen.

Die erfolgreichste Anwendung der ‚Mikrowelttheorien' waren Expertensysteme. Die Beschränkung von Expertensystemen liegt in der Tatsache, dass sie auf ihre kleine Domäne eingeschränkt sind. Sie haben im Prinzip kein Verständnis von dem, was sie tun und wie sich ihr Tun in einen größeren Kontext einordnet. Diese Tatsache war die Motivation für das große CYC-Projekt (Lenat & Guha 1990): Man wollte einen bedeutenden Teil des ‚human common sense knowledge' implementieren. Die Idee war, dass Expertensysteme, die zusätzlich mit ‚common sense' ausgestattet wären, eine bessere Performanz hätten und weniger Fehler produzieren würden. CYC war das bisher größte Projekt im Bereich ‚symbolische KI'.

Bezüglich der Übersetzungsproblematik wäre es in der Tat möglich, ein (Mikro)System zu entwickeln, das den kleinen Weltausschnitt, der in (8) ff. beschrieben ist und als Grundlage für den Skopos-basierten Ansatz dienen könnte, zu modellieren. Das wäre die Modellierung einer Mikrowelt, die nur eben diese Mikrowelt handhaben könnte, aber keinerlei Generalität besitzen würde. Die Idee, dass man einfach immer mehr Mikrotheorien integrieren müsste, um dann irgendwann größere Weltausschnitte repräsentiert zu haben, hat sich als nicht gangbar erwiesen. Das liegt zum einen daran, dass für unterschiedliche Aufgaben unterschiedliche Granularität (Komplexität) der Modellierung erforderlich ist, und zum zweiten daran, dass das menschliche Wissen einfach zu umfangreich ist.

Wie erwähnt hat das CYC-Projekt über viele Jahre versucht, menschliches Alltagswissen zu modellieren. Obwohl inzwischen Millionen Statements in der Datenbank sind und sehr ausgefeilte Deduktionsmechanismen, ist die Datenbank immer noch völlig unvollständig und nicht in der Lage, auch nur einfache semantische Mehrdeutigkeiten in MÜ-Systemen aufzulösen (Mahesh/Nirenburg 1996).

3.2 Korpusbasierte Ansätze

Bei den korpusbasierten Ansätzen unterscheidet man ‚Beispielbasierte Übersetzung' (engl. example-based machine translation (EBMT)) und ‚statistische maschinelle Übersetzung', die ebenfalls auf Corpora beruht.

Bei der EBMT handelt es sich um ein ‚linguistisch intelligentes Translation Memory'. EBMT kombiniert die Übersetzung eines neuen Satzes, der nicht im Memory ist, aus Teilen, die im Memory sind. Die ‚Programmatik des EBMT' wurde treffend formuliert in (Sato/Nagao 1990):

> (12) „Man does not translate a simple sentence by doing deep linguistic analysis, rather, man does translation, first, by properly decomposing an input sentence into fragmental phrases, ... then by translating these phrases into other language phrases, and finally by properly composing these fragmental translations into one long sentence. The translation of each fragmental phrase will be done by the analogy translation principle with proper examples as its reference."

Entsprechend sind andere Bezeichnungen für diese Technik ‚analogy-based', ‚memory-based', ‚case-based', ‚experience-based'. In einem vereinfachten Beispiel:

(13)
(a) Er isst Äpfel und Birnen (He eats | apples and pears).
(b) Er kauft einen Computer (He buys | a computer).
(c) Er kauft | Äpfel und Birnen. (He buys | apples and pears).

Angenommen, (13)(c) ist die Übersetzung von (a). Im bilingualen Corpus ist aber nur (13)(a) und (b). EBMT holt sich Subjekt und finites Verb aus (13)(b), das direkte Objekt aus (13)(a) und baut das Ergebnis zu (13)(c) zusammen. Die Essenz der EBMT ist: Input wird zerlegt in geeignete Fragmente, diese auf eine Beispiel-Datenbank abgebildet, die korrespondierenden Übersetzungsfragmente identifiziert und die zielsprachlichen Fragmente zu einem Satz kombiniert.

Obwohl dieser Ansatz ein großes Potential als eine wesentliche Verbesserung der TM-Technologie in Richtung maschinelle Übersetzung hat, ist EBMT eher aus technischer Sicht (als technisches Hilfsmittel für den Übersetzer) zu betrachten, denn als potentieller Beitrag zu einer Diskussion des Übersetzungsbegriffs.

Statistische maschinelle Übersetzungssysteme (SMÜ) haben dagegen weitergehende Ansprüche in Richtung kognitive Relevanz. Für regelbasierte Ansätze gilt: Eine Regel trifft zu oder nicht. Etwas ist ein X oder es ist nicht ein X. Es ist nicht ein wenig ein X oder fast ein X. Unschärfen, Unvollständigkeit, Lücken, Übergänge usw. sind in regelbasierten System sehr schwer oder gar nicht darstellbar.

Bei unseren kognitiven Fähigkeiten kommt es aber genau darauf an. Wir sind in der Lage, mit unvollständiger Information, mit Unschärfen umzugehen. Deshalb gibt es gute Gründe anzunehmen, dass unser kognitiver Apparat ein ‚probabilistischer' Apparat ist und nicht ein regelbasierter Apparat.

So wurde das ‚Ursystem' der statistischen MÜ (Brown et al. 1990) als sog. ‚Noisy Channel Model' konzipiert. In einem ‚Noisy Channel Model' wird angenommen, dass die Informationsvermittlung gestört ist durch einen ‚Noisy Channel'. Als Beispiel kann eine schlechte Telefonverbindung dienen.

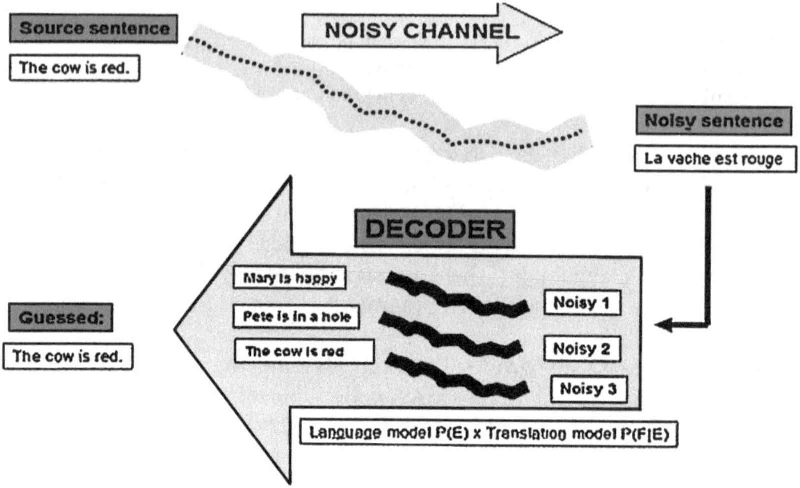

Abbildung 2: Maschinelle Übersetzung als ‚Noisy Channel Model'.[2]

Ein Dekoder hat ein Modell des ‚Noisy Channel', durch das jede Hypothese geschickt wird. Der Dekoder rekonstruiert die beste Hypothese. Dieses Verfahren wird in verschiedenen Bereichen der Sprachverarbeitung verwendet, u.a. in der Grammatik- und Rechtschreibprüfung und v.a. in der Spracherkennung und, wie Abbildung 2 zeigt, in der MÜ.

Bei der Anwendung des ‚Noisy Channel Modells' denken wir ‚rückwärts' in Bezug auf Ausgangssatz und Zielsatz. Wir formen ein Modell des Generierungsprozesses eines englischen Satzes durch einen Channel zu einem französischen Satz. Gegeben ein französischer Satz, dann nehmen wir an, dass er aus einem englischen Satz hervorgegangen ist, der durch einen ‚Noisy Channel' geschickt worden ist und wir suchen nach dem bestmöglichen Ausgangssatz. Das ‚Noisy Channel Model' hat folgende Ingredienzen:

Ein ‚language model' für die Ausgangssprache: P(S) (Probabilität der Ausgangssprache, aus großen monolingualen Korpora abgeleitet). Ein ‚translation model' P(T|S): Die Probabilität von T (zielsprachlicher Satz) gegeben S (ausgangssprachlicher Satz), bestehend aus drei Teilen, aus einem Wert für die Probabilität der Übersetzung der in dem zu übersetzenden Satz vorkommenden einzelnen Wörter, der ‚Fertilität' (der Probabilität für ein Wort, in 2, 3, oder 0 Wörter übersetzt zu werden) und der ‚Distortion' (die Probabilität für ein Wort, an derselben

2 Skizze nach Jurafsky/Martin (2008)

Stelle im zielsprachlichen Satz wie im ausgangssprachlichen Satz zu erscheinen.).

Die Parameter des ‚translation model' werden aus großen bilingualen, alignierten Corpora abgeleitet.

Ein Algorithmus, der den Wert maximiert:

S = argmaxPr(S |T) = P(S) x P(T|S). (de Bayes-Theorem)

Das ‚Translation model' wird mit dem de Bayes-Theorem berechnet. Dies ist allerdings nicht die einzige Möglichkeit. In neuster Zeit werden sog. ‚log linear feature functions' präferiert (Oepen et al. 2007) auf der Basis von phrasenbasierten Alignierungen.

‚Feature functions' werden benutzt, um Übersetzungsvarianten auszuwählen und in Bezug auf ihre Wahrscheinlichkeit zu bewerten. Die ‚log linear-Kombination' von ‚feature functions' stellen ein Framework dar, das die Kombination verschiedener Informationsquellen erlaubt:

(... "a log-linear model is given in terms of (a) a set of specified features that describe properties of the data, and (b) an associated set of learned weights that determine the contribution of each feature." Carl 2008: 1140):
("Each pair of source sentence **f** and target sentence **e** is represented as a real-valued feature vector *h*. A vector of weights *w* is then trained to optimize some objective function of the training data so as to allow a search procedure to find the target sentence ***ê*** with the highest probability: A number of feature functions have been explored in various system implementations (e.g. Oepen et al. 2007) separating the features roughly into source features, channel features and target features. Source features include probabilities of representations resulting from the SL analysis such as likelihood of the parse tree and dictionary matching. Channel models include SL-to-TL alignment and lexical translation probabilities. Target features refer to probabilities of the generated TL sentence, including *n-gram* language models." Carl 2008: 1140):

$$\hat{e} = \mathrm{argmax} \sum_{m}^{M} w_m h_m(\cdot)$$

Abbildung 3: Log-linear feature functions

Welche Version von SMÜ man auch immer annehmen will, aus translatorischer Sicht ist ein Aspekt besonders interessant, nämlich der Lernaspekt. SMÜ-Systeme sind lernfähig. Während bei regelbasierter MÜ das Wissen im Regelwerk steckt, steckt es bei der statistischen MÜ in den Corpora.

SMÜ-Systeme müssen nicht immer weiter programmiert und verfeinert werden durch neue Regeln oder erweiterte Lexika, Grammatiken. Sie können selber lernen aus neuen Corpora, aus verbesserten Corpora usw.

Eine Anpassung an neue Domänen erfordert nicht einen großen Aufwand an neuen Regeln und lexikalischen oder terminologischen Ressourcen, sondern einfach neues ‚Training' der verschiedenen probabilistischen Modelle mit neuen Corpora.

4 Skizze eines Neuansatzes[3]

Die Frage ist, wie MÜ die Erkenntnisse der Translationstheorie umsetzen, also wie MÜ kulturelle Mediation, Anpassung an die kommunikativen Intentionen des zielsprachlichen Rezipienten (teilweise) modellieren könnte.

In Bezug auf regelbasierte Ansätze müsste die Modellierung mit Hilfe von KI-Methoden geschehen. Dass dies mit ‚symbolischer KI' kaum möglich ist, wurde schon angedeutet. Die Frage ist, ob es dazu Alternativen gibt.

In diesem Kapitel soll skizziert werden, wie ein erster Ansatz aussehen könnte, der einige Konzepte aus der Skopostheorie in die MÜ einbezieht. Das wäre ein sehr viel weitergehendes Modell von Translation als der intuitiv begründete Begriff von Äquivalenztheorie der Übersetzung, der allen MÜ-Systemen bisher zugrunde liegt.

4.1 Ingredienzen

Der Übersetzer fällt seine Entscheidungen in Bezug auf Vokabular, Syntax, textuelle Struktur des zielsprachlichen Textes, Stil, Kommunikationsstil (implizit, explizit) im Lichte des Plans, die gewünschten kommunikativen Absichten in der Zielsprache zu erzielen. MÜ könnte eine Reihe dieser Features benutzen, um die Zielsprache besser zu modellieren. Das wäre ein Modell von Übersetzung, das wesentliche Merkmale der Skopostheorie realisiert. Man könnte Techniken aus

---

3 Dieses Kapitel verdankt sehr viel einem nicht publizierten Paper von Maite Melero (Universität Pompeu Fabra): Cognitive-Translation-Theory-based MT. Die Grundidee ‚skopos-relevante Information' aus den Korpora zu lernen entstammt der Diskussion mit Maite Melero.

den Bereichen Information Retrieval, Text Mining und Textklassifikation benutzen.

Als Ziel könnte ein Projekt formuliert werden, ein kognitiv begründetes MÜ-System zu implementieren, das in der Lage ist, sich an kulturelle Erwartungen anzupassen, d.h. ein System, das einen ausgangssprachlichen Text in einen zielsprachlichen Text übersetzen kann, gemäß der kommunikativen Funktion (!) und so (teilweise) ‚kulturelle Mediation' zwischen zwei Sprachen zu erzielen.

Der Kern des MÜ-Systems könnte ein übliches hybrides MÜ-System sein. Die Formulierung der Translationsaufgabe wird Informationen über kulturelle Mediation und den Translationszweck beinhalten. Die kommunikative Aufgabe kann differieren zwischen Ausgangssprache und Zielsprache. Falls kein Kommunikationszweck formuliert ist, muss der aus dem ausgangssprachlichen Text errechnet werden. Die Inferenzmaschine wird Information aus der Analyse des Ausgangstextes und der Übersetzungsaufgabe erhalten, um Entscheidungen auszurechnen, die das Translationsmodell und die Textgenerierung in der Zielsprache betreffen. Dies würde sich in einer Architektur wie in Abbildung 4 realisieren.

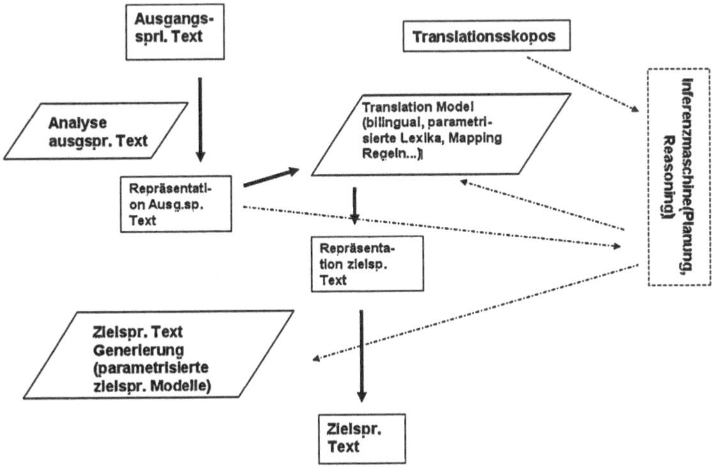

Abbildung 4: MÜ-Architektur

Die Implementierung der kulturellen Mediation wird realisiert durch die Erforschung einer sehr feinkörnigen Hierarchie von ‚Kulturemen' und Regeln, wie diese mit der Textproduktion (durch lexikalische, syntaktische und Diskursressourcen) interagieren.

Wenn wir uns der Frage nähern, was Kulturen sind, dann beginnen wir zunächst mit einem sehr vereinfachten Modell in Form sogenannter ‚Kultureme' (Hofstede, G. 1991)[4]. Dazu gehören die Haltung einer Kultur zu bestimmten Dimensionen (kulturelle Orientierungen genannt) wie ‚Raum', ‚Status', ‚Individualismus', ‚Konkurrenz', ‚Denken' (deduktiv, induktiv, systemisch), ‚Zeit' (monochron, polychron, fest, fließend) usw. (Katan, D. 1999) beschreibt auf exzellente Weise, wie sich kulturelle Dimensionen auf Übersetzungen auswirken können. Dazu gehört auch, dass eine Kultur nicht aus einer beliebigen Kombination von ‚Kulturemen' besteht sondern aus ‚Clusters' von Kulturemen. Clusters lassen sich dann z.B. zusammenfassen zu einer HCC (high contexting culture) und LCC (low contexting culture). Ohne diesen Aspekt ausarbeiten zu wollen, soll betont werden dass die Mitglieder einer Kultur eine bestimmte Haltung dazu haben, wie sie kommunizieren, eher durch den ‚Kontext' oder den ‚Text'.

Alle anderen kulturellen Orientierungen sind von dieser Grundorientierung abhängig.

LCC:	HCC:
Emphasis on:	
Text	Context
Facts	Relations / feelings
Directness	Indirectness
Consistency	Flexibility
Substance	Social appearance
Rules	Circumstances
Monochronic time	Polychronic time

Abbildung 5: Kulturelle Orientierungen

In LCCs geht es um ‚proven capabilities', ‚written qualifications'. In HCCs ‚You need to be known before if you want to get something' (Katan, D. 1999). Eine ‚monchrone Zeitauffassung' wird also eher in einer LCC vorkommen als in einer HCC und dasselbe ist der Fall mit anderen Orientierungen. Beispiele für LCC sind Großbritannien und die USA, Beispiele für HCC sind Italien und Japan. Das

4 Hofstedes Modell von Kultur ist stark vereinfacht. Aber gerade deshalb ist es für einen ersten Ansatz besonders gut geeignet.

bedingt, dass diese Dimensionen von Kulturen in eine Hierarchie von Kulturemen formalisiert werden können, in eine Ontologie von Kulturen.

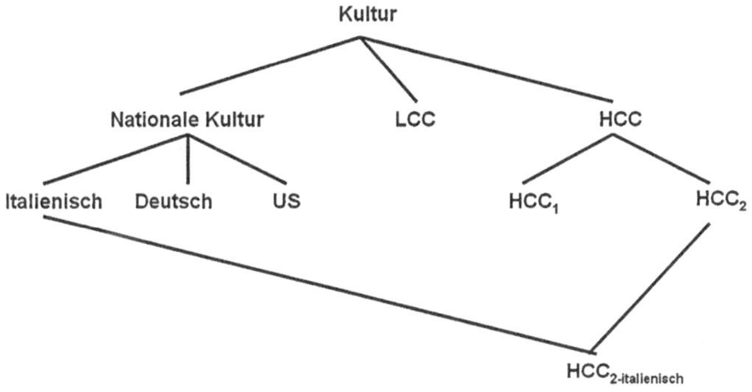

Abbildung 6: Kulturen

In einem zweiten Schritt müsste dann untersucht werden, wie diese kulturellen Orientierungen Einfluss nehmen auf die Textgestaltung. (Katan 1999) untersucht die Auswirkungen kultureller Orientierung auf die Textgestaltung. Ein ganz wichtiger Aspekt ist ‚Explizitheit'. Engländer, Deutsche oder Amerikaner sind oft frustriert, weil sie das Gefühl haben, nicht alle Informationen zu bekommen. Das lässt leicht das Gefühl aufkommen, dass es ‚Hintergedanken' gibt. Eine HCC hat eher Verständnis dafür, dass Information implizit kommuniziert wird.

Auf der formalen Ebene wirkt sich die kulturelle Orientierung dahingehend aus, dass in der HCC lange Sätze, formales Register, Nominalstil, unpersönlicher Stil vorherrschen, während in der LCC kurze Sätze, informeller Stil, verbale Ausdrucksweise überwiegen.

Eine weitere Dimension stellen die ‚Translationsskopoi' dar. Translationsskopoi sind relativ unerforscht. Eine kohärente Theorie der Translationsskopoi existiert nicht. Sie wäre eine hierarchische Struktur translatorischen Handelns und könnte als Netzwerk dargestellt werden wie die Kulturen in Abbildung 6.

Etwas spekulativ könnte man zunächst davon ausgehen, dass eine Unterscheidung wäre, ‚Äquivalenz herstellen' versus ‚andere Zwecke befriedigen'. Letztere wären alle Skopoi, die sich von denen des Ausgangstextes unterscheiden. Eine Hierarchie, wie verschiedene Aspekte mit Skopoi zusammen gehören, könnten in einem Netzwerk wie in Abbildung 7 zusammengefasst werden.

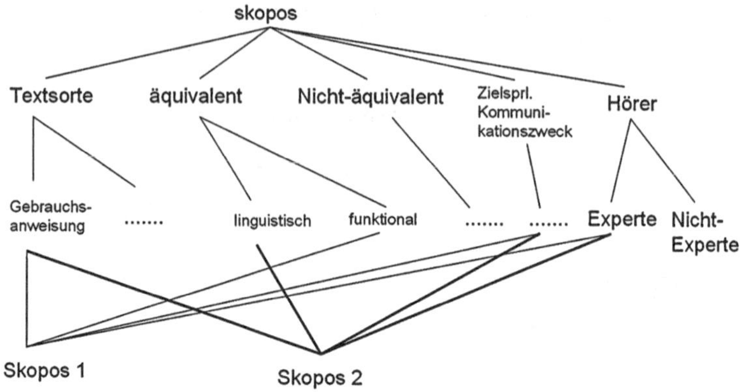

Abbildung 7: Skopoi

4.2 Textklassfikation

Die verschiedenen Merkmale müssen gelernt werden. Dazu dienen Konzepte aus dem maschinellen Lernen, v.a. aus der Textklassifikation.

Textklassifikation kann an einem Beispiel eingeführt werden. Angenommen, Texte sollen bestimmten Bereichen zugeordnet werden wie ‚Chemie‘ ‚Astronomie‘ oder auch ‚feinkörnigeren‘ Bereichen wie ‚neuronale Netze‘ oder ‚Galvanisierungstechniken‘. Solche Zuordnungen können durch ‚maschinelles Lernen' ermittelt werden. Alle Merkmale für die Klassifikation sind in den Texten enthalten. Grundlage für die auf maschinellem Lernen beruhenden Methoden sind also spezialisierte (und klassifizierte) große Corpora.

Im Information Retrieval werden Dokumente durch die besten inhaltscharakterisierenden Terme dargestellt (gegebenenfalls mit ihren Gewichten) oder auch allen Inhaltswörtern, wobei bei deren Ermittlung verschiedene Techniken zum Einsatz kommen können. Diese Terme mit ihren Gewichtungen können als Vektoren dargestellt werden. Aus einer großen Anzahl klassifizierter Dokumente können Klassen als Vektoren ermittelt werden, die dann als Vergleichsmaßstab für neue Dokumente dienen. Die ‚wahrscheinlichste‘ Klasse, das ist der Klassenvektor, der dem Dokumentvektor am ähnlichsten ist, wird dann als Ergebnis der Klassifikation genommen.

Dieses Verfahren kann nun auch beim Übersetzungsprozess angewandt werden. In der Computerlinguistik gibt es Vorbilder, Verfahren, Daten aus sozialen

Netzwerken zu analysieren, Sentimentanalysen durchzuführen, Meinungen zu extrahieren durch die Untersuchung von Blogs, Emails, Debatten etc. (Carvalho & Cohen 2007). Es wird versucht, Absichten in Emails zu entdecken auf der Basis einer flachen semantischen Taxonomie (Email speech Acts).

In unserem hybriden MÜ-Szenario ginge es nicht darum, automatisch Absichten zu entdecken, sondern diese zu generieren. Ein ‚Inferierer' müsste den generierten Text (die Übersetzung) über den Translationsskopos und die kulturellen Constraints informieren, indem spezielle Information über die Auswahl lexikalischen Materials, syntaktische Constraints und Diskurseigenschaften gegeben werden.

Die Analyse des ausgangssprachlichen Textes in Bezug auf die Entdeckung von Kulturemen könnte schon auf der Basis einer ‚flachen syntaktischen Analyse geschehen. (Das Lernen von Kulturemen würde wie bei einer klassischen Kategorisierungsaufgabe geschehen). Ein Problem entsteht, wenn kein Translationsskopos formuliert ist. Aber, in diesem Fall hat auch der Humanübersetzer ein Problem. Man müsste in diesem Fall wohl die Kommunikationsabsichten des ausgangssprachlichen Textes übernehmen.

Das Übersetzungsmodell müsste Folgendes beinhalten: Transferregeln für die Übertragung von ausgangssprachlichen Kulturemen in die Zielsprache und parametrisierte bilinguale Lexika, wo Übersetzungsoptionen als Vektor von Gewichten repräsentiert sind, abhängig von Intentionsklassen. Transferregeln, die Kultureme übersetzen, sind das Ergebnis maschinellen Lernens. Die bilingualen Lexika können gelernt werden. Eine weitere Komponente ist die zielsprachliche Generierung. Diese muss spezialisierte zielsprachliche Module umfassen.

Die Inferenzmaschine steuert und plant den Gesamtprozess. Sie fällt die relevanten Entscheidungen, um eine Übersetzung gemäß des Translationsskopos zu erzielen. Die Information, die zur Verfügung steht, besteht im Translationsskopos, bestehend aus einer Menge von Merkmalen, Informationen über den ausgangssprachlichen Text: Linguistische Information, kommunikative Intentionen und Kultureme. Die Entscheidungen, die die Inferenzmaschine tätigt, betreffen das Übersetzungsmodell (gewichtete Lexika, Regeln) und den zielsprachlichen Textplaner. Die Inferenzmaschine würde auf probabilistischen Algorithmen und Planungsmodellen beruhen.

Literaturverzeichnis

Alves, F./J.L.V.R. Gonçalves (2003): „A Relevance Theory Approach to the Investigation of Inferential Processes in Translation", in: Alves (2003), 3-24.

Alves, F. (Hg.) (2003): *Triangulating Translation*. Herndon: John Benjamins.

Brown, P.F./S. A. Cocke/V. J. Della Pietra et al. (1990): „A Statistical Approach to Machine Translation“, *Computational Linguistics,* 16, 79-85.

Carl, M., (2008): „Using Log-linear Models for Tuning Machine Translation Output“, in: *Proceedings of the Sixth International Language Resources and Evaluation (LREC'08),* 2008, May, 28-30, Marrakech, Morocco, European Language Resources Association (ELRA).

Carl, M./A.L Jakobsen/K.T.H. Jensen (2008): „Studying Human Translation Behavior with User-Activity Data“, in: Sharp, Bernadette/Michael Zock (Hg.): *Natural Language Processing and Cognitive Science*, Proceedings of the 5th International Workshop on Natural Language Processing and Cognitive Science, NLPCS 2008, INSTICC Press, 2008.

Carvalho, V./W. Cohen (2007): *Recommending Recipients in the Enron Corpus*. Ms,; William W. Cohen's Papers: Text Categorization.

Catford, J.C. (1965): *A Linguistic Theory of Translation*. Oxford: Oxford University Press.

Danks, J./G. Shreve/S. Fountain et al. (1997): *Cognitive Processes in Translation and Interpreting*. Thousand Oaks/London/New Delhi: SAGE Publications.

Görz, G. (1995): *Einführung in die Künstliche Intelligenz*., Reading, MA: Addison-Wesley.

Gutt, E. (1991): *Translation and Relevance*. Oxford: Blackwell.

Hayes, P.J. (1988): „The Second Naive Physics Manifesto“, in: Hobbs, J.R./ R.C. Moore: *Formal Theories of the Commonsense World*, 1-36. Norwood, New Jersey: Ablex.

Hofstede, G. (1991): *Cultures and Organisations, Software of the Mind*. London: McGraw-Hill.

Holz-Mänttäri, J. (1984): *Translatorisches Handeln*. Helsinki: Academia Scientiarum Fennica.

Jurafsky, D./J. H. Martin (2008): *Speech and Language Processing: An Introduction to Natural Language Processing, Speech Recognition, and Computational Linguistics*. 2nd edition, Prentice-Hall.

Katan, D. (1999): *Translating Cultures. An Introduction for Translators, Interpreters and Mediators*. Manchester: St. Jerome Publishers.

Koller, W. (1995): *Einführung in die Übersetzungswissenschaft*. Heidelberg/Wiesbaden: UTB:

Krings, H.P. (1986): *Was in den Köpfen von Übersetzern vorgeht*. Tübingen: Narr.

Kußmaul, P. (1995): *Training the Translator*. Amsterdam/Philadelphia: John Benjamins.

Lenat, D./R. Guha (1990): „Toward Programs with Common Sense“, *Communications of the ACM*, Band 33.

Kavi Mahesh/Sergei Nirenburg (1996): *KR Requirements for Natural Language Semantics: A Critical Evaluation of Cyc*, in: Proceedings of the Knowledge Representation Conference: KR-96.

Newmark, P. (1998): *A Textbook of Translation*. Hemel Hempstead: Prentice Hall International.

Oepen, Stephan/E. Velldal/J.T. Lonning et al. (2007): *Towards Hybrid Quality-Oriented Machine Translation – On Linguistics and Probabilities in MT*, in: Proceedings of the 11th International Conference on Theoretical and Methodological Issues in Machine Translation (TMI).

Risku, H. (1998): *Translatorische Kompetenz. Kognitive Grundlagen des Übersetzens als Expertentätigkeit*. Tübingen: Stauffenberg.

Russel, S./P. Norvig (1995): *Artificial Intelligence. A Modern Approach*. Hemel Hempstead: Prentice-Hall.

Sato, S./M. Nagao (1990): „Towards Memory-Based Translation“, in: Proceedings *of the 13th International Conference on Computational Linguistics*, 247-252. Helsinki.

Sperber, D./D. Wilson (1986): *Relevance. Communication and Cognition*. Oxford: Blackwell.

Vannerem, M./M. Snell-Hornby (1986): „Die Szene hinter dem Text: 'Scenes-and-Frames Semantics in der Übersetzung“, in: Snell-Hornby, M. (1994):

Übersetzungswissenschaft. Eine Neuorientierung. Tübingen: UTB, 184-205.

Vermeer, H. (1990): *Skopos und Translationsauftrag*. Abt. Allg. Übersetzungs- und Dolmetschwissenschaft, Reihe Translatorisches Handeln, Heidelberg.

Silvia Hansen-Schirra
Oliver Čulo

Forays into Multilingual Forests and along Translated Trees – Identifying Translation Patterns in Parallel Treebanks

1 Introduction

As with many other linguistic areas, in translation practice and education, the primary value of employing corpora is the opportunity to investigate large amounts of data and conduct empirical research on translations. This means that translators are able to move from the observation of text samples to the investigation of larger sets of texts in different constellations. More concretely, a translation corpus consists of a more comprehensive and diverse variety of source language items and possible translation solutions than a dictionary could ever display. Thus, in translation work, corpora are, for instance, explored for terminology look-up, for teaching the usage of collocations or as translation memories.

However, the grammatical point of view has not yet been addressed in corpus-based translation work. There are translation problems which are due to typological differences between languages or divergences in text type and register. The existing descriptions of these rather grammatical problems are all example-based. This is a good way to describe and define a phenomenon; it is however not ideal for practical applications because it cannot take into account all instances to be found in the day-to-day work of translators. While example-based studies on typologically driven translation problems show typical examples, they often cannot give evidence on the frequency and context of their occurrences or on the range of phenomena. Therefore linguistic annotation is necessary. Up to now linguistic enrichment of parallel corpora has mostly been limited to sentence alignment which restricts the exploitation facilities to string- and word-based queries.

In this paper we explore the role of corpora in translation work and explain why linguistic annotation helps to find typical translation patterns and specific properties of translated text (section 2). Here, the English-German CroCo Corpus, aligned and annotated on several linguistic layers, is exploited as interactive resource to display translation solutions for typologically problematic constructions (section 3).

2 Multilingual Forests and Translated Trees

Generally speaking, translators and translation scholars have always been used to working with large amounts of monolingually and multilingually comparable texts as well as with previously translated texts. In earlier times, these texts were commonly used as printed material, which provided a basis for terminological work, the search for collocations and idiomatic language use as well as consistency checks. They also served for translation quality assessment. Defining a corpus as a collection of externalized utterances, i.e. performed data (cf. Chomsky 1965 and 1968), such collections of printed material can also be regarded as text corpora.

However, in modern corpus linguistics, a corpus is defined to be machine-readable. The advantages of an electronic corpus are obvious: it can be searched very quickly, and extra information can be added very easily. Automatic, semi-automatic or manual corpus annotation and alignment can be carried out, too. Calculations of word and tag frequencies and their co-occurrences are possible. In addition to this, user-friendly ways of sorting the data and displaying the results (e.g. Key Word In Context (KWIC) concordances) have been developed. Furthermore, electronic storage, maintenance and access are cost-saving and more efficient compared to the traditional sampling methods of printed texts. As a result, many corpora can today be accessed via the Internet. For this reason, translators can also profit from the use of modern, electronic corpora for their practical translation work as well as for training purposes. Another advantage is that electronic corpora can be annotated for semantic and syntactic information. The most common kind of annotation is a corpus of syntactic trees, i.e. each sentence is analyzed according to its syntactic structure. Such a collection of trees is called a **treebank**. In the following we describe the motivation to use corpus annotation, and especially treebanks, in translation work (section 2.1) and the annotation techniques and procedures for translation corpora (section 2.2).

Before we turn to treebanks in translation work, it should be mentioned that in computational linguistics, these kind of corpora have proven to be useful for multilingual grammar induction, as test suites and gold standards for alignment tools and multilingual taggers and parsers as well as for the development of corpus-based machine translation systems. Despite these manifold applications, it is quite surprising that there are only very few parallel treebanks in development, for example the Prague Czech-English Dependency Treebank (Cuřín et al. 2004). For German, the Verbmobil Treebanks (Hinrichs et al. 2000), the German-English-Swedish Sofie Treebank (Volk et al. 2006) as well as the Ptolemaios Treebank (Kuhn/Jellinghaus 2006) are available. However, all treebanks including German are rather small and they comprise one translation direction only. Sometimes it is even unclear which of the languages can be seen as the source and which as the target language. Therefore, we will introduce the CroCo Treebank in the following sections and explain its use for translation work.

2.1 Afforesting Translation Studies: Why do we need Trees?

Typically, two types of corpus design are employed in corpus-based translation work: the parallel corpus and the comparable corpus.[1] Parallel corpora consist of source language texts and translations of those texts into a target language. They are commonly employed for terminology look-up and for teaching the usage of collocations. Furthermore, they are used for bilingual lexicography and more recently also as training material in machine translation. Comparable corpora are collections of translations (from one or more source languages) into one target language and original texts in the target language. Comparable corpora are mainly used in translation research – they reveal properties which are characteristic for translated texts only, e.g. explicitation or simplification.[2]

The advantage of using corpora in translator training and practice is that a parallel corpus contains a large variety of real-life instances of aligned text. It represents language – and more precisely translation – in use and thus offers more examples than a dictionary could provide (cf. Zanettin et al. 2003). Moreover, it clarifies the usage frequencies, i.e. the usage norms of the source and target language. Translation corpora show translation decisions of previous translations and can thus be used as translation memories and term bases. Access to these is fast and user-friendly, and they can easily be updated. Monolingual comparable corpora can be used as reference standards for the target language (cf. Hansen-Schirra 2008).

Translators and translation students use corpora for the following tasks[3]: terminology look-up, collocation searches, investigation of register- and typology-specific patterns of the target language, maintenance of personal style and consistency (e.g. corporate language use) and as translation memories (for highly repetitive texts). For training purposes, also multiply translated texts (cf. Johansson 2003) as well as learner corpora (cf. Bowker/Bennison 2003) are collected and investigated in order to solve typical translation problems. For professionals the use of the World Wide Web as corpus (cf. Kilgarriff 2001) becomes more and more important.

---

1 Note that this terminology and the respective definitions may differ depending on the research background. We use Baker's (1996) terminology.

2 For further information on corpora in translation studies see (Olohan 2004).

3 For a detailed description see Hansen-Schirra/Teich (2008).

With respect to translation studies, the role of corpora was traditionally restricted to the applied branches of translatology. Translation criticism and assessment as well as translation technologies constituted the only domain of application in translation studies. Recently however, translation scholars have begun to recognize the importance of corpora to the theoretical and descriptive branches. Consequently, researchers no longer try to ban translations from corpora (translated text was not considered worth investigating due to what is widely seen as a constraint exerted by the source text), but to compile translation corpora in their own rights. Within this context, Baker (1995 and 1996) built up the Translational English Corpus (TEC) to enable the testing of universal features of translations (e.g. explicitation, simplification, normalisation; cf. Baker 1996; Maranen/Kujamäki 2004). Furthermore, they are used to calculate frequency patterns of translation shifts, which indicate translation procedures and strategies (cf. Botley et al. 2000, Granger et al. 2003).

As mentioned above, Machine Translation (MT) and more precisely Statistical Machine Translation (SMT) is based on extracting rules and translation probabilities from parallel corpora. However, these corpora are used rather uncritically. Factors like translation direction or text type/register have largely been neglected. The factors mentioned here have a major influence on the production of human translation. As e.g. Koehn/Schroeder (2007) show, the influence of register is such that training SMT models, both the monolingual language model as well as the translation model, on domain-adapted data has a positive effect on the correctness of translations. In order to account for these factors and to derive them automatically, however, high-quality annotated resources are necessary.

In the following we will discuss three examples in order to show why deep linguistic annotation is necessary for translation practice and training, for translation studies as well as for modern MT systems.

1. In **translation training and practice** the use of corpora is often restricted to the translation of highly repetitive texts. For this purpose parallel texts are aligned (i.e. parallelized sentence by sentence) and loaded in a translation memory (i.e. a database storing bilingual translation equivalents). Typically, the material is loaded as raw text strings, that means it is not enriched with further (linguistic) information. The translator uses a word processor for the translation task – the Translation Memory offers translation suggestions (drawn from corresponding translations contained in the database). Additionally, terminology can be stored and maintained in a term base.
   The problem with this string-based methodology is that it fails to recognize slight variations in the source text, e.g. a change from a singular to a plural word form. Lemmatized parallel corpora, in which not only the to-

kens (words) of the texts, but also the types (stems) are stored, provide a potential solution to this problem (cf. Reinke 2004 for an earlier attempt at developing such an approach). In this case, the information on the morphological variation of a word can be deduced from the linguistic annotation and a corresponding target language structure can be offered. Additionally, part-of-speech tagging would help to identify corresponding translations in word class shifts which are not stored in the translation memory. For example, a new sentence to be translated is identical to a sentence stored in the database except for the fact that an adjunct is nominalized. The translation memory would mark this difference as unknown, whereas a database using lemmatization and part-of-speech tagging would be capable of suggesting the correct translation candidate. Additionally, the inclusion of treebank annotation in translation memories would facilitate the identification of syntactic functions. This information could in turn be used to generate the correct morphological realizations in the target language (e.g. accusative for German direct objects or dative for German indirect objects). In addition, semantic annotation enables the retrieval of synonyms or hypernyms. Terminology work, too, would benefit from semantic enrichment since terminological fields can easily be identified and automatically fed into the term base.

2. In **translation studies**, parallel and comparable corpora have found their way into the descriptive branch of the discipline, enabling empirical research on the nature of translated text. Using a comparable corpus, Olohan and Baker (2000), for instance, investigated explicitation indicated by the presence of optional elements in translations. For this purpose, they analyzed the occurrence of the optional complementizer that in the Translational English Corpus (TEC[4]) compared to the British National Corpus (BNC[5]). They found that this optional element occurs significantly more frequently in TEC than in comparable parts of the BNC and interpreted this result as being indicative of explicitation.
   However, the methodology Olohan and Baker use is rather limited given the existing computational techniques: the results are generated using KWIC concordances of the verbs, say and tell. On the basis of these concordances the occurrence of the that-complementizer in contrast to the zero-connector are filtered (since a lot of wrong hits have to be sorted out) and counted. The problem here is, that the keywords, say and tell, can only be used with wild cards (e.g. say* covering say, says and saying). Irregular verb forms have to be searched for separately. Again, a lemmatized cor-

4 http://www.monabaker.com/tsresources/TranslationalEnglishCorpus.htm

5 http://www.natcorp.ox.ac.uk/

pus, where word stems can be explored for the generation of concordances would offer a higher level of efficiency (higher precision). Moreover, limiting of this kind of research to two verbs is a problematic restriction. A syntactically annotated corpus (with information on process types and subordinate clauses) would enable comprehensive querying of all verbal and mental processes and their complementizers (higher recall). Furthermore, string-based approaches are rather lexically oriented. Neither raw text, concordances nor word counts are inadequate for many research questions concerning grammatical or semantic investigations which call for deeper linguistic interpretation (e.g. semantic annotation in order to enable the recognition of synonyms or hypernyms, or even partial paraphrases). A further problem emerges in connection with cross-linguistic comparisons, as string-based queries fail to take into account typological differences. The analysis of, for example, simplification on the basis of type-token ratio, lexical density and average sentence length, which entails word counts, is not particularly well-suited for the comparison of English and German since the different morphological typologies bias the results (cf. Hansen-Schirra et al. 2012). Thus, alternative ways of operationalizing the testing of rather abstract hypotheses both on a text basis and in multilingual environments have to be sought. Syntactic information allows, for example, contrasting non-finite structures in English originals with finite structures in German translations indicating explicitation as well as simplification since the subject is explicitated and the finite verb gives information on tense and mood. Thus, deep linguistic annotation (e.g. syntactic, semantic, pragmatic annotation) helps to bridge the gap between the rather abstract hypotheses developed by translation scholars (e.g. on explicitation or simplification in translations) and their realizations in the source and target texts.

3. In recent **Machine Translation** the systems are based on statistical calculations, which assign each source segment to a possible translation in the target language. The possible target translation is assigned based on computed probabilities. The segments may be words or phrases (as in phrase-based MT; Koehn et al. 2003). The problem, however, is that the words often need reordering (target language corpora are used to fulfill this task; Carl 2000) and the phrases are not identical with linguistic phrases, i.e. that a tuple or triple of words without grammatical or semantic relation may be grouped together because of their high frequencies and probabilities (e.g. "and the"). Without linguistic knowledge sometimes peculiar combinations of words and phrases are grouped together, which are problematic from a syntactical point of view but also from a semantic perspective.

Traditional rule-based MT used syntactic information and phrase structure (cf. Hutchins/Somers 1992). However, this approach was time-and cost-consuming, since the linguistic rules had to be implemented by programmers. Moreover, the rules could hardly be exhaustive and they did not reflect frequencies and usage norms of a language.
Most recent approaches show that hybrid systems combining statistical and linguistic approaches may improve MT performance. There are of course many ways of combining different MT approaches. One promising approach includes the use of treebanks as used for Czech-English MT exploiting the Prague Czech-English Dependency Treebank (Čmejrek et al. 2004). The idea here is that the linguistic information of source and target sentence pairs (including alignment) can be used as syntactic and semantic representation for the machine translation process. When calculating the probabilities of linguistic phrases and their alignment the MT output tends to be more accurate and reliable (cf. Čmejrek 2003).

This discussion illustrates the need for parallel treebanks in translation work. Before we come to some first results usable for MT, translation studies and translation training or practice, we will introduce the CroCo Treebank, a parallel German-English corpus aligned and annotated with syntactic information.

2.2 Translation Tree Plantation

The CroCo Corpus comprises 1 million words of German originals and their English translations as well as English originals and their German translations. These sub-corpora were collected from eight registers, which are all relevant for translation: popular-scientific texts, tourism leaflets, prepared speeches, political essays on economics, fictional texts, corporate communication, instruction manuals and websites (Hansen-Schirra et al. 2006).

A characteristic feature of this corpus is the annotation and alignment of source and target texts on different linguistically motivated layers (Vela et al. 2007). To this end, the texts are processed in the following way: tokenisation, part-of-speech tagging, morphological analysis, semantic relations, phrase structure, grammatical functions and dependency relations. Alignment is carried out on the following levels: word level, phrase level, syntactic functions, clause level and sentence level (a sample sentence pair is shown using the TreeAligner; Samuelsson/Volk 2007).

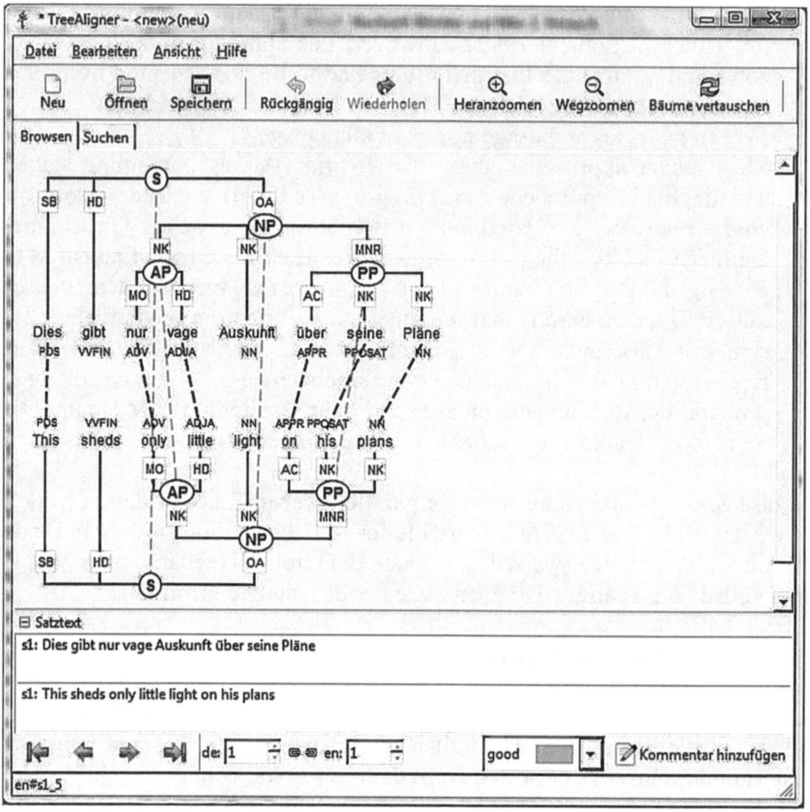

Figure 1: Sample sentence of a parallel Treebank

The architecture of the CroCo Corpus allows us to view the annotation in aligned segments and to pose queries combining different layers. The resource thus permits the analysis of a wealth of linguistic information on each level, helping us to understand the interplay of the different levels and the relationship of lower level features to more abstract concepts. For instance, we can query for shifts in word classes or grammatical functions from source to target language, or for empty alignment links. Section 3 will introduce further examples and statistics on translation shifts.

3 Tree Chopping and Forest Harvesting

In the following sections we will show how the CroCo Treebank can be exploited in order to extract typical translation patterns (section 3.1) as well as single translation phenomena (section 3.1). Since the corpus allows determination of register-specific language use and typological differences the results are discussed against these explanatory backgrounds, which is equally important to practical translation work and to MT implementations. The results and examples presented here are all taken from the CroCo Treebank.[6]

3.1 Translation Tree Statistics

Register has an effect on various dimensions of a text. For instance, register has an effect on word order. Table 1 shows that the number of subjects in sentence-initial position varies depending on the register. German speech adheres more frequently to the canonical word order SVO than German shareholders' letters, and even more frequently compared to German fictional texts. When translating from English, which has a rather fixed SVO word order, into German, these register-specific word order patterns should be taken into account, otherwise atypical word order frequencies might cause interference effects in the target texts, which might in turn have an impact on the target language.

Table 1: Percentage of subjects in sentence-initial position

GO_FICTION	42,16 %
GO_SHARE	45,87 %
GO_SPEECH	54,54 %

Figure 2 shows typical shifts in syntactic functions for the language pair English-German and the influence of the register. Shifts from subject to object are, for instance, more common for political essays and instructional texts whereas they are less frequent for fictional texts – and this holds true irrespective of the translation direction.

6 The findings discussed here were presented at the GSCL Workshop "Contrastive Linguistics – Translation Studies – Machine Translation – what can we learn from each other?" See also Čulo/Hansen-Schirra (2012).

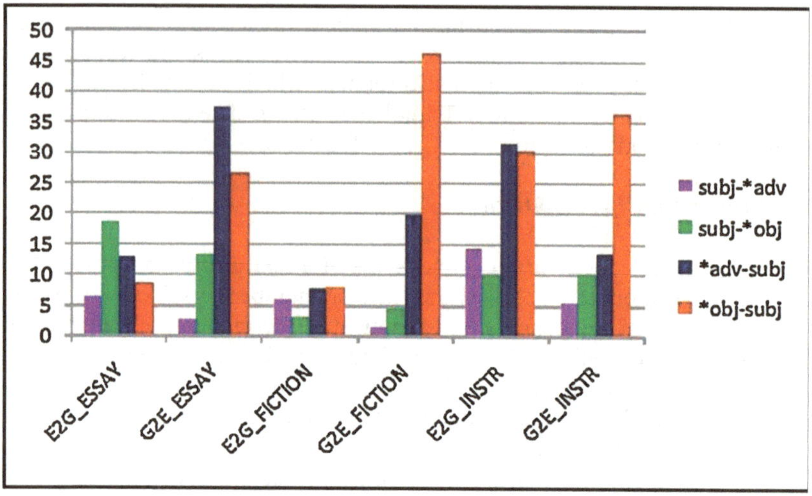

Figure 2: Shifts in syntactic functions

Figure 2, however, also shows a typical shift which is triggered by typological differences: the non-canonical subject positions in German often cause objects to be placed in sentence-initial position. These sentence-initial German objects are translated with English subjects. This means that the word order is kept in the translation, but as the direct object cannot be kept in sentence-initial position in English an active-passive shift is applied (cf. the translation procedure **modulation** by Vinay/Darbelnet 1958). This phenomenon is illustrated through the following examples taken from the subcorpus of shareholders' letters:

> Wichtige Erfolge [DIRECT OBJECT] können wir bereits verzeichnen, weitere werden folgen.
> Some important [SUBJECT] successes have already been achieved, others will follow.
> Einzelheiten [DIRECT OBJECT] können Sie diesem Bericht entnehmen.
> Additional details [SUBJECT] are contained in this report.

Consequently, for the translation direction from German into English the object-to-subject shift should be more frequent than translating from English into German. This typologically driven pattern can be seen from figure 2 where object-to-subject shifts are more typical of the translation direction German-English – irrespective of the register.

A similar translation behaviour can be detected when looking at part-of-speech shifts (cf. the translation procedure **transposition** by Vinay/Darbelnet 1958). Figure 3 shows that shifts from verbal to nominal word classes are typical of the translation direction English-German (e.g. adverb-adjective, verb-adjective, verb-noun) while the opposite shifts from nominal to verbal constructions are less frequent (e.g. adjective-adverb, noun-adverb, noun-verb). This conforms to the typological differences between English and German, the latter being more nominal and content-oriented (cf. House 1997). Nevertheless, figure 3 also shows register-specific translation behaviour – e.g. when it comes to high-frequency nominalisation patterns in English-German instructions:

If vertical bars appear on the display after adjusting [VERB] the focus , press ...
Falls nach dem Einstellen [NOUN] des Fokus vertikale Streifen auf dem Display erscheinen , drücken Sie ...
When replacing [VERB] the lamp be sure to turn off power and unplug the power cord.
Schalten Sie vor dem Austausch [NOUN] der Lampe das Gerät aus und entfernen Sie das Netzkabel.

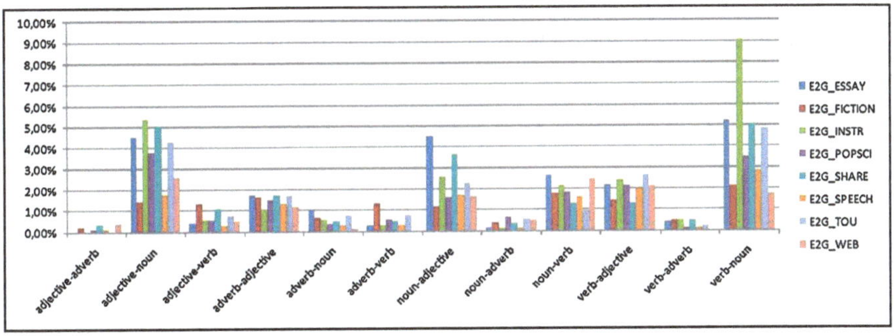

Figure 3: Shifts in part-of-speech

3.2 Knotholes and Branching out

Dependency treelet translation (e.g. Ding and Palmer 2004; Quirk, Menezes, and Cherry 2005) is one branch of syntactically informed SMT. (Ding and Palmer 2004) Present methods which cope with various changes in the dependency structures, e.g. when head and dependent switches take place, or when a dependent is removed and appears as dependent of another head. The account of (Quirk, Menezes, and Cherry 2005) deals with various re-ordering phenomena, e.g. to deal with post- rather than pre-position of modifiers, a typical difference between French and English.

While register as well as typological features may have an influence on the frequency of such phenomena, these phenomena are at first local (effect-wise). We want to add further descriptions of such local phenomena which we have observed while annotating parallel dependency structures and aim to link them to certain translation properties. In the following, we will present a selection of the phenomena we encountered.

Previously, two types of alignment phenomena with regard to translation shifts were defined in the course of the CroCo project: empty links, corresponding to 1:0-alignments, and crossing lines, mostly corresponding to shifts in grammatical function. These alignment phenomena were defined on the flat, top-level only annotation of grammatical functions in CroCo. However, when looking at alignments in dependency annotations, these concepts must be adapted to fit the added dimension of depth in the trees.

We annotated and aligned a sample of the CroCo corpus (around 4,000 sentences from 8 registers) in dependency fashion. For this, we used the tree editor TrEd[7]. The figures 4 to 6 show examples of this annotation and alignment. Due to the display settings in TrEd, the trees from the original sentences are on the right, the trees of the translated sentences on the left.

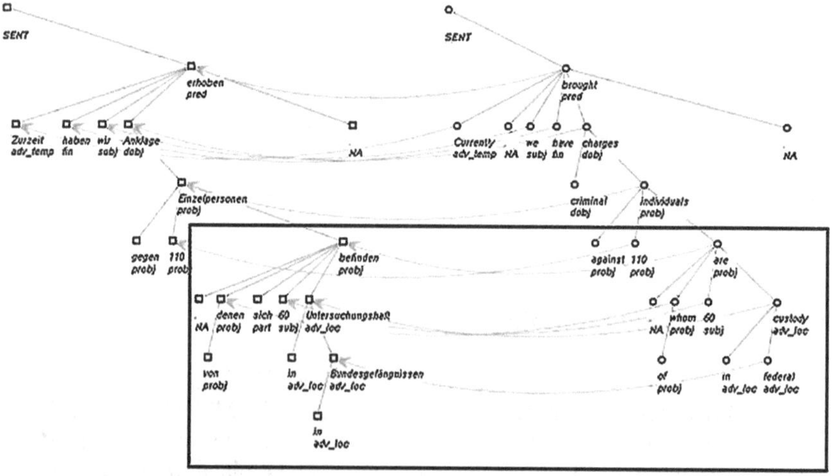

Figure 4: An added leaf

One typical phenomenon in translation is that of a syntactic complement being added or deleted. In the case of an additional complement, this triggers an **added leaf**: *sich* is inserted as additional complement in German due to changed proper-

7 http://ufal.mff.cuni.cz/~pajas/tred/ [14.06.2011]

ties of the verb. We see such an example in figure 4, where the English verb *be* has been translated with a reflexive variant *sich befinden*. The reflexive pronoun *sich* has no alignment and triggers a new node plus a new incoming edge. In the other translation direction, i.e. in cases where a complement is dropped, we speak of a **dropped leaf**.

Sometimes, the addition or deletion of nodes corresponds to the fact that a phrasal expression in one language matches a single word in the other language. We see such a case in figure 5. Here, the expression *in the face of* corresponds to the German adverb *angesichts*. A number of nodes in the English tree are collapsed into a single node in the German tree. This also happens in the very frequent cases of compound nouns which are written as one word in German, but as separate words in English (e.g. *multi word expression – Mehrwortausdruck*). In cases in which several nodes are collapsed into one, we speak of **collapsed nodes**, in the opposite case we speak of **expanded nodes**. In figure 5, the phrasal expression *in the face of* becomes the adverbial *angesichts* in German, a typical divergency for the two languages. Note that in this case, for the expressions *in the face of* and *angesichts* we get treelet pairs in which the head is to be filled. In terms of formalisation of the structures, this correspond to type-B trees ("root unlexicalised trees") as defined by (Ding and Palmer 2004).

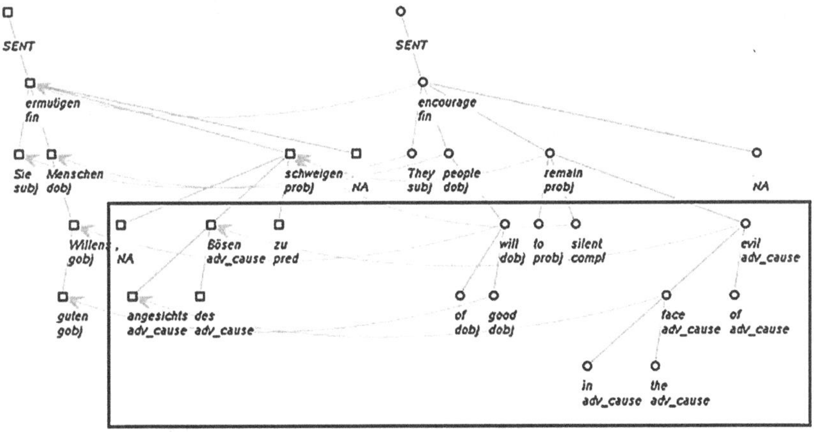

Figure 5: An expanded node

However, changes in the dependency structure not only take place at the terminal nodes of the tree, but sometimes within the tree, changing the path from the root to the affected terminal node(s). In the case of the example in figure 6, the auxiliary verb *did* is present in the English original as verbal substitution, but this verbal branch is cut in the German translation. This is due to a typical contrast between English and German, the latter rather construing cohesion through elliptical constructions (cf. Hawkins 1986). With respect to dependency annotation, we obtain **cut branches**, or, when translated from German to English, **inserted branches**. Besides enlarging the number of nodes and edges and prolonging the path from the root to the daughter tree of the inserted branch, these inserted branches usually have additional effects. In the example from figure 6, the fact that the verbal branch is cut, triggers a shift of the German *Mann* to a modal adverbial, as opposed to its English counterpart which is the subject of the auxiliary. Moreover, the node *did* plus in- and outgoing edges was cut from the tree in the German translation. The former dependent of *did* is shifted from a subject to a modal adverbial.

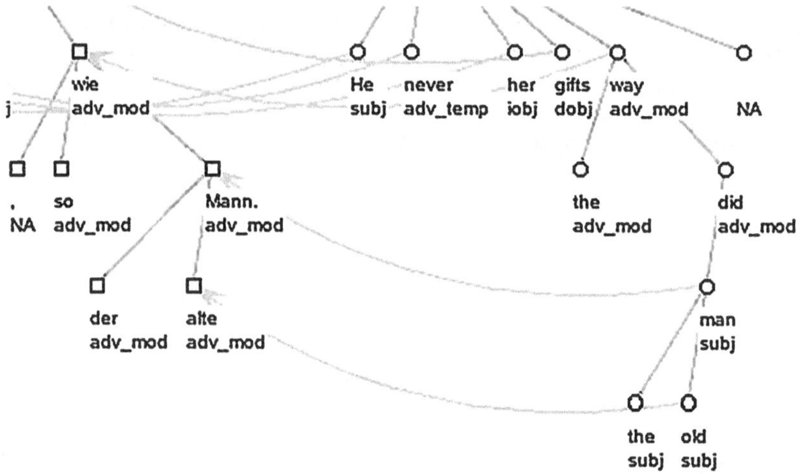

Figure 6: A cut branch

The examples discussed here show that translations underlie typological influences as well as register-specific language use. The next section discusses perspectives for future work. With the help of parallel treebanks we are able to detect typical translation patterns as well as translation behavior, which in turn reflect translation strategies and procedures.

4 Renewable, Extensible and Natural Resources

The present contribution has shown that parallel treebanks can be useful for empirical translation work: language in use – i.e. in our case translated language – is influenced by register, text type as well as by various factors like typological differences between languages or valency divergencies on the dependency structure of translated sentences. Our future work will involve the exploitation of these results for

- translation study: describing the nature of translated text,
- translation training: showing the importance of linguistic knowledge with respect to typological differences, text types and registers,
- translation practice: making the treebank usable as linguistically informed Translation Memory, and
- Machine Translation: using the above discussed translation formalizations to improve hybrid MT systems.

With respect to the last point, our findings go along with the findings in SMT that training language and translation models on domain-adapted data will improve the performance of the model. The latter findings present a selection of shifts in dependency structures which can be included as tree configurations dealt with in dependency-based SMT. While formal accounts on translation divergencies are available (e.g. Vinay/Darbelnet 1958, Catford 1965), algorithmic formalisations such as (Dorr 1994) are needed in order to facilitate adaption by the MT community. The examples and results presented here have shown that domain and register knowledge as well as patterns typical of the translation direction can be quantified and categorised according to the independent variables involved (language, register, translation direction, etc.). Using parallel treebanks and exploiting them quantitatively and qualitatively has paved the way for the formalisation of human translation behaviour. The implementation of algorithms which represent this translation knowledge for MT will be our next steps in future research.

The first three issues mentioned above consider translation treebanks as naturally occurring resources, which can be used as interactive reference grammars for translation students or as linguistically informed Translation Memories. For translation studies, i.e. the empirical investigation and description of translation behavior it would also be interesting to combine treebank information with archive data (from authors' scripts or interviews for literary works or from blogs, emails or style guides or technical translations) or with user activity and process data (e.g. from keylogging or eyetracking). By creating and exploiting such a multi-perspective corpus the translation process could be tracked back and modeled, from which, in turn, the applied branches (translation training, technologies, etc.) of our discipline could benefit and advance.

References

Baker, M. (1995): Corpora in Translation Studies: An Overview and some Suggestions for Future Research. In: *Target*, Vol. 7. no. 2, 223-243.

Baker, M. (1996): "Corpus-based Translation Studies: The Challenges that lie ahead", in: Somers, H. (ed.): *Terminology, LSP and Translation: Studies in Language Engineering in Honour of Juan C. Sager*. Amsterdam: John Benjamins, 175-186.

Botley, S.P./A.M. McEnery/A. Wilson (ed.) (2000): *Multilingual Corpora in Teaching and Research*. Amsterdam: Rodopi.

Bowker, L./P. Bennison (2003): "Student Translation Archive: Design, Development and Application", in: Zanettin, F./S. Bernardini/D. Stewart (ed.): *Corpora in Translator Education*. Manchester: St. Jerome, 103-117.

Carl, Michael (2000): "A Model of Competence for Corpus-Based Machine Translation", in: *Proceedings of COLING 2000,* Saarbrücken.

Catford, John C. (1965): *A Linguistic Theory of Translation. An Essay in Applied Linguistics*. Oxford: Oxford University Press.

Chomsky, N. (1965): *Aspects of the Theory of Syntax*. Cambridge, MA: MIT Press.

Chomsky, N. (1968): *Language and Mind*. New York: Harcourt Brace.

Čmejrek, Martin/Jan Cuřín/Jiří Havelka (2003): "Treebanks in Machine Translation", in: *Proceedings of the Second Workshop on Treebanks and Linguistic Theories*, Vaxjo, Sweden, pp. 209-212.

Čmejrek, Martin/Jan Cuřín/Jiří Havelka et al. (2004): "Prague Czech-English Dependecy Treebank: Syntactically Annotated Resources for Machine Translation", in: *4th International Conference on Language Resources and Evaluation*, Lisbon, Portugal. Available in PostScript or PDF.

Čulo, Oliver/Silvia Hansen-Schirra (2012): "Treebanks in translation studies: The CroCo Dependency Treebank", in: Schmidt, T./ K. Wörner (ed.) *Multilingual Corpora and Multilingual Corpus Analysis*. Amsterdam: Benjamins, 347-361.

Cuřín, Jan/Martin Èmejrek/Jiøí Havelka et al. (2004): "Building Parallel Bilingual Syntactically Annotated Corpus", in: *Proceedings of the First International Joint Conference on Natural Language Processing*, Hainan Island, China, pp. 141-146.

Ding, Yuan/Martha Palmer (2004): "Automatic Learning of Parallel Dependency Treelet Pairs", in: *The first International Joint Conference on Natural Language Processing* (IJCNLP-2004).

Granger, S./J. Lerot/S. Petch-Tyson (ed.) (2003): *Corpus-based Approaches to Contrastive Linguistics and Translation Studies*. Amsterdam, Atlanta: Rodopi.

Hansen-Schirra, S./E. Teich (2008): "Corpora in Human Translation", in: Lüdeling, A./M. Kytö (ed.): *Corpus Linguistics (HSK)*. Berlin, New York: de Gruyter, 1159-1175.

Hansen-Schirra, S. (2008): "Interactive Reference Grammars: Exploiting Parallel and Comparable Treebanks for Translation", in: Yuste, E. (ed.): *Topics in Language Resources for Translation and Localisation*. Amsterdam: Benjamins, 23-37.

Hansen-Schirra, S./S. Neumann/M. Vela (2006): "Multi-dimensional Annotation and Alignment in an English-German Translation Corpus", in: *Proceedings of the 5th Workshop on NLP and XML (NLPXML-2006) at EACL 2006*, Trento, 4. April 2006, 35-42.

Hansen-Schirra, S./Stella Neumann/Erich Steiner (2012): *Cross-linguistic Corpora for the Study of Translations. Insights from the Language Pair English-German*. Berlin: de Gruyter.

Hawkins, John A. (1986): *A Comparative Typology of English and German. Unifying the Contrasts*. London: Croom Helm.

Hinrichs, E.W./J. Bartels/Y. Kawata et al. (2000): "The VERBMOBIL Treebanks", in: Zühlke, W./E.G. Schukat-Talamazzini (ed.): *Proceedings of KONVENS 2000 Sprachkommunikation, ITG-Fachbericht 161*, 107-112. VDE Verlag.

House, Juliane (1997): "Mißverstehen in interkulturellen Begegnungen", in: J. House (ed.): *Wie lernt man Sprachen – wie lehrt man Sprachen? Zwanzig Jahre Sprachforschung*. Universität Hamburg: ZFI-Arbeitsberichte 12, 154-169.

Hutchins, W. John/Harold L. Somers (1992): *An Introduction to Machine Translation*. London: Academic Press.

Kilgarriff, A. (2001): "Web as Corpus", in: *Proceedings of Corpus Linguistics 2001*. Lancaster, United Kingdom, 342-344.

Koehn, Philipp/Josh Schroeder (2007): "Experiments in Domain Adaptation for Statistical Machine Translation", in: *ACL Workshop on Machine Translation*.

Koehn, Philipp/Franz Josef Och/Daniel Marcu (2003): "Statistical Phrase-based Translation", in: *Proceedings of HLT-NAACL*. Edmonton, 48-54.

König, Ekkehard/Volker Gast (2007): *Understanding English-German Contrasts*. Berlin: Erich Schmidt Verlag.

Königs, Karin (2011): *Übersetzen Englisch-Deutsch*. München, Wien: Oldenbourg.

Kuhn, J./M. Jellinghaus (2006): "Multilingual Parallel Treebanking: A Lean and Flexible Approach", in: *Proceedings of the 5th International Conference on Language Resources and Evaluation LREC-2006*. Genoa, Italy.

Mauranen, Anna/Pekka Kujamäki (ed.) (2004): *Translation Universals – Do They Exist?* Amsterdam, Philadelphia: John Benjamins.

Olohan, M. (2004): *Introducing Corpora in Translation Studies*. London: Routledge.

Quirk, Christopher/Arul Menezes/Colin Cherry (2005): "Dependency Treelet Translation: Syntactically Informed Phrasal SMT", in: *Proceedings of the 43rd Annual Meeting of the ACL*, Ann Arbor, 271-79.

Reinke, U. (2004): *Translation Memories. Systeme – Konzepte – Linguistische Optimierung*. Fft./M.: Peter Lang.

Samuelsson, Y./M. Volk (2007): "Alignment Tools for Parallel Treebanks", in: *Proceedings of GLDV Frühjahrstagung*. Tübingen.

Vela, M./S. Neumann/S. Hansen-Schirra (2007): "Querying Multi-layer Annotation and Alignment in Translation Corpora", in: Davies, M./P. Rayson/S. Hunston et al. (ed.): *Proceedings of the Corpus Linguistics Conference CL2007*. Birmingham.

Vinay, Jean-Paul/Jean Darbelnet (1958): *Stylistique Comparée du Français et de l'Anglais. Méthode de Translation*. Paris: Didier.

Volk, M./S. Gustafson-Capková/J. Lundborg et al. (2006): "XML-based Phrase Alignment in Parallel Treebanks", in: *Proceedings of the 5th Workshop on NLP and XML (NLPXML-2006) at EACL 2006*, Trento, 4. April 2006, 93-96.

Zanettin, F./S. Bernardini/D. Stewart (ed.) (2003): *Corpora in Translator Education*. Manchester: St. Jerome.

Klaus Pörtl

Simón Bolívar – Das tragische Bild des großen Befreiers im Labyrinth am Ende seines Lebens. Atypische Betrachtungen zum Roman von Gabriel García Márquez über einen erst posthum gepriesenen Helden

Simón Bolívar, der Lateinamerika vom spanischen Joch befreit hat, ist zweifellos für die ihn nachfolgenden Generationen zu einem Helden und inzwischen im gewissen Sinn auch zu einem Heldenklischee in der lokalen Geschichte geworden: Statuen, Plätze, Städte, ja sogar Staaten – wie gegenwärtig die República Bolivariana de Venezuela – tragen seinen Namen. Das Bild von ihm hat sich erst im Lauf der mehr als 180 Jahre nach seinem Tod zu einem gemeinsamen Nationalhelden eines ganzen Subkontinents gewandelt.

Er oder, besser gesagt, seine Befreiungskriege haben sicherlich ein Bild über ihn entstehen lassen, das weit entfernt von der selbst erlebten Realität des Generals Simón Bolívar war, zumindest in den letzten Wochen seines leidvollen Sterbens auf der mühsamen Fahrt von Bogotá den Magdalena-Fluss entlang bis zur karibischen Küste, so wie es Gabriel García Márquez in seinem Roman *El general en su laberinto* darstellt.[1] Bolívar wollte ganz Lateinamerika vom spanischen Joch befreien, um den Kontinent zu einem gemeinsamen Staat zusammenzuschmieden, so weit es ihm damals möglich war.

Er teilt das Schicksal so mancher Menschen, die zeitlebens Großes geleistet hatten, aber zuerst, ohne anerkannt worden zu sein, elendiglich zu Grunde gehen mussten, bis sie und vor allem ihre Werke posthum für die Nachwelt unsterblich geworden sind. Man denke an Mozart, der in einem Massengrab beerdigt worden ist, das man bis heute nicht kennt, dessen Kompositionen aber seit langem schon zu den unsterblichen Werken der Musik gehören. Oder man denke an Leben und Wirken des Menschen Jesus, der erbärmlich und verkannt am Kreuz enden musste, damit sich seine Idee von der Erlösung der Christen für die Nachwelt entwickeln konnte mit dem Anspruch, die einzig wahre und seligmachende Religion zu sein.

Anders verhält es sich mit epischen Helden, deren Ende sicherlich tragisch sein kann wie bei Ikarus oder Siegfried, die allerdings nie als Menschen gelebt und gelitten hatten. Es gibt keine wirklich erlebte Tragödie ihres fiktiven Daseins mit den heroischen Taten in ihrem kulturellen Umfeld. Und auch eine naive Kli-

[1] Márquez (1989). Es wird im Folgenden nach dieser Ausgabe zitiert.

scheegestalt Simón Bolívar wie sie uns Luis Chesney Lawrence in seinem Einakter *El homenaje* (1984) vorführt, zeigt keine menschlichen Züge. Die Festrede des Geschichtsprofessors während einer feierlichen Veranstaltung zu Ehren des Nationalhelden geht in einen infantilen Dialog über zwischen der zehnjährigen Tochter des Professors und Bolívar, der gerade noch als Porträt an der Wand hing, sich jedoch dazu entschloss, aus dem Bild herauszutreten, um sich mit ihr zu unterhalten. Die unschuldigen Fragen des Mädchens und seine Antworten entmythifizieren den Helden, verwandeln ihn in einen normalen Menschen, der aber auch zur gleichen Zeit einige Ermahnungen an seine jungen Landsleute weitergibt wie „trinkt nicht Pepsi-Cola und sagt nicht immer O'key", mit anderen Worten, man möge sich vom Einfluss der Vereinigten Staaten lösen.[2]

Simón Bolívar war jedoch Mensch wie Mozart oder Jesus mit seiner eigenen tragischen Biographie; García Márquez hat die letzten Wochen des todkranken Simón Bolívar mit seinen Erinnerungen und in seiner Verbitterung durchleuchtet. Der heute hochgepriesene Befreier zeigt sich uns hier als ein armseliges, leidvolles und zerbrechliches Geschöpf. Sicherlich handelt es sich um einen fiktionalen Bolívar, den man „remythologisieren" will, wie René Ceballos in einer neueren Studie über atypische Betrachtungen zu einem Helden präzisiert hat.[3]

In den letzten Wochen seines Lebens wurde Bolívar klar, dass er sein eigentliches Ziel einer Unabhängigkeit und einer großen Vereinigung der lateinamerikanischen Staaten nicht erreicht hatte, weil sich die verschiedenen Völker untereinander nicht einig werden konnten. Es klingt wie eine Ironie des Schicksals, wenn der Mariscal Sucre seinem General dazu sagt: „Tal parece como si hubiéramos sembrado tan hondo el ideal de la independencia, que estos pueblos están tratando ahora de independizarse los unos de los otros." (25) Obwohl Bolívar in der siegreichen Schlacht von Boyacá am 7. August 1819 die Unabhängigkeit von der Kolonialmacht Spanien entschieden hatte, konnte er nicht verhindern, dass immer wieder neue Bürgerkriege in den Regionen um die Macht im Land aufkamen, als er den Weg mit seinen Befreiungsschlachten fortsetzte. Deshalb musste er resigniert feststellen: „¡Qué cara nos ha costado esta mierda de independencia!" (174) Nach all seinen Triumphen blieb ihm am Ende nicht mehr als die bittere Erkenntnis, wenn er bemerkt: „Carajos. ¡Cómo voy a salir de este laberinto!" (266)

---

2 Lawrence (1984: 23,25).

3 Siehe dazu auch „El general en su laberinto oder die Entidealisierung eines Helden", in: René Ceballos (2005): *Der transversalhistorische Roman in Lateinamerika*. Frankfurt am Main: Vervuert, 119-145.

Simón Bolívar hielt sich stets für unverwundbar, wie García Márquez feststellt. (16) Die Befreiung Perus war der letzte Gewaltakt seines Traums, den Kontinent vom Joch der Spanier zu befreien. In Erinnerung daran sagt er: „... todo lo he hecho con la sola mira de que este continente sea un país independiente y único, y en eso no he tenido ni una contradicción ni una sola duda." (205)

Immer wieder hält sich das Gerücht, dass er bereits sechs Jahre vor seinem Tod im Sterben liege, worauf er lediglich erwiderte: „Vaya y cuéntele al mundo cómo me vio morir, cagado de gallinas en esta playa inhóspita." (24) Obgleich er aus Lima mit dreifacher Macht ausgestattet zurückkehrte, das heißt, als Päsident Boliviens und Kolumbiens und als Diktator von Peru (38), konnte niemand mit Sicherheit sagen, nicht einmal er selbst, wer ihn jetzt aus Freundschaft begleitete, um ihn auf seiner letzten Reise den Magdalena-Fluss entlang zu schützen, oder wer die Sicherheit haben wollte, dass er wirklich definitiv seine politischen Ambitionen aufgegeben hat. Er sah das sehr klar, als er resigniert zusammenfasste: „... ya no tengo patria por la cual sacrificarme." (43) García Márquez gibt dazu folgenden Kommentar: „Era el fin. El general Simón José Antonio de la Santísima Trinidad Bolívar y Palacios se iba para siempre. Había arrebatado al dominio español un imperio cinco veces más vasto que las Europas, había dirigido veinte años de // guerras para mantenerlo libre y unido, lo había gobernado con pulso firme hasta la semana anterior, pero a la hora de irse no se llevaba ni siquiera el consuelo de que se lo creyeran. El único que tuvo bastante lucidez para saber que en realidad se iba, y para dónde se iba, fue el diplomático inglés que escribió en un informe oficial a su gobierno: 'El tiempo que le queda le alcanzará a duras penas para llegar a la tumba'." (43//44)

Man sagt, sie hätten ihm den ehrenvollen Beinamen „Culo de Fierro" (49) verpasst. Verbittert musste er nach der anstrengenden Flussreise feststellen: „Aquí no nos quiere nadie, y en Caracas nadie nos obedece." (114), so dass er verzweifelt in seiner Depression aufschrie: „¡Puta patria!" (196) und enttäuscht zum Apotheker, der ihn ärztlich betreute, sagte: „Déjeme como estoy. La desesperación es la salud de los perdidos." (196) Er führte kein Zeichen seines hohen militärischen Rangs mit sich, und möglicherweise wollte man, um ihn zu demütigen, die gewünschte Ausreise nach England hinauszögern. Zu lange musste er warten, bis man ihm den gewünschten Pass aushändigte.

Es verwundert nicht, dass er sich, im Innersten ein einsamer Mensch, mit seiner Idee der Befreiung falsch verstanden sah: „Nadie entendió nada" (18), sagte er immer wieder. Er selbst beurteilte seinen Zustand als „mis crisis de demencia" (18), was in der Äußerung gipfelte, wenn er von sich brüsk sagte: „Yo no existo" (196), und damit seine eigene Existenz verleugnete.

Zu Frauen hatte Bolívar ein zwiespältiges Verhältnis. Er zeigte immer eine übertriebene Höflichkeit, wenn er ihnen aufdringlich nachstellte, sobald ihm eine von ihnen gefiel. Er wollte seine starke Männlichkeit, die er besaß, nicht verheimlichen, wahrscheinlich auch dank seiner herausragenden militärischen Stellung. Nach dem frühen Tod seiner Gattin war er unfähig, eine glückliche und tief empfundene Liebesbeziehung zu unterhalten. Auch nicht mit Manuela Sáenz, zweifellos seine größte Liebe. Nie gab er dem großen Wunsch Manuelas nach, ein gemeinsames Leben zu führen. So bekannte er seinem intimen Freund José Palacios: „Nunca volveré a enamorarme" (155) und fügte hinzu: „Es como tener dos almas al mismo tiempo" (155). Immer wieder versuchte er, sich von ihr zu befreien, wenn sie ihm in seinen Schlachten verfolgte. García Márquez bemerkt dazu: „... pero cuanto más trataba [ella] de someterlo más ansioso parecía el general por liberarse de sus cadenas. Fue un amor de fugas perpetuas." (155) García Márquez beschreibt zutreffend, wie ambivalent schließlich und endlich seine Beziehung zu ihr war: „Él había prometido escribirle todos los días, de todas partes, para jurarle con el corazón en carne viva que la amaba más que a nadie jamás en este mundo. Le escribió, en efecto, y a veces de su puño y letra, pero no mandó las cartas." (155) Einsam scheiterte letztlich Bolívar auch als Partner einer Frau.

Es überrascht heute die Weitsicht, die Bolívar angesichts der gefährlichen Macht der Banken an den Tag legte, die die erreichte Befreiung mit Wucherzinsen für ihre Kredite aufs Spiel setzen würden. Er sagt dazu: „... los empréstitos ... amenazaban la independencia que tanta sangre había costado." (222) Er verachtet die Schulden den Kapitalisten gegenüber mehr als die Spanier: „Aborrezco a las deudas más que a los españoles ..., porque seguiríamos pagando réditos por los siglos de los siglos. Ahora lo vemos claro: la deuda terminará derrotándonos." (222)

Bolívar war unversöhnlich und grausam mit seinen Feinden. Er bekennt: „Durante la guerra a muerte yo mismo di la orden de ejecutar a ochocientos prisioneros españoles en un solo día, inclusive a los enfermos en el hospital de Guayra." (129) Den Europäern – und hier meint er nicht nur die Spanier – spricht er das Recht ab, seine kriegerischen Feldzüge zu kritisieren: „... los europeos no tendrían autoridad moral para reprochármelo, pues si una historia está anegada de sangre, de indignidades, de injusticias, ésa es la historia de Europa." (129) Die Europäer würden keine moralische Berechtigung haben, um den Lateinamerikanern vorzuschreiben, wie sie sich zu verhalten haben. Er sagt: „No traten de enseñarnos cómo debemos ser, no traten de que seamos iguales a ustedes, no pretendan que hagamos bien en veinte años lo que ustedes han hecho tan mal en dos mil." (129) Letztlich fordert er, man lasse Lateinamerika unabhängig von Europa seinen Weg einer eigenen Geschichte einschlagen, auch wenn er zunächst durch ein dunkles Mittelalter führen würde: „¡Por favor, carajos, déjennos hacer tranquilos nuestra Edad Media!“ (130) Angesichts der aufreibenden internen Kämpfe um die Macht im eigenen Gebiet bereut er, was er den Spaniern angetan hat: „Las insurecciones son como las olas del mar, que se suceden unas a otras ..., en estos días estoy deplorando hasta la que hicimos contra los españoles.“ (148)

Letztendlich gibt er die Schuld am Scheitern seiner globalen Idee einer Befreiung den mächtigen einflussreichen Familien, die auf ihre Privilegien pochen: „...los privilegios locales de las grandes familias. Ésa es la causa real y única de esta guerra de dispersión que nos está matando...“ (204) Ein Problem, das bis heute mit ein Grund der sozialen Schieflage in Lateinamerika ist. Niederschmetternd ist seine Kritik, die auch eine weit über die Epoche hinausreichende Weitsicht beweist, wenn er äußert: „Y lo más triste es que se creen cambiando el mundo cuando lo que están es perpetuando el pensamiento más atrasado de España.“ (204) Erschütternd ist die Einsicht am Ende seines Lebens, wenn er von sich selbst sagt: „Yo estoy viejo, enfermo, cansado, desengañado, hostigado, calumniado y mal pagado.“ (207) Er hatte die klare Erkenntnis, dass seine Waffengefährten dafür verantwortlich waren, dass er während seines Lebens nicht persönlich den Triumph seiner erfolgreichen Befreiungskriege erleben konnte: „No fue la perfidia de mis enemigos sino la diligencia de mis amigos lo que acabó con mi gloria.“ (236)

Der Unabhängigkeitskrieg, den Simón Bolívar führte, brachte den Lateinamerikanern nicht das Gefühl einer nationalen Identität, wie der venezolanische Dramatiker José Ignacio Cabrujas unmißvertändlich zum Ausdruck bringt. Cabrujas hebt die Tatsache hervor, dass die Spanier als Eroberer sich darauf beschränkten, von ihren Untertanen Tributzahlungen zu fordern, dass aber die bereits auf dem Kontinent geborenen Söhne und Nachkommen dieser Spanier die eingeborene Bevölkerung in Gutsherrenmanier ausbeuteten. Deshalb sieht Cabrujas den in den Geschichtsbüchern so gepriesenen Unabhängigkeitskrieg mit dem Sieg Bolívars über Spanien wie ein Trauma, das sich kritisch der eigenen Geschichte gegenüberstellt: „no fue más que una guerra interna, dramática y sumamente conflictiva.“[4] Als Ergebnis dieser fehlenden nationalen und geschichtlichen Identität sieht Cabrujas ein „espantoso vacío“ [5], wenn man im Land offiziell ein Nationalbewusstsein einführen will. Worauf soll er sich konkret berufen und mit ihm der Lateinamerikaner von heute? Ist er höher gestellt als Nachkomme der spanischen Eroberer, ist er ein ursprünglich versklavter Eingeborener oder lebt er vielleicht in der gespaltenen Identität eines Mestizen?[6] Dies sind noch heute of-

---

4 Cabrujas (1979: 45).

5 Ebenda.

fene Fragen, wie sie auch García Márquez in seinem Roman *El general en su laberinto* gebracht hat.[7]

Literaturverzeichnis

Cabrujas, José Ignacio (1979): *Acto Cultural. El Día que me Quieras. La Soberbia Milagrosa del General Pío Fernández*. Madrid: Vox.

Castro, Byron (2010): *Peregrinos de la Libertad*. Quito: Universidad de los Hemisferios.

Ceballos (2005): *Der transversalhistorische Roman in Lateinamerika*. Frankfurt am Main: Vervuert.

Lawrence, Luis S. Chesney (1984): *El Homenaje*. Typoskript.

Márquez, Gabriel García (1989): *El General en su Laberinto*. Bogotá: Oveja Negra.

Otero, Víctor Paz (2008): *Bolívar. Delirio y Epopeya*. Bogotá: Villegas.

6 Siehe dazu auch *Actes du VIIIe Congrès de la Société des Hispanistes Français* (Toulouse 1983).

7 Weiterführende einschlägige neuere Literatur dazu siehe unter anderem Otero (2008) sowie Castro (2010).

Andreas F. Kelletat

Von Stalingrad bis Steinhöfel
Zwei Erzählungen über zwei russisch-deutsche Erinnerungsorte

Hurrah-Pardon

1 Taschendolmetscher für Frontsoldaten

Von seinem 20. Mai 1941, dem Kretatag, hat Kuno Sottkowski seinen beiden Söhnen immer wieder erzählt, als sie noch auf ihn hörten, über seine Zeit in Russland hingegen nie. Und Sotter Sottkowski hat noch nicht die Muße oder den Mut gefunden, die vollzählig erhaltenen Kriegstagebücher seines Vaters durchzusehen oder auch die Briefe, die er aus Krieg und Gefangenschaft an seine Eltern, an seine Schwester und seinen Bruder Albert geschickt hat. Aber in seinem Bücherschrank, eingelegt in den 1940 erschienenen Bildband *Soldaten fielen vom Himmel*, fand er nach Kuno Sottkowskis Tod im Sommer 1985 ein kleines Heftchen, postkartengroß. Das hatte sich dort versteckt. Und auch dessen Inhalt, und nicht nur der Tod seines Cousins Hanns Sottkowski in Wassiljewka, südlich von Stalingrad am 23. Dezember 1942, lässt ahnen, warum er in diesem Punkte so schweigsam geblieben war.

Dieser Taschen-Dolmetscher soll Frontsoldaten die einfachsten Begriffe und Zurufe nahebringen, die er in Russland braucht, wenn kein Dolmetscher zur Verfügung steht. Sie sind so einfach wie möglich gehalten, um das Aussprechen und Behalten zu erleichtern. Mit sh wird der Laut umschrieben, der wie in Journal oder wie das zweite g in Garage gesprochen wird. Die Betonung ist durch Fettdruck bezeichnet:

Halt!	St**o**j!
Hände hoch!	R**u**ki wwerch!
Ergib dich!	Sdaw**a**jssja!
Rauskommen!	Wyhad**i**!
Hinlegen!	Lash**i**ssj!
Aufstehen!	Fstaw**a**j!
Halt den Mund!	Maltsch**i**!
Ich schieße!	B**u**du strelj**a**ti!
Ich erschieße dich!	Sastrelj**u**!
Antworte!	Atwetsch**a**j!
Antworte, ja oder nein!	Atwetsch**a**j, da **i**li njet!
Waffen her!	Daw**a**j ar**u**shije!
Gibt es hier Partisanen?	J**e**stli sdj**e**ssj partis**a**ny?

Sag die Wahrheit!	Gawar**i** pr**a**wdu!
Geh voraus!	Id**i** fperj**o**tt!
Mach schneller!	Sh**y**wa!
Idiot – Dummkopf!	Idi**o**tt – dur**a**ck!
Das Haus ist sofort zu räumen!	Dom moment**a**ljna atsch**i**stitj!
Das Dorf ist sofort zu räumen!	Ssjel**o** moment**a**ljna atsch**i**stitj!
Keinen Widerspruch!	Bes rasgw**o**roff!
Es wird geschossen!	Strelj**a**tj b**u**djem!
Wo ist das Kolchos-Lager?	Gdje sklat kolh**o**sa?
Wo ist alles versteckt, ihr Teufel?	Gdje sprj**a**tali, tsch**e**rti?
Es wird alles bezahlt!	Fsjo sapl**o**tim!
Koche mir das!	Sswar**i** mnje **e**to!
Brate mir das!	Padsh**a**rj mnje **e**to!
Backe mir das!	Sspek**i** mnje **e**to!
Wasch mir die Wäsche!	W**y**moj mnje belj**o**!
Heiz die Badstube!	Satap**i** b**a**nju!
Mach das Bett!	Pastel**i** kraw**a**tj!
Bleib hier!	Asstaw**a**jssja sdjessj!
Licht aus!	Tusch**i** swjet!

2 Heldengräber

Am vorletzten Tag ihrer Radtour durch das Neißetal und den Spreewald kamen sie bis Steinhöfel. Da waren sie erleichtert, dass sie die sandigen Heidewege der Mark Brandenburg für diesen Tag hinter sich hatten. Sottkowski war außerdem froh, dass es in Steinhöfel auch wieder einen Zigarettenautomaten gab, der ihm sogar rote Gauloises verkaufte, *Liberté toujours!* Ansonsten gab es in diesem 500-Seelen-Kaff mitten in des *Deutschen Reiches Streusandbüchse* nicht viel zu unternehmen und zu sehen, außer dem neoklassizistischen Schloss natürlich, in dem jetzt ein Hotel untergebracht ist. Dessen Ambiente und Kundschaft erinnerte sie an jene Fernsehserien, in denen die Försterstöchter immer Agatha heißen. Aber wenn in Steinhöfel mit ihnen auch nichts Besonderes passiert ist, und es eigentlich auch sonst nichts gab, so gab es dort doch die ganze Geschichte, in Stein gemeißelt, wie für immer.

Das Gedenken begann gleich am Ortseingang. Da lasen sie auf einem neben der Dorfstraße abgesetzten Findling: *600 Jahre Steinhöfel, 1401-2001. – Too much history,* sagte Olavi, als sei er ein Amerikaner und kein Finne. Die Steinhöfeler *history* erstreckte sich bis zum Ende des Schlossparks, wo ein Valentin von Massow seinem Pferd mit Namen *Hurrah-Pardon* einen besonders imposant geratenen Gedenkstein hatte hinstellen lassen, auf dem verewigt ist, dass *Hurrah-Pardon* mit seinem Herrn Oberleutnant auf dem Rücken in der Rekordzeit von 85 Stunden und 26 Minuten von Berlin bis nach Wien getrabt ist. Dafür hatte *Hurrah-Pardon* den *Conditionspreis* erhalten, und später zudem das Gnadenbrot auf Steinhöfel, bis ins Jahr 1900. Mit ihren Leihrädern der Firma *Landpartie* hätten Olavi und Sottkowski das nicht so schnell geschafft, die Strecke von Berlin bis Wien. *Vornehm, unermüdlich und unvergessen!* steht ganz unten auf diesem Totenmal.

Wenige Schritte entfernt von dem Memorial für den Gaul *Hurrah-Pardon* entdeckten sie im Park, den Fontane als einen der schönsten der ganzen Gegend gerühmt hat, einen weiteren Stein, mit einer Urne verziert und ziemlich stark verwittert. Die Inschrift versuchte Sottkowski dennoch zu entziffern: *Schlummre sanft du unschuldsvolle Seele, Hier ruhet unsere erstgebohrene Tochter, 1789 bis 1789.* Der Name des noch vor ihrem ersten Geburtstag entschlummerten Töchterchens war kaum noch zu erkennen, *Johanna Wilhelma* oder so ähnlich muss das Kind geheißen haben. Und dann gab es nur noch Wortfetzen, Silbenschutt: *Ohne das an ihn ... zärtlich die ... Ich sank auf den ... in des ... mir hat kaum des Lebens ...ott*

Vom Park gingen sie durch eine Kastanienallee in die Ortschaft hinein. Im Kaufladen neben dem Zigarettenautomaten gab es noch die *Bild*-Zeitung vom Vortag mit der Schlagzeile *Frau ohne Kopf im Grunewald.* Und in kleinerer Schrift darunter *Grusel-Fund beim Spaziergang.* Ein paar Schritte weiter stießen sie auf ein etwa zwei Meter hohes, pyramidenartiges Denkmal, bekrönt von einem fünfzackigen ebenfalls blutroten Stern aus Blech, mit verkrautetem Rasen ringsum und einem niedrigen Zaun. Auf Deutsch und Russisch teilte ihnen diese Pyramide mit, dass den sowjetischen Soldaten Ruhm und Ehre gebühre, die im Kampf gegen den Faschismus zwischen 1941 und 1945 gefallen seien, *v borbe s fašismom.* In dem Geviert, in dem diese Feststellung getroffen wurde bzw. diese Aufforderung die Zeitläufte überdauert hat, fanden sie im Gras fünf kleine Grabplatten mit den Namen und Lebensdaten und Diensträngen von fünf in Steinhöfel zu Ruhm gelangten Sowjetsoldaten. Der erste, Andrej Grigorjewitsch Woloschko, hat von 1918 bis zum 20. April 1945 gelebt. Der zweite, Fjodor Wassiljewitsch Garbus, von 1910 bis zum 23. April 1945. Der dritte, Leutnant Serafim Aleksandrowitsch Poljakow, von 1913 bis zum 22. April 1945. Der vierte, der Schütze Andrej Sabolta, von 1907 bis zum 26. April 1945. Und der fünfte, der im Kampf gegen den Faschismus in Steinhöfel geblieben ist, hieß Aleksandr Semjonowitsch Wedorow, und der ist 1922 geboren und hat sich ebenfalls bis zum 20. April 1945 Ruhm und Ehre erworben, bis zum letzten Geburtstag des letzten deutschen Reichskanzlers, des Führers des von Wedorow und seinen neben ihm ruhenden vier Kameraden bekämpften Faschismus.

Drei Gehminuten entfernt von den sowjetischen Heldengräbern, gleich hinter dem von Gesträuch umgebenen Dorfteich und neben dem ehemaligen Landgasthaus, gab es eine zweite Pyramide, doppelt so hoch wie die den sowjetischen Soldaten Ruhm und Ehre verkündende, aber nicht gipsweiß verputzt, sondern aus Feldsteinen gemauert und mit drei Marmortafeln behängt. *Die Toten mah-*

nen, lasen sie auf der ersten. Um welche mahnenden Toten es den Textern der Tafeln gegangen sein muss, konnten Olavi und Sottkowski auf der zweiten und dritten herausfinden: *1914-1918. Zum Gedenken an die 32 Gefallenen aus Steinhöfel. Gefallen sind einspunktachtnullnullpunktnullnullnull Deutsche*. Und dann, auf der dritten Marmortafel: *1939-1945. Zum Gedenken an die 47 Kriegsopfer aus Steinhöfel. Opfer des Krieges wurden sechspunktfünfnullnullpunktnullnullnull Deutsche.*

So viele Nullen. Und alle sollen sie Opfer sein, sagte Sottkowski, als er mit Olavi diese beiden Pyramiden beschaut hatte. Sie sprachen darüber, wer alles da mitgezählt worden sein könnte, als deutsches Opfer, und wer nicht. Zählten die Juden Berlins und Memels und Mannheims, die exakt tausend im Neunten Fort von Kaunas erschossenen Münchener Juden auch als deutsche *Kriegsopfer*? Und die in den Heil- und Pflegestätten des Reiches ermordeten Behinderten? Und die im KZ umgekommenen Männer mit dem rosa Winkel? Und jene fünfzehn Jugendlichen, die hier in Steinhöfel, auf dem Gut, auf ihr zweites Leben als Landarbeiter in Palästina vorbereitet wurden, von Clara Grunwald, mit der sie dann nach Birkenau deportiert wurden, 1943 mit dem 37. Osttransport? Oder wurden diese Deutschen als Opfer der Deutschen separat geführt und addiert? Zählte man die Toten, entsprechend den Bestimmungen des Potsdamer Abkommens, nur in den Grenzen von 1937, oder wurden die Österreicher, die Memelländer, die Elsässer und die Sudetendeutschen mitgerechnet? Und was hat man mit den Kriegsgefangenen gemacht, mit den Fremd- und Ostarbeitern, die in Dresden doch mitverbrannt sind? Wurden deren Aschehäuflein subtrahiert vom großen Rest? Und welcher Buchhalter nur mag diese Berechnungen durchgeführt haben, das Einteilen in Spalten, das Aufteilen nach Regionen, Alter und Geschlecht? Das Aufrechnen und Abziehen und Addieren der Zwischensummen? In welcher Behörde könnte das gewesen sein, bei welcher Rentenkasse, in wessen Auftrag, mit welcher Rechenmaschine? Oder wurde damals nach dem Krieg noch nicht per Hand sondern im Kopf addiert? Und wenn schon diese Zahlen den Leuten in Steinhöfel und ihren Schlossgästen für alle Zeit eingemeißelt vorgezeigt werden sollen, könnte man dann nicht, sagte Olavi, die Zahlen der Opfer jener Länder und Völker hinzuaddieren, in denen die Deutschen ihre Kriege geführt haben? Vom Mittelmeer bis zum Eismeer, vom Atlantik bis zur Wolga und in den Kaukasus. Zumindest grob geschätzte Zahlen? *Aber bitte aufgeteilt nach Militär- und Zivilpersonal*, sagte Sottkowski, und der musste dann sogar von den Pferden reden, die von Steinhöfel aus in den Krieg geritten worden waren. Was ist mit all den Nachfahren *Hurrah-Pardons*, die kein Gnadenbrot mehr bekommen hatten auf Steinhöfel? Sondern einfach nur verscharrt worden waren, vermoderte Knochenhaufen irgendwo im Osten?

So plapperten sie, Sottkowski und sein finnischer Lebensgefährte Olavi, vor diesen beiden Steinhöfeler Kriegspyramiden. Sie versuchten, den ost- und westdeutschen und sowjetischen Kriegstotenkult mit jenem in Finnland zu vergleichen. Den fanden sie sympathischer, stiller, angemessener. Auch über die Macht der Toten und ihrer Gräber sprachen sie, über Jesus in Jerusalem, Abraham/Ibrahim in Hebron, Hitlers Grab im Nirgendwo, Hindenburgs in Tannenberg, die sowjetrussischen Gräber in Estland und Lettland, das mit Serbenblut getränkte Amselfeld, die SS-Gräber in Bitburg und den Kanzler Kohl. *Too much history,* sagte Olavi noch einmal und sie landeten schließlich bei seinem Lieblingsonkel, der noch ganz jung in die finnische Armee gemusst hatte und seine Kriegstraumata nie losgeworden war, und bei Sottkowskis Vater, dem Fallschirmjäger und einsamen Helden von Rethymno. Der hatte seine Söhne in den 60er Jahren jedes Jahr mitgenommen zum Heldengedenktag, wie er das nannte, auf ihren Soldatenfriedhof in Quettingen, wenn dort der sozialdemokratische Bundestagsabgeordnete zum Volkstrauertag, wie der das nannte, über die Soldaten der Wehrmacht seine Rede hielt, deren Sterben nicht umsonst gewesen sein soll, denn es mahne uns ja zum Frieden. Und am Ende sangen die deutschen Veteranen, die vierzig- und fünfzigjährigen, in gleichem Schritt und Tritt Vaters Lieblingsheldentrauerlied, ein Trommler der Freiwilligen Feuerwehr Quettingen schlug ihnen den Takt: *Ich hatt einen Kameraden, einen bessern findst du nit. Die Trommel schlug zum Streite, er ging an meiner Seite, in gleichem Schritt und Tritt ... Will mir die Hand noch reichen, derweil ich eben lad. Ich lass mich nicht erweichen, sein Blick, der wird schon zart. So geht das mit den Leichen, so rasch und gar nicht hart. Bleib mir beim ewig Gleichen mein treuer Kamerad.*

So blöd verfremdet sang und summte Sottkowski seinem finnischen Freund das Lied jetzt vor. Aber von solch gedankengebärendem Mechanismus schlichtester Reimwörter spricht auch Theodor Fontane im Steinhöfel-Abschnitt seiner *Wanderungen durch die Mark Brandenburg.* Als er im Mai 1862 nach Steinhöfel kam, zeigte man ihm nämlich auch den Entwurf zu einem Versbrief, den Friedrich der Große geschrieben hat, im August 1739 in Königsberg, dem heutigen Kaliningrad in Preußisch-Russland. Der Brief, schreibt Fontane, stamme noch aus Friedrichs Zeit als Kronprinz. Wenige Monate später wurde er König und brach den Ersten Schlesischen Krieg von Zaune, um endlich die aus dem Schwiebuser Vertrag von 1537 resultierenden Ansprüche auf einige schlesische Fürstentümer durchzufechten, gegen Maria Theresia, die 1740 ebenfalls den Thron bestiegen hatte und sofort seine Lebensfeindin wurde, über den Dritten Schlesischen Krieg hinaus, den Siebenjährigen. In dem seien auch die vier älteren Brüder jenes Massow geblieben, schreibt Fontane, der den herrlichen Schlosspark von Steinhöfel angelegt haben soll, nach englischem Vorbild. In dem Briefentwurf, der jetzt werweißwo herumliegen mag, ging es indes nicht um Schlesien und die kommenden Schlachten, sondern auf diesem Quartblatt standen, laut Fontane, lauter einzelne Reimwörter, in Reih und Glied, in kurzen und längeren Formationen, untereinander angeordnet. Zuerst: *hyperbole*, *parole*, dann *pretendu*, *venu*, *parvenu*, dann *magnifique*, *rustique*, *implique*, *philosophique*, *intrique*, *musique*, *inique*, *poetique*; endlich *aprouvé*, *depravé*, *annoncé*, *consumé*, *alarmé* etc. Das seien, sagt Fontane, Aufzählungen, aus denen ersichtlich werde, dass Friedrich II. oftmals nicht eine Hülle für den Gedanken gesucht, sondern einen Gedanken für die Hülle gefunden habe, eher zufällig. Aber das sei, sagt Fontane, für Schriftsteller gar nicht ungewöhnlich, auch wenn dieses Vorgehen auf den ersten Blick ganz und gar unpoetisch wirke, solches Suchen nach der Form, aus der sich danach erst ein Gedanke entwickle, ein Inhalt. Aus seinen Reimwortkolonnen jedenfalls hat der preußische Kronprinz einen ganzen Brief gebastelt, in Versen, und ihn nach Frankreich geschickt, an Voltaire. Dessen Sonne und Licht, *soleil et lumière,* dessen Geist und Herzensgaben, *esprit et qualités du cœur*, bedeuteten ihm unendlich viel mehr als alle Politik. Diese fixe Idee gewann der Kronprinz aus der Reihe *carrière*, *lumière*, *du cœur* und *tout ambassadeur*. Am ergreifendsten findet Sottkowski die Reimpartner *Lithuanie*, *génie* und *tragédie*. Mit denen bekennt Friedrich seinem Brieffreund und frankophonen Reimexperten, wie ihm im hintersten Preußen, im finstersten Litauen das Licht der Voltaire'schen Philosophie erschienen sei, in dessen *Mahomet,* jene Philosophie, die den Fanatismus bezwingen werde: *Au fond de la Lithuanie ... Ce rayon de votre génie*.

Am Samstagmorgen, vor ihrem Frühstück mit dem Blick auf die im Schlosspark schon in Gang gesetzte Fontäne des Springbrunnens und auf die Königseiche, unter der Preußens Fredericus rex im August 1759 mit seinem Stab vor der Schlacht bei Kunersdorf noch einen Imbiss eingenommen haben soll, ging Sottkowski noch einmal die Dorfstraße herunter, um sich die mahnenden Texte und die russischen Namen zu notieren. Wozu er das tat, weiß er nicht mehr. Von den beiden KriegsHeldenOpferPyramiden folgte er jedenfalls der Dorfstraße bis zum Kirchhof. Eine schöne und alte und große Kirche ist das, im Schatten riesiger Eichen. Alle vier Wochen gibt es einen Gottesdienst, stand auf der Informationstafel am Tor zum Kirchhof, wo auch noch eine Einladung hing für ein sommerliches Volksliedersingen auf den Stufen des Chinesischen Teehauses im Park, das vor sechs Wochen stattgefunden hatte. Dort hinter der verschlossenen Kirche fand Sottkowski die 28 Gräber derer von Massow. 1930 sollen sie ihren Steinhöfeler Landbesitz an einen Bauern verkauft haben. Der Bauer wurde 1945 enteignet, als es in der SBZ, der Sowjetisch besetzten Zone hieß: *Junkernland in Bauernhand*.

Einer der Massows auf Steinhöfel, so notierte sich Sottkowski das in seine Kladde, war *Königlich Preußischer Ober-Marschall* gewesen und hatte von 1752 bis 1817 gelebt. In Sanssouci war er gestorben, sorgenfrei hoffentlich nach all den Kriegsjahren, in denen sein Sohn Valentin von Massow vielfach Heldenhaftes gegen die *Unterdrücker seines Vaterlandes* geleistet haben soll, bei Fontane kann man die Details nachlesen. Ein anderer hieß Joachim von Massow, geboren 1872, und er ist, so ist das zumindest in seinen Grabstein neben der Kirche eingemeißelt, *für sein Vaterland gefallen bei den Kämpfen in Ostpreußen am 8. Februar 1915*. Dort in Masuren hatte auch Sottkowskis Großvater gekämpft, Heinrich Sottkowski, aber der hat die Schlacht gegen die Russen überlebt, unbeschadet sogar. Ein anderer Massow hieß mit Vornamen Carl, geboren 1797, *gefallen in der Schlacht von Leipzig am 16. Oktober 1813*, sechzehnjährig. Ein auffliegender Pulverwagen hat ihn mit in die Luft genommen, steht bei Fontane in genau diesen Worten. Ein weiterer Massow, ein Valentin erneut, ist am 23. Juli 1899, ein Jahr vor *Hurrah-Pardon*, in Kirikiri, im westafrikanischen Togo, ums Leben gekommen, mit 35 Jahren. Durch wen und unter welchen Umständen, wird auf dem Kirchhof von Steinhöfel nicht mitgeteilt. Erst längeres Herumgoogeln fördert bei den Suchwörtern *Kirikiri*, *Togo* und *Massow* eine an der Universität der Bundeswehr entstandene kolonialgeschichtliche Studie herbei, aus der Sottkowski erfährt, dass Valentin von Massow in Kirikiri am Schwarzwasserfieber gestorben sein soll, bei dem die roten Blutkörperchen derart zerfallen, dass ihr Farbstoff, das Hämoglobin, mit dem Urin ausgeschieden wird. Daher wohl der Name. Und für 2005 war – laut Literaturverzeichnis – sogar eine Edition der Tagebücher und Briefe des am Schwarzwasserfieber verendeten von Massow angekündigt: *Mit Maschinengewehr und Militärkapelle. Die Eroberung von Nordtogo 1896-1899.*

Ein weiterer Massow, Wilhelm mit Vornamen, ist *im Kriege auf Sumatra* gefallen, am 9. Juli 1874, als *Königlich niederländischer Lieutnant*, und sein Andenken soll mit dem Evangelium des Johannes, Kapitel 13, Vers 35 geehrt werden: *Daran wird jedermann erkennen, dass ihr meine Jünger seid, so ihr Liebe untereinander habt.* Jürgen von Massow, geboren im Januar 1907 in Berlin, starb in Stolp am 20. November 1943 *an einer*, so steht es auf seinem Stein, *im Felde zugezogenen Krankheit*. Seinen Sohn Jürgen, den letzten von Massow auf diesem Heldenacker, hat er nicht mehr kennen lernen können, der kam erst nach dem Tod seines im Felde tödlich erkrankten Erzeugers zur Welt, in Klosterfelde am 7. April 1944. Oder ist dieser späte Jürgen vielleicht ein Sohn des Hans-Joachim von Massow, geboren 1912 in Berlin und gefallen in Bilogrej, Polen, am 23. Juli 1944, drei Tage nach dem Attentat? Und ist dieses Bilogrej identisch mit Biłgoraj? Neunzig Kilometer südlich von Lublin? Wo am 4. Juli 1944 die bei der Operation *Sturmwind II* in deutsche Gefangenschaft geratenen Partisanen erschossen worden sind? Dann hätte der Vater seinen Sprössling doch noch auf den Arm genommen haben können, rein rechnerisch. Wie auch immer: Gestorben ist der kleine Sohnemann Jürgen von Massow in Potsdam, am 20. April 1945, kurz nach seinem ersten Geburtstag, *auf der Flucht*, steht auf seinem Stein, am 56. Geburtstag seines Reichskanzlers und Führers, am selben Tag wie zwei ruhmreiche Helden von Steinhöfel bei ihrem Versuch, die Faschisten in die Flucht zu schlagen: der Leutnant der Sowjetarmee Aleksandr Semjonowitsch Wedorow und der Sergeant der Sowjetarmee Andrej Grigorjewitsch Woloschko.

Am selben Frühlingstag wie das Leben des 35jährigen sowjetischen Gefreiten Fjodor Wassiljewitsch Garbus, am 23. April 1945, ging in Steinhöfel auch noch das Leben des 67jährigen Karl Voigt zuende. Dessen Grabstein steht gleich neben dem von Massow'schen Massengrab. Und da liest man: *Hier ruht in Gott mein lieber Mann, unser guter Vater, der Bauer Karl Voigt. Geboren 14. August 1877, gestorben 23. April 1945*.

Wie mag der Bauer Karl Voigt ums Leben gekommen sein? War er doch noch zu Goebbels' Volkssturm eingezogen worden? Hatte er sich den sowjetischen Helden bis zur letzten Patrone entgegenstemmen wollen, den asiatischen Horden auf ihrem Sturmlauf Richtung Berlin? Hatten ihn die Sowjets gleich neben ihrer Gulaschkanone erschossen? Wegen verschwundener Kartoffeln und faschistischer Sabotage? War es vielleicht um seine Lieblingstochter, um die sechzehnjährige Agatha gegangen? Die er hatte schützen wollen? Es war Frühling und alle Rotarmisten sollen immerzu gerufen haben *Komm Frau, komm.* Oder ging es um seine Uhr? *Uri, Uri,* hatte ein Russe ihm ins Ohr geflüstert. Aber der Bauer besaß gar keine Armbanduhr, der liebe Mann und gute Vater, und war dann umgelegt worden, einfach so, von einem der Helden, die aus der Kälte kamen und die dieses mal kein brandenburgisches Mirakel von Müllrose nach Lieberose einfach abmarschieren ließ, wie damals nach der Schlacht bei Kunowice, als Friedrich der Große schon ausgerufen hatte: *Ich werde den Untergang meines Vaterlandes nicht überleben. Adieu für immer!* Oder hatte sich Karl Voigt so sehr erregt über die Schießerei an den Kastanien- und Ahornbäumen rings um den Dorfanger von Steinhöfel, dass ihn der Schlag getroffen hatte? Und er war einfach in den Armen seiner lieben Bauersfrau tot zusammengesunken, wie ein Kartoffelsack? Oder war er an Lungenkrebs gestorben? Weil er immer noch qualmte wie ein Schlot? Auch jetzt noch gegen Ende des von GröFaZ, seinem Führer und größten Feldherrn aller Zeiten, bis nach Stalingrad und hinter die Tore Berlins geführten Schlachtens?

Sottkowski weiß es nicht. Er hat sich danach auch nicht erkundigt, an jenem Sommertag in Steinhöfel, auf ihrer Radtour durch den Spreewald. Er wird somit auch nie erfahren, wer der Bauer aus Steinhöfel war, dieser Karl Voigt. Denn sein in die Suchmaschine eingetippter Name bringt es zwar auf viele tausend Treffer, aber er selbst ist nicht dabei. Auch Google hilft bei diesem Toten nicht, herauszufinden, ob er ein Täter war oder ein Opfer oder einfach ein lebensmatter brandenburgischer Landmann. Es kann daher nicht mit an Sicherheit grenzender Wahrscheinlichkeit gesagt werden, ob Karl Voigt mitgezählt worden sein müsste, als nach dem 8. Mai die Bilanz gezogen wurde und diese glatte siebenstellige Zahl herauskam, dieser Fake mit den vielen Nullen, allein für die deutschen Opfer. Und Sottkowski möchte jetzt beim Schreiben dieses Textes bei den Fakten bleiben. Er mag sich heute nicht kopflos und befeuert von einigen Gläsern Rosé in seine viel leichter zu formulierenden Fiktionen hineinfantasieren. Aus Pietät mag er das nicht, und aus Respekt vor ihrer Erinnerung an die Toten von Steinhöfel, dem kleinen Dorf im Brandenburgischen, nur einen letzten Landpartie-Radtourtag noch vor Berlin.

3 Pocket Guide to Germany

(© United States Army und Haus der Geschichte, Berlin)

This booklet is issued in the interest of informing you about the country you occupy. Keep faith with the American Soldiers who have died to eliminate the German warmakers. Do not fraternize! Don't belittle or be critical of fighting qualities of former soldiers. The point is, we don't like to kick people when they are down. All the phrases in this Guide are written in a simplified spelling which you read like English:

GOO-ten AH-bent main FROY-lain. SHPRESH-en zee LAHNK-zahm, BIT-tuh. Ish bin ah-may-ree-KA-ner. VEE HAI-sen zee? Ish MERSH-tuh FLAISH. Ish VAYR-duh EE-nen GELT GAY-ben. VO ist ain ho-TEL? KAWN-men zee HAYR, FROY-lain SHMIT! Ish fer-SHTAY-uh. Fayr-TSAI-oong.

Flüsterdolmetschen

Nach den so erfreulich verlaufenen Kooperationsgesprächen mit den russischen Kolleginnen vom Übersetzer- und Dolmetscher-Institut der Staatlichen Universität Wolgograd hatte Sottkowski einen Spaziergang gemacht, in der Umgebung seines Hotels an der Arbeiter- und Bauernallee. Er war erleichtert gewesen, dass dort im Woroschilow-Bezirk zwischen all den Plattenbauten und den leicht verwahrlosten Grünanlagen doch noch ein paar Häuser stehengeblieben waren, Ziegelbauten aus der Zeit sogar vor der Revolution.

Aber als am Abend das Konzert unten am Wolgahafen zu Ende ging, sagte ihm seine Dolmetscherin, dass Olga jetzt zum Schluss das wunderschöne Wolgograd-Lied singen werde, das Lied von Margarita Agaschina, von der Dichterin, die viele Jahre gleich hier in der Nähe gewohnt habe, in der Heldenallee neben dem georgischen Restaurant und unweit der Ewigen Flamme. Sie rückte noch etwas enger an ihn heran. Eigentlich mochte Sottkowski das nicht, dieses zudringliche Flüsterdolmetschen, nicht nur wegen des unvermeidlichen Körperkontakts und der Atemstöße direkt an seinem Ohr, sondern jetzt auch, weil er unsicher war, ob das hier und heute richtig sei, sie mit ihrem Deutschen.

Aber es ging dann ganz gut, niemand schaute entrüstet zu ihnen herüber. Er war am Ende eigentlich sogar froh, dass er hatte live mitbekommen dürfen, was die Sängerin vorne auf der dunkelrot ausgeleuchteten Bühne ihren Leuten vorgetragen hatte, in einer nüchtern-sachlichen, leicht aufgerauten Stimme, die sich gewollt abzuheben schien von der arg pathetisch wirkenden Musik. Es war diese Stimme, die das alles für Sottkowski irgendwie erträglich machte.

In Russland bist Du geboren, flüsterte ihm seine Dolmetscherin ins Ohr, in diesem Land der Ebene, der endlos weiten Felder, dem Land der weißen Birken ohne Zahl. Überall, sang Olga und sagte die Dolmetscherin um nur weniges zeitversetzt, stünden diese Birken und diese Birken seien ein Teil von ihm, ein Teil unserer russischen Seele. Wie heiter doch sei der Tanz der Birken, wie bezaubernd schön ihr Reigen am Rand einer Lichtung an einem frühen Sommertag.

Jedoch hier, so dolmetschte sie für Sottkowski die nächste Sequenz und er bekam langsam den Eindruck, dass sie dieses Lied schon öfter gedolmetscht haben musste, hier in Wolgograd, da stehe eine andere Birke. Und wer diese Birke angeschaut mit Augen, dem greife es ans Herz, dem stocke der Odem in der Brust. Von sehr fern her sei jene andere Birke hier in den Süden gekommen, durch das wogende Gras der weiten Steppe. Aber wie schwer wohl müsse es ihr geworden sein in den Flammen der bitter umkämpften Stadt. Wie sehr wohl müsse sie zurückgewünscht sich haben in ihre lichten Wälder unseres ehrwürdigen Landes Rus.

Nach dieser Strophe machte die Sängerin eine Pause. Sie legte das Mikrophon zur Seite und wies mit ausgestrecktem Arm auf Bilder, die jetzt an die Rückwand des Bühnenrunds projiziert wurden. Sottkowskis Dolmetscherin fing hastig an zu erklären, wie das mit dem Lande Rus bei der Agaschina zu verstehen sei und mit der Birke in dieser ursprünglich doch völlig baumlosen Steppenlandschaft der kalmückischen Nomaden. Sogar vom nahe gelegenen Sarepta und den Herrnhuter Dolmetschmissionaren wollte sie ihm erzählen. Sottkowski winkte ab und rieb mit der rechten Hand gegen sein Ohr. Er kenne das mit 988, mit Byzanz und der Taufe der Kiewer Rus.

Die Begleitmusik wurde leiser und leiser, bis nur noch das Rauschen der Klimaanlage und das Klacken des Diaprojektors zu hören war. Sottkowski machte die Augen zu. Doch keine Birke war da zu sehen, kein Grün, keine sommerfrische Lichtung und kein im Wind wild wogendes Steppengras. Nur Schnee kam ihm vor sein inneres Auge, Schnee und Panzerwracks, sterbende Soldaten im stiebenden Schnee. Er hörte durch den Sturm, durch ein Wintergewitter die Stimme des Cousins seines Vaters, den Oberleutnant Hanns Sottkowski, der ihm fast tonlos schon seinen eigenen Namen und den Namen seines eigenen Bruders zurief: Hanns! Hanns! Dann kam da noch Russisches, russische Ortsnamen: Kotelnikowo, Wassiljewka, Gumrak, Stalingrad – und dazwischen, kurioserweise, die Stimme des französischen Generals de Gaulle, der in diesen schneebedeckten Trümmerwüsten von Deutschland als einer Grande Nation etwas zu bemerken hatte.

Obwohl die Musik fast völlig verstummt war, blieben die Leute still. Niemand klatschte, alle starrten zur Bühne, auf die Bilder der Schlacht, auf die Bilder von Stalin und seinen Generälen und auf die Sängerin in ihrem roten Licht, als warteten sie auf etwas, auf etwas ganz Bestimmtes, das den Schmerz in ihren Herzen lindern mochte.

Wenn Du noch Fragen hast, so setzte Sottkowskis Dolmetscherin nach den ersten Worten der Sängerin flüsternd wieder ein, so frag nur sie, frag unsere Söhne dort unter der Erde im Schatten der Birke. Frag sie und sieh hin: Niemand hat das Gras je zertreten, niemand kehrte aus dem Grab ins Leben zurück. Aber für unsere Toten, so dolmetschte sie es ihrem deutschen Gast, für unsere blutjungen Soldaten dort unter der Birke, für sie alle sei es so dringend, dass jemand sich ihrer erinnere, dass eine Braut von ihnen träume, eine Mutter um sie weine und ein Nachfahr sie vermisse in späterer Zeit.

Mit einer kurzatmig werdenden Stimme flüsterte Olgas Dolmetscherin: Du bist zum Soldaten geboren! Denn in Russland bist Du geboren! Dem Land der ewigen Birke. Ewig, hauchte sie Sottkowski ins Ohr, wirst an diese Birke Du denken, Du musst das tun, Du kannst gar nicht anders! Du musst an diese Birke denken, an ihre Zweige, an ihr grünendes Laub, ihre im Wind sich wiegenden Haare, ihre blühende Brust. Diese Birke, sagte sie, die steht hier, nur hier und nur bei uns, bei uns in Wolgograd.

Dann setzte der Applaus ein. Bravo, riefen die Leute, Bravo! Kleine Mädchen und Buben stürmten nach vorn auf die Bühne und überreichten Olga Blumen. Die Dolmetscherin musste derweil richtig schreien und zugleich lachte sie wie vor Freude, lachte wie erleichtert, dass es ausgestanden war, dass sie es hinbekommen hatte mit dem Flüstern in sein deutsches Ohr. Sottkowski hingegen war in Gedanken plötzlich im Rheinland, am Grab seines Bruders Hanns, der auch nur 22 Jahre alt geworden war. Er war sich zudem nicht sicher, ob sie den letzten Satz überhaupt richtig verdolmetscht hatte, dieses sonderbare *Versuch doch zu vergessen*.

FTSK

Publikationen des Fachbereichs Translations-, Sprach- und Kulturwissenschaft der Johannes Gutenberg-Universität Mainz in Germersheim

REIHE A - Abhandlungen und Sammelbände

Band 1 Dietrich Briesemeister (Hrsg.): Sprache, Literatur, Kultur. Romanistische Beiträge. 1974.

Band 2 Reinhart Herzog (Hrsg.): Computer in der Übersetzungswissenschaft. Sprachpraktische und terminologische Studien. 1981.

Band 3 Karl-Heinz Stoll: The New British Drama. A Bibliography with Particular Reference to Arden, Bond, Osborne, Pinter, Wesker. 1975.

Band 4 Sergej Mawrizki: Außenhandel der Sowjetunion gestern und heute. Grundlagen, Entwicklung und der Westhandel nach dem Zweiten Weltkrieg. 1976.

Band 5 Michael T. Trabert: Das religiöse Erbe im Frühwerk Philip Roths. *Goodbye Columbus.* 1985.

Band 6 H. W. Drescher / Signe Scheffzek (Hrsg.): Theorie und Praxis des Übersetzens und Dolmetschens. 1976. (vergriffen)

Band 7 Dagmar Steffen: Der Zweiakter im zeitgenössischen englischen Drama. Studien zu John Mortimers *The Judge,* David Mercers *After Haggerty* und *Flint* und Tom Stoppards *Jumpers.* 1983.

Band 8 J. Albrecht / H. W. Drescher / H. Göhring / N. Salnikow (Hrsg.): Translation und interkulturelle Kommunikation. 40 Jahre Fachbereich Angewandte Sprachwissenschaft der Johannes Gutenberg-Universität Mainz in Germersheim. 1987. (vergriffen)

Band 9 Renate von Bardeleben (Hrsg.): Wege amerikanischer Kultur / Ways and Byways of American Culture. Aufsätze zu Ehren von / Essays in Honor of Gustav H. Blanke. 1989.

Band 10 Christel Balle: Tabus in der Sprache. 1990.

Band 11 Michael Dunker: Beeinflussung und Steuerung des Lesers in der englischsprachigen Detektiv- und Kriminalliteratur. Eine vergleichende Untersuchung zur Beziehung Autor-Text-Leser in Werken von Doyle, Christie und Highsmith. 1991.

Band 12 Hjördis Jendryschik: Afrikanische Bauformen des Erzählens. Spezifische Eigenarten des frankophonen Romans Schwarzafrikas. 1991.

Band 13 Martin Forstner (Hrsg.): Festgabe für Hans-Rudolf Singer. Zum 65. Geburtstag am 6. April 1990 überreicht von seinen Freunden und Kollegen. 1991.

Band 14 Marcellinus Edorh: Theater in Ghana. Weltsicht, Rituale, Mythen, Tanzdrama, „Social drama", „Ananse sem", „Comic plays" und moderne Dramen. 1991.

Band 15 Martin Forstner / Klaus von Schilling (Hrsg.): Interdisziplinarität. Deutsche Sprache und Literatur im Spannungsfeld der Kulturen. Festschrift für Gerhart Mayer zum 65. Geburtstag. 1991.

Band 16 Anthony Pym: Translation and Text Transfer. An Essay on the Principles of Intercultural Communication. 1992.

Band 17 Harald Nelson: Die Sprache französischer Schüler. Schulspezifische Designate und ihre Bezeichnung. 1994.

Band 18 Karl-Heinz Stoll: Postmoderner Feminismus: Caryl Churchills Dramen. 1995.

Band 19 Nikolai Salnikow (Hrsg.): Sprachtransfer – Kulturtransfer. Text, Kontext und Translation. 1995.

Band 20 Peter P. Konder / Matthias Perl / Klaus Pörtl (Hrsg.): Estudios de literatura y cultura colombianas y de lingüística afro-hispánica. 1995.

Band 21 Heike Jüngst: Frauengestalten und Frauenthemen bei John Arden und Margaretta D'Arcy. Mit Vergleichskapiteln zu Ann Jellicoe, Arnold Wesker, John McGrath und Caryl Churchill. 1996.

Band 22 Andreas F. Kelletat (Hrsg.): Übersetzerische Kompetenz. Beiträge zur universitären Übersetzerausbildung in Deutschland und Skandinavien. 1996.

Band 23 Horst W. Drescher (Hrsg.): Transfer. Übersetzen – Dolmetschen – Interkulturalität. 50 Jahre Fachbereich Angewandte Sprach- und Kulturwissenschaft der Johannes Gutenberg-Universität Mainz in Germersheim. 1997.

Band 24 Dieter Huber / Erika Worbs (Hrsg.): Ars transferendi – Sprache, Übersetzung, Interkulturalität. Festschrift für Nikolai Salnikow zum 65. Geburtstag. 1998.

Band 25 Cornelia Weege: Bild und Rolle der Frau im dramatischen Werk von José Martín Recuerda. 1999.

Band 26 Eva Katrin Müller: Sprachwahl im spanisch-deutschen Sprachkontakt in Südchile. Ergebnisse einer sprachsoziologischen Untersuchung unter Nachfahren deutscher Einwanderer. 2000.

Band 27 Sabine Rommer: *L'Inde perdue*. Französische Kolonialromane des 19. und 20. Jahrhunderts über Indien. 2001.

Band 28 Stefan Barme: Der Subjektausdruck beim Verb in phonisch-nähesprachlichen Varietäten des europäischen Portugiesisch und Brasilianischen. 2001.

Band 29 Holger Siever: Kommunikation und Verstehen. Der Fall Jenninger als Beispiel einer semiotischen Kommunikationsanalyse. 2001.

Band 30 Andreas F. Kelletat (Hrsg.): Dolmetschen. Beiträge aus Forschung, Lehre und Praxis. 2001.

Band 31 Iris Plack: Die deutschsprachige Rezeption von Luigi Pirandellos Bühnenwerk. 2002.

Band 32 Britta Nord: Hilfsmittel beim Übersetzen. Eine empirische Studie zum Rechercheverhalten professioneller Übersetzer. 2002.

Band 33 Christian Todenhagen / Wolfgang Thiele (eds.): Investigations into Narrative Structures. 2002.

Band 34 Dörte Andres: Konsekutivdolmetschen und Notation. 2002.

Band 35 Matthias Perl / Klaus Pörtl (eds.): Estudios de lingüística hispanoamericana, brasileña y criolla. 2002.

Band 36 „Die ganze Welt ist Bühne“ / „Todo el mundo es un escenario“. Festschrift für Klaus Pörtl zum 65. Geburtstag / Homenaje a Klaus Pörtl en ocasión de su 65 aniversario. Herausgegeben von / Editado por Matthias Perl und / y Wolfgang Pöckl. 2003.

Band 37 Ângela Maria Pereira Nunes: Vergangenheitsbewältigung im interkulturellen Transfer. Zur Aufarbeitung europäischer Geschichte in José Saramagos *O Ano da Morte de Ricardo Reis*. 2003.

Band 38 Rainer Kohlmayer / Wolfgang Pöckl (Hrsg.): Literarisches und mediales Übersetzen. Aufsätze zu Theorie und Praxis einer gelehrten Kunst. 2004.

Band 39 Matthias Vollet / Felipe Castañeda (Hrsg.): Mission und Sprache. Interdisziplinäre Erkundungen zum Orden Colonial in Iberoamerika. 2004.

Band 40 Vito Lo Scrudato: L'ultimo brigante. Nel latifondo siciliano tra '800 e '900. 2004.

Band 41 Barbara Ahrens: Prosodie beim Simultandolmetschen. 2004.

Band 42 Klaus Pörtl: Panorámica del teatro español y latinoamericano del siglo XX. 2004.

Band 43 Araceli Marín Presno: Zur Rezeption der Novelle *Rinconete y Cortadillo* von Miguel de Cervantes im deutschsprachigen Raum. 2005.

Band 44 Rebekka Bratschi: Xenismen in der Werbung. Die Instrumentalisierung des Fremden. 2005.

Band 45 Katrin Buchta / Andreas Guder (Hrsg.): China.Literatur.Übersetzen. Beiträge eines Symposiums zu Ehren von Ulrich Kautz. 2006.

Band 46 Wolfgang Pöckl / Michael Schreiber (Hrsg.): Geschichte und Gegenwart der Übersetzung im französischen Sprachraum. 2008.

Band 47 Peter Kupfer (ed.): Youtai – Presence and Perception of Jews and Judaism in China. 2008.

Band 48 Athanasios Anastasiadis: Der Norden im Süden. Kostantinos Chatzopoulos (1868-1920) als Übersetzer deutscher Literatur. 2008.

Band 49 Michael Poerner: Business-Knigge China. Die Darstellung Chinas in interkultureller Ratgeberliteratur. 2009.

Band 50 Barbara Ahrens / Lothar Černý / Monika Krein-Kühle / Michael Schreiber (Hrsg.): Translationswissenschaftliches Kolloquium I. Beiträge zur Übersetzungs- und Dolmetschwissenschaft (Köln/Germersheim). 2009.

Band 51 Konstantina Glykioti / Doris Kinne (Hrsg.): Griechisch – Ελληνικά – Grekiska: Festschrift für Hans Ruge. 2009.

Band 52 Judith Schreier: Der Piropo als Instrument verbaler Interaktion. Eine soziopragmatische Untersuchung am Beispiel Venezuelas. 2009.

Band 53 Aiga Dukāte: Translation, Manipulation and Interpreting. 2009.

Band 54 Erika Worbs (Hrsg.): Neue Zeiten – neue Wörter – neue Wörterbücher. Beiträge zur Neologismenlexikografie und -lexikologie. 2009.

Band 55 Stefan Feihl: Resultativkonstruktionen mit Prädikatsadjektiv und ihre Übersetzung aus dem Deutschen ins Französische, Italienische, Spanische und Portugiesische. 2009.

Band 56 Владислава В. Жданова/Vladislava Ždanova: „Нашим оружием было слово...". Переводчики на войне. „Unsere Waffe war das Wort...". Translation in Kriegszeiten. 2009.

Band 57 Dennis Scheller-Boltz: Präponeme und Präponemkonstrukte im Russischen, Polnischen und Deutschen. Zur Terminologie, Morphologie und Semantik einer Wortbildungseinheit und eines produktiven Kompositionstypus. 2010.

Band 58 Doris Kinne: Untersuchungen zur Morphologie des Verbs in griechischen Pressetexten unter dem Aspekt der Bistrukturalität. 2011.

Band 59 Cornelia Schindelin / Michael Poerner (Hrsg.): Sprache und Genuss. Beiträge des Symposiums zu Ehren von Peter Kupfer. 2012.

Band 60 Barbara Ahrens / Silvia Hansen-Schirra / Monika Krein-Kühle / Michael Schreiber / Ursula Wienen (Hrsg.): Translationswissenschaftliches Kolloquium II. Beiträge zur Übersetzungs- und Dolmetschwissenschaft (Köln/Germersheim). 2012.

Band 61 Silvia Hansen-Schirra / Don Kiraly (Hrsg.): Projekte und Projektionen in der translatorischen Kompetenzentwicklung. 2013.

Band 62 Silvia Hansen-Schirra / Karin Maksymski (eds.): Aviation Communications. Between Theory and Practice. 2013.

Band 63 Martina Sahliger: *Did you acknowledge my last transmission?* Sprechfunkverkehr in der Luftfahrt. Audioverbale Interaktion zwischen Flugsicherung und Crew. 2013.

Band 64 Streifzüge durch die Welt der Sprachen und Kulturen. Festschrift für Dieter Huber zum 65. Geburtstag. Herausgegeben von Melanie Arnold, Silvia Hansen-Schirra und Michael Poerner. 2013.

REIHE B - Studientexte

Band 1 Ph. Woolley: The Queen's English. Exercises in the Pronounciation of English. 1974. 2. Auflage. 1976. 3. überarbeitete Auflage. 1982.

Band 2 K.-P. Lange: Kurzgefaßte Einführung in die Generative Syntax. 1975.

Band 4 Michalis Kanavakis: Griechisch für Deutsche. Teil 1. 1986. 2. unveränderte Auflage. 1987.

www.peterlang.de

Kolibri 360 GmbH
Ferdinand-Jühlke-Straße 7
99095 Erfurt, Deutschland
produktsicherheit@kolibri360.de